속사람의 변화 ②

The Transformation
of the Innerman

by John & Palula Sandford

Copyright ⓒ 1982 by John and Paula Sandford
Published by Victory House
Tulsa, OK 74136

Korean translation Copyright ⓒ 2007 by Pure Nard
2F 16, Eonju-ro 69-gil Gangnam-gu, Seoul, Korea

The Korean edition is published by arrangement with Victory House.
All rights reserved.

본 저작물의 한국어판 저작권은 Victory House와의
독점 계약으로 한국어 판권은 '순전한 나드' 가 소유합니다.
저작권자의 허락 없이 이 책의 일부 또는 전체를 무단 복제,
전재, 발췌하면 저작권법에 의해 처벌을 받습니다.

속사람의 변화 ❷

지은이   존 & 폴라 샌드포드
옮긴이   황승수, 정지연

초판발행   2006년 8월 10일
11쇄발행   2019년 1월 2일

펴낸이   허 철
펴낸곳   도서출판 순전한나드
등록번호   제2010-000128
주 소   서울시 강남구 언주로69길 16, (역삼동) 2층
도서문의   02)574-6702
         Fax 02)574-9704
홈페이지   www.purenard.co.kr
인쇄소   예원프린팅

ISBN   89-91455-50-6 03230

속사람의 변화 ②

The Transformation of the Innerman

존 & 폴라 샌드포드

이 책을 위해

끊임없이 기도하셨고

16장이 완성된

1980년 10월 18일에 돌아가신

아버지 조지 샌드포드께

감사의 글 a Letter of Thanks

신실하게 기도로, 때로는 경제적으로 후원해 준 모든 이들에게 감사를 드린다. 그들의 도움으로 우리가 글을 쓸 수 있었다. 특히 친구이자 조언가로 우리 옆에 있어준 빌과 레이첼 존슨 부부(빌은 휫워스(Whitworth) 대학의 심리학과 학과장이고 둘 다 뛰어난 상담가이다)에게 감사드린다.

존이 알아보지 못할 정도로 작게 휘갈겨 쓴 많은 글을 해독해서 읽기 쉽게 타이프해 준 조이스 폴랜드와 토니 링컨에게 감사드린다. 특히 토니는 여러 장을 편집하였다.

집에 상주하는 상담자로 계속 전화받는 수고를 감당하고, 종종 우리가 책에 빠져있을 때 집안일을 해준 자넷 윌콕스에게 감사드린다.

우리가 깊은 생각의 수영장에 빠져 헤엄치다가 돌아와서 "뭐? 뭐라고? 어… 아 그래, 다시 말해 줄래?"라고 할 때마다 다시 질문하고 말하길 자주 반복해야 했던 우리 자녀와 손주, 친척과 친구들에게 감사드린다.

이 책에 자신의 결점이나 성공, 죄가 나오지만 특히 우리 부모님, 자녀들, 그리고 친척들이 그러했는데 보호를 목적으로 이름을 바꾸는 일을 하지 않은 사람들이 있다. 각각의 경우에 이름의 사용을 허락받았는데, 온 세상에 자신의 이름이 드러나는 것을 기꺼이 허용해 주어 감사드린다.

마지막 원고를 준비할 때 린 페인의 동성애에 관한 새 책, 〈깨어진 형상 The Broken Image〉이 출간되었다. 본서 16장 '원형과 동성애'를 읽은 후에 더 연구하길 원하는 사람이라면 찬사를 보낼만한 그녀의 이 책을 읽을 것을 추천한다.

수많은 삽입과 삭제, 그리고 알 수 없는 표기를 헤치고 지나가며 인내와 끈기로 마지막 원고를 타이프한 우리 친구 마르시아 티파니에게 특별히 감사드린다.

우리의 지나치게 일하려는 성향과 끊임없이 싸워 우리가 우리 자신을 위한 안식일을 지키도록 하고 종종 성공하진 못했지만 그리스도의 몸의 수많은 사람들이 도와달라고 요청하고 요구하는 것으로부터 우리를 지켜 책을 쓰는 우선순위를 지킬 수 있도록 했던 엘리야의 집(역자주: 1973년 아이다호주에 말라기 4:5-6의 말씀을 기반으로 존&폴라 샌드포드에 의해 세워진 비영리사역기관)의 모든 위원과 회원들에게 감사드린다.

물론 속사람의 치유에 관한 책의 감사 목록에 아그네스 샌드포드의 개척자적인 업적이 빠질 수 없다. 우리 모두에게 있어 그녀는 기도로 하는 내적 치유 분야에서 선구자일 뿐 아니라, 주님 안에서 우리의 첫 번째 멘토이고, 친구이자 조언자였다. 우리의 마구 치솟는 신비주의가, 건전한 신학과 하나님의 말씀, 그리고 현실에 안전하게 정박하도록 처음 끌어내린 것이 바로 그녀의 견실한 상식이었다.

무엇보다 상쾌하고 불변하는 주님의 사랑과, 그분의 단순한 길을 복잡하게 만드는 우리를 참아주시는 그분의 유머러스한 능력으로 인해 주님께 찬양과 감사를 드리길 원한다!

모든 성경 구절은 다른 말이 없는 한 NASB(New American Standard Bible)에서 인용한 것이다. (역자주: 이 번역본에서는 대부분 개역한글판에서 인용하였고, 흠정은 한글킹제임스 성경을, 표새는 표준새번역개정판을, 공동은 공동번역을 의미한다. 또한 성경 구절에서 강조체는 저자의 표시임을 미리 밝힌다.)

추천의 글 _a Letter of Recomendation_

　마침내 "속사람의 변화"가 번역되어 나왔다. 그동안 신학교 강단과 성인 연장 교육 장소 등에서 영혼의 돌봄과 치유에 관하여 강의와 개인상담, 집단상담 및 대중 치유사역을 해오면서 항상 마음에 걸렸던 것은 치유는 성장이며 변화요 영적 성숙임을 강조했지만 성도들의 마음으로부터 무슨 절벽 같은 느낌이 부딪쳐올 때마다 본 서가 생각났었다. 한국 사람들, 곧 한국의 교회는 당장의 상처와 그 기억이 초래하는 영겁의 세력에 짓눌린 나머지 (대한민국은 반만년의 역사를 자랑하지만 그 역사는 반만년의 우상숭배의 역사일 뿐이다) 무엇보다 우선 치유 받고 싶은 생각, 당면한 고통에서 벗어나고픈 소원만 가득하였을 뿐, 영적 성숙에의 필요성에는 아예 마음의 문을 닫고 있는 것처럼 보였다. 성경적이고도 기독교신학의 체계위에서 인간영혼의 대한 심리학적 이해와 통찰을 무시하지 않으면서 성령의 능력으로 어두움을 몰아내어야 한다는 것에는 관심이 없는 것처럼 보였다.

　성령의 나타남이라는 영성적 기초위에서 영적 성숙을 도모하는 것이야말로 참된 성경적 내적치유이다. 그러려면 성령의 역사가 사도행전이래로 그쳤다는 신앙의 소유자(Cessationalists)는 믿음의 태도를 고쳐야 한다. 오늘날, 바로 지금도 성령님이 역사하신다는 믿음을 회복하고 성령님의 임재를 사모하고 소원하여야 한다. 성령님만이 인간을 치유하시고 변화시키시고 성장시키시기 때문이다. 성령의 은사가 나타나고 현존하시는 성령님을 믿지만 심리학적 통찰을 무시하는 성도는 자신의 지적 무지를 겸손히 인정하고 성경적 진리의 테두리 안에서 현대 심리학이 가져다주는 통찰의 도움을 받아들여야 한다. 이런 점에서 내적치유에 관해 가장 종합적인 안내서인 본서는 그 출판과 더불어 한국교회 성도들이 23년간 기다려왔던 책이라고 할 수 있겠다.

본서의 저자 샌드포드 부부는 성령의 기름 부으심과 지도하심을 통해 수많은 치유상담 경험을 하였고, 그를 통해 성경적 계시 안에서 치유의 성경적 원리와 성경적 치유심리학을 발전시켰다. 이 원리의 도움을 받아 회개의 지속적이고도 기나긴 과정, 다른 말로 하면 과정으로서의 성화를 체험해 왔고 지금도 그 과정위에서 우리와 함께 성장을 체험하고 있는 분들이다. 그리고 내적치유는 경건한 성경적 신앙의 토대위에서(성경을 알고) 건전한 복음주의 신학(신학적 소양)과 현대 심리학의 통찰을 내면에 통합하여 자아의 죽음을 통과하여야 성령님의 기름부으심을 인식하고 그 인도를 따를 줄 알도록 돕는 것이다. 이러한 조건에 부합하는 극소수의 영성적 내적치유 사역자이기도 한 저자들이 기술한 "속사람의 치유"는 저자들의 영적성장 과정에 대한 고백서이기도 하다.

오늘날 저자 부부는 본 서를 쓸 때와는 훨씬 다른 모습, 전 세계적으로 탁월한 영적 거장이 되어 우리들 앞에 있다. 내적치유, 영적 성장, 성령의 은사와 능력의 나타남에 관해 쓴 30여 권이 넘는 저술들이 이를 말해둔다. 왜 이런 말을 하는가? 저자처럼 영혼의 평안을 되찾고, 영적 성숙을 사모하는 한국교회 성도님들에게 본서는 그래서 유익하고 그만큼 값지고 귀하다. 예수 그리스도 안에서 그리고 그리스도의 몸 안에서 함께 성장하기를 소원하시는 독자 분들은 본서를 읽기만 해도 자기 안에서 따스한 감정이 되살아나고 치유가 발생하는 체험을 겪게 될 것이다. 그것만이 아니다. 누가 아는가, 독자들께서도 "마음의 눈"(엡 1:18)이 밝아지는 경험을 하시게 될 줄을!

안태길 박사
前 침신대 교수(목회상담학)
現 한국치유영성연구소장

속사람의 변화 ❶ 권 목차

서문

제 1 절 기초

1장 성화와 변화

2장 변화의 복음적 토대

    1부: 신자의 믿지 않는 마음

    2부: 우리는 어떻게 하나님을 보는가

3장 3부: 성취지향성

4장 법의 토대

5장 용서의 중심능력과 필요

6장 순환고리 깨기

7장 크리스천 상담자의 역할

2권 목차

제 2 절 초창기 - 숨은 죄

8장 요람기 ... 14

9장 걸음마 시기의 무서움 ... 30

10장 걷는 시기에서 취학기까지 ... 50

제 3 절 6세에서 12세까지 - 가장 흔하고 불완전한 성품의 이상증상

11장 내적 맹세 ... 78

12장 돌같은 마음 ... 98

13장 도피와 통제, 은폐와 소유 ... 120

14장 쓴뿌리 판단과 기대 ... 140

제 4 절 성적 죄와 어려움

15장 음행과 간음, 과욕과 변태 ... 180

16장 원형과 동성애 ... 214

17장 부모의 전도와 대리 배우자 ... 246

제 5 절 십대와 결혼

18장 개별화와 부르심에 대한 불안 ... 262

19장 발견, 떠남, 그리고 결합 ... 296

20장 하나 됨의 장애물 ... 324

제 6 절 부활의 부분

21장 그리스도 안의 부모 ... 338

22장 교회의 사역과 친교 ... 360

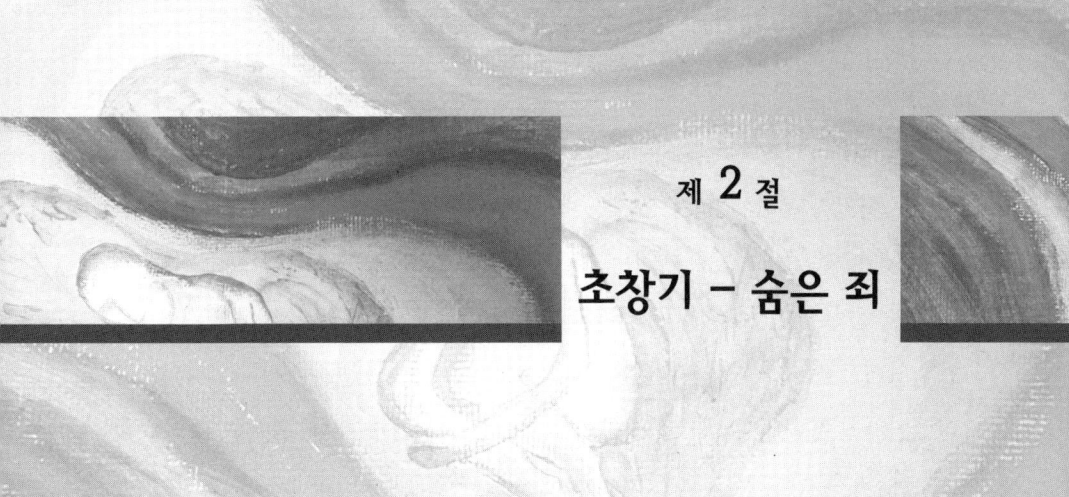

제 2 절

초창기 – 숨은 죄

제 8 장 요람기
Crib Time

아기가 운다. 엄마는 아기가 배고파서 운다는 걸 안다. 엄마가 아기를 요람에서 들어올리면 아기는 활달하게 반응한다. 팔을 뻗고 숨을 몰아쉬며 웃었다 울었다 하다가 엄마의 따뜻한 품에서 하나되어 기대고 만지작거리고, 꼬집고 잡아당기면서, 거저 흘러나오는 샘물을 마신다. 모유를 입가에 흘리면서 앙앙 울었다가 꿀꺽꿀꺽 먹었다가 한다. 볼록한 배, 통통한 볼, 더 많은 자리를 차지하려는 듯 버둥대는 발, 곧 눈꺼풀이 무거워지고 만족감에 다시 천천히 잠에 빠져든다. 점점 더 달콤한 꿈으로 빠져드는 젖을 문 조그마한 입술.

아기를 사랑하는 엄마라면 모유 수유할 때 아기가 모유 이상의 것을 빨아들이고 있음을 안다. 때로 찾고 구하려는 아기의 영이 엄마에게 흘러 들어가는 깜짝 놀랄만한 기쁨의 만남이 있다. 그리고 엄마의 영은 달콤함으로 터질 것 같은 이해할 수 없는 힘으로 작은 아기를 끌어안고 쏟아 붓게 된다. 엄마는 형용할 수 없는 생명과 사랑의 나눔, 엄마와 아기

모두를 먹이고 충족시키는 나눔이 일어남을 안다.

이런 종류의 양육을 젖병으로는 기대할 수 없다. 언제나 엄마 자신의 살갗을 맞대는 모유를 통한 사랑으로 아기를 먹이는 것이 주님의 최상의 계획이다. 인간은 결코 이보다 더 나은 계획을 세울 수 없다. 물론 주님은 필요한 모든 대체물도 축복하실 수 있지만 말이다.

여기서 우리의 목적은, 잘 알지 못해서이든 수유가 불가능한 상황이었든, 모유수유를 하지 못한 어머니들에게 죄책감을 일으키거나 상실의 고통을 주기 위함이 아니다. 우리의 목적은 성인에게 있는 규명되지 않는 배고픔, 불안감, 거절, 분노, 좌절, 실망, 혹은 공허감 등이 아주 어린 시절 수유기의 경험과 관련이 있을 수도 (또는 없을 수도) 있음을 독자에게 알려주기 위함이다.

엄마가 모유수유를 시도했지만 모유에 영양분이 충분치 않았을 수도 있다. 아기가 젖을 먹어도 만족하지 못했다. 이런 실망감을 계속 반복해서 느끼면 아기는 자기 존재의 기초석(基礎石)에 실망감이 새겨지고, 원해도 충분하고 풍성하게 받지 못하리라는 기대가 생겨난다. 이 기대로 인해 그 사람 안에는 모호하고 알 수 없는 두려움과 다른 사람의 사랑이나 사역을 믿고 그 안에서 안식하지 못하는 무능력이 자리하게 된다. 이는 필요이상으로 찾고 얻고자 애쓰는 내적 동기의 원인이 될 수 있다. 그러한 사람은 후에 다방면으로 측량할 수 없는 축복을 받을지라도 (깊은 감정의 수준에서는) 결코 충분하다고 느끼지 못한다.

엄마에게 모유가 충분하더라도, 엄마가 갑자기 아픈 상황이 발생할 수 있다. 아기의 이가 일찍 난다. 아기가 엄마를 깨무는 것은 그렇게 하지 말라고 배우지 못해서이다. 유두에 감염이 생긴다. 어떤 이유에서건 아기는 갑자기 (엄마 젖을) 빼앗긴다. 아기의 영 안에서는 대체물이 불쾌할 수 있다. 아기는 무의식 수준에서 거절감과 당연히 자기 소유인 것을 잃어버린 상실감을 느낄 수 있다. 아기에겐 자기감정을 적당한 (의미의) 상자에 넣을 정도로 제대로 발달한 지적 능력이 없다. 아기는 그냥 반응하고, "난 뺏겼어" 그리고 "난 내 걸 갖지 못할 거야"라는 씨앗을 안고 산다. 후에 살면서 겪게 되는 일들이 그런 깊은 감정을 강화시키고 촉발할 수 있다. 성인이 된 후에 사람들과의 관계에서, 외관상 설명할 수 없는 유치하고 자기중심적인 행동으로 반응하기도 한다. 우리는 때로 어떤 사람에게 모유수유를 받지 못한 것이 금연할 수 없는 이유가 되는 것을 발견한다. 흡연이 주는 구강자극과 위로, 평화가 충족되지 못한 영역에 깊이 다다르기 때문이다.

기독교 신앙의 기쁜 소식은, 우리에게 그러한 반응이 있음을 알게 될 때 우리가 해야 할 일이란 믿음으로 우리 안에 숨은 원망을 고백하는 것

뿐이며, 그럴 때 용서하고 용서받는 축복을 누릴 수 있다는 사실이다. 우리는 주 예수님께 우리 존재의 깊은 곳에서 만나 달라고 초청할 수 있다. 그 분은 그 분의 성령으로 우리 안의 어린아이를 위로하고 만족시키신다. 그렇게 그분이 우리를 유치한 습관구조에 매인 데에서 해방시키시면, 이제는 (이를 알아보고 또 어느 정도는 이에 대해 권세를 행사할 수 있는) 습관성향이 우리 안에 있음을 더욱 더 쉽게 알게 된다. 이 과정에서 주님께서는 은혜롭게도 친구들의 따뜻한 애정을 더 기꺼이 받도록 마음을 여는 신뢰의 은사를 더 많이 주신다. 그러면 친구들은 우리를 더욱 더 생명으로 가도록 도울 수 있게 된다.

짜증나거나 말다툼이 생길 것 같으면 둘 중 하나가 (혹은 둘 다) 금방 두려움을 느껴 고립을 자초하거나 혹은 설명하든지 해결하든지 수습하려고 필사적으로 노력하려 들기 때문에, 서로의 차이점을 말로 풀 줄 모르는 부부들을 우리는 꽤 자주 상담한다. 어쩌면 그들은 단지 감정에 압도되어 상대방과의 관계 가운데 행동하는 능력이 전부 마비되었을 수도 있다. "전 덫에 걸린 것 같아요. 빠져 나가고 싶지만 할 수가 없어요!" 그들은 결혼 생활에서 빠져나가고 싶다고 확신하고, 그들의 발목을 잡는 유일한 이유는 자식이나 하나님에 대한 책임감, 혹은 따로 살기에는 충분치 못한 재정상황이나 다른 사람이 어찌 생각할까 하는 두려움 등 뿐이라고 확신한다. 문제의 진실은, 그들이 요람에 있을 때 부모가 방에서 큰 소리로 다투어서 그들 깊은 곳에 불안의 씨앗이 단단히 심겨졌기 때문일 수도 있는데 말이다. 그들은 긴장하고, 분노의 파괴적인 에너지를 자신 안에 삭이며, 엄마 아빠의 사랑이 금가고 깨지는 것을 막아보려고 애쓰면서 공포 가운데 반응한다. 하늘이 무너져 내린다! 세상이 산산조각난다! 도피하거나 화제를 바꿔버리려는 자기방어기제가 생겨난다. 이제 그들은 컸지만, 어떤 논쟁이 일어나도 아기 때의 공포가 폭발하게 된다. 폭발력은 수년간에 걸쳐 가족 분위기가 경직되거나, 자신의 위치가 위협받거나, 큰 소리를 들을 때마다 강화되고 증대된다.

그러한 사람에게 두려움의 씨앗을 찾아내고 분류하여 모두 십자가에 보내기 위해 주님이 아주 가까이에 계신다. 이에 적당한 기도는 이것이다. "부모님이 소리치시는 것을 들었을 때 제가 두려움으로 반응했음을 압니다. 제가 그에 대해 죄악의 반응을 보였습니다. 저는 삶에서 도피했습니다(혹은 그 반대로, 통제하기 위해 비판했습니다). 주님, 저를 용서해 주세요. 제가 마음 깊은 곳에서 용서할 수 있도록 도와주세요. 그런 습관구조에서 저를 해방시켜 주세요. 절대 위협받거나 위협하지 않는 주님의 사랑으로 저를 채워 주세요. 저를 주님 안에서 세워주시고 사랑 안에 제 영이 뿌리박고 서게 하시며 제 마음을 보호하셔서 제가 잘못된 반응을 보이지 않도록 해주세요." 성인이 자유롭게 되게 해달라는 기도는 충분치 않다. 내면 깊은 곳에는 여전히 두려움으로 움츠러든 아이가 남아 있을 수 있다. 우리는 바로 이 어린아이에게 주님이 오시도록 초청한다.

자기가 자신을 위해 기도하는 것은 남이 자신을 위해 기도하는 것만큼 효과적이지 않다. 내면의 아이의 두려움을 드러내고 다른 사람에게 우리 마음을 열기로 선택하는 것은 신뢰의 행위로, 우리 감정의 횡포를 거부하는 행위이다. 이런 행위는 우리 안에 주의 길을 예비함으로써, 항상 우리를 가족과 친구의 사랑의 돌봄을 받아 생명에 이르게 한다. 초창기에 우리에게 행해지지 않았던 것은 이제 돌봐주는 다른 이의 기도로 우리에게 이루어질 수 있다. 보살핌의 표현과 기도는 속사람이 알아듣고 새롭게 반응하기까지 계속해서 반복될 필요가 있다.

아이의 마음은 원래 조용하고도 민감한 힘에 자신을 맡기고 열기 때문에 다른 사람의 속사람을 위해 기도하는 사람의 목소리는 성부 하나님의 부드럽고 따뜻하고 안아주시는 사랑을 전달할 필요가 있다. 기도하는 사람의 태도에서 예수 그리스도를 통한 하나님의 무조건적인 사랑을 전할 필요가 있다. 상담자는 팔을 어깨에 두르며 기도하거나 내담자의 머리를 상담자의 가슴에 기대도록 권해야 한다. 속사람을 위한 기도는 명확히 그림이 그려질 때 가장 효과적이다. 우리는 이렇게 기도하는 방법이 조금도 우리 자신의 통찰에 의존한 것이 아니고 드려지고 성별된 상상을 동원한 주님의 선물임을 알게 되었다. 성령께서는 우리가 크게 기도할 때 성령께서 전하기 원하시는 새로운 실재를 우리 생각의 스크린에 비추시고, 내담자의 고백을 듣고 알게 된 바를 그를 위한 치유의 아름다운 그림으로 바꾸실 능력이 충분히 있으시다. 우리는 이처럼 기도할 수 있다. "주님, 내 친구의 깊은 내면에 두렵고 외로우며 상처받고 허기진 어린아이가 있음을 봅니다. 이 아이는 안전하고 강한 팔에 안기기 원합니다. 아버지, 아버지의 팔이 그러하실 뿐 아니라, 지금 이 순간 주님의 따스함과 강건함으로 그 아기를 안아주기 위해 깊이 찾아가심에 감사드립니다. 저는 아버지께서 사랑의 마음에서 만드신 이 어린아이를 기뻐하심을 압니다. 주님, 이 아이는 선택받은 귀한 주님의 보배입니다. 주님은 지금 모든 굶주림이 채워지고 모든 염려가 해결되며 모든 두려움이 잠잠해지기까지 당신의 아이에게 부드러운 빛을 부어주십니다. 주님, 사랑이 모든 세포에 스며들어 그가 신뢰 가운데 주님 안으로 녹아들 수 있을 때까지 이 아이를 붙들어 주세요. 아버지, 주님은 어둠을 몰아내는 빛이시고, 시끄러운 소리를 없애버리는 음악이시며, 쉬기 위해 누울 수 있는 완벽하게 안전한 곳이심에 감사드립니다. 주님은 결코 떠나지 않으시고 주의 사랑은 실망시키지 않습니다." 주님은 이 기도에 영감을 주셔서 흔들어주시고, 마루를 걸어와 안아주고 두드려주시며, 침대에서 이불을 덮어주고 서서 지켜주시는 등의 영상이 떠오르게 하실 수 있다. 이 모든 것은 부모가 아기를 위해 해야 할 일들이다.

   자기 남편이나 다른 남자에게 자신의 필요나 의견을 자신 있게 표현하길 힘들어하는 여성의 깊은 곳에는, 밤에 우는데 요람 틀 위로 커다란 화난 얼굴이 불쑥 나타나 불쾌하다고 소리치는 것을 들었던 작은 아이가 있을 수 있다. 압도하는 불합리한 외로움의 감정의 근원에는 닫힌 방 안에서 여러 시간 울며 홀로 버려진 어린시절의 경험이 많이 있다. 남에게 부담을 줄까봐 두려워 사랑의 관심을 쉽게 받아들이지 못하는 성인의 미안해하는 태도의 저변에는 여전히 부모가 귀찮아 하고 화가 나서 함부로 우악스럽게 대하는 것을 무의식적으로 기억하는 아기의 마음이 살아있을 수 있다. 예를 들면 자신의 더러운 기저귀를 바꾸는 것과 같은 때에 말이다.

   우리 본성안의 구조 이면에 있는 기초적인 경험을 인식하여 지금 우리 내면에 있는 추진력을 아는 것은 변화과정의 첫 단계일 뿐이다. 그런 후에 우리가 한 선택에 대한 책임감을 갖고, 우리 인생에 처음 가시나무 씨앗을 심었던 태도를 고백하며, 설명이나 변명을 하지 말고 주께 우리 자신을 복종하며 문제 전부를 하나님의 제단에 올려놓아야 한다. 그러면 주님은 마음 안에서 사죄를 하시고(요일 1:9) 내면을 위로하고 강건하게 하며(엡 3:16, 고후 1:3-4, 사 51:3), 우리에게 새 마음을 주고(겔 36:26,

11:19, 렘 24:7), 새 생명으로까지 자라게 하신다(갈 2:20). 우리는 우리 의지의 행위로 우리 마음을 변화시킬 수 없다. 하지만 계속 의지적으로 성령님께서 우리 안에 변화의 일을 하시도록 초청하고 어느 기간 동안 없어지지 않으려하는 증상들을 시종일관 "죽은 자로 여기는"(롬 6:11) 조용한 훈련을 하면 우리가 살아나는 과정에 실제로 도움이 될 수 있다. 그렇지 않으면 우리는 오만한 완고함과 불신으로 곤경에 빠진 채 있게 된다.

유아기의 부정적인 경험보다 더 다루기 힘든 것은 우리를 생명으로 이끌어줄 긍정적인 경험의 부족이다. 따뜻한 애정으로 만져주고 안아줘야 아이의 영이 충만함으로 나아갈 수 있다. 만약 안고 귀여워해주고 흔들어주고 노래 불러주며 함께 산책하고 말 걸어주는 등의 일을 하지 않고, 다만 엄격한 시간표에 따라 먹고 재우는 식으로만 돌봐 주었다면, 십중팔구 그 아기는 삶의 모든 것을 그런 식으로 해석하는 성인이 된다. 예를 들면 그는 즉흥적인 것을 불편하게 여기고 마음을 활짝 열어 다른 사람의 사랑을 신뢰하고 그 안에 기대는 일을 하지 못한다. 그의 안정감과 만족감은 시간표와 계획을 매끄럽게 운영하는데 달려있고, 그의 사랑에 대한 정의는 물질적인 선물과 봉사를 제공하는 것이다. 하지만 그의 영은, 삶에 무언가 더 있음을 알기에 규명할 수 없는 배고픔을 경험하게 된다. 마치 자신도 뭐라 명명할 수 없는 필요들을 주변의 사람이 위로해 주어야 하는 양 내면에서 솟구치는 분노를 그들에게 투사하기 쉽다. 가족과 친구들은 그런 양육의 위로를 시종일관 풍족하게 주었을지라도 그는 받은 것을 인지하지도 받지도 못한다. 그는 가족이 베풀어주는 사랑의 잔치의 와중에서도 여전히 자신이 굶주리고 있다고 생각한다.

(우리가 이해하는 바로는) 사람의 혼은 자신의 영이 거주하는 성품과

인격의 구조이다. 이 구조가 인생의 초기에 사랑의 양육과 훈련이 결핍되어 불완전하게 형성되거나 학대로 인해 손상된다면, 그 사람의 영은 발달하지 못하거나 건강하게 표현하는 준비가 결여된다. 그러면 성인이 되어서 친구들과 사랑하는 사람들로부터 영적인 양육을 받아들이고 간직하는 능력이 손상된다. 축복이 그에게 쌓인다 해도 자기 것으로 삼지 못한다. 이에 대한 해결책은, "네가 받은 복을 세어 보아라"라든가 "더 노력해라" 혹은 "깨어나라"고 권고하는 것이 아니다. 그는 그러한 일을 할 수 있는 도구를 자기 손에 갖고 있지 않다. 아무리 노력해도 그는 정말 그렇게 할 수 없다. 해결책은, 내면의 어린아이의 영이 사랑하는 성부 하나님의 품에 안기고, 살아계신 하나님의 영이 그에게 생명을 주는 능력으로 흘러들어가 그를 인정해주고 소생시키고 부활시켜 성부 하나님 안의 모든 생명의 충만하심으로 이끄시도록 꾸준히 반복해서 기도하는 것이다(엡 3:19). 내적존재는 어린아이와 같아서 이렇게 말한다. "다시 말해주세요... 다시 말해주세요." 그에게 여러 번 기도를 반복해줄 필요가 있다. 그와 함께 기도하는 크리스천은 그리스도 안의 영적인 부모로서 친부모가 하지 못했던 일을 그에게 해주기 위해 정기적으로 그와 교제해야 한다.

우리는 기도를 따라하며 사람의 마음 안에서 성령의 일을 하는 것만큼이나 사람의 깊은 필요를 따라 사역하는 역할연기나 심리극(사이코드라마) 등과 같은 기법에 의존하지는 않지만, 주님께서 지시하신다면 그런 방법의 사용을 결코 믿을 수 없는 것으로 여기지 않는다. 우리는 차가운 지적태도의 자세를 오랫동안 견지했던 사람의 얼굴에서 눈물이 줄줄 흐르는 것을 여러 번 보아왔다. 그의 감정을 열게 한 자극이란 고작 사랑하는 사람들이 두 줄로 늘어선 사이를 그가 천천히 지나갈 때 "주의 강으로 저를 이끄소서, 오 주님!"을 찬양하며 어깨를 쓰다듬고 여기저기서 포옹하는 것뿐이었다. 우리의 흘러감이 친구들의 후원의 사랑을 제방으로 하는 생명의 강을 통해 간다는 것을 설명하기 위해 시작된 드라마가, 하나님께서 마음속 깊이 침투하시는 도구가 되었다. 이 일이 감상적인 의식 이상이 되지 않으리라 생각해서 경계를 소홀히 한 틈을 타 사랑이 방어벽 뒤로 뚫고 들어가 승리(감정을 열게 함)하였다.

우리는 두 세 명의 무리가 부드럽게 흔들어 재우듯 할 때에 건장한 남자들이 흐느껴 우는 것을 보았다. "아브라함의 품에서 내 영혼을 흔드소서"라는 찬양을 자장가로 부를 때, 사랑이 이런 단순한 경험 안에서 통제된 감정의 견고한 진을 뚫고 숨은 필요에까지 들어가서 돌같은 마음을 녹였다. 대부분의 경우 감정을 느끼고 사람들과 관계하려는 새로운 능력이 생기게 된다. 이는 장성한 성인 내면에 있는 아기의 영이 삶에 그렇게도 필수 불가결한 사랑의 요소의 한 부분을 받아들이기 때문이다.

그러나 그런 경험에는 후원하고 격려하고 보호하는 사역이 뒤따라야 한다. 그렇지 않으면 갓 태어난 아기는 씨 뿌리는 자의 비유에서처럼 가시떨기로 인해 기운이 막혀 죽는 씨앗처럼 될 수 있다(마 13:1-23). 삶을 경험하는 그의 새로운 능력(마음을 열어 축복뿐만이 아니라 상처도 받아들이는 능력)이 주님 안에 뿌리내리고 세워지도록 도와주는 지속적인 사역이 없으면, 그는 버림받음과 노출, 두려움을 느낄 수 있다. 만약 그가 예전의 익숙하고 안전해 보이는 내면의 감옥으로 도망하면, 다시 깨어날 수 있는 자리에 자신이 서는 것을 스스로 허용하는 데까지(그렇게 하려고 할지 모르지만) 오랜 시간이 걸릴 수 있다.

상담할 때, 내담자가 자신의 현재의 감정적인 반응이 유아기의 경험과 그에 대한 반응에 뿌리를 두기 때문에 일어난다는 사실을 받아들이기 힘들 때가 종종 있다. 의식적인 생각에 긍정적인 양육을 받은 추억이 생생할 때에는 더욱 그렇다.

자신의 통제하지 못하는 성질로 인해 아내가 쫓겨나갔다고 스스로를 정죄하며, 아내가 떠나 마음이 상한 22세의 청년이 나(폴라)를 찾아왔다. 그는 자기 안에, 논쟁이 심해지면 가끔씩 아내를 때리기까지 하는 불끈하는 폭력성이 있음을 이해할 수 없었다. 그는 자신의 강한 소유성향과 관계가 개선되지 않으리라는 강한 두려움 때문에 당황스러워했다. 또한 그는 아내 없이는 살 수 없으리라는 느낌 때문에 더욱 당황했다. 그는 다정하고 친절하며 자애로운 조부모의 돌봄을 받으며 교회에서 성장했다. 그분들은 그를 잘 훈련하고 양육하셨다. 집에서 다른 자녀들과 좋은 관계를 맺었다. 학대받았다든가 과도하게 비난을 받았다든가 박탈감이나 거절감을 느낀 추억이 없었다. 자신보다 다른 아이가 더 사랑받았다든가 경쟁심이 생겼던 기억도 없었다. 그가 필요할 때면 가족은 언제나 그 자리에 있었던 것으로 보였다. 자신이 머리에서 기억나는 것들은 모두 편안하고 행복한 결혼관계를 영위할 수 있게끔 그를 잘 준비시킨 것으로 보였다. 따라서 그의 행동은 말도 안되는 것이었다.

"친부모님에게는 어떤 일이 있었죠?"

"어머니는 전혀 기억나지 않아요. 제가 태어나자 얼마 안 있어 부모님이 이혼하셨어요. 잘 모르겠어요. 아빠는 어쩌다 한 번씩 찾아 오셨죠. 하지만 항상 할머니 할아버지가 제게 아빠 엄마 같았어요. 불행한 아이였다는 기억은 없는데요."

나는 그에게 어린아이의 영이 생각으로 아는 것보다 훨씬 더 많은 것을 경험한다고 설명하고, 영으로는 부모님이 안 계신 것을 알았고 자신을 완전히 떠나버린 어머니에 대해 숨은 미움을 느끼고 있었을 것이라고 말해주었다. 더 나아가 나는 그에게, 어머니를 벌주고자 하는 무의식적인 욕구 때문에 어머니에게 가야할 분노와 두려움을 아내에게 투사해서, 말싸움에서 아내가 자신을 감정적으로 버린다 싶으면 아내를 때리는 것일 수 있다고 말했다. 나는 그에게, 아내에 대한 소유욕이 실제로는 그가 한 번도 정말로 가져보지 않은 어머니를 되찾고자 하는 강한 정체불명의 추구가 아닌지 물어보았다. 나는 그에게, 아내의 관심을 뺏는 사람을 향한 그의 질투심은 기억에서조차 발견할 수 없는 어머니를 앗아간 얼굴 모르는 사람들과 사건들을 향한 것이라고 하는 게 더 적합하지 않은지 물어보았다.

　　"와! 그건 참 지나치네요. 하지만 그럴 수도 있겠죠. 다른 답을 찾지 못했으니까요."

　　그 청년은 믿음으로, 그것들이 자신을 낳아주신 부모한테 버림받았다고 느끼는 아기의 마음속에 있을 수 있다는 사실 자체를 하나님께 올려드리기로 동의하였다. 믿음으로 거절당한 분노와 원망을 회개했고 부모님 특히 어머니를 향한 모든 판단을 회개했다. 그는 믿음으로 그러한 일이 일어나도록 허용하신 하나님을 향해 가질법한 분노와 불신을 회개했다. 청년은 이 모든 일을 하면서 자신 안에서 어떠한 부정적인 감정도 느끼지 못했다. "내가 자책할 아무것도 깨닫지 못하나 그러나 이를 인하여 의롭다 함을 얻지 못하노라 다만 나를 판단하실 이는 주시니라"(고전 4:4) "자기 허물을 능히 깨달을 자 누구리요? 나를 숨은 허물에서 벗어나게 하소서"(시 19:12).

나(폴라)는 하나님의 말씀(요일 1:9)의 권세로 부모를 공경치 않은 무의식적인 죄가 용서받았음을 선포하였다. 그리고 우리는 함께 주님께서 그의 인생의 초기에 이르기까지 그의 마음을 깨끗이 씻어주시고, 그의 속에 있는 어린아이를 위로하고 강건케 해주시라고, 또한 그의 부모님이 어디 계시건 그분들에게까지 흘러갈 수 있도록 그를 주님의 사죄의 선물로 채워주시길 간구했다. 우리는 그리스도의 십자가가 실제적인 방법으로 그와 그의 과거 사이에 놓여져서 그가 내면에서부터 자유롭게 되어 주님께서 부르신 바 새 피조물이 되도록 기도했다.

그는 기도에 감동받고 상담시간을 감사히 여기며 우리 사무실을 떠났지만, 이런 태도를 가졌다. "좋아요, 이렇게 해서 뭔 일이 있을지 두고 보겠어요. 다른 방법은 소용없었는데."

수 주 후에 전화벨이 울렸다. 전화를 건 사람은 기쁨에 들떠 믿기지 않는 일을 너무 나누고 싶어하는 한 청년이었다.

어떤 일이 있었는지 짐작도 못하실 거예요! 친엄마가 저를 찾아냈어요! 뜻밖에도 어머님께서 제게 전화하셨어요! 우린 만나서 멋진 시간을 가졌죠!

그는 자신이 결코 잡을 수 없었던 퍼즐의 조각을 계속해서 나누었다.

어머니는 저를 사랑하셨어요! 하지만 부모님은 너무 어리셨죠. 그리고 결혼을 감당하실 수 없었어요. 조부모님께서는 제가 태어난 후에 결혼을 무효화시키셨어요. 그리고 제 양육권을 놓고 큰 법정 싸움이 있었는데, 조부모님이 승소하셨어요. 그리고 어머니가 저를 만나는 게 허락되지 않았어요! 그동안 어머니는 상처받고 두려워하고 계셨지요. 이제

전 또 다른 사람들을 용서할 일이 생겼네요. 하지만 어머니는 저를 정말 사랑하셨어요! 멋지지 않아요? 아내와 제가 다시 합칠 수 있을지는 모르겠어요. 하지만 그 일에 관해 전과는 다르게 느껴져요. 어떤 일이 생기건 전 살아갈 거예요. 더 이상 아내가 무언가를 해야 한다고 강요할 필요도 없다는 걸 알겠어요.

이 청년의 인생의 상황이, 크리스천의 사랑과 덕목을 보여주기 위해 더 열심히 노력하거나 사랑하는 남편이 되려고 애써서 바뀐 게 아니다. 주목해야할 중요한 점은, 그의 의식적인 노력에도 불구하고 내면에 있는 어린시절의 쓴 뿌리(숨어있고 고백되지 않은 죄성)로 인해 그가 계속 인생에 나쁜 열매를 맺었다는 것이다. 그가 믿음으로 죄의 숨은 영역을 고백하기 전까지는, 주님은 그의 방어하고 있고 회심하지 않은 마음속 깊은 곳을 차지하시도록 초대받지 않으신 것이다.

(제2장에서 언급했듯이) 내적 변화에 있어 우리는 언제나 우리의 의식적인 생각이 주께 헌신한 것과 동일한 수준으로 온전히 가게 하기 위해 마음의 한 층 그리고 그 다음 층을 계속 전도하고 회심시킨다. 이 모든 것은 궁극적으로 사도바울이 로마서 7:18-19절과 21-24절에서 묘사한 내적인 싸움을 끝내기 위함이다.

내 속 곧 내 육신에 선한 것이 거하지 아니하는 줄을 아노니 원함은 내게 있으나 선을 행하는 것은 없노라. 내가 원하는 바 선은 하지 아니하고 도리어 원치 아니하는 바 악은 행하는도다... 그러므로 내가 한 법을 깨달았노니 곧 선을 행하기 원하는 나에게 악이 함께 있는 것이로다. 내 속 사람으로는 하나님의 법을 즐거워하되 내 지체 속에서 한 다른 법이 내 마음의 법과 싸워 내 지체 속에 있는 죄의 법 아래로 나를 사로잡아

오는 것을 보는도다. 오호라 나는 곤고한 사람이로다! 이 사망의 몸에서 누가 나를 건져내랴?

여기에서 '사망의 몸'이란 육체적인 몸이 아니라 우리 안에 형성된 죄악의 성품을 의미한다.

우리가 육신의 가정에서는 생각할 수 없는 일을 교회 가족 안에서 행한다는 점이 나(폴라)를 항상 놀라게 한다. 우리 중 누가 아기가 병원에서 태어나면 집으로 데려와 요람에 눕힌 후, 자동차 열쇠를 주고 할당된 일의 목록을 주면서 모든 일을 제대로 해야 한다는 최후통첩을 남기겠는가? 하지만 이것이 수없이 많은 갓 태어난 크리스천들이 당하는 일이다. 그들이 '거듭났기' 때문에, 우리는 그들에게 임무를 부과하고는, 감정적으로나 경험적으로 일하도록 전혀 준비되지 않았는데도 그리스도 안에서의 기준에 따라 즉시 성취해내도록 요구한다. 그리고 그들이 실수할 때에는 얼마나 빨리 정죄하며 판단하는가!

내가 남을 정죄하는 사람들을 비난하는 함정에 빠지지 않기 위해서 나의 판단(교회가 더 잘 알아야 한다는)을 제단 위에 올려놓고 이 장을 마치면서 또 우유 한잔 마시러 가야겠다(벧전 2:2).

제 9 장 걸음마 시기의 무서움
Toddling Terror

어른의 눈으로 볼 때에 걸음마 배우는 유아는 귀여운 코미디언이자 무릎으로 기어 다니는 애벌레, 가구 등산가, 커튼 흔드는 선수, 어지럽히는 흥분제, 살아있는 마루 청소기 등의 재미있는 복합체이다. 아기는 종종 팔을 벌리고 안아달라고 떼쓰다가도 다음 순간에는 뽀뽀받지 않으려고 교묘하게 피하고는 낄낄댄다. 때로는 자신만만해져 재미있게 하고, 종종 감히 놀리기도 하며, 두려움 없이 할 수 있는 한 최고로 모험을 즐기기도 하는데 이때 부모 마음의 불편함도 최고조에 이른다. 그렇게 자신의 날개를 시험하고 우리의 인내심을 시험한다. 부딪히고 멍들며 까진 무릎과 코는 일상사의 한 부분이다. 존과 내가 회고해보면, 우리 자녀 여섯 명이 그토록 수많은 일상적인 그 시기의 무서움에서 잘 살아남은데 대해 하나님께 감사드리며 또한 신기하게 여긴다. 대부분의 부모도 그럴 것이다.

신체적인 상처는 '잘 낫게' 뽀뽀해주고, 다친 아이가 잠들 때까지 흔

> 형제들아 너희는 삼가 혹 너희 중에 누가 믿지 아니하는 악한 마음을 품고 살아 계신 하나님에게서 떨어질까 조심할 것이요 히 3:12

 들어주고 노래하면서 마법의 반창고를 붙이고, 등에 태워주고, 과자 주는 것으로 쉽게 처리된다. 낮잠 시간이 지나면 자잘한 사건과 상처가 잊혀진다. 잠을 푹 잔 후에는 믿을 수 없을 만큼의 생기와 활달함이 넘쳐난다. 열정적으로 호기심을 갖고 돌격을 계속하기에 너무 짧아 보이는 네 다리(두 팔 두 다리) 또는 두 다리를 갖고 무턱대고 달린다. 그런 활력과 열정, 호기심에는 성장을 위한 격려와 더불어 유아의 안전을 위해 한계를 정해주는 사랑의 훈육이 필요하다. 유아는 정서적으로나 경험적으로 자기 세상의 중심이고 아직 무수하게 부딪힐 도전이나 도전이 될 사람들에 대해서는 아무것도 모른다.
 존과 나는 때로 우리 자신을 유아의 입장이 되어 그들 관점에서 바라보려고 노력했다. 무릎 높이의 세계, 그 뒤에는 늘 우리가 알아듣기 힘든 이상한 소리로 지껄이는 어마어마하게 크면서 머리는 작은 이들이 있다. 우리는 그런 혼란스런 소리에 응답해야 한다. 반복해서 들리는 소리가 하나 있는데, 그것은 "안돼, 못써!"이다. 때로 이 소리에는 외침과 찌푸린 얼굴, 그리고 매가 동반한다. 우리는 왜 그런지 의아히 여긴다. 우리가 한 일은 너무 기분 좋았는데! 우리가 그 일을 반복하면, 우리보다 4배나 큰 사람이 불쾌감을 거듭해서 경험하게 된다. 우리는 곧 우리의 행동과 그 큰 사람의 큰 손에서 오는 고통을 연관짓게 된다. 그 고통은 '해선 안 되는 일'이라고 불린다. 그 손은 우리를 먹이고 사랑으로 토닥거리고, 우리가 넘어질 때 일으켜주는 바로 그 손이다. 우리는 곧, '해선 안 되는 일'을 함으로써 얻어지는 '쾌감'의 정도와 찰싹 맞는 일시적인 고통의 대가를 비교하여 재는 법을 배운다. 우리는 약한 고통을 알게 된다. 이것은 눈물 빼게 만들고 화를 불러들임에도 불구하고, 인과관계가 단순하고 분명한 초점을 갖도록 해준다. 화난 말로 길게 야단맞으면 혼란스럽다. 우리는 알지 못하는 방향으로 반응해야 한다고 느낀다. '달콤한 논리' 역시 해석할 수 없다. 이는 우리에게 몰려온다고 느껴지는 분노의 에너지에 설탕을 입힌 것이다. 우리는 두렵다. 우리는 때로 사랑으로 토닥거려주는 큰 손과 팔로 달려가 용납해 달라고 한다. 야단맞으면, 상처받은 채 눈물 흘리거나 성질낸다. 그러나 우리는 곧 두 세상의 최상을 얻는 법을 배운다. 아무도 보지 않을 때에는 "해선 안 되는 일"을 할 수 있다!

이렇게 유아와 동일시해보면, 어떻게 자기보호와 조종이 정상적이고 건강한 가정에서 싹트며, 책임감 있게 돌보지만 할 수 있는 일만을 한 부모 아래에서 장려되는지 쉽게 알 수 있다. 완벽한 부모가 되는 길이 있다 해도, 완벽한 자녀를 기르기란 불가능할 것이다. 선악 의식이 발달하거나 양심이 깨어나기 전에, 우리는 개인적인 만족이나 이득을 얻기 위해서 '범죄' 한다. 의식이나 양심이 자랄 때쯤이면 이미 조종과 통제, 애쓰고 숨기고 거짓말하는 습관성향이 깊이 배어들어 우리도 모르게 모든 올바른 일을 그릇된 이유에서 하도록 하는 동기의 기초가 된다. 주 예수님은 우리 기초의 이 깊은 곳까지 구속하고 변화시키실 것이다.

유아가 배워야할 중요한 것 중 하나가 배변훈련이다. 어머니가 더러운 천기저귀를 세탁하는 일이 끝나기를 고대하는 것은 이해할만한 일이다. 하지만 이 자유를 너무 고대한 나머지 아이가 신체적으로나 정서적으로 준비가 되지 않았는데도 아이를 몰아가서, 아이에게 자기 자신이 되고 자신을 표현할 수 있는 자유를 제한하는 분투하는 습관과 엄격한 성격구조, 까다로운 태도가 생기게 만든다. 이런 구조는 어른이 되었을 때 그 안에서 나타난다.

어떤 엄마는 6개월 된 유아가 변기훈련이 되었다고 자랑스러워한다. 실제로는 엄마 자신이 때를 예상하고 배변하려는 기미를 알아차릴 수 있게끔 훈련된 것인데 말이다. 엄마는 아이에게 큰 대가를 치르게 하면서 훈련을 강요한다. 그러한 경우에는 종종 아이가 훈련이 되지 못하고 '사고'를 저지르면 자아 관여가 심하게 표현된다. "창피한 줄 알아! 아이고 더러워! 웩! 나빠! 더러워!" 이 순간 아이는 자신의 몸과 정상적인 기능을 수치스럽고 경멸해야 할 대상으로 보기 시작한다. 이는 아이 자신의 몸과, 그리고 보다 적절하게 말하면 자신의 성(性)에 대한 기본 태도의 무의식적인 부분을 형성한다.

유아에게 더 파괴적인 일은 사랑과 성취를 혼동시키는 압력이다. 아이가 변기에서 성공적으로 일을 치뤘다. 격려하고자 하는 마음에서 엄마는 "잘 했다! 엄마는 네가 자랑스러워. 엄마는 널 사랑한다."라고 말한다. 아이의 성공이 인정받을 필요는 있지만, 결코 성취와 사랑을 결부시키거나, 실패했다고 사랑의 표현을 받지 못하게 해서는 안 된다. 사랑은 특히 아이가 새 기술을 배우는 모험을 할 때에 후원하고 격려하기 위해 조건 없이 주어야 한다. 서서 바지에 응가를 하고 부끄럽고 거부감을 느껴서 자기가 안했다고 소리치는 유아는, 실패하면 사랑받지 못한다고 느껴서 자기 실수를 인정할 수 없는 어른과 같다. 아니면 뿌리 깊은 내면에서 여성은 자신의 불완전함에 대해 예민하게 대해 줄 거라고 믿을 수가 없어서, 깊이 나누기를 꺼려하고 무의식적으로 아내에게서 물러서는 남자가 될 수도 있다. 그는 소리질러대고 신랄하게 말하며 손가락질하는 엄마의 망령 때문에 연약한 모습으로 있기를 두려워한다. 그는 마음 깊은 곳에서 "절대 발견되지 않을거야"라는 내적맹세를 해서, 겉으로는 남자답고 자기충족적인 모습을 유지하려고 애쓸 수도 있다. 실제로는 진정한 친밀함이 없기에 내면은 죽어가고 있는데 말이다.

그런 성인으로 하여금 신뢰하고, 맘을 열고 진실하도록 하며, 긴장을 풀고, 마음을 열라고 격려하는 것은, 자신이 하지 말라고 (습관)구조화하고 프로그램한 것을 하라고 요구하는 것이다! 그는 시도해 볼 수 있다. 그러나 아내가 조금 인내하지 못하고 뭐라 하는 것으로 인해, 그의 초기 두려움이 속사람 깊은 곳에서부터 올라와 그렇게 하지 못하게 한다.

만약 사람이 성취를 잘 해야 한다는 혼란스런 당위성 안에서만 사랑받는다고 느끼도록 철저히 프로그램화됐다면, 어떤 권면을 해도 그는 실패하고 말 수고에 빠지게 된다. 긴장을 풀려고 노력하면 할수록 성공하고자 더 긴장하게 된다. 마음을 열고 진실해지려고 노력하면 할수록 그는 자신의 성공이나 실패를 더욱 통제하고 판단하게 된다. 조만간 그는 실패하고 말텐데, 그러면 그는 용납받기 위해 이를 무마시키려고 더욱 필사적이 된다. "제가 잘 하지 못한다고 말하지 마세요!"(제 3장 성취지향성을 보라).

그런 사람에 대한 사역이 효과적이려면, 성인의 내면 깊은 곳에 아직도 살아있는 어린아이의 마음에 대고 얘기해야 한다. 어린아이는 장성한 사람에게 여전히 불안감을 주고 그 사람을 어린애 같은 감정 안에 가둔다. 예수님은 갇힌 자를 자유케 하러 오셨다. 그 분만이 어린아이가 용서하고 사죄 받을 수 있도록 내면의 아이에게 다가가실 수 있다. 그 분만이 "하나님이여, 내 속에 정한 마음을 창조하시고 내 안에 정직한 영을 새롭게 하실"(시 51:10) 수 있다. "내가 어릴 때에는 말하는 것이 어린아이와 같고, 깨닫는 것이 어린아이와 같고, 생각하는 것이 어린아이와 같았습니다. 그러나 어른이 되어서는 어린아이의 일을 버렸습니다"(고전 13:11, 표새). 그러한 성숙함은 주님으로부터 오는 능력의 은사에 따라온다. 이것이 없으면 내담자는 '버리는' 일을 완수할 수 없다.

우리가 한 사람을 위해 기도할 때에 그 내면의 아이는, '그것' 이 무엇이건 간에 그걸 잘 한다고 해서 더 사랑받지도 않고, 그걸 잘 못한다고 해서 덜 사랑받는 것도 아님을 반복해서 들을 필요가 있다. 내면의 아이는, 자신의 성취의 잘하고 못함에 상관없이 우리 주님으로부터 언제나 무조건 사랑받는다는 것을 인격적이고 실제적인 것으로 알아야할 필요가 있다.

세 살이 채 되지 않았을 때 우리 손주 나단은 매우 독립적이고 제멋대로이며 땅콩버터를 매우 좋아하는 아이였다. 나단의 엄마 베스는 어느 날 나단에게 땅콩버터를 바른 식빵을 주고는 나가면서, 턱받이를 하고 있으라고 엄하게 일렀다. 나단은 나이든 사람들이 턱받이 없이 식사한다는 걸 알아차렸다. 나이든 사람이 되길 너무 원해서 그는 곧 턱받이를 뺐다. 베스가 돌아와서 나단이 점심 다 먹은 걸 봤을 때에는, 땅콩버터가 그의 손과 얼굴, 옷, 식탁 그리고 의자에까지 여기저기 온통 묻어 있었다! 엄마가 무슨 말을 꺼내기 전에 나단은 "이거 까끗해! 이거 까끗해!"라고 외쳤다. 그녀는 그를 손에 꽉 잡고는 볼기를 때리고 그를 화장실로 데려가 부드럽고도 단호하게 "넌 깨끗하지 않아. 넌 내 말을 듣지 않고 턱받이를 하지 않고 먹었어. 이제 너와 네 옷을 씻어야 해."라고 말했다. 그녀는 그에게 책임을 물었다. 가벼운 맴매를 함으로써 훈육을 순간적이지만 고통스런 초점이 되게 했다. 하지만 그를 사랑하는 것을 조금도 거두지 않았다. 또한 그를 부끄럽게 만들거나 욕하지도 않았다. 사랑 안에서 견실한 훈육은 후에 어른이 되어서 하나님 아버지나 다른 사람에게 "제가 잘못했습니다. 용서해주세요. 제가 고치겠습니다."라고 고백할 수 있는 기본적인 능력을 유아에게 형성시켜준다. 하지만 거부감과 수치감을 느끼게 하는 아동기의 토대는 정당화하고 거짓말하고 자신의 일을 숨기면서 언제나 방어적인 태도를 갖도록 할 수 있다. 그리스도의 십자가가 내면의 어린아이의 일을 죽음에 처하게 하고, 새롭게 생각하고 느끼고 행동하는 방식을 만들어내기 전까지는 그렇다. "진실로 진실로 네게 이르노니 사람이 거듭나지 아니하면 하나님 나라를 볼 수 없느니라"(요 3:3). 하나님 나라는 이차적으로는 장소이지만, 일차적으로는 거짓과 수치심 없이 하나님과 또는 사람과 관계 맺는 방식을 일컫는다.

지속적이고 견실한 훈련은 유아에게 마구 설치며 행패부리는 것이 허용되지 않는다는 확신을 준다. 이러한 확신이 있어야 아이는 안심하고 안식하며 모험하는 것을 두려워하지 않게 된다. 사랑의 훈육은 견고함과 용납이 혼합된 것이다. 사랑은 훈육의 일관성의 엄격함을 누그러뜨려 달라지는 유아의 필요와 상황에 따라 훈육이 적합해지도록 한다.

내 동생 노만은 오래된 회전날개식 세탁기 옆에서 떨어져 있으라는 말을 들었다. 어머니를 돕는 다른 큰 형과 누나들처럼 되고 싶은 욕구와 더불어 노만의 호기심이 그를 움직였다. 그는 세탁기에 손이 끼여 겨드랑이까지 딸려 들어갔다. 일반적인 원리로는 불순종하면 꾸지람 듣거나 매를 맞는다. 하지만 이 경우에는 어떤 것도 해당하지 않았다. 그는 이미 자신의 불순종의 대가를 톡톡히 거두어들였다. 더 훈육하면 이는 전혀 훈육이 아니라 잔혹한 형벌이 되고 말 것이다. 훈육의 일차적인 목적은 벌하려는 것이 아니라 구조를 세우기 위함이다. 그날 그의 속사람에 이미 이런 메시지가 전달되었다. "네가 너보다 경험이 많은 사람이 정해준 규칙을 따르지 않으면 고통스런 곤경에 빠질거야. 네가 고통 받으면 야단맞지 않고, 오히려 처음에 경고를 준 바로 그 사람이 너를 찾아와 사랑하고 치유해 준다." 이것이야말로 자녀가 이해할 수 있는 지적능력을 갖기 전에 부모가 하나님의 속성을 전달할 수 있는 방법이 아닐까? "저가 내게 간구하리니 내가 응답하리라 저희 환난 때에 내가 저와 함께 하여 저를 건지고 영화롭게 하리라"(시 91:15). 아이들은 추상화할 능력이 없다. 그들은 특별하고 구체적인 고통과 기쁨을 경험한다. 하나님은 부모의 손을 통해서 그들에게 찾아오신다.

이미 두려워하고 '피흘리는' 아이에게 자기감정을 분출하는 부모는 아이의 마음에 완전히 다른 종류의 메시지를 전달하는 셈이다. 그들은 '바보 같은 짓' 한 것을 비난하며 아이를 그 고통에 묶어버린다. 어른인 우리는 바보 같은 짓이 될 수 있는 그런 종류의 일을 위험을 무릅쓰고 할 수 있는 자유가 있어야 한다. 우리는 내면에 개인적으로 결정하는 중심으로부터 예 혹은 아니오라고 말하고, 또한 비난받지 않고 우리의 선택의 결과를 거두어들일 수 있는 자유가 있어야 한다. 하나님은 우리를 자녀로 부르셨지 로봇으로 부르지 않으셨다. 정서적으로나 신체적으로 손상된 아이는 어른이 되어서도 자유를 거의 경험하지 못한다.

우리는 아직 유아일 때 자유를 연습한다. 물론 유아는 통제되고 보호받아야 한다. 그들은 자기 자신이나 다른 사람을 죽이는 것을 방지하는 경험적인 지혜가 없다. 15개월짜리 아이가 친구의 팔을 자기 이로 물고는 그 반응에 놀람을 표하는 것을 보라. 하지만 우리의 통제행위 때문에 유아가 "아니오"라고 말하거나 불쾌감을 표현하는 용기가 완전히 억제되어서는 결코 안 된다. 친구들에게 "안돼"라고 말할 수 있는 자아의 힘을 가진 십대는, 유아시기에 비난받지 않고 "아니오"라고 말하는 자유가 있고 동시에 권위에 의지적으로 거스르기 위해 "아니오"라고 말하는 것은 허용되지 않았던 사람이다.

어느 오후 나(폴라)는 소파에 앉아 있었다. 소파 가장자리에는 내가 좋아하는 화분이 놓인 협탁이 있었다. 우리 손주 제이슨은 당시 두 살이 채 안됐는데, 손가락으로 흙을 휘젓기 시작했다. 나는 "안돼, 제이슨"이라고 했다. 그는 곧 손가락을 뒤로 빼고 얼마간 나를 열심히 쳐다본 후 일부러 흙 속에 자기 손을 다시 집어넣고 손으로 꽉잡기 시작했다. 나는 그 손을 잡아 빼고 손가락에 있는 흙을 털며 단호하게 반복해서 말했다. "안돼! 안돼! 안돼!" 그는 곧바로 공격적인 행동을 반복했고 나는 아이의 손을 때렸다. 제이슨은 뒤로 물러서더니 두 주먹을 꽉 쥐고는 얼굴을 뒤틀면서 오랫동안 소리를 질러댔지만, 비명이 인정되지 않자 내 무릎에 앉았다. 문제는 해결됐다. 나는 아이가 자기 생각 안에 있는 것을 소리질렀다고 해서 벌주고 싶은 충동은 전혀 없었다. 그는 내 화분에서 노는 모험을 다시 하지 않았다. 6살이 되자 그는 자기 나름대로의 인격이 성숙하여 6살짜리에 맞는 권위에 대한 존경심을 갖게 되었으며, 허용되는 시간과 장소에서는 흙을 갖고 놀기를 여전히 좋아했다.

때로 유아는 정말 '아니오'를 뜻해서가 아니라 단지 그 말을 할 수 있다는 특권을 즐기기 때문에 '아니오'라고 말한다. 우리 자녀들은 차타기와 아빠와 함께 마루에서 뛰놀기, 그리고 아이스크림 등을 좋아했다. 때로 유아 때 이런 일들 중 하나를 하게 되면, 그들은 "아니오"를 연습하면서 어쨌든 재미있게 즐긴다. 애들이 정말 아니오라고 하는 것이 아님을 알았다. 여섯 아이들은 모두, 유아일 때 말하는 것이 유일한 목적인 '말하기' 게임을 하며 노는 그런 시기를 다 거쳤다.

"예" 우리가 시작한다.

"아니오" 아이들이 대답한다.

"예" 우리가 고집한다.

"아니오" 애들이 단호하게 되받는다.

우리가 반응을 "아니오"로 바꾸면 애들은 낄낄거리며 "예!"라고 바꾼다.

아이들이 까꿍 놀이를 통해 보이지 않았다가 다시 나타나리라는 것과 믿음을 가져도 괜찮다는 것을 배우는 것처럼, "예, 아니오" 놀이를 통해 반대의견을 표현하는 것이 괜찮음을 배운다. 아이들은 다르다는 점 때문에 거부당하지 않는다. 이 일이 나중에 우리 아이들로 하여금 또래의 압력에 언제나 대항할 수 있도록 보장하지는 않는다. 그들은 나름대로 죄를 지을 수 있지만, 선택할 수 있는 자유의 기본구조가 그들 안에 있고,

우리의 실수로 인해 뒤틀린 영역들 안에 주님의 은혜가 있어서 구속하고 새로 만드신다. 햇수가 지날수록, 하나님의 목적에 맞게 자녀를 키우는 가장 효과적인 최선의 기도는 사도바울의 기도처럼 속사람을 능력으로 강건하게 해 달라(엡 3:16)는 기도임을 배웠다. 이는 다른 말로 하면 이와 같다. "주님, 이들을 모든 속박에서 자유롭게 하소서. 이들을 향한 저의 염려를 포함해서 말입니다. 그리고 좋은 선택을 하고, 제가 원하는 바가 아니라 주님 안에서 자기 자신이 될 수 있는 근본적인 용기를 주세요."

그런데 만약 성장 초창기에 자기 자신이 되고 자유롭게 자신을 표현할 자유가 손상되었거나 파괴된 성인을 사역한다고 한다면?

버드는 내가 여태까지 만나본 '가장 괜찮은' 사람들 중 한 사람이었다. 그는 누군가를 돕기 위해 기꺼이 비상한 노력을 할 사람이었다. 그는 그 누구에게도 좋지 않은 소리를 하지 않았다. 그러나 그는 계속 분노와 싸우고 있었다. 그는 일하는 '바른' 방법을 찾지 않으면 안 되었고, 한번도 표현하지는 않았지만 어느 정도 기준에 이르지 못하는 사람들에 대해 잘 참지 못했다. 하지만 그는 결코 그 좌절감을 공공연하게 표출하지 않았다. 단 한 사람, 내면에 억압한 것을 다 쏟아 부은 아내를 제외하면 말이다. 그리고 그는 그런 감정을 격발한 것에 대해 스스로를 정죄하곤 했다. 그는 성적인 탐욕과 싸웠는데, 특히 관음증의 문제가 있었고 여성을 대할 때 긴장했는데, 특별히 친절한 여성에 대해 더 그랬다. 아내가 자신에게 다정하고 용서하는 태도로 다가올수록 그는 더 화가 났다. 우리는 그와 이야기하며 어떻게 기도해야할지 주님의 지혜를 구했다. 그리고 우리는 버드가 어린시절 때부터 어머니의 상냥하면서 숨막히게하고 조종하는 논리에 통제받았음을 알게 되었다.

"아니, 버드, 우리는 그렇게 느끼길 원치 않아, 그렇지?"

"우리는 그렇게 하지 않을 거야, 그렇지?"

"자, 애야. 착한 아이는 자기 발을 구르지 않지." 그는 한 번도 그가 자기 자신이 되도록 허용하지 않으셨던 어머니를 향한 증오심을 포함해서 그에게 있었던 실제적이고 나쁜 충동을 모두 다 억누르는 법을 배웠다! 그의 유머감각은 설사 있었다손 치더라도 이제는 완전히 사라졌다.

먼저 어린아이를 위해 용서하고 용서받는 기도를 해야 한다. 그리고 두려움을 내어 쫓을 사랑을 위해 기도한다. 우리는 주님께 어린 소년에게서 성취하려는 무거운 짐을 벗겨주시고 내면을 자유케 하셔서 자기 자신이 되게 해 달라고 구했다. "주님, 삶에 대한 지나친 심각함을 가져가 주시고, 어린 소년에게 자기 자신을 보고 웃으며 발 구르고 나쁜 말하고 옷에 온탕 흙을 묻힐 자유를 주시고, 그럼에도 주님이 여전히 팔을 벌리고 이해하는 마음으로 그 자리에 계심을 알게 해주세요." 우리는 그러한 기도를 계속 했고, 주님께서는 버드 안에서 부활을 이루셨다. 그는 심지어 자신의 이전 모습에 대해서도 웃을 정도가 되었다.

유아는 자연히 호기심이 많고, 자기 몸이 무얼 할 수 있고 무얼 못하는 지를 탐색하고 맛보며 시험하고 알아가는 많은 모험을 한다. 모든 아이는 다 다르다. 한 원리를 모든 아이들에게 적용시킬 수는 없다. 각각의 아이들을 만나면서 고유한 인격으로 다루어야 한다. 우리는 어린아이들을 좇아 선착장 가장자리까지 가거나 찻길에서 뒤로 잡아당기거나 뒷베란다에서 뛰어내리는 걸 잡는다든가 하면서 마음 졸이며, 이 아이들이 투표할 수 있는 나이까지 살아남을 수 있을까 의구심을 갖곤 했다. 로렌은 18개월 때 미시간 호수에 거꾸로 빠지는 것을 생각해내지 않았으리

라. 다만 로렌은 자기 아빠가 그렇게 하는 걸 여러 번 봤고, 어차피 집에서 첨벙대며 노는 즐거움과 같은 물에 젖는 경험이 아닌가? (그래서 호수에 거꾸로 빠졌다.) 마찬가지로 로렌은 제멋대로 비둘기 떼를 좇아 "저 비두기 봐요! 비두기 봐요!"하며 길이나 골목을 달렸다. 에이미를 유모차에 태우고 로렌은 즉흥적인 열정으로 꽉차있고 시장본 것이 내 손에 한아름 있을 때에는, 번잡한 시카고 시내에서 로렌을 유모차에 묶어놓는 것이 최선이라는 것을 알았다. 엘리베이터를 타고 1층에서 올라갈 때 로렌이 갑작스런 충동으로 우리를 떠나지 못하게 하려면 말이다. 우리가 한 행동 때문에 로렌을 우리만큼 잘 모르는 나이든 아줌마들은 "저 엄마, 대체 뭐하는 거야!"라는 식으로 우리를 쳐다봤다. 로렌이 10개월 반 되었을 때에, 시카고 대학에 있는 우리 아파트에 사는 한 이웃이 로렌을 위해 문을 열어주었다("로렌이 마치 자기가 어디 가는지를 아는 것처럼 보였기 때문에"). 우리는 로렌을 길 건너 재향군인 학생기숙사 2층의 화재대피소에서 찾았다. 수개월 후에는 어떤 분이 로렌을 미드웨이 플레싱스 길(역자주: 시카고 대학 북쪽의 동서를 가로지르는 큰 길) 근처에서 발견해서 록펠러 교회 사무실로 데려다 주셨다. 우리가 아이를 데리러 갔을 때에 로렌은 무사태평이었다. 로렌은 자기가 어디에 있는지를 알았다. 이전에도 와본 적이 있기 때문이다. 에이미는 좀 더 조심스러웠다. 한번은 지하실 배수로에 발이 끼어서 우리는 한동안 애를 빼내기 위해 굴착기가 필요한 게 아닌가 생각한 적도 있었지만, 적어도 그 애가 어디에 있는지는 알았다. 반면 어느 더운 날에는, 시원하게 되려면 옷을 좀 덜 입어야 하는데 옷을 하나라도 벗을 생각을 전혀 하지 않았다. 그래서 이웃들은 그녀를 '주름 빵'이라고 불렀다.

마크 때에 우리는 중간 휴식기간을 가졌다. 마크는 몇 시간이고 구석에서 놀면서 잡지 속의 그림을 들여다보고 생각의 새들을 좇아다니고 내면의 세계를 탐구하길 좋아했다. 하지만 원할 때는 활동적이었다. 마크는 고양이가 뛰어올라 그의 처진 기저귀를 발톱으로 잡을 때까지 도망다니곤 했다. 그러곤 마크와 고양이는 함께 큰 대자로 드러누어서 낄낄대고는 다시 뛰어다니는 일을 하곤 했다.

그리고 자니가 태어났다. 자니는 5개월에 아기침대에서 일어섰고 9개월에 첫 발걸음을 떼고는 곧 서른아홉 걸음을 더 걷고 거실의 커튼에 매달리기를 하였고 그때부터 그는 무서운 것이 없었다. 우리는 자니를 '인간파리'라고 부를 마음이 있었다. 왜냐하면 자니는 어디건 오를 수 있었고 또 그렇게 했다. 티모시는 3살 때 브리티시 콜롬비아의 캠프장에 있는 화장실에 빠졌고(왜냐하면 '혼자 일을 보'고 싶었기 때문에) 입이 변기에 부딪쳐서 앞니 4개가 부러졌다. 수년 후 안드레아가 태어났는데, 주님의 자비로 또 다른 조용한 아이였다. 그녀는 그 위의 언니와 마찬가지로 더 위험한 것을 추구하기보다는 찬장을 탐색하길 좋아하고 변기에 물건을 집어넣고 물 내리는 일을 좋아했다. 안드레아가 유아일 때 내가 정말 화난 유일한 기억은 그녀가 자기 친구와 함께 침실 벽을 큰 크레용 벽화로 장식한 날이었다. 애들은 자신들이 한 일을 매우 자랑스러워했기에, 우리가 화를 별로 참지 않은 데에 당혹스러워했다!

우리는 이 말을 하려고 위의 일들을 모두 적었다. "모든 아이는 다 다르다! 아이들을 똑같은 틀에서 찍어내려 하지 마라. 한 아이에게 맞는 일이 다른 아이에게는 맞지 않을 수 있다. 하나님께서 다양하게 만드심을 기뻐하라."

오랫동안 우리는, 우리가 어릴 때 (대부분의 경우처럼) 한번에 한 명씩 자녀를 주신 주님의 지혜에 더욱 더 감사드리게 되었다. 동시에 우리는 자녀양육의 책임이나 불편함으로부터 도망가려는 현대의 젊은이들을 보면서 슬퍼한다. 그 당시를 보면 풍요롭고 때론 두렵기도 했지만 흥미진진한 시기였다. 그리고 각 아이와 함께 살아가고 축복을 주고받는 능력의 새로운 차원이 우리에게 주어졌음을 안다.

부모로서 우리 모두가 점검해야 할 유혹은 과잉 보호하려는 충동이다. 어머니로서 돌보는 것(mothering)과 숨막히게 하는 것(smothering), 그리고 아버지로서 돌보는 것(fathering)과 괴롭히는 것(bothering) 간에는 분명한 경계선이 있다. 우리는 어릴 때 신발을 벗으면 죄책감을 느껴서, 서늘한 잔디를 맨발로 걷거나 힘든 하루의 일과 후에 TV 앞에서 맨 발가락을 쭉 뻗는 유쾌한 자유를 누릴 수 없는 어른들을 안다. "뭔가를 밟아서 발에 상처날 거다!" 어떤 성인은 나무를 오르거나 나무 위의 집에서 노는 것을 허락받아본 적이 한 번도 없다는 이유 하나로 다양한 형태의 고소공포증을 갖는다. "조심해! 떨어질 거야!" 많은 사람들은 "개 옆에 가지마! 개가 물거야!"라는 경고를 반복해서 들었기 때문에 동물을 두려워하며 산다. 또 어떤 이는 "그걸 하기엔 넌 너무 어려"라는 후렴구를 계속 들어서 새로운 경험을 시도할 때의 두려움을 결코 이겨내지 못한다. "내가 대신 해줄께." "조심해!" "어떻게 그런 걸 탈 수 있다고 생각하니?" "할 줄 아는 사람이 하게 해라." "넌 어떻게 할지 모를거야."

과잉보호하는 부모들은 자신의 두려움을 자녀에게 투사하면서 아이의 생명을 구한다고 생각하지만, 실은 소멸시키고 있다. 그들은 실상 자기 자신의 안전감을 보호하고 있는 것이다. 아이들이 모험할 때 이들을 지도하려면 무엇을 할 수 있을까? 우리 안에 두려움을 키우는 육신의 것들을 파악해서 통제하고 조종하려는 그 필요들을 기도로 죽음에 처하게 하고, "마땅히 행할 길을 아이에게 가르치는"(잠 22:6) 지혜를 구해야 한다. 다시 말하지만 위험을 무릅쓰는 일에 대한 두려움이 과잉 통제하는 부모와의 경험에서 비롯된 것이라면, 자유해지는 길은 언제나 당신에게 저질러진 죄를 용서하고 그 죄에 대한 당신의 반응을 용서받고 새로운 마음과 신뢰의 은사를 받는 것이다. 그러면 결국에는 풀어져서 살아나게 되고 웃고 달리고 위험을 무릅쓰는 일등을 할 수 있게 된다.

우리의 저서 '크리스천 가정의 회복'에서 우리는 '상상을 위한 장소'라는 한 장 전체를 아이의 상상력을 키우는 주제에 할애했다. 여기서는 유아의 상상력이 매우 활발함을 언급하기만 하겠다. 유아의 영적 감수성은 예민하고 어른들이 오래 전에 없다고 치부한 영적 실체를 때때로 인식한다. 아이는 한밤중에 자기 방에 누군가 있다며 울어대고 두려워한다. 아이가 꿈꾸었을 수도 있고, 상상했을 수도 있지만, 뭔가 있다고 진짜로 느꼈을 수 있다. 우리가 예수님이 거기 계셔 어떤 상황도 보호하고 이기실 수 있다는 분명한 확신 가운데 두려워하는 아이와 함께 옆에 있기만 한다면, 두려움의 원인을 밝혀내는 것은 그리 중요하지 않다. 우리는 아이에게 두려워할 것이 아무것도 없다는 점을 우리의 태도로 의사 전달한다. 간단한 기도로도 그렇게 말할 수 있다. 만약 우리가 아이가 인지한 것을 비웃는다면 아이는 보는 능력에 대한 자신감이 손상된다. 아이의 주장에 우리가 화를 낸다면 우리는 아이에게 이렇게 말하고 있는 것이다. 우리는 네가 어둠에서 발견한 적을 이길 수 있도록 이해하고 인정하고 도와줄 만큼 믿을 수 있는 사람들이 아니야. 하지만 우리가 아이의 실재를 존중하고 하늘에 있는 자들과 땅에 있는 자들의 모든 무릎을 꿇게 하신(빌 2:10-11) 주님께 그 자리에 오시도록 초청한다면, 우리는 아이 안에 하나님이 가까이에 계셔서 이해하고 준비하고 계시며 모든 위협을 이기기에 충분하시다는 확신을 심어주게 된다. 음부에 내려가 사로잡힌 자를 사로잡으신(벧전 3:18-19, 엡 4:8) 주님께는, 그것이 실재이건 상상한 것이건 간에 아이방 벽에 드리워진 그림자를 없애는 것이 분명 아무 문제가 되지 않으신다.

어린아이들이 예수님을 괴롭히지 못하게 막으려 했던 제자들처럼 많은 사람들은, 인생에 대한 깊은 교훈이 아주 사소하고도 가장 자주 반복되는 초창기의 경험에서 체득됨을 인식하지 못하고 유아들을 옆에 제쳐 둔다.

종종 교회에서 3세 미만의 아이는, 가르쳐야 한다는 인식이나 마음이 전혀 없는 아이 돌보는 사람에게 맡겨진다. 이는 가장 적응력 있고 예민한 그 나이 때의 학습능력을 너무 몰라서 그렇다. 가장 사랑이 많고 창조적인 교사들을 어린아이들과 함께 하도록 배치해야 한다! 내가 한 때 가르쳤던 두 살 배기 반을 아주 생생하게 기억한다. 어느 주일 우리는 예수님과 함께 배(탁자)에 올랐는데 풍랑이 일어 배가 흔들리는 바람에 우리 모두는 너무 무서워했고 어떤 아이는 실제로 울기 시작했다. 그 때 우리 모두는 예수님께서 깨어나시는 것을 '보았고', 그분이 풍랑을 잠잠케 하시는 것을 '들었으며' 바다는 순종했다. 그리고 우리는 '배'에서 내려 예수님께 우리를 잘 돌봐주신 것에 대해 감사를 드렸다. 수년 후 그들 중 이제 어른이 된 아이가 그 당시 경험이 얼마나 생생했는지를 내게 상기시켜 주었다.

가족 중에 누군가 죽었을 때, 때론 아이가 이해하기에 너무 어리다고 쉽게 가정해서 아무도 아이나 느끼는 상실감과 혼란에 대해 민감하게 대해주지 않고 혼자 두어서 가족이 느끼는 슬픔의 에너지를 받아들이게 한다. 아이가 지적으로는 아직 몰라도 어린 영은 분명히 알고 있다. 사별의 시기에는, 어른들의 바쁜 세계 가운데 어린아이를 위한 일상적인 포옹조차 간과된다.

유아에게 중요한, 그러나 우리 같은 어른들에게는 잊혀진 또 다른 종류의 상실이 있다. 좋아하는 장난감이 길가에 떨어져 버린다. "그건 장난감에 불과하잖아. 잊어버릴거야."라고 말한다. 애완동물이 차에 치였다. "걱정 마. 다른 강아지를 사주지 뭐. 다음 주면 기억도 못할 거야." 부모가 다툰다. 유아가 듣는다. 더 중요한 것은 부모간의 틈새를 느낀다는 점이다. 부모는 자신들이 헤어질 때에 아이의 안전감의 토대가 밑바닥에서부터 쪼개지고 있고, 영 안에서 아이가 찢겨짐을 모른다. "걔는 이해하기엔 너무 어려."

독자들은 아이의 인생의 첫 해에 기본적 신뢰가 형성될 수도 있고 아닐 수도 있음을 알아야 한다. 기본적 신뢰는 마음을 열고 불완전한 사람들과 마음과 마음으로 계속 잇대는 위험을 무릅쓰는 능력을 말한다. 기본적 신뢰는 인간관계에 필요한 내면의 힘이자 회복력이고, 항상 믿을 수만은 없는 사람들에게 자신을 연약하게 노출시키는 능력이다.

만약 어린아이가 넘어져 다리가 부러졌는데 제대로 고침받지 못하면, 아이는 평생 다리를 절어야 한다. 우리는 그 골절과 원인을 보고 쉽게 동정할 수 있다. 그러나 감정의 상처도 부러진 다리만큼 실제적인 것이며 아이는 이것 때문에 평생 절룩거릴 수 있다. 그러한 골절은 통찰이라는 X선이 아니고는 볼 수가 없다. 보이지 않아서 잘 인식하지 못하고 동정하지도 못하는 경향이 있다. 거듭되는 상처와 상처에 대해 반복해서 대응하는 죄악은, 성품 구조가 된 습관을 낳고 삶에 대해 방어적이거나 상처 주는 공격적 반응양식을 형성한다. 그리스도의 몸 특히 상담자는 우리가 크리스천으로서 그렇게 맹렬히 싸우는 우리의 옛 본성에 있는 많은 습관들이, 이 세상에 나온 후 첫 2, 3년 내에 형성된다는 끔찍한 사실에 눈을 열 필요가 있다! 일단 우리가 이것이 얼마나 놀라운 사실인지를 충분히 이해하게 되면, 우리 마음과 생각은 쉽게 예수님의 부드러운 동정심으로 가득 차게 될 것이다.

"그는 실로 우리의 질고를 지고 우리의 슬픔을 당하였거늘"(사 53:4) 이라는 하나님의 말씀에 대한 우리의 확신은, 우리의 현재 어려움 뿐 아니라 어제와 태어날 때까지의 모든 시간에도 해당된다. 예수 그리스도는 우리의 무의식 안에, 태어난 해로부터 이전에 있었던 모든 것, 우리를 형성한 모든 것, 우리를 몰고 간 모든 것을 만지고 치유하고 변화시키실 수 있으시다. 그분은 과거를 지우시거나 잊혀진 기억이 되도록 하지 않으신다. 그분은 우리 인생의 모든 경험을 강건함과 이해, 긍휼과 치유의 도구로 변화시키신다. 우리의 이전의 상처와 죄로 인한 굴욕의 바로 그 내용으로부터 말이다.

제 10 장 걷는 시기에서 취학기까지

From Walking, to School

잠언 22:6의 말씀에 대해 염려하는 부모들의 가장 흔한 반응은 이렇다. "그 말씀을 믿고 싶어요. 하지만 몇 살이나 돼야 떠나는 걸 멈추나요!" "그 말씀이 사실이라면 저희가 무얼 잘못한 거죠?" "수지에게 모든 걸 다 해줬죠! 그 애는 도대체 감사할 줄 몰라요!" 이 모든 말들이 보여주고 있는 바는, "아이를 그가 마땅히 가야 할 길로 훈육하라"는 말씀 중 핵심 단어가 무엇인지를 기본적으로 이해하지 못하고 있다는 점이다. 가장 중요한 점은, 아이를 향한 주님의 계획에 따라 그가 마땅히 가야할 길이 무엇인지를 발견하고, 애정을 갖고 민감하게 권유하고 훈련하여 자유롭게 하나님께서 창조하신 본연의 모습에 충실하도록 해주는 것이다. "우리는 그의 만드신 바라. 그리스도 예수 안에서 선한 일을 위하여 지으심을 받은 자니, 이 일은 하나님이 전에 예비하사 우리로 그 가운데서 행하게 하려 하심이니라."(엡 2:10)

하나님께서 우리 자녀를 위해 독특하게 예비하신 선한 일은 우리 가

> 아이를 그가 마땅히 가야 할 길로 훈육하라. 그리하면 그가 늙어도 그 길을 떠나지 아니하리라.(잠 22:6, 흠정)

정의 전통과 일치할 수도 있지만 아닐 수도 있다. "우리는 지미가 아버지나 할아버지처럼 변호사가 되길 바랬어요." 하나님의 계획은 우리의 꿈이나 소원, 계획과는 완전히 다를 수 있다. "하지만 가족 중에 의사가 있길 언제나 바랬어요!" "사랑은 자기의 유익을 구치 아니한다"(고전 13:5). 다시 말해서 아주 고상한 포부일지라도 이를 자녀에게 부과시키면 사랑이 아니다. 내(폴라)가 확신컨대, 모든 사람은 각각 선한 일을 위해 지음 받았고, 하나님께서 심어주신 자연스러운 관심과 재능의 씨앗으로 말미암아 그 일을 위해 독특하게 준비된다. 아이는 그 일만 할 수 있는 것이 아니다. 왜냐하면 하나님께서는 필요를 채우기 위해 누구라도 새로운 기술을 습득하여 특별한 임무를 하도록 그 사람의 능력을 늘려주실 수 있기 때문이다. 하지만 한 사람을 가장 잘 충족시키면서 효과적이고 기쁘게 일하도록 하려면, 부모와 교사가 타고난 은사들에 따라 그를 존중하고 양육하며 훈련하고 성숙시켜야 한다. 아이가 자신이 가야할 길로 훈련받으면 자신에게 참 잘 맞고 보람이 있으며 만족스럽다고 느낄 것이다. 그러면 그 길은 아이의 한 부분이 되고 그는 그 길의 한 부분이 될 것이다.

친구인 오랄 로버츠 의과대학의 외과 부교수인 로저 유만스(Roger Youmans) 박사는 건강의 정의를 우리에게 이렇게 얘기했다. "건강이란 생명체와 그 생명체로 하여금 목적을 달성하게 하는 환경간의 상호관계를 지칭한다." 학교교육과 마찬가지로 가정에서의 사랑은 건강한 인간 생명체로 자라도록 계획되어야 한다. 로저의 정의에 의하면, 자신의 목적이 아닌 것을 성취하는 데에 주로 순응했던 아이는 건강한 생명체가 아니다. 사람은 하나님께서 계획하신 바를 한 번도 하지 못하고 다른 사람을 기쁘게 하려고 수고하는 절름발이 인생을 살 수도 있다. 내면에서는 실패하거나 거절받을까봐 두려워 움츠러들 수 있다. 기대수준에 미치지 못한다는 수치감에 사로잡혀있을 수도 있다. 자신이 행하기로 동의한 역할 외에는 한 번도 자신의 있는 모습 그대로 받아들여지지 않는 것에 대해 반항적으로 분노하고 원망하는 죄를 지음으로 주변을 더럽힐 수도 있다.

속사람의 치유를 위한 기도에는 언제나 그 뿌리에 용서한다는 결단과 용서를 구하는 자백, 그리고 새로운 삶을 살려는 제자훈련이 포함된다. 치유의 목적이 단지 타인의 요구사항을 제대로 이행할 수 있게 하는 것은 아니다. 좀 더 나아진 느낌을 갖게 하는 것도 아니다. 치유의 목적은 한 사람을 원래 창조된 목적대로 회복시키고, 그렇게 되려는 용기를 갖게 하는 것이다. 치유의 목적은 그를 판단과 정죄, 그리고 남이 자기를 어떻게 생각할지 두려워하는 데에서 자유케 하는 것이다.

이것은 복잡한 과정이 아니다. 이는 단지, 인생이라는 집의 기반이 되는 성품의 기초에 심각한 손상이 있었기 때문에 집의 한 부분이 약해서 무너지고 있거나 불행과 갈등으로 가득 차 있다고 인정하는 문제이다. 누가복음 6장에 보면 깊이 파고 주초를 반석(예수님) 위에 놓으면 인생의 홍수가 일어나 어떤 압박이 몰려와도 우리가 견딜 수 있다고 말씀하고 있다.

> 선한 사람은 마음의 쌓은 선에서 선을 내고 악한 자는 그 쌓은 악에서 악을 내나니 이는 마음의 가득한 것을 입으로 말함이니라. 너희는 나를 불러 주여, 주여 하면서도 어찌하여 나의 말하는 것을 행치 아니하느냐? 내게 나아와 내 말을 듣고 행하는 자마다 누구와 같은 것을 너희에게 보이리라. 집을 짓되 깊이 파고 주초를 반석 위에 놓은 사람과 같으니, 큰 물이 나서 탁류가 그 집에 부딪히되 잘 지은 연고로 능히 요동케 못하였거니와, 듣고 행치 아니하는 자는 주초 없이 흙 위에 집 지은 사람과 같으니 탁류가 부딪히매 집이 곧 무너져 파괴됨이 심하니라 하시니라(눅 6:45-49)

때로 우리는 살면서 마음 안의 좋은 보물을 드러내지 않는 행동과 태도를 표현한다는 것을 인정한다. 만약 우리가 기초석(이는 우리 인생의 초창기를 의미하는데, 이후의 삶은 여기에 기반한다) 일부에 있는 취약한 부분을 찾아 주님이 이 석재를 주님의 성품이라는 견고함으로 바꾸시도록 하기를 소홀히 하면, 책임감의 압박과 환경의 어려움(큰 물)으로 인해 영적, 정서적, 신체적 함몰과 붕괴가 일어나는 것은 시간문제이다.

다음의 이야기는 취학 전과 학교생활 초기에 일어나는 여러 종류의 기초석의 결함을 보여준다.

자녀의 재능을 어떻게 사장시키는가

유진은 두 아이 중 첫째였다. 그의 부모는 이 작은 소년의 안전을 염려하여 그를 모든 위험으로부터 보호하리라 결심했다. 친구와 놀려고 마당 밖으로 나가는 것은 금지사항이었다. 이웃 아이들이 집에 오는 것도 환영하지 않았다. 엄마가 항상 간섭했기에 노는 시간이 조금도 즐겁지 않았다. 어지럽히면 그냥 넘어가는 법이 없었다. 자전거 타기나 롤러스케이트를 소리치며 타기 등은 한번도 허용되지 않았다. 유진이 학교에 다니기 시작하자 그의 어머니는 유진을 매일 학교 운동장에 바래다주고, 학교가 파하면 그를 안전하게 집으로 데리고 왔다. 3학년까지 이런 일이 계속되었다. 그즈음에는 그가 마당을 벗어나는 것도 허용되었지만 친구는 없었다. 그는 학교에서도 외롭게 지냈다. 엄마의 과보호와 "넌 나 없이는 잘할 수 없어"라는 저의가 담긴 말이 아이의 자신감을 잃게 했고, 이를 전혀 모른 엄마의 넘치는 '도움'에도 불구하고 학교성적은 형편없었다. 그가 결혼했을 때에는 직장을 계속 다닐 수 없어서 모든 정서적 물질적 후원을 아내에게 의존했다. 그는 남자로서 자신에 대해 느끼는 불안을 달래기 위해 알콜중독자가 되었고, 늘 익숙한 길에서 몇 마일만 떨어져도 두려워했다. 그는 진정한 거듭남의 체험을 통해 예수님을 영접했지만, 자신이 교회의 회원이 되면 다른 사람들에게 알려지고 당혹감을 느끼게 될까봐 그렇게 하지 못했다. 그는 구원에 있어 전혀 자라지 못했다(벧전 2:2).

자기 자신이 되고자 했고 어떤 일이 있어도 성공해야겠다고 결심한 남동생과의 관계는 질투심 때문에 발전될 수 없었다.

유진은 주님께서 처음부터 그에게 주셨던 저술과 동화구연의 빼어난 은사를 전혀 발휘하지 못한 채 젊은 나이에 죽었다.

> 무릇 있는 자는 받아 풍족하게 되고 없는 자는 그 있는 것까지 빼앗기리라
> (마 25:29)

유진의 경우, 기초석 중 몇 가지에만 손상이 있었던 것이 아니다. 모든 것이 그를 위해 제공됐고, 어느 정도 자신감을 갖도록 책임감이라는 근육을 연마하는 것이 한번도 허용되지 않은 뒤범벅 위에 그의 인생이 세워졌다. 그가 초기에 어떤 모험정신을 가졌건 간에, 부모의 두려움과 통제에 속박되어 위험을 무릅쓰고 무언가 해볼 용기를 모두 잃었다. 그의 치유는 용서로 시작될 수 있었을 것이다. 그런 다음에 지속적인 기도와 더불어 그를 생명으로 이끌어 낼 수 있는 다른 사람과의 관계가 필요했을 것이다. 거듭난 이후에 그는, 함께 시간을 보내고 일상의 행동에서 예수님의 실제적인 사랑으로 그의 기초석을 완전히 재건축함으로써 그를 후원하고 긍정해줄 다른 사람이 필요했다. 하지만 그를 육적으로 조건화시켰던 것들이 그를 압도해 버렸다. 삶에서 도망쳐 버렸다.

형제간의 고통

다만 이뿐 아니라 우리가 환난 중에도 즐거워하나니 이는 환난은 인내를, 인내는 연단을, 연단은 소망을 이루는 줄 앎이로다(롬 5:3-4)

어른으로서 우리는 어린아이의 시련과 다툼을 금방 사라질 상대적으

로 하찮고 미성숙한 일로 치부하는 경향이 있다. 또는 그들의 싸움과 눈물 때문에 마음이 불편해 아이들을 무시하거나, 그들의 어리석음을 조롱하거나, 서둘러 문제를 해결하려든다. 우리는 어린아이의 작은 시련이 그에게는 산과 같고 절실한 일임을 깨달아야 한다. 아이가 갈등한 사건은 금방 잊혀지더라도 아이의 사건처리방식에 대한 주위 가까운 사람들의 반응은 그의 마음 창고의 일부로 기억되어 내면에서 그에게 계속 영향을 준다. 어린아이에겐 경험을 통해 그것들을 과거와 미래로 연관시키는 사고력이 아직 발달하지 않았다. 그는 지금 상처받으면 즉각적인 위로와 도움을 받고자 상처의 울분을 터트린다. 예를 들면, 죠이가 상당한 시간을 들여 블록으로 높은 탑을 쌓았다. 죠이는 자기가 쌓은 것을 보여드리고 칭찬받고 싶어 엄마를 부르러 방을 나간다. 그 사이에 죠이의 어린 동생이 탑을 허물고 그 위에 즐겁게 앉아 있다. 엄마는 죠이를 달래며 아이스크림 콘을 주었는데, 개가 그의 손에서 콘을 채어가고, 이 도둑으로부터 자신의 맛난 것을 구해야 하는 급박한 상황에서 어린 동생과 블록더미에 걸려 바닥에 쓰러져 의자 모서리에 머리를 부딪친다. 상처와 분노를 방출할 곳이 필요한 그는 블록으로 아기 동생을 친다. 죠이에게 일련의 이런 사건들은, 오랜 시간의 힘든 작업을 했는데 서투른 동료의 실수로 선망하던 사업거래를 잃어버렸다가, 결국에는 거래를 성사시키지만 마지막 순간에 편승한 회사의 '잘나가는 인간' 의 그릇된 설명으로 공로를 인정받지 못하게 된 성인의 경험만큼이나 끔찍한 것이다. 어떤 경우든 "공평하지 않아"라는 화난 외침은 가르치기보다 먼저 민감하게 다루어질 필요가 있다. 만약 죠이의 엄마가 오직 동생 때린 것만을 벌하면, 엄마는 조이에게, 이해받지 못하고 동생 때문에 밀려나 믿을 수 있다고 생각한 사람에게 부당한 대우를 받는다는 판단을 키우는 셈이다. 사업이나 단체의 모임에서 '형제들'로 인해 어려움을 겪는 많은 성인들이 상담을 받고자 한다. 그러한 사람들은 친형제·자매와 그런 수많은 사건들의 흔적을 가진 돌들이 기초 토대에 있다. 그들은 판단하고 미워하고 기대를 해 왔다가, 이제 거두는 것이다.

질투

마릴린의 남편은 다른 여자, 바로 아내의 가장 친한 친구 때문에 마릴린을 떠나려고 한다. 그녀는 배신감과 거절감, 추함과 무가치함을 느낀다. 상담결과 마릴린은 여동생이 태어난 이래로 그만큼 예쁘거나 재능있거나 사랑스럽지 않은 이등시민이라고 느꼈음이 밝혀졌다. 엄마와 아빠는 언제나 여동생에게 잘해주시는 것 같았다. 그녀는 자기가 여동생을 사랑한다고 항변했지만, 마릴린에게 동생은 언제나 친구들이 먼저 전화하고, 후에는 모든 남자친구들을 가지고 모든 상을 다 받는 존재였다. 다른 가족들은 마릴린의 과거를 그녀와 다르게 기억했다. 그들은 마릴린의 적대감을 알았다. 상담자의 처음 임무는 마릴린이 어렸을 때의 진실이 무엇인지를 바로잡아 주는 것이 아니다. 기도를 통해 그녀 안의 어린아이와 예수님을 연결시켜서, 주님이 그녀에게 진실을 보여 주시고 여동생과 부모, 하나님과 자신과 관련된 어린시절의 판단을 버리도록 도와주실 수 있게 하는 것이 상담자의 임무이다. 주께서는 상담자들과 교회를 통해 그녀가 주 안에서 자신의 아름다움과 존재가치를 감사하며 인식하기까지 성장하도록 도와주셨다.

형제 자매와 연관된 어린시절의 모든 판단이 계속되어 우리의 일부분이 되는 것은 아니다. 나(폴라)의 남동생, 제리와 스탄은 겨우 20개월 차이이다. 그들은 수많은 건전한 난투극을 포함하여 어린시절의 많은 모험을 함께 즐겼다. 형인 제리가 학교에 가자 스탄은 당연히 자신도 학교에 갈 수 있다고 여겼다. 이 특권이 거부되었을 때에 스탄은 그것이 제리의 잘못이라고 여기며 제리에게 화를 냈다. 스탄이 최소한 일년간 제리 탓을 한 듯 싶은데, 왜냐하면 그가 유치원에 갈 수 있게 되었을 때 제리와는 반대편 길로 유치원에 가겠다고 고집했기 때문이다. 하지만 오해는 깊은 뿌리를 갖지 않는다. 그럴 수 있었던 이유 중의 하나는 아마도 편애하지 않고 사랑으로 중재하신 부모님 덕분일 것이다. 그리고 보다 큰 이유는 어린 나이에 서로를 용서하고 서로를 선택한 소년들의 선택 때문이다. 그들은 지금까지 좋은 친구로 지내며 각자의 분야에서 잘하고 있다.

선택은 환난이 결국 성품과 소망을 이루느냐의 여부를 결정짓는데 큰 역할을 한다. 아직 마음 깊이 뒤에 있는 것을 잊고 앞에 놓인 것을 바라보겠다는(빌 3:13-15) 선택을 하지 않은 사람의 마음은 내적치유를 위해 상담과 기도를 많이 한다 해도 변화시킬 수 없다. 치유는 자기 인생에서 일어났던 일들을 자신을 위한 변명거리나 다른 사람이 잘못되었음을 증명하는 것으로 '이용'하지 않겠다고 마음먹은 사람에게 일어난다.

경제적 몰락과 물려받기

우리는 대공황기와 그 직후에 어린 시절을 보낸 많은 사람들을 상담했다. 우리는 모두가 함께 강제적인 절약을 경험한 것에 대하여 두 가지 중요한 반응이 있음을 발견했다. 어떤 이들은 계속 박탈감을 느끼며 주기적으로 물건을 마구 사들이며 보상받고자 한다. 혹은 자기 자녀들은 자신들이 그러했던 것처럼 없이 지내지 않도록 하겠다고 결정하고 자녀를 위해 돈을 물 쓰듯 쓴다. 그들은 쓰던 물건을 물려주는 것에 기분 나빠 한다. "전 제 것이라고 부를 수 있는 새 것이라곤 한 번도 가져본 적이 없어요! 우리 애들은 최상의 것을 갖도록 하겠어요!" 다른 사람들은 공황기에 원하는 것과 필요한 것의 차이를 구별하는 예민한 능력과 더불어, 흠집 난 재료들을 창조적으로 사용하는 재능과 싸게 사고 나눠 쓰는 것을 감사히 여기는 마음을 발달시켰다. 때로 자기 자신을 위해 물건을 사거나, 모호한 죄책감을 갖지 않고 값비싼 선물을 받기 위해서 기도사역을 받을 필요가 있을 뿐, 그들은 박탈감이라는 정서적 구덩이를 채우기 위해 무절제함으로 가지 않았다. 다시 말하지만 그 차이는 기초석의 질에서 생긴다. (어떻게든 아이를 훈련시키라. 인생을 바꿀만한 무언가가 들어오지 않는다면, 아이는 그에서 떠나지 않으리라). 만약 아이가 사랑을 많이 받고 가족이 함께 지내고 싸움이 없고 희생적인 사랑으로 나눔이 표현되고 가정 안에서 즐겁고 재미난 시간을 보냈다면, 어린아이는 자신이 물질적으로 가난하다는 사실조차 인식하지 못한다! 혹은 가난함을 눈치챘다 하더라도 그다지 중요하지 않다. 재정적 스트레스가 사랑을 억누르고 화합을 일그러뜨리며 하나됨을 깨뜨리도록 놔둔 가정의 어린아이는, 대부분 불안감을 흡수하여 그 결과로 불안정함이 인생에 대한 기본적인 태도의 일부분이 되고 만다.

   가난하거나 부유한 가정 모두, 자녀가 많은 경우에 대개 진행되는 이야기는 같다. 자연스레 동생들은 옷을 물려받는다. 어떤 가정에서는 동생이 형이나 언니의 작아진 옷을 입기를 자랑스레 여긴다. 이는 자신도 자기 영웅인 형(오빠)이나 누나(언니)의 모습으로 자랐다는 상징이다. 하지만 만약 형제 자매가 그들의 영웅이 아니면 동생들은 이등시민으로 취급받는 것에 질투나 분노로 반응한다. 상처주거나 축복하는 마음의 창고에 저장되는 것은 사건이나 상황 자체가 아니라 항상 이에 대한 각자의 반응이다. 마음 안에 이등시민이라는 사고방식은, 인생을 살면서 직장에서 자신은 승진하거나 상받지 못하리라는 기대, 자신의 배우자가 다른 누구보다도 자신을 택했다는 것을 불신함, 봉사하거나 자기 자리를 주장하려고 앞으로 나가는 것을 자제함, 칭찬을 잘 받아들이지 못함, '예수님이 나를 사랑하신다' 는 것조차 믿기 어려워함 등 다양하게 나타난다.

소속감 – 혼란과 제외 당함

어린아이는 가정이라는 자신을 보호하는 익숙한 환경을 떠나 자기 집이나 이웃집 마당에서 놀기 시작하면서 '또래집단' 으로 옮겨가기 시작한다. 아이는 곧 엄마 아빠의 행동방식과 밖에서 이뤄지는 방식 사이에 혼란스런 불일치가 있음을 경험하기 시작한다. 예를 들면, 아이가 또래들에게 인정받는 이상한 새 단어를 배워 집에서 사용하면 입을 비누로 씻는 대가를 치른다! 규칙을 어길 때 자신은 매를 맞지만 친구들은 그렇지 않을 때에 정의에 대한 질문과 씨름하게 된다. 나(폴라)는 아들 로렌이 네 다섯 살 되었을 때에 친구 어니와 함께 뒷골목으로 내려가 잘 익은 토마토를 따서 철퍼덕 소리 나도록 던지는 놀이를 한 것이 기억난다. 로렌은 매 맞았고 이웃에게 사과를 해야 했지만, 어니는 그렇지 않았다. 로렌은 격분했다.

또래집단의 신의가 모든 아이에게 점점 견고하게 자리잡게 되는데, 현명한 부모라면 아이에게 주어지는 또래 집단의 압력에 대해 동정하면서 동시에 견실하고 건강한 가치체계를 세우도록 적절한 훈련을 할 것이다. 아이는 불공평하다고 생각하면 격렬한 감정으로 반응하기 마련이다. 하지만 어떤 모양의 훈육을 하든지 예민함과 사랑이 함께 표현된다면 이는 견고한 기초석을 놓는 좋은 토대가 된다.

만약 훈육이 지나쳐 (혹은 지나치다고 여겨) 부모에 대해 판단했다면, 후에 용서하면 된다. 하지만 훈육이 부족하면 아이의 에너지와 의욕에 경계를 지어주지 않고 방치한 것이 되어, 성인이 되었을 때 내적치유 이상이 필요하게 된다. 어느 순간에는 받지 않은 것을 받아야 한다. 즉 누군가 그를 그리스도 안의 부모로서 어떤 형태로든지 훈육해야 하며, 그렇지 않으면 그는 내면의 구조 없이 영원히 버둥거리고 헤맬 것이다. 그는 자신 안에, 다른 사람을 무시하거나 불공정한 이득을 취하고 있음을 알게 하는 자기 경계가 없다. 그는 순간 위급한 일에 취약하고 인과관계의 역동성을 쉽게 고려하지 못한다. "자기의 영을 다스리지 못하는 자는 무너져 버린 성읍에 성벽이 없는 것과 같으니라"(잠 25:28, 흠정). 우리는 종종 기도로 자신을 훈육하지 않은 부모를 용서하도록 했다. 아이의 생각은 '(혼나지 않고) 넘어간다' 고 할렐루야를 외칠지라도 그의 마음은 사랑받지 못한다고 느끼며 불안해한다.

모든 아이에게는 친구들에게 용납받고자 하는 강한 필요가 있다. 엄청난 필요이다. 우리가 시카고대학 기숙사에 살던 1950년대 초반에 우리 장남이 이 사실을 극적으로 보여 주었다. 우리 신학교 기숙사의 학생들은 두 살배기 로렌이 유행하는 신학 용어를 한 음절도 빼먹지 않고 따라하는 것을 보면서 매우 재미있어 했다. 킴발크 기숙사의 앞마당에서 그가 놀 때에 수업을 오가던 많은 학생과 선생님들은 멈춰서서 삼빛 머리색을 가진 우리 꼬마와 잡담하곤 했다. 그들은 언제나 이 아이의 대화 능력을 보면서 로렌이 매우 어린 나이라는 걸 알고는 놀라와했다. 이내 로렌은 아파트 뒤편에 많은 애들이 노는 마당이 있는 구획 맨 끝쪽에 관심을 갖게 되었다. 로렌에게는 작은 청색 세발자전거가 있었는데, 로렌은 매일 자전거를 타고 놀이친구를 찾아 길을 다녔다. "넌 바보야! 넌 네가 몇 살인지도 모르잖아!"라고 놀리는 아이들의 놀림 때문에 그는 거듭해서 울며 돌아오곤 했다. 아이들은 그렇게 어른처럼 말하고 자전거 타는 아이가 겨우 두 살밖에 되지 않았다는 것을 믿기 어려워했다. 우리는 그를 안고 눈물을 닦아주었고, 그는 '가칠(거칠)고 고악(고약)하다' 고 자신이 표현한 또래의 일원이 되기 위해 또다시 그들을 찾아갔다. 그런 노력은 로렌 안에 역경 앞에서 견디는 능력을 길러줬다. 또한 그의 내면에 인정받고자 하는 깊은 갈망이 생겨났는데, 이것은 후에 사역이 필요했었다.

일리노이주 스트리에이터에서 유치원 시절을 보낸 우리 둘째 에이미는 그 구획에서 유일한 여자아이였다. 때로 로렌과 그 또래들의 뒤를 붙어 다니는 것이 허용되었지만 결코 정식 멤버는 될 수 없었다. 에이미는 제외당한 느낌을 예민하게 느꼈고, 다양하게 이에 반응했다. 1) 에이미는 오빠에게 조용하면서도 꾸준히 고결한 삶의 보상에 대해 상기시키면서, 더 옳은 사람이 되었기에 자신이 느낀 바는 우위에 있는 까닭이라고 가정했다. 이러한 습관의 결과로 에이미가 그 집단에서 차지한 자리는 없었다. 하지만 그들과 연관지어 자신의 정체성을 갖게 되었다. 2) 에이미는 약자에 대한 꼬마 옹호자가 되었고, 누구라도 권리를 빼앗기거나 조롱이나 놀림을 받으면 가슴아파 했다. 에이미는 어떤 대가를 치르고서라도 그들을 자기 품으로 데려와 돌봐주곤 했다. 우리가 살았던 동네에

'피츠'(Pitts)라는 이름을 가진 극빈 가정이 있었다. 그 집 아이들의 부모는 아이들을 잘 양육했고 여러 면에서 존경받을 만 했지만, 아이들은 어울리지 않는 옷을 입었고, 음식을 제대로 먹지 못한 티가 났다. 이웃 애들은 잔인하게도 "피츠, 피츠. 넌 곰보(pits)같은 놈이야"라고 놀려댔고, 누가 새로 이사 오면 "조심해, 곰보(Pitts)에 걸릴 수 있어!"라고 주의를 주었다(역자주:Pitts를 만날 수 있다는 말을 비꼰 것). 에이미는 거절 당한 이들과 자신을 동일시해서 그들을 신실히 옹호했다. 우리는 그 애가 보여준 사랑과 강인함에 감복했다. 그리고 자기 의의 태도가 커질까 봐 다소 걱정하기도 했다. 에이미에게 있어 돌보는 모습이 너무 많은 부분을 차지하는 것을 좀 더 많이 염려하기도 했다. 주님은 그 애가 결혼한 후에 그 돌봄의 은사를 자기 자녀에게 사용하도록 축복하셨다. 하지만 주님께서는 그것이 무의식적으로 부적절하게 남편에게 사용되는 경우에는 이를 씻어내고 정련하셔야 했다. 다 자란 그녀가 자신이 하는 일을 의식적으로 알게 하는 것만으로는 충분하지 않다. 내면의 어린 소녀가 위로받고 용서받으며 마음 안에 급박하게 몰아가는 것으로부터 자유롭게 되어야 했다. 그러자 에이미는 남편 론과 그의 필요에 따라 돌보는 사랑 가운데 자유롭게 관계하기를 선택할 수 있었다.

놀림

조롱이 목적이 아니라 애정표현으로 놀리는 것조차도 취학 전 아동에게는 치명적일 수 있다. 그들은 놀림으로 이해하지 못하고 말한 것을 문자적으로 해석하는 경향이 있다. 우리 중 대부분은 (엄지를 검지와 중지 사이에 집어넣어) 약올리며 "고양이가 네 혀를 가졌네" 혹은 "내가 네 코를 가졌어"라는 말을 들은 어린아이가 눈물 흘리는 것을 본 적이 있다. 또는 "네 몸 전체에 외피가 있어!"에 대해 큰소리로 "난 아냐!"하며 반응하는 것을 본 적이 있다. 대부분의 사람들은 "어이, 너절한 놈아!" "넌 왜 그렇게 키가 작니?" "바보야 이리와" "야, 멍청아"식의 말을 계속 사용할 때 아이에게 상처주고 있음을 깨닫지 못한다. 어른들은 그런 별명을 웃으며 하는 농담으로 생각할는지 모르나, 아이의 마음은 이를 거절과 조롱으로 받아들인다. 아이는 자신이 바꿀 수 없는 자신의 키나 무지로 인해 부당하게 당한다고 느낀다. 아마 성인들의 또래집단에서 부적절하거나 용납 받지 못한다고 느끼지 않으면서 살 수 있도록 기도할 때에 가장 공통적으로 드러나는 문제는 수년전에 다른 아이들이 놀렸던 것과 연관이 있다. 성인의 생각은 그 사건과 혼란을 기억하여 찾아낼 수 있다. 내면의 어린아이는 용서하고, 분노하며 습관적으로 계속 화를 냈거나 다른 사람을 회피했던 것을 용서받으며, 새로운 정체성을 받아들일 필요가 있다.

조롱

학급 친구들 앞에서 조롱받은 아이는 칼에 찔린 듯한 상처를 수년간 안고 산다. 사람들 앞에서 당황할까봐 마음에 불안을 안고 산다. 교실에서 오줌을 싸서 자율 신경 조절도 못하는 애기로 놀림받은 아이는 그 때부터 자기 몸과 몸의 자연스런 기능에 대해 당혹감과 거절감을 품게 된다. 교실을 떠나야 하는 자신의 필요를 알아주지 못한 선생님에 대한 미움의 마음을 갖는다. 그러면 그는 자기 소원을 무시하거나 어떤 이유에서건 사람 앞에서 자신을 당황하게 만든 사람에게 그 미움을 투사한다.

하지만 기쁜 소식은 이것이다. 현재 주님께 상처가 된 그 사건을 말씀드리고 누군가에게 도움을 청하여 용서가 이루어지도록 자신이 선택할 수도 있다는 것이다. 그는 자신을 압박하고 억눌렀던 그 사건의 능력이 깨지기 위해 기도할 수 있다. 예수님은 그 기도에 응답하신다.

어린 시절 나(폴라)는 매우 성취지향적이어서, 새 안경을 맞춘 후 동화책을 볼 때 글을 읽을 줄 아는 척했다(나는 계속 들어서 줄거리를 외웠다). 왜냐하면 새 안경을 썼으니 보다 잘 봐야 한다고 생각했기 때문이다. 할 수 있어야 한다고 여겨지는 일을 내가 못한다는 걸 다른 사람이 알게 할 순 없었다. 지금은 그 일에 대해 웃을 수 있지만, 당시 어린 소녀에게는 심각한 문제였다. 나는 나의 '해야 하는 세상'을 교실로 갖고 왔고, 이를 수줍음과 혼합했다. 나는 예민하고 배려깊은 선생님들의 성함은 기억하지 못한다. 그분들에 대해 내 마음은 평안하다. 여섯 살 때 선생님의 지시에 따라 내 이름을 쓰지 않았다고 나를 '멍청하다'고 한 선생님에 대해서는 미움에 찬 강하고 은밀한 판단을 했다. 내가 내 이름을 '제대로' 'PAULINE'이라고 쓸 줄 모른다고 선생님이 여러 사람 앞에서 점점 더 화를 내는 동안 나는 조용히 고집스레 'PAULA'라고 칠판에 썼다. 후에 선생님이 나를 심부름 시켰을 때 분명히 듣지 못해서 실수를 저질렀는데, 선생님은 나를 사람들 앞에서 '멍청하다'고 혹평했다. 나는 그 선생님의 이름을 내 마음에 피로 기록하고 원망해왔기에 지금도 기억하고 있다. 오랫동안 나는, 고의로 그런 건 아닐지라도 생각없이 내게 행해진 말들에 과민반응을 보였고 이를 모욕적인 언사로 받아들였다. 나를 멍청하다고 한 선생님을 판단했기에 나는 남을 무시함으로 그 판단을 거두고 있었다. 내가 그들을 한번도 '멍청하다'고 하지는 않았지만 그렇게 느끼고 있었다. 최근에야 나는 깊은 차원에서 그 묶임으로부터 자유를 얻게 되었다. 우리에게 미워하고 원망할 권리가 있다고 생각하면 예수님은 우리를 미움과 원망으로부터 자유롭게 해주실 수 없다. 하나님, 새클레톤 선생님을 축복하소서.

가족 내의 위치와 그 외에 부딪칠 다양한 기회들

사랑받고 훌륭하게 배우고 양육 받아도, 우리는 여전히 불완전하고 실수한다. 예를 들어 외아들의 경우 항상 성인의 모델에 따라 살려고 조심하기에 그 안에 고군분투하는 모습이 있다. 집에서 항상 관심의 중심이 되기에 자기중심적이 된다. 자기 공간을 함께 사용하기 어려워한다. 한 번도 그래본 적이 없기 때문이다. 그는 마루에서 구르고 때린 다음 웃어버리는 형제자매와의 난투극을 전혀 겪지 못했기에 기탄없이 얘기하면서 좋은 성격의 난투극을 벌이는 자유를 알 길이 없다. 막내라면 관계에서 항상 자신이 곁다리라고 느끼거나, 절대 타인의 능력에 미치지 못할 것이라고 느낀다. 맏이면 지나치게 책임감을 느끼고 너무 심각하기도 하고, 또는 과중한 책임을 너무 빨리 받아 이를 피하는 버릇을 갖는다. 맏이는 부모가 실험하는 첫 번째 프로젝트의 대상이 되기에 통제받고 강요받는다는 느낌을 갖는다. 가운데 아이는 형과 어울릴지 동생과 어울릴지 모른 채 허둥댄다. 재능 있는 가족에서 자라면 나만 할 수 있는 뭔가를 찾으려고 애쓴다. 재능이 별로 없는 가족이면 그런 상황에서 번득이는 것이 나올 수 없다고 느낀다. 집안이 항상 가지런히 정돈되어 있었으면 무질서한 것을 견디지 못한다. 무질서 가운데 살았으면 내면에 이에 대한 죄책감과 무기력함을 느낀다. 특히 어린아이일 때 부모님이 '애들이 어질러 놓은 것'에 대해 사과하시는 것을 거듭해서 들었다면 더욱 그렇다.

우리 모두는 우리가 저지른 사소한 일이 큰 문제가 된 기억들이 많다. 내가 2학년 때, 우리 교실의 모든 아이들은 짧은 양말을 신었다. 반면 나는 무릎까지 오는 양말을 신어야 했기에 다른 아이처럼 양말을 말아 내렸다. 우리 아들 팀은 안경을 끼면 잘생겼다고 생각하지 않아 그럭저럭 여러 벌의 안경을 '잃어버렸다'. 청바지에 '제대로 된' 주머니가 달려있지 않을지도 모른다(그래서 여기저기 구멍을 뚫는다). 사람들이 우리의 색다른 점을 어떻게 다루느냐가 상처가 된다. 그런 모든 일들은 우리 안에 숨은 뇌관으로 남거나 조금은 드러나는 나쁜 습관이 된다. 그러나 우리는 예수님 안에서 그분을 초청해서 내면의 아이에 사역하시고 그런 습관을 십자가의 죽음에 처하게 하시도록만 하면 치유받는다. 그리고 나면 아무도 우리의 딱지를 떼어 내도록 강요하지 못한다.

학대

어린 시절 육체적이나 정신적으로 학대받으면 진정 두려움과 거절감, 분노의 기초석과 다수의 변형된 돌들을 갖게 된다. 하나님 아버지나 여타 권위에 자신감을 갖고 다가가려면 우리 안에 기본적 신뢰가 회복되어야 한다. 상담자가 항상 내담자와 예수님을 민감하게 연결시키는 것을 목표로 하면서, 예수님의 지혜와 능력으로 과정을 파괴하지 않도록 그분의 지시하심에 따라 예수님의 성품으로 사역한다면, 치유받지 못할 상처가 없고 구속받지 못할 경험이 없다. 상담자는 항시 자신의 부르심이 내면의 마음에 사역하는 것이고 효과적인 유일한 방법은 십자가임을 기억하기만 하면 된다.

> 너희 마음 눈을 밝히사 그의 부르심의 소망이 무엇이며 성도 안에서 그 기업의 영광의 풍성이 무엇이며 그의 힘의 강력으로 역사하심을 따라 믿는 우리에게 베푸신 능력의 지극히 크심이 어떤 것을 너희로 알게 하시기를 구하노라(엡 1:18-19)

쓰레기를 짊어지고는 하나님 나라 안의 생명의 충만함에 이르는 좁은 문을 통과할 수 없다. 뭐가 쓰레기인지 분별하기 위해 우리 마음에 있는 바를 점검하고 이를 하나님의 제단 앞에 내려놓고 계속 나아가야 한다. 그렇게 하지 않으면 자유와 성숙함에 이를 수 없다.

나(폴라)는 맏딸이다. 내가 하나님의 자녀가 된다는 것이 무언지를 배우는 데에 초보였듯이, 우리 부모님은 부모가 되는 경험이 없으셨다. 우리는 서로를 축복했다. 우리는 실수를 했다. 우리가 가진 기본적인 죄성 때문에 무지와 미성숙으로 서로에게 죄를 저지르기도 했다. 하지만 예수님 안에서 우리는 서로 용서하고 용서받으며 변화되었고 새로워졌다. 나는 내가 어떻게 형성되었는지 보고 예수님께서 내 안에서 일하실 수 있도록 기초석을 파낼 필요가 있었다. 이제 부모님의 어른이 된 자녀로서 성인이 되어 과거의 상처는 뒤로하고 내 삶을 강건케하고 격려하고 가르쳐 주셨던 부모님의 부요한 유산을 기억하고 간직하면서 앞으로 성장할 수 있다.

> 내 아들아 네 아비의 명령을 지키며 네 어미의 법을 떠나지 말고 그것을 항

상 네 마음에 새기며 네 목에 매라 그것이 너의 다닐 때에 너를 인도하며 너의 잘 때에 너를 보호하며 너의 깰 때에 너로 더불어 말하리니(잠 6:20-22)

다음의 시는 부모님의 금혼식 때에 내가 쓴 것이다.

내 마음속에서 고른 보물들 중에서 아빠를 기억하네

손을 잡고 스케이트를 탔죠.
내가 두 살 때
왼쪽 스케이트는 아빠 발에
오른쪽 스케이트는 내 발에 끼고
함께 함을 느꼈어요.

아빠는 날 '아가' 라고 부르셨죠.
하지만 한번도
날 아기처럼 느끼게 하지 않으셨어요.
"네가 정말 원하는 것은
무엇이든 할 수 있어"

아빠는 '살짝 보기만 하는' 척하며
내 입안의
흔들리는 이를
아프지 않게 재빨리 빼시곤
씩 웃으셨죠.

며칠 여행길을 갔다가
집에 돌아오시면
우릴 차에 태우고
우리 각자가 고른
특별히 맛난 것을 사주셨죠.
아주 기막히게 맛난 것의 값은
당시 1 니켈이었는데
니켈을 손에 얻기란 쉽지 않았죠.

피아노 의자에 앉아
'치리비리빈'을 클라리넷으로 불어
아빠가 집에 오신 것을 알리니,
특별한 질서가
아빠가 계심을 알리는 음악과 함께
집안 전체에 자리잡았죠.

품에 안고 흔들며 유일하게 아는 노래인
'늙은 회색말'과 '안녕, 통통한 아기야'를 부르셨죠.
엉뚱한 유머로
너무 힘들거나 근심이 쌓일 때
어머니를 기막히게 하심으로
스스로에 대해 웃는 법을 가르치셨죠.
아들들이 물려받은 유산들이었어요.

주간 사무 보고서의 더미에 파묻혀
타자기를 두드리는
아버지를 기억합니다

그 중요한 업무를 하시다가 시간을 내어
우리 재미있으라고
입 밖으로 틀니가 삐져나오게 하신 것을
그분의 창조적인 요리법인 돼지고기와 콩을 위한 특별한 소스
그분의 책, 토마토들, 사진찍기
뭐가 잘못되었을 때 '빌어먹을'이라고 하심.
(한번도 그분이 욕하시는 걸 듣지 못했어요)

그분은 애정을 표하실 수 있었지만
우리의 걱정거리에 굳건히 맞서
우리가 믿을 수 있는 권위로 말씀하셨죠.
"괜찮아질거다"고

그분은 격언적인 "시계 무시하기" 주문을
진실을 떠나지 않고도 거실 수 있었죠.
따분하시지 않으면서도 열심으로 삶을 사실 수 있었고,
누구에게도 의무감을 지우지 않으면서 목숨을 내놓으실 수 있는 분이었고,
메달을 기대하시지 않고도
인간적이라는 데 대한 상을 타실 수 있었습니다.

우리 새끼 고양이가 죽었을 때 그분은 같이 우셨죠.

생일, 크리스마스, 아버지의 날 같은
모든 특별한 날에
항상 같았죠.
나는 2주간 모은
10센트를 써서

하얀 종이에 싸고
리본을 꼬아 달고
작고 평평한
아빠를 위한 선물을 샀죠
항상 같은 선물. 그런데 그분은 항상 놀라셨죠
미소짓고 흥분하시며
"이게 뭔지 보자"
그리고 자랑스럽게
내 사랑과
나를
주머니에 지니셨죠.

엄마를 기억하네

흔들어 을르고, 노래를 부르고,
아이들에게 주실 백 여개의 동요로 된
레파토리를 함께 나누시면서,

다쳐서 혹이 나거나 시무룩하거나 기뻐 함성지르거나 코를 훌쩍거리거나
우리를 사랑하셨습니다.
부드러운 토스트와, 깨끗한 흰색 시트와,
때로는 부드러운 플란넬 이불 아래
우리 가슴 위에 보랏빛 석고를 놓아주시면
아침에 그걸 벗겨 내는 건 너무 재밌었는데.

나는 기억합니다.
부엌에서 새어 나오는 기분 좋은 냄새들.

치킨 팟파이
미트로프
포도잼 졸이는 냄새
땅콩버터바른 쿠키
베이컨, 양파와 볶은 푸른 콩
그리고 언제나 식탁에 함께 둘러앉아
이 모든걸 공급해주신 분께 기도를 드렸죠.

엄마는 우리가 여러 시간 노래하는 동안 피아노를 치셨죠
우리가 수천가지 현혹되는 방향으로 흩어지면
기독교 신앙의 위대한 옛 노래의 기반 안에서 우리는 다시 하나됐죠
그 노래들은 남아있고
우리는 머물렀죠

학교 행사 때마다 엄마가 계셨던 걸 기억합니다.
우리는 엄마의 관심을 알았고
또 엄마의 권위를 이해했죠.
"네가 학교에서 맞으면,
집에서 또 맞을 줄 알아."
우리 집은 분열되지 않았습니다.
계속 건재하답니다.

엄마는 여러 바구니의 깨끗이 세탁된 옷들을
다림질하셨고
아픈 다리를 이끌고
동물원으로 아니면 미술관으로
우리와 돌아다니시기도 했습니다.

떠들썩한 이웃 사내아이들 군단에게
엄마가 해 주신 것은
포장 공장이나 잼 공장으로 오후에 나들이가기였답니다.
우리 가족 사이에서
우리는 맘대로 버릇없이 할 수 있었지만
그렇게 해서 대강 넘어갈 수는 없었습니다.
처벌은 가지치기였습니다. 제명은 결코 아니었구요.

주일은
언제나 우리 가정의 한 주의 시작
처음부터
안식일은
주일학교와 예배
가족식사와 휴식,
재미난 종이와 게임,
긴 오후 내내 음악.

저녁에는
에드가 버겐과 찰리 맥카시 쇼, 그리고 '한 남자의 가족'
구운 치즈와 땅콩버터, 사사프라스 차와 함께 했죠.
삶과 하나님이 함께 흘려 나왔습니다.
(샌드위치가 있건 없건 주일저녁은 여전히 같은 냄새였죠.
만일 주일이 없다면 한 달은 길고 지루한 일주일 같을 거예요).

찰리와 에드가는 사라졌지만
가족은 계속되고
축복은 배가 되었습니다.

절대 죽지 않는 뿌리로부터 나온 생명으로 매일 삶이 새롭게 되었죠.

뜨거운 여름 해
그리고 여러 줄의 밝고 깨끗한 옷들이
줄에서 펄럭일 때,
어머니는:
   구부렸다,
   몸을 펴시고,
   접어서,
   나르셨습니다.
우리가 마당이랑 공터에서 놀 동안
   오솔길을 탐험하고,
   클로버 사슬을 만들고,
   유리병 동물원에 담을
   메뚜기를 잡으면서.

아이들이 자라면 어떤 이들은 계획하고 음모를 꾸미고 밀어붙여서
이기적인 수고로
자식들을 자기들에게 묶어 두려고 합니다.
그러나 어머니는 다림질판에서 꿈을 발사시키시고는
그 꿈의 도약을 축복하셨습니다.

제 3 절

6세에서 12세까지
가장 흔하고 불완전한
성품의 이상증상

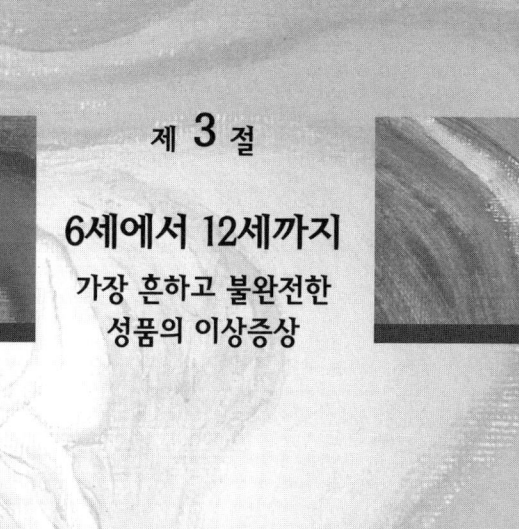

제 11 장 내적 맹세

Inner Vows

또 옛 사람에게 말한 바 헛 맹세를 하지 말고 네 맹세한 것을 주께 지키라 하였다는 것을 너희가 들었으나 나는 너희에게 이르노니 도무지 맹세하지 말지니 하늘로도 말라 이는 하나님의 보좌임이요 땅으로도 말라 이는 하나님의 발등상임이요 예루살렘으로도 말라 이는 큰 임금의 성임이요 네 머리로도 말라 이는 네가 한 터럭도 희고 검게 할 수 없음이라 오직 너희 말은 옳다 옳다 아니라 아니라 하라 이에서 지나는 것은 악으로 좇아 나느니라 (마 5:33-37)

남자아이를 낳지 못하는 한 여인이 찾아왔다. 남자아이를 여러 번 가졌는데 3, 4개월이 될 때마다 유산했다. 산부인과 의사들은 어떤 신체적 원인도 찾지 못했다. 그녀는 남편에게 아들 안겨주기를 열렬히 원했다. 우리는 그녀가 아버지와 어떻게 지냈는지 묻고 몇 가지 상처를 발견했지만, 그녀의 반응은 그렇게 파괴적이고 심인성 질환이 분명한 그런 상황

들으라 너희 중에 말하기를 오늘이나 내일이나 우리가 아무 도시에 가서 거기서 일 년을 유하며 장사하여 이를 보리라 하는 자들아 내일 일을 너희가 알지 못하는도다 너희 생명이 무엇이뇨 너희는 잠깐 보이다가 없어지는 안개니라 너희가 도리어 말하기를 주의 뜻이면 우리가 살기도 하고 이것저것을 하리라 할 것이거늘 이제 너희가 허탄한 자랑을 자랑하니 이러한 자랑은 다 악한 것이라 이러므로 사람이 선을 행할 줄 알고도 행치 아니하면 죄니라 (약 4:13-17)

을 만들 정도는 아니었다. 다만 그녀의 오빠는, 사랑해서 짓궂게 놀리는 여타 형제와 같지 않았다. 오빠는 악의적이고 지속적으로 그녀를 당혹스럽게 하고 신체적으로 괴롭혔다. 아버지는 그녀를 보호해주지 못했다. 그녀는 9, 10살에 강변을 거닐 때 돌을 강에 집어던지면서 "난 절대 남자아이는 낳지 않을 거야. 절대 남자아이는 낳지 않을 거야"라고 외친 것을 기억했다. 그것은 내적맹세로 마음과 생각을 통해 몸으로 전달된 지시였다. 의식적인 생각에선 이미 오래 전에 잊었지만 속사람은 그렇지 않았다. 이제 그녀는 아들을 낳기 원하지만 이전의 프로그램은 여전히 그대로 존재하여 작동하고 있었다.

    우리는 우리가 푸는 것은 무엇이든 풀린다(마 16:19, 18:18)는 것을 알고 그리스도 안에서 권세를 취해야 한다. 오빠에 대한 그녀의 미움이 용서받았음을 선포하고 그녀도 용서하도록 한 후, 예수님께서 열병을 꾸짖으셨듯이(눅 4:39) 우리도 그녀의 몸에 직접 명했다. 우리는 몸이 증오로 말미암아 내린 명령을 잊고 땅을 정복하고 땅에 충만하라(창 1:28)는 하나님의 원래 명령으로 되돌아갈 것을 명했다. '정복하라'고 말한 것은 몸을 자연의 한 부분으로 상기시키고, 마치 예수님이 광풍에게 명령하시고 이들이 순종했듯이(마 8:23-27) 주님의 음성에 순종하도록 하는 예의바른 방법이었다. 우리는 그녀의 마음과 영과 몸이 위로받고 치유받도록 기도했다. 기도 중에 우리는 그녀가 건강하고 정상적인 사내아이를 낳는 것을 상상했다. 그녀는 임신했고 달을 채워 건강하고 정상적인 아들을 낳았다.

내적맹세는 어린시절의 마음과 생각으로 인해 전 존재에 자리하는 결심이다. 현재의 맹세 역시 우리에게 영향을 주지만 내적맹세는 어린시절 우리 안에 자리하고 통상 잊혀진다. 후에 아무리 마음과 생각이 바뀌어도 우리의 속사람은 꾸준히 이 프로그램을 유지한다. 내적맹세의 독특한 특징은 정상적인 성장과정을 저해한다는 데에 있다. "내가 어렸을 때에는 말하는 것이 어린아이와 같고 깨닫는 것이 어린아이와 같고 생각하는 것이 어린아이와 같다가 장성한 사람이 되어서는 어린아이의 일을 버렸노라"(고전 13:11). 우리에게 유치한 버릇이 많이 있었어도 자라면서 그것들을 버리게 되고, 친구들이나 친척, 가족들의 추억 속에나 남게 된다. 수줍음, 어색함, 멍함, 타인의 감정에 둔감함 등과 같은 정상적인 어린애 같은 성향은 어렸을 적에는 우리를 당혹케 하거나 방해할 수는 있어도 우리로 하여금 '이를 버리고' 성장하도록 부추길 뿐 해롭지는 않다. 하지만 내적맹세는 변화를 거부한다. 우리는 이에서 벗어나 자라지 못한다.

내적맹세는 즉각 행동으로 나타나지 않는다. 마치 전자레인지의 시간을 맞추는 것처럼, 맹세로 맞춘 시간이 되기 전에는 시작되지 않는다. 이는 적당한 사람이나 상황에 의해 건드려지기 전까지는 완전히 잊혀지고 잠들어 있다. 내적맹세를 잊었기에 우리는 그것이 존재한다거나 영향을 줄 수 있다는 사실을 모른다.

우리 모두는 다양한 정도와 강도의 많은 내적맹세를 했다. 미국에 땅콩버터가 흔한 만큼이나 어린아이에게 내적맹세는 아주 흔하다. 파괴적인 내적맹세도 있고, 건전하고 좋은 맹세도 있다. 좋은 맹세를 했을지라도 버려야 하고 그래서 우리는 육에 의해서가 아니라 자유로이 성령에 의해 이끌림 받아야 한다. 맹세로부터 떠나지 못하게 하는 것이 맹세의 성격이기에 어떤 맹세를 했는지 찾을 필요가 있다. 이는 마치 철도궤도가 기차에게 미치는 영향에 비유할 수 있다. 의식적인 생각은 아주 좋은 기관차일 수 있지만 어린시절에 한 내적맹세의 궤도 위에서만 달리게 될 뿐이다. 기관사가 어떤 방향으로 가길 원하든지 간에, 누군가가 선로를 바꾸어 놓지 않는 한 기차가 가는 방향은 바뀌지 않는다. 내적맹세는 기억의 흔적(engram)과 같이 마음 안에 자리 잡아 육적인 의지에는 결코 반응하지 않는다. 도움 없이는 자신이 궤도를 뿌리째 뽑거나 바꿀 수 없다. 그런 맹세에는 권세가 필요하다. 주 예수 그리스도 안의 권세를 아는 자만이 맹세를 깨고 다르게 행동할 수 있도록 속사람을 재설정할 수 있다.

많은 결혼이 화물조차장 같다. 그 안에는 많은 선로들이 있다. 그런데 기관차는 결혼의 행복으로 가는 선로 위에 있지 않다. 기관차는 행복과는 딴판인 숨은 내적맹세의 궤도 위를 달린다. 누군가 선로를 바꾸지 않는 한 기차는 결혼의 행복에 결코 다다르지 못한다. 아마 혼자서도 예수님과 함께 자신의 선로를 재설정할 수 있겠지만, 그렇게 하지 않는 편이 낫다. 교회 안의 다른 사람이 우리를 위해 하도록 하는 것이 훨씬 쉽고 겸손한 일이며 더 낫다. 교만은 우리에게 사역하는 교회에 의해 참으로 겸손케 된다.

임신하지 못하는 한 젊은 부인이 우리를 찾아왔다. 그는 남편을 위해 자녀 갖기를 간절히 원했다. 산부인과 검사결과 그녀나 그녀의 남편 모두 불임일 아무런 신체적 이유가 없었다. 그녀는 훨씬 전에 정상적으로 쉽게 임신했어야 했다. 면담한 결과 그녀는 카톨릭 신자인 어머니의 아홉 자녀 중 장녀로 태어났는데, 그 어머니는 매번 임신할 때마다 임신초기부터 아파서 출산 후에도 오랜 기간을 계속 아파했었다. 그녀의 어머니가 임신할 때마다 어떤 일이 있었는지 상상하기는 어렵지 않다. 그녀가 가사를 도맡아 돌봐야 했기에 매년 부담감이 커져갔다. 임신할 때마다 계속 임신하는 어머니와 임신케 하는 아버지, 카톨릭 교회의 (피임 못하게 하는) 규정, 온갖 소동과 힘든 일을 만드는 아기들에 대한 분노가 매일매일 쌓여졌다. 결국 그녀는 거듭해서 소리쳤다. "난 어머니처럼 되지 않을 거야, 난 절대 그렇게 하지 않을 거야." 속사람은 쉽게 그러한 맹세를 임신을 허락하지 않는다는 명령으로 받아들였다. 우리의 결심이 우리 몸의 기능에 미치는 영향이 얼마나 큰지 누가 알겠는가? 후에 갖게 된 건전하고 자연스런 본능과 열망, 그리고 남편을 위한 사랑조차도 초기의 지령을 극복할 수는 없었다. 나(존)는 그녀가 부모와 교회를 불공경한 죄에 대해 용서를 선포하고, 예수 이름의 권세로 그 맹세를 깬 후, 속사람과 몸이 생명을 받아들이고 자라게 할 것을 명했다. 이 글을 쓰고 있는 현재, 그녀는 곧 둘째 아기를 출산하려고 한다. 그녀는 때가 되어 임신하게 된 걸까 아니면 실제로 그녀의 내적맹세가 깨어지지 않아서 임신하지 못한 걸까? 누가 알겠는가? 우리는 이와 비슷한 내적맹세들이 여러 번 기도 가운데 깨어지고 즉각적으로 유익한 결과가 생기는 것을 보아왔다. 그래서 내적맹세에 대한 계시를 확신하게 되었다.

많은 아내들은 남편이 어머니에게서 양육 받은 것이 문제임을 발견한다! 이는 비난의 말이 아니라 농담조로 하는 말이다. 남자아이들은 곧 어머니가 거대한 기억력을 갖고 있음을 알게 된다. 남자아이들은 "네가 말하는 것은 무엇이나 법정에서 너에게 불리하게 사용될 수 있다"는 것을 알게 된다. 때로 드러나게 털어놓은 감정은 좋건 나쁘건 간에 엄마가 아들을 통제하는데 쓰인다. 그래서 남자애들은 어머니에게 자신의 감정을 숨기게 된다. 엄마가 조금 알수록 더 유리하다. 엄마가 아는 사실은 무엇이든 비판과 꾸짖음으로 되돌아온다. 몇 주, 몇 달 또는 몇 년 후에라도 말이다. 이 모든 일은 통상적이지만 때론 상황이 심각해지거나 반응이 격렬해서 아이가 아주 고집스런 내적맹세를 한다. "절대 여자에게 내 감정을 정직하게 말하지 않는다. 그렇게 하는 건 안전하지 않아."

나중에 그의 염색체와 호르몬으로 인해 여자에 대한 혐오감이 없어져 여자와 얘기하고 싶어도 그렇게 할 수 없게 된다. 결혼 전까지 그는 여성과 의사소통을 잘한다고 생각했을 것이다. 결혼하면 여성은 어머니와 할머니, 누나와 여동생에 대해 했던 내적맹세를 건드리는 위치가 된다. 신혼기간까지는 의사소통이 잘 되었기에 당황스러워 상담 받는 부부가 종종 있다. 이제 그녀의 불만은 이것이다.

"그는 이제 더 이상 제게 아무 얘기도 하지 않아요."

저녁시간 그 부부의 대화는 이렇게 진행된다.

"안녕, 여보. 오늘 어땠어요?"

"괜찮았어, 그냥 괜찮았어."

"얘기해 줘요."

"뭘 알고 싶은데?"

"어땠냐구요? 오늘 무슨 일이 있었어요?"

"그냥 좋았어. 잘 지냈어."

"어떻게요?"

"뭐가 어떻게?"

"여보, 있었던 일들을 얘기해 봐요. 오늘 어떤 하루였는지 얘기해 봐요."

"아, 모르겠어, 다른 날과 같았는데."

"그러면, 어떤 일이 있었죠?"

"어떤 일이라니 무슨 말이야?"

"있었던 사건을 얘기해 봐요. 어떻게 하루가 지나갔죠?"

"말했잖아, 다른 날과 같았다고. 사무실이 어떻게 돌아가는지 알잖아."

그의 속사람은 마음에 정말로 생각하는 바를 나눌 생각이 전혀 없다는 것을 그가 알 길이 없다. 둘 다 알지 못한 채 이전의 프로그램이 행동을 촉발시킨다. 그가 아내의 말을 듣고 아내에게 마음을 열지 못하는 자신의 무능함에 대해 아파하고 당황해하더라도 마음을 열고 나눌 수 있도록 바꾸지 못한다. 수없이 회개해도 자동적으로 이전의 패턴으로 돌아간다. 문제는 아내와 관련된 현재의 회개가 그의 어머니와 연관된 과거의 맹세 프로그램을 극복할 수 없다는 점이다. 진실하게 회개해도 잘못된 죄를 놓고 회개한 것이다. 표적의 중심을 맞추기는 했지만 잘못된 과녁을 맞춘 화살처럼 말이다. 해야 할 회개는 어머니(혹은 다른 여성 친척)

에 대한 어린 시절의 원망이고 해야 할 기도는 자신이 한 내적맹세를 깨뜨리는 기도이다. 현재에 대한 표면적인 회개만으로는 그런 깊이 있는 지령을 매만질 수 없다.

그러한 내적맹세는 남녀 모두 직면하는 가장 흔한 문제이다. 많은 남편들은 자신이 나누지 않는다는 사실을 모른 채 점점 아내와 멀어진다. 남편과의 관계가 결핍된 아내는, 정서적으로 시들고 죽어가 결국에는 나눔과 충족을 위해 교회나 카드놀이 모임 같은 다른 장소를 찾는다. 반면 남편은 점점 더 외로워진다. 이제 남편이 혼외정사로까지 발전하는 것은 거의 불가피해진다. 아내와 이혼하고 '감사하게도 자신을 이해하는' 여자와 결혼해도, 결혼하는 바로 그 순간 그녀는 지금의 아내와 마찬가지로 '배제된' 위치에 처하게 될 거라는 것을 남자는 알 길이 없다. 그 내적맹세는 어떤 아내가 와도 그녀로부터 격리되게끔 만들고 맹세의 행동을 자극하지 않는 사람에게 (제한적이지만 아내에게보단 더) 마음을 열게 한다. 내적맹세가 발견되고 깨어지기 전까지 그는 외롭고 피상적인 혼외정사에 빠질 수 있는 운명이다.

이전의 두 예와는 달리, 이번 경우에는 단지 내적맹세를 발견하고 깨뜨리는 것만으로 그를 자유롭게 할 수 없다. 이전의 두 가지 예에서 나(존)는 몸에 대고 말할 수 있었는데, 그 몸은 생육하라는 하나님의 원래 명령으로 돌아가기를 간절히 원했었다. 그 몸은 방해받지 않고 창조의 목적을 이루기 위해 도약했다. 혼에는 방해요인이 별로 없었다. 그러나 나누지 않겠다는 맹세의 경우에는 원래의 내적맹세가 깨진 후에도 많은 여타 성품구조가 남아있다. 영화 '스타트렉(Star Trek)'을 본 사람은 알겠지만, 보이져 6호가 귀환했을 때 '기계들의 행성'은 원래의 작은 탐사기 주변에 거대하고 복잡한 메커니즘의 하위 행성을 짓고도 여전히 원래의 사명을 완수하려고 하고 있었다. 이와 마찬가지로 이런 유형의 내적 맹세는 성품구조에 대단히 큰 주변구조들을 만들고, 여전히 자신을 상처로부터 숨긴다는 원래의 목적을 이루려고 든다. 이러한 주변구조의 예로는 돌같은 마음, 무의식적으로 둘러대고 변호하는 습관성 도피기제, 자동반사적으로 분출되는 분노, 많은 쓴 뿌리의 기대, 자동반사적인 반응을 일으키는 중요한 단어나 문장이나 행동, 심한 불안과 두려움, 믿지 못함 등이 있다. 이 모든 부정적인 것들을 극복한 후에도 여전히 옛 것을 대신할 완전히 새로운 습관구조를 만들어낼 필요가 있다. 모든 부수적인 구조들을 하나씩 부수거나 바꾸려면 오랜 상담이 필요하다. 아내와 상담자, 남편 모두 인내하고 관용하고 긍휼히 여기고 계속 용서할 필요가 있다. 작은 맹세 하나에 딸린 수많은 복잡한 '기계들'을 극복하려면 많은 시간이 소요된다.

여성의 경우에 가장 흔히 볼 수 있는 이상증상 역시 자기 인생의 남자와 나누지 못한다는 점이다. 그렇지만 통상 말하는 부분에서 못하는 것은 아니다. 표면적으로 의사소통에 있어 대개 여성은 남성보다 더욱 나누고 싶어한다. 그래서 "남편을 마음대로 주무르고 싶겠지만"(창 3:16, 공동)처럼 때로 그 사실 자체가 문제가 된다. 이미 창조 때부터 이브는 아담을 원했다. 주님은 그녀의 소원이 불안전함 때문에 과도해질 거라고 말씀하신 것이다. "조용한 남자가 수다스런 여자와 함께 사는 것은 노인이 모래언덕을 걸어올라 가는 것과 같다"(집회서 25:20, 외경). 하나님은 여자로 남편을 기쁘게 하길 원하도록 지으셨지만 바로 그것이 곤경으로 들어가는 입구이다. 왜냐하면 여성은 아버지에게서 양육받기 때문이다.

어린 소녀는 아빠의 눈동자가 되길 원한다. 소녀는 자신이 아빠의 마음을 빼앗고 위로하고 기쁨주고 즐겁게 하는 하나님의 선물임을 선천적으로 알면서 이 땅에 태어난다. 이를 알아주는 아빠의 용납을 통해 여성이 된다는 것에 대한 자신감이 형성된다. 아내는 자신만의 아름다움과 매력으로 남편을 충족시킨다. 만약 아내가 자신이 남편을 위한 하나님의 귀한 선물임을 알면, 평온히 남편을 축복할 수 있다. 이를 몰라서 끊임없이 말로 인정하고 재확인해주길 바라면, 아내는 남편에게 피곤한 짐이 된다. 남편은 아내가 자신에게 매력적임을 늘 새롭게 증명해주어야 한다. 이는 남편을 지치게 한다. 남편은 자신의 매력에 자신이 있는 어떤 '요부'에게 마음이 열리게 된다.

불행히도 참 많은 아버지들이 자신의 가치를 모른다. 자기 자신보다는 딸을 알아줄 수 있을 만큼 덜 자기중심적이지 않다. 어린 딸은 아빠가 함께 있는 것을 기뻐하며 뛰놀지만 결국 무시당하거나 옆으로 밀려날 때가 너무도 자주 있다. 드레스를 새로 차려입어도 아빠는 못 알아채기도 하고, 또는 "응, 괜찮아" 정도로 말하거나 엄마에게 "이 옷 얼마야?"라고 묻는다. 학교 성적표를 갖고 와도 칭찬해주지 않는다. 설상가상으로 오랫동안 아버지가 잊고 있는 로맨틱한 감정의 세계에서 살고 있는 어린 딸은, 아빠가 알아차리지 못한 것 때문에 어머니의 마음이 거듭해서 무너지는 것을 보고 자란다. 결국 그녀에게 있어 남자란 진정한 삶이 어디에 있는지를 알거나 깨닫지 못하는 '멍청이'거나 '기본이 덜 된 존재'로 인식된다. 이런 이유 때문에 하나님은 말씀에서 여자에게 남자를 사랑하라고 상기시키신 적이 거의 없다. 여자는 이미 사랑하기 때문이다. 그러나 "아내도 그 남편을 경외하라"(엡 5:33)라고 말씀하신다. "사라가 아브라함을 주라 칭하여 복종한 것같이 너희가 선을 행하고 아무 두려운 일에도 놀라지 아니함으로 그의 딸이 되었느니라"(벧전 3:6). 이 '두려움'은 일반적으로 신체적 학대에 관한 것이 아니라, "남자는 나로 안전하게 느끼게 하는 것이 무엇인지 알지도 못하고 그렇게 행하지도 않을 것이다"라는 불신에서 나온 불안감이다.

계속 반복되는 무시와 퇴짜로 인해 어린 소녀에게 미묘한 내적맹세가 생긴다. 남자의 어린애 같은 맹세는 그렇게 미묘하지 않다. "나누지 마라"와 같이 단순하다. 하지만 여성은 남편을 만나고 채워주려는 갈망을 갖고 있다. 성인이 되어서 숨어 있고 잊혀졌지만 어린 소녀들의 가장 흔한 내적맹세는 "그가 너의 모든 것을 정말로 갖거나 알게 하지 마라"이다. 그 때부터 나눔은, 아내가 남편의 삶을 나누고, 남편을 알고, 남편에 대해 말하기를 원하게 되는 것이지 그 반대는 아니다. 그런 다음에 아내의 내적맹세가 남편과 나누는 것에 대해 영리한 게임을 하도록 만든다. 아내는 남편에게 충분히 자신을 나누어 주면서 스스로 자신이 개방적이고 나누고 있다고 확신하지만 무의식적으로 조심스레 자신이 나누는 정도를 단속하고 있음을 자각하지 못한다. 외관상 자신의 삶은 그렇지 않다고 항변하는 나눔의 바로 그 순간에 남편은 아내를 온전히 소유하지 못한다.

어린 소녀가 자신을 알아주지 않는 아빠로 인해 좌절에 빠져 주먹을 꽉 쥔 적이 얼마나 자주 있었는가? 아빠가 한 번도 자신을 제대로 이해한 적이 없음을 알게 하는 말을 얼마나 자주 했는가? 그러한 경험에 대한 반작용으로 불신과 불공경의 마음이 자라나서, 남성에게는 마음을 열거나 자신의 모습을 보여주는 위험을 감수하지 않겠다는 내적맹세를 강화시킨다. "내가 ... 하나봐라." 남자 아이들과 같이, 여자 아이는 초창기의 지령을 잊을 뿐 아니라 이를 격렬히 부인한다.

미국에서 5명의 여성 중 한 명 꼴로 믿을 만한 남성인 아버지나 할아버지, 계부나 오빠, 삼촌이나 사촌오빠 등에 의해 성추행을 당하기 때문에, 이런 내적맹세는 빙산의 일각에 불과하다. 어린 소녀는 보여지고 안기고 싶은 자신의 욕구를 사람들에게 알게 하는데 많은 남자들은 이 신호를 짐승같이 해석한다. 그들은 소녀가 매력적인 여성이 될 수 있도록 사랑하라는 아버지와 훌륭한 남성으로의 부르심을 귀히 여기지 못한다. 그들은 성적으로 반응하여 소녀의 몸을 해할 뿐 아니라 소녀가 자신에게 맞는 남성에게 사랑스런 사람이 될 수 있도록 자신을 맡기는 귀한 능력을 파괴시킨다. 성추행을 당한 순간부터 소녀는 결과가 불쾌해지리라는 두려움 때문에 자신의 모습 그대로의 아름다움을 발산하기를 두려워하게 된다. "닫아버려!"라는 아주 강렬한 내적맹세가 그녀의 존재 전체에서 소리친다. 그 이후로 소녀는 불감증이 되든지 문란하게 되는데 양자 모두 자기 인생의 남성(남편)에게 자신을 온전히 내어주지 못하는 같은 뿌리에 기인한다. 그녀는 섹시해 보일 수도 있고 적절하거나 부적절한 성관계를 갖기도 한다. 성생활을 즐길 수도 혐오할 수도 있다. 하지만 이 모든 것의 이면에는 남자에게 온전한 자신이 될 수 없는 무능력이 숨어 있다. 그녀는 자신의 몸과 함께 거리낌 없이 마음과 영을 다해 남편을 만날 수 없다. 성관계는 육체적 자극에 국한된다. 왜냐하면 그녀의 영이 자유롭게 남편에게 흘러들어가 편히 깃들지 못하기 때문이다. 남편은 감각적으로 잡히지는 않지만 무언가 부족한 것으로 인해 곤혹감과 혼란을 경험한다. 남편은 원해서 성관계를 맺는 아내(만약 아내가 그렇다면)임에도 불구하고 여전히 자신이 누군가를 갈망하는 이유를 이해할 수 없다. 진실은 남편은 한번도 부인을 소유하지 못했다는 것이다. 외로움은 아무런 이유를 찾지 못할 때에 더 극심해진다.

상담자의 첫 번째 어려움은 문제를 이해하는 데에 있다. 외관상의 단서로 보면 부인이 자신을 주고 있는 듯하지만, 남편은 받지 못하고 있고 받을 수도 없고 받게 될 것도 아니다. 실상 남편도 아내와의 의사소통과 성생활에서 마음을 열거나 받지 못하면 이로 인해 문제가 더 불분명해진다. 우리가 발견한 지혜로운 원리는 이것이다. 결혼생활의 문제는 결코 한쪽에게만 있지 않다. 한쪽 배우자에게 문제가 있다면 상대방에게는 동일하거나 반대로 균형 잡아주는 무언가가 있는데 어느 쪽이건 고통스럽고 파괴적이긴 마찬가지이다. 외양으로 보기에는 아름답고 성녀와 같은 아내와 무뚝뚝하고 거칠어 보이는 남편의 경우에 특히 이를 기억하는 것이 중요하다. 요한일서 2:16 말씀, "이는 세상에 있는 모든 것이 육신의 정욕과 안목의 정욕과 이생의 자랑이니 다 아버지께로 좇아 온 것이 아니요 세상으로 좇아 온 것이라"를 이러한 문맥에서 읽어보기를 권한다. 다시 말하건대, 우리는 눈에 보이는 것으로 판단해서는 안 된다.

상담자가 첫 번째로 할 일은 그러한 여인으로 하여금 볼 수 있도록 돕는 것이다. 일단 그녀가 보게 되면, 자기 외부의 어떤 사람이나 물건이 아니라 진정한 삶을 살지 못하게 가로막는 자신의 옛 본성에서 나온 습관을 진정으로 미워하게 되도록 도와준다. 그녀는 가로막는 습관을 일으킨 내적맹세를 미워해야 한다. 내담자가 뭐라고 주장하든지간에, 그러한 미움은 자동적으로 생기지 않고 당연시 되어서도 안 된다. 말이 아닌 열매가 진실을 보여준다. 열매가 꾸준히 나타나려면 시간이 걸린다. 부모를 공경하지 않은 것을 용서받고 맹세를 깨고 자유로운 새 삶이 시작되도록 즉시 기도해야할 필요가 있다. 그러나 옛 본성에 대해 제대로 미워하고 그에 따른 자아의 죽음이 있으려면 시간이 좀 걸릴 수 있다.

다시 말하지만, 부활이 없으면 온전한 변화를 이룰 수 없다.

아버지에게서 한번도 충분히 사랑받지 못한 여인은, 자신이 외관상 아름답고 매력적이라고 알게 되어 이를 과시할지라도 내면에서는 자신이 추하고 달갑지 않은 존재라고 느낄 수 있다. 진정으로 자신감 있는 사람은 과시하거나 우쭐대며 뽐낼 필요가 없다. 대개 시시덕거리거나 조금이라도 성적으로 유혹하는 것은 내면에 메마른 사막과 괴로움이 있다는 결정적인 증거이다. 아무리 많은 것을 십자가에 못 박는다 해도, 부활 없이는 지속적인 결과가 생기지 않는다. 부활은 사랑으로만 일어난다. 사람은 생명에 이르는 사랑을 받지 않으면 살아날 수 없다(요일 4:19). 어린 소녀는 아버지가 필요하다.

수많은 그러한 여인들에게 폴라와 나는 그리스도 안에서 부모 노릇을 하고 있다. 그런데 너무나 많은 경우 사역자와 여타 상담자들이 감정이 전이되어 유혹에 빠지는 것을 보고 있다. 우리가 모든 상담자에게 엄중하게 경고하는 것은, 내담자와 자신 사이에 십자가를 두고, 자신의 마음과 감정을 조심스럽게 지키며, 배우자와의 관계를 견고히 하고(만약 결혼하지 않았다면 다른 사람의 주의 깊은 조언을 받고), 하나님 말씀의 도덕법으로 분명하게 허리를 동이며, 정기적으로 경건의 시간과 예배시간을 가지라는 것이다. 생명에 이르도록 다른 사람을 사랑하려는 시도가 가장 안전한 관계 속에서 이루어지도록 내담자가 아닌 상담자가 애써야 한다. 상담자는 자신이 그리스도 안에서의 부모이지 다른 존재가 아님을 명심해야 한다.

열매를 발견하기란 어렵지 않다. 열매는 숨겨질 수 없다. "너희는 세상의 빛이라. 산 위에 있는 동네가 숨기우지 못할 것이요"(마 5:14). 타고난 신체적인 매력이 어떠하든지에 관계없이 그녀가 내면에서도 아름다워지면 이를 숨길 수는 없다. 그릇되게 이목을 집중시키지 않고 아름다움이 내면으로부터 흘러나와 자리 잡는다. 남자들은 그녀를 숙녀로 대한다. 이제는 그녀가 슬프든지 기쁘든지에 상관없이 조용한 내면의 기쁨이 발산된다. 그녀는 남편에게 주고받는 대가를 요구하지 않고 그냥 자신을 준다. 보통 요구사항이 없으면 남편이 반응하기 시작한다. 한 부인은 기뻐하며 말하기를 "남편이 저에게서 손을 떼지 않아요. 항상 저를 토닥거리고 사랑한다고 말하지요"라고 했다. 그녀가 자유로워졌기 때문에 오랫동안 묶여있던(눅 13:16) 많은 재능들이 발견되기 시작하여 곧 꽃피운다. 상담자는 뒤로 물러서서 그녀가 그렇게 되도록 놔둘 필요가 있다.

내적맹세는 사람들만큼이나 가지가지이다. (어린 시절 당황했던 경험이나 강요하는 부모 때문에) 다시는 노래하지 않으리라고 맹세했다가 수년 후에 풍성한 음량이 풀려난 소년의 경우처럼 어떤 맹세는 단순하다. 또 어떤 맹세는 수영할 때 머리를 물에 담그기를 거부하는 소녀의 경우처럼 복잡하다. 상담결과 소녀의 맹세는 어린 시절의 수영경험과는 아무 상관이 없었고 자신의 통제를 벗어난 위험한 일을 하지 않겠다는 맹세와 관련이 있었다. 폴라의 경우에는 그 맹세가 모태의 양수에서부터 시작되어 자신이 응답할 수 있기도 전에 성취하길 강요받음으로 강화되었다. 성령으로 충만하지 몇 년이 지나고 뿌리문제를 놓고 기도한지 또 몇 년이 지난 이제야 아내는 물에서 자유로워지게 되었다!

사람들은 대중 앞에서 말하지 않겠다거나 가슴이 커지게 하지 않겠다거나 성장하지 않겠다고 맹세하기도 한다. 자신을 주지 않을 뿐 아니라 옷같이 단순한 것도 주지 않겠다거나, 절대 사적인 공간을 침해받지 않겠다거나, 절대 물려받은 옷을 입지 않겠다고 맹세하기도 한다. 수많은 내적맹세는 야망이나 야망에 저항하는 것과 관련이 있다. "절대 실패하지 않을거야." "나는 가장 최고가 될 거야." 아니면 반대로 "다시는 노력하지 않을거야."

  가장 파괴적인 맹세는 대인관계와 관련이 있다. 어린아이는 부모에 대항해 앞에서 언급한 것보다 더 강력한 여타 결심을 할 수 있는데, 이는 후에 부부관계까지 파괴한다. "그녀(엄마나 여자형제)에게 복수할 거야." 이에 따라 모든 여성에게 복수하려는 무의식적인 욕구를 특히 아내와 딸에게 투사시킨다. (놀림에 대한 반응이나 형제간의 경쟁으로 인해) "다시는 그(형제 혹은 자매)가 나를 이기도록 놔두지 않을 거야"라고 한 맹세는 자동적으로 배우자나 가까운 친구에 대해 보이지 않는 경쟁기제 혹은 도피기제를 일으킨다.

  어떤 내적맹세는 자신을 신경쇠약이나 감정폭발로 이끄는 위태로운 경로에 놓이게 한다. "내가 화냈을 때 결과를 봐. 난 절대 다시 화를 내지 않을 거야." 이런 맹세를 한 사람은 분노를 억압하여 쌓아가다가 별 것도 아닌 불똥에 불이 붙어 끔찍한 일을 저지른다. "절대 다시는 사람들이 내게 질문할 때에 준비가 되지 않은 채 있지 않을거야." 이러한 맹세를 한 사람은 가능한 모든 질문에 어떻게 응답해야 할지를 생각하느라 모든 모임에서 긴장하게 된다. 그가 빠르게 대처해야하는 상황에 너무 자주 있게 되면, 그의 내적맹세는 스스로를 신경쇠약에 걸리게 하는 주된 요인이 되고 만다.

정상적이고 건강한 교제를 가로막지 않도록 좋은 내적맹세도 버려야 한다. 나(존)는 부모님의 좋은 가르침을 강한 내적맹세로 바꾸었다. 예를 들어, "절대 여자를 때리지 마라"라든가 "여성에게 언성을 높이지마라", "성질부리지 마라", "모든 여성을 숙녀처럼 대해라." 이러한 맹세는 좋아 보이지만, 자유롭게 영에서 나온 것이 아니라 육적이고 구속한다. 이것 뿐 아니라 같은 부류의 맹세들로 인해 나는 폴라에게 진솔하지 못했다. 맹세를 거부한다고 해서 폭력적인 행동을 하게 되는 것은 아니다. 이제까지 한 번도 폴라를 때리거나 모욕을 줌으로 상처 입힌 적이 없으며, 자유롭게 화를 내거나 언성을 높일 수 있다는 사실로 인해 내가 시끄럽게 화내는 사람이 된 적도 결코 없었다. 그보다는 아마도, 나의 육적인 결심보다 주님께서 그러한 영역 안에 나를 소유하고 계신다는 사실 때문에 좀 덜 화내었을 것이다. 주님께 내려놓지 않은 맹세는 나를 감금시켜서 후에 다른 형태로 분출되어야 했을 것이다. 더 중요한 점은, 나의 의가 애씀과 육적인 결단에서 오는 자부심에 의한 것이 아니라 성령님께서 우리 안에서 흘러나오심으로 말미암은 주님의 의가 되어야 한다.

어떻게 내적맹세를 발견할 수 있을까? 여쭈어보라. 상담자는 옛 본성의 완고한 습관 이면에 있는 내적맹세를 찾아야 한다. 강박적인 행동은 뿌리에 내적맹세가 있음을 암시할 수 있다(그렇지 않을 수도 있지만). 다른 요인들이 작용할 수도 있다. 우리는 각각의 사례에서 문제의 뿌리에 실제로 맹세가 있는지 여부를 분별해야 한다. 내적맹세가 뿌리에 있는 경우에는 설혹 그것이 중요한 요인일지라도 유일한 요인인 경우는 거의 없다. 쓴 뿌리와 숨은 원망과 두려움 등과 함께 작용한다. 내적맹세와 관련된 중요한 사실은 만약 내적맹세가 뿌리에 있다면 종종 이것이 열쇠이다. 이것을 찾고 회개하지 않으면, 변화에 대한 맹세의 완고한 저항으로 인해 다른 모든 영역(보이거나 보이지 않는 부분)이 풀려나는 것이 방해받는다.

특히 내담자에게 지속적인 변화가 없어 상담자가 당혹스러우면, 보다 구체적으로 말해서 이미 많은 부분들을 찾아 회개하고 자유롭게 되었을 경우라면(그럼에도 불구하고 별다른 변화가 없다면), 내적맹세를 의심해 보고 찾아야 한다.

다시 말하지만, 필요한 것은 육체의 병을 치유할 때에 필요한 권능(dunamis)이 아니라 권세(exousia)이다. 가장 미천한 크리스천이라 할지라도 그리스도 안에서의 자신의 권세를 이해한다면 어떤 내적맹세도 깨뜨릴 수 있다. 기도는 "주여, 이 내적맹세를 극복할 수 있도록 도와주세요"하는 식의 부탁이나, "사랑하는 주님, 이 내적맹세를 가져가주세요"하는 식의 간구여서는 안 된다. 이런 식의 기도로는 거의 아무것도 이루어지지 않는다. 그 상황에서는 일인칭의 권세로 기도할 필요가 있다. "예수님의 이름으로 내가 이 내적맹세를 깨뜨리노라" 이는 주님을 진정 알지도 못하고 주님 안에서의 자신의 권세도 믿지 못하는 자가 마술의식처럼 말해서는 안 된다. (내적맹세가 육적 구조이기에) 보통 귀신이 이것에 직접 관여하지 않지만, 믿지 않으면서 여기서 제시된 개념만을 본뜬 채 기도한다면, 믿지 않으면서 예수의 이름만을 불렀다가 무력함을 맛본 스게와의 일곱 아들과 같이 될 것이다(행 19:13-16). 상담자가 주님의 능력과 뜻이 행하신다는 개인적인 믿음을 갖고 있을 때에야 내담자가 자유로와진다.

기도는 내담자의 내면의 아이를 위해 크게 소리 내어 여러 가지 방법으로 표현되어야 한다. "나는 뒤로 물러서겠다는 이 내적맹세를 깨노라. 내가 예수님의 이름으로 내면의 아이에게 직접 말하노니 너는 물러서는 이 습관으로부터 자유롭게 될지어다. 나는 너의 영혼에게 그리스도 안의 형제자매와 함께 나눌 수 있는 원래의 기쁨을 돌려주노라. 마음이 열려 다른 사람과 함께 할 수 있도록 너를 놓아 자유롭게 하노라. 예수님 감사합니다. 저는 (내담자의 이름)가 더 이상 실수를 두려워하지 않고, 당혹감에서가 아니라 자유 안에서 킥킥대며 말하고 웃는 모습을 봅니다. (내담자의 이름)가 어느 날 기쁨에 겨워 "야, 이게 사실이네, 그때 기도한 것처럼 난 자유다"라고 깨달을 때까지 주께서 계속 행하실 것으로 인해 주님을 찬양합니다. 예수님, 감사합니다. 아멘."

제 12 장 돌같은 마음

Hearts of Stone

이르시기를 너희는 므리바에서와 같이 또 광야 맛사의 날과 같이 너희 마음을 강퍅하게 말지어다 그 때에 너희 열조가 나를 시험하며 나를 탐지하고 나의 행사를 보았도다 내가 사십 년을 그 세대로 인하여 근심하여 이르기를 저희는 마음이 미혹된 백성이라 내 도를 알지 못한다 하였도다 그러므로 내가 노하여 맹세하기를 저희는 내 안식에 들어오지 못하리라 하였도다 (시 95:8-11)

하나님은 그 분과 교제할 수 있는 백성을 일으키기 원하신다. "우리가 보고 들은 바를 너희에게도 전함은 너희로 우리와 사귐이 있게 하려 함이니 우리의 사귐은 아버지와 그 아들 예수 그리스도와 함께 함이라"(요일 1:3). 하나님은 하나님 자신을 위하여 우리를 구원하신다. 하나님은 종이 아닌 친구를 원하신다(요 15:15). "이에 경에 이른 바 아브라함이 하나님을 믿으니 이것을 의로 여기셨다는 말씀이 응하였고 그는 하나님의 벗이라 칭함을 받았나니"(약 2:23). "예수께서 대답하여 가라사대 사람이 나를 사랑하면 내 말을

> 또 새 영을 너희 속에 두고 새 마음을 너희에게 주되 너희 육신에서 굳은 마음을 제하고 부드러운 마음을 줄 것이며(겔 36:26)

지키리니 내 아버지께서 저를 사랑하실 것이요 우리가 저에게 와서 거처를 저와 함께 하리라"(요 14:23).

하나님과 교제하려면 우리의 영 안에 그분과 교통할 수 있는 능력이 필요하다. "하나님은 영이시니 예배하는 자가 신령과 진정으로 예배할 지니라"(요 4:24). 대화할 때 대부분의 사람들은 말하기 전에 이미 알아듣는 흔치 않은 순간들을 경험할 때가 있다. 반면에 우리가 하는 말이 보이지 않는 벽에 부딪히는 것 같은 것을 경험하는 때도 있다. 그때 우리는 함께 이야기하는 것이 아니라 서로를 향해 말해대고 있음을 안다. 진정한 사귐은 우리의 영들이 서로에게 도달해서 어우러질 수 있는 능력에 의존한다.

우리 영들이 몸을 넘어서 상대에게 이르러 서로를 살지게 하기 때문에, 함께 할 때 서로를 이해하면서 새로워진다. 죽은 사람의 시체를 만져

본 이는 영이 없음을 알아차린다. 그런 이유로 '죽은 물고기(dead fish)' 악수란 만남과 포용의 부재를 의미한다. 어떤 사람을 만나 여러 시간을 같이 보내도 "난 그를 진정으로 만난 적이 없어"라고 깨닫든가, 잠시 포옹한 갓 처음 만난 사람에게선 오랜 친구 같다는 느낌을 받은 적이 종종 있지 않은가?

하나님을 만나려면 우리 안에 하나님의 영을 소유해야 한다. "사람의 사정을 사람의 속에 있는 영 외에는 누가 알리요? 이와 같이 하나님의 사정도 하나님의 영 외에는 아무도 알지 못하느니라"(고전 2:11). 각자 사람의 영을 소유하기 때문에, 사람이 사람을 이해할 수 있다. 비슷하게 모든 피조물은, 고양이는 고양이를 개는 개를 찾듯이, 자신과 같은 종(種)을 찾는다. 어느 소도 말을 소로 아는 실수를 하지 않는데, 이는 소의 영이 자신과 같은 종을 알아보기 때문이다. 지으심 받은 대로 모든 종은 자신과 같은 종과 교통한다. 그런데 하나님은 우리를 인간으로 창조하셨는데도 우리와 교제하기를 갈망하신다! 태초에 하나님은 그분의 영을 우리에게 주셔서(창 2:7) 하나님과의 교제를 가능하게 하셨다. 아담과 이브는 동산에서 하나님과 함께 걷고 이야기했다(창 3:8-24). 하지만 타락으로 인해 인류는 그 능력을 상실했다. 우리는 죄 가운데 죽었다. 하나님과 교통하고자 하는 우리의 시도는 마치 100볼트짜리 기계의 플러그를 십억 볼트에 꽂으려는 것과 같다. 이스라엘이 "당신이 우리에게 말씀하소서 우리가 들으리이다. 하나님이 우리에게 말씀하시지 말게 하소서 우리가 죽을까 하나이다"(출 20:19)라고 한 것은 놀랄만한 일이 아니다.

그래서 하나님은 인간의 육신을 입은 예수님을 보내셔서 그 분 안에서 우리가 하나님과의 교제를 회복하게 하셨다. 우리 주 예수 그리스도께서는 우리에게 성령을 부어주셔서 우리 안에 그 분과 그 분의 사랑을 이해하고(고전 2장, 엡 3:18) 영으로 주님과 교통하며 동행할 수 있는 능력을 다시 갖게 하셨다(롬 8장).

문제는 성령께서 우리의 여전히 너무 비인간적인 본성의 철조망 안에 거하러 오신다는 점이다. 성령님은 마치 흐르는 물처럼, 우리가 어떤 모양이든지 간에 그것을 통해 흘러 나가신다. 그리고 우리는 우리를 향한 하나님의 다가오심을 여전히 부족하고 타락한 우리의 생각으로 해석한다. 우리 영 안에서 성령과의 하나됨은 충만하고 진실된 것임에도 불구하고, 그 의미는 마음과 이성에 의해 완전히 왜곡될 수 있다. 예를 들면 고난 가운데 있는 우리에게 하나님이 사랑과 긍휼로 다가와 우리를 안아주시면, 우리는 하나님의 임재의 영광스런 순간을 마치 우리가 가는 잘못된 길이 바른 길일 뿐 아니라 우리를 향한 주님의 뜻이라는 확증으로 받아들이는 경우가 종종 있다.

하나님을 향해 우리 마음을 더 열고 지적으로 더 많이 이해하게 되면 주님과의 교제는 더 좋아지게 된다. 반대로 우리의 마음이 더 단단해지고 강퍅해지며 우리 생각이 주님과 멀어지게 되면, 우리가 주님과의 교제 가운데 거할 수 있는 능력은 점점 더 작아진다. 우리의 영이 하나님의 영을 만날 때 그에 대한 우리의 이해가 바른 것이어야지, 그렇지 않으며 우리는 하나님과의 만남을 유지할 수 없게 된다. 그래서 예수님께서 "... 신령과 진정(truth)으로"라고 말씀하셨다. 진리가 없는 영과 영의 만남은 사막에 있는 제방 없는 강과 같아 물이 곧 없어지게 된다! 진리만 있다면 생각과 생각이 만날 뿐이며 메마르게 된다! 둘 중 하나라도 없으면 교제가 이루어질 수 없고 또 유지될 수도 없다. 영과 진리가 있어야 함께 불꽃이 튀고 점점 더 큰 축복으로 나아가게 된다.

처음 주님과의 결혼은 마치 홍수로 인해 물이 댐을 흘러넘치듯 우리의 모든 장벽을 넘어 흐른다. 그러나 우리는 여전히 너무 육신적이고 믿음 안에서 너무 미성숙하여 충만한 관계를 유지하지 못한다. 곧 흐름이 댐 안에 갇히게 되고 우리는 주님께서 어디 가셨나하며 의아해한다. 물론 주님은 그 자리에 계시지만, 우리는 마음의 딱딱함과 믿음의 부족으로 인해 충만한 교제를 유지하지 못한다. 진리로 영을 대신하지 못하며 진리 하나로는 우리가 교제 가운데 거하지 못한다.

인간관계에서도 동일한 현상이 일어난다. 때론 우리의 영이 모든 장벽을 뛰어 넘어 풍성한 교제를 가진다. 그렇지 않으면 외로움에 갇혀 지내게 된다.

인간 사이에서 그리고 하나님과 진정한 교제를 갖게 하기 위해서 하나님은, 그분의 영과 우리의 영들이 이따금 흘러넘치기보다는 서로 흘러다닐 수 있게 하고자 우리의 돌같은 마음을 뚫거나 녹이셔야 한다. 타락한 상태에 있는 우리는 중세시대의 갑옷 입은 기사처럼 베거나 찌르고자 투구 틈을 통해 상대를 주시하면서도 속으로는 상대방이 갑옷을 벗어서 그를 진정으로 만나길 소망한다.

문제는 6살이 되기 훨씬 이전에 그릇된 성품이 형성되고, 6살부터 12살에 이르는 동안 이것이 없어지거나 굳어지게 된다는 사실이다. 창조 당시 하나님께서 우리에게 불어넣어주신 영(창 2:7)은 인간의 몸 안에 갇혀 있어서, 인류가 물려받은 타락한 본성을 가진 혼을 통해 표현되기 마련이다. 혹자가 믿듯 우리가 창조 때 시작되었든지 아니면 임신 때 시작되었든지 간에 일단 육체 안에 있기 때문에, 모두가 인류의 죄악의 상황을 똑같이 경험하여도 영은 각자 다른 해로운 요소를 경험하게 된다. 부모가 임신을 원치 않았거나, 큰 소리로 싸웠거나 긴장과 심한 폭력이 있었으면 상황이 악화된다. 모태에서 나올 때나 그럴 즈음에 삶을 신뢰하고 마음을 여는 능력이 크게 방해받거나 아예 막힐 수가 있다. "악인은 모태에서부터 멀어졌음이여 나면서부터 곁길로 나아가 거짓을 말하는도다"(시 58:3). 우리 모두는 '그 악인'이며 아무도 '의로운 자'(시 14편, 롬 3장)가 아니다.

보통 사려 깊고 선한 어머니일지라도 아기의 신호를 종종 제대로 해석하지 못한다. 아기는 배고픈데 엄마는 기저귀를 갈아준다. 아이는 배고픈 것이 아니라, 핀에 찔리거나 기저귀 발진으로 아프거나 소음에 깜짝 놀랐거나 그저 한바탕 울고 싶을 뿐인데, 어머니는 아기 입에 젖을 물린다! 어쩌면 아기가 원한 건 부드럽게 흔들며 재워주는 것인데 아빠는 거친 손으로 등을 두드려 트림을 시킨다. 아기가 원한 건 평화와 조용함인데 형제자매들은 자꾸 귀찮게 굴고 시끄럽게 소리 내면서 익살스런 얼굴을 짓는다. 또는 새벽 2시에 아이가 일어나 키득거리며 놀고픈 데 다른 식구들은 잠자길 원한다! 아무리 좋은 가정이라도 짜증나는 일이 계속되는 것이 아기의 일상생활의 일부분이다. 아이는 자신의 감정을 어떻게 다루어야 하는가? 분노는? 원망은? 외로움은? 두려움은? 갈망은? 혼자 있고 싶은 하는 필요는? 이것을 어떻게 다루어야 하는가? 아기는 아직 주님을 모르기에 용서할 수도 없다. 아기의 이성은 합리화할 만큼 발달하지도 않았다. 자제심 역시 형성되지 않았다. 멈출 길이 없는 아기는, 접촉과 달래줌, 아빠의 힘과 엄마의 따스함으로 멈추어져야 하는데, 그럴 때 부모는 함께 있지 않거나 이해하지 못할 때가 종종 있다. 아기는 아프면 그저 아파하고 기쁘면 기뻐할 뿐이다.

　이런 일상적인 짜증나는 일 정도가 아니라, 거절을 당하거나 오랫동안 부모가 부재하여 외로움이 사그러지지 않은 경우가 있다. 모든 아기들은 자기 아빠와 엄마를 알고 찾는다. 마치 태중에 있은 지 6개월이 된 세례요한이 마리아가 잉태중인 예수님의 존재를 알아차린 것처럼(눅 1:44), 모든 아기는 자기 부모를 영으로 안다. 그런데 많은 아기들이 입양을 위해 버려진다. 부모가 어떤 좋은 이유를 내세워 입양시키는 것이 최상이라고 믿을지라도, 아기는 무시무시한 거절감을 느끼게 된다. 또는 아버지가 자신의 가치를 잘 모르고 긴긴 밤 동안 아이를 흔들어주고 놀고 안아주고 어르고 같이 걸어주고 이야기하고 하질 않는다. 안아주면 버릇이 나빠진다고 완전히 잘못된 훈련을 받아 절대 안아주지 않고 요람에 4시간 눕히고 먹이고 또 4시간 눕히고를 반복하는 엄마도 있다. 또는 엄마가 모유수유를 하지 않기로 하거나 모유수유가 불가능해진다. 그러면 아기는 그러한 상처를 어떻게 감당할까? 어떤 감정의 도구를 갖고 다루겠는가?

　이에 폭력과 공포가 더해지는 경우가 많이 발생한다. 어떤 부모는 짐승과 같다. 벌개져서 소리치는 얼굴이 요람 위로 불쑥 나타난다. 만취해서 고함치는 소리가 반복해서 아기의 잠을 깨운다. 언제라도 때리고 소리 지르는 일이 일어날 수 있다. 의지해서 쉴 수 있는 데가 없다.

　아기는 어떻게 자신을 보호할 수 있나? 그는 서둘러 자기 마음에 벽을 둘러친다! 아기는 다른 사람에게 자신의 영을 무방비로 흘려보내려는 충동을 억제하는 법을 배운다. 점진적으로 그러나 분명히 돌같은 마음이 형성된다. 비참한 가정에서 자란 아기가 마음에 딱딱한 거북이 등딱지를 형성하는 것을 막을 길이 거의 없다. 지상의 모든 사람은 대개 자신이 당한 고통의 정도에 따라 다소 다르지만 이런 마음(어떤 이는 좀더 부드럽고 어떤 이는 좀더 딱딱한)을 갖게 된다.

우리가 아는 어느 가정은 폭력이나 결손 가정의 아기를 받아 키우는 사역을 한다. 자그마한 아기가 도착할 때 그 아기들은 굳어있고 긴장하며 포옹을 받아들이지 못한다. 그들의 눈은 노려보지만 멍한 눈이다. 수주간 사랑과 기도를 받으면 아기는 살아나고 안아주고 싶어지고 부드러워지며 웃는다. 아기의 작은 영은 누가 안아주어도 기쁨으로 뛰어오른다.

하지만 비통한 아픔을 겪어도 사랑으로 치유받지 못하는 수많은 경우는 어떻게 될까?

돌같은 마음을 갖게 된 우리 모두는 그만큼 온전한 사람이 되지 못한다. 우리는 그만큼 마음과 생각을 진정으로 주고받는데 필요한 기능을 닫아버린다. 우리는 우리의 영을 타인이 만지고 안을 수 있도록 연약하게 열어 놓지 않는다. 그러면 너무 큰 상처를 입는다. 우리는 돌담 뒤에 숨는다. 우리는 워즈워스의 시 "영혼불멸송(Ode on Intimations of immorality)"에 나오는 소년과 같다.

우리의 탄생은 단지 잠과 망각일 뿐.
우리 인생의 별인 우리와 함께 떠오른 영혼은,
다른 곳에서 졌던 것이고,
멀리서 오는 것이다.
완전한 망각이 아니고,
완전한 발가벗음이 아닌,

영광의 구름을 이끌면서 우리는 온 것이다
우리들의 고향인 하나님으로부터.
어릴 적에 천국은 우리 주변에 있었노라!
감옥의 그늘이 자라가는 소년을
에워싸기 시작해도,
그는 빛을 보고, 그 빛이 어디서 흘러나오는 지 본다.
그는 기쁨으로 그 빛을 본다.
청년은, 날마다 동쪽과 멀어져서
가야 하지만, 여전히 자연의 사제이고,
그의 길에는
찬란한 환상이 길동무한다.
마침내 인간은 그 환상이 죽어가고
평범한 일상의 빛 속에 사라짐을 알게 된다.

우리 영의 기능은 닫히고 감금되어 마치 사용하지 않는 근육처럼 시들고 위축된다. 마치 잠자는 숲 속의 미녀나 백설 공주처럼 우리의 모든 난쟁이같이 된 재능들이 우는 동안 잠들어 있는 것과 같다. 멋진 왕자님(예수님)이 오셔야 우리의 마비된 영이 깨어나 다시 살게 된다. 그렇지 않으면 우리는 마치 양철인간과 같이 녹슬어서 움직이지 못하는데, 마음을 찾으려고 기나긴 노란 벽돌 길을 걷기 위해서 성령의 기름을 필요로 하는 것과 같다. 이것이 백설 공주와 오즈의 마법사 이야기가 계속 살아있는 이유이다. 이들은 우리에 관한 진실을 말해주며, 내면의 무언가도 여전히 살아있어 이 사실을 알고 있다!

어떤 이는 평생 말해도 순간적인 의사소통은 전혀 알지 못한다. 어떤 이는 하나님과의 교제 뿐 아니라 사람 간의 진정한 교제도 전혀 누리지 못한다. 설상가상으로 그러한 사람들은 자신이 놓치고 있는 바를 거의 모르거나 아예 의식조차 못한다. 그들은 피상적이고, 원숭이처럼 본 것을 그대로 따라 나누고, 잘 어울리기도 하지만, 그들은 둔감해서 상대방을 마음과 영으로 만나지 못할 뿐 아니라 다른 일들이 가능하다는 것도 모른다. 그들은 마치 향기 좋은 정원을 거닐면서도 민들레만 볼 수 있는 안경을 쓰고 있는 멍청이와 같다.

참 양심은 사랑하고 만나고 타인을 위해 그 사람의 삶에 개입하고 나눌 수 있는 영의 능력에 의해서만 나타난다. 이것이 예레미야가 "그들이 가증한 일을 행할 때에 부끄러워하였느냐? 아니라 조금도 부끄러워 아니할 뿐 아니라 얼굴도 붉어지지 않았느니라. 그러므로 그들이 엎드러지는 자와 함께 엎드러질 것이라."(렘 6:15)라고 기록한 이유이다. 그들의 영은 기능을 잃어서 살아있는 참 양심을 갖기가 불가능했다. 이는 사도 바울이 "네가 하나님의 인자하심이 너를 인도하여 회개케 하심을 알지 못하느뇨?"(롬 2:4)라고 기록한 이유이기도 하다. 생명의 키스로 마음을 어루만져서 양심이 기능할 수 있도록 영을 소생시키는 것은 바로 하나님의 인자하심이다. 그러할 때에야 회개할 수 있다.

'나와 당신'의 대면에서는, 모든 '나'는 다른 모든 사람을 존경하는 '당신'으로 취급하고, 영과 영으로 마음과 마음으로, 생각과 생각으로, 마음을 열고 장애물 없이 만난다. '나와 당신' 관계란, 하나는 파랗고 다른 하나는 노란 두 불꽃이 서로 빛을 발하여 빛이 녹색으로 물들여지지만 서로의 빛을 잠식하지 않고 오히려 원래의 노랑과 파랑을 더 밝게 하는 영상으로 표현될 수 있다. '나와 당신'의 관계로 사는 법을 배운 사람은 서로를 소중히 여기는 법을 배운다. 상대가 상처받을 것 같으면 내가 상처받기에, 나의 행동이 상대방에게 해를 끼치기 전에 멈춘다. 이것이 양심의 진정한 기능이다.

마음이 단단한(딱딱함, 묶여있음, 완고함) 만큼 사람은 '나와 당신'의 관계로 들어가지 못한다. 그들의 만남은 '나와 그것'의 관계로 제한될 뿐이다(마틴 부버의 책 '나와 너'). 관계하려는 시도는 순수하게 '나'에서만이 아니라 껍데기에서 시작되어 겨우 상대방의 '당신'에 도달하지만 주로 껍데기를 만날 뿐이다. 그래서 이제 그림은 두개의 호두껍질 아래에 거의 꺼져가며 파랑 빛과 노랑 빛을 서로에게 발하지만 별 변화가 없는 영상과 같다. 잠깐 어쩌다 말고는 상호작용으로 녹색이 생기지도 않는다. 그런 사람들의 양심은 기능하지 않는데, 이는 그들에게 있어 어느 누구도 소중한 '당신'이 되어본 적이 없기 때문이다. 다른 이들은 그저 부딪치고 공격하고 딛고 올라갈 '그것'일 뿐이다.

우리 문화의 비극은 남녀가 점점 더 비인간화 된다는데 있다. 하나님은 (온전한) 사람을 일으키기 원하신다. 오래 참고 친절하고 온유하고 동정적이고 사랑하며 용서하신 예수님은 유일하게 진정한 인간이셨다. 우리는 더욱더 인간적이 되고 더욱 따뜻하고 사랑하고 마음을 열고 불쌍히 여기는 사람이 되어야 한다.

부모의 임무는 자녀 안에 인간성을 일깨우는 것이다. 제일 먼저 서로 품을 수 있도록 영을 불러낸다. 그런 다음 다른 이들의 의도를 알고 이를 소중히 여길 줄 아는 마음과 생각의 능력인 '진리'가 자라나도록 해야 한다. 따라서 각 자녀는 자신의 영이 한 선택에 책임을 져야함에도 불구하고, 하나님께서는 자녀가 '나와 당신'의 만남을 가능케 했는지 아니면 방해했는지에 대한 책임을 부모에게 물으신다(히 13:17). 다른 사람이 우리를 생명으로 이끌기 전까지는 우리를 인간이나 비인간으로 만드는 이는 부모님이다!

"...주의 교훈과 훈계로 양육하라"(엡 6:4, 흠정)는 명령에서 중요한 단어는 '주'이다. 오직 주 안에서의 양육만이 남을 지배하거나 지배당하지 않으면서도 '나'로 하여금 '당신'을 사랑하는 법을 배운 자녀를 키워 낼 수 있다. 부모는 무엇보다도, 다른 '당신'을 위한 희생과 섬김의 삶을 위해 자신의 인생을 내려놓을 때 풍성한 삶이 있다는 기쁨의 비밀을 발견한 자녀를 양성해야 한다. 그래서 성인이 되어도 결코 다른 '당신'을 이용하고 버리고 파괴할 수 있는 '그것'으로 대하지 않는, 그런 자녀를 양성해야 한다!

"네가 이것을 알라 말세에 고통하는 때가 이르리니 사람들은 자기를 사랑하며 돈을 사랑하며 자긍하며 교만하며 훼방하며 부모를 거역하며 감사치 아니하며 거룩하지 아니하며 무정하며 원통함을 풀지 아니하며 참소하며 절제하지 못하며 사나우며 선한 것을 좋아 아니하며 배반하여 팔며 조급하며 자고하며 쾌락을 사랑하기를 하나님 사랑하는 것보다 더하며 경건의 모양은 있으나 경건의 능력은 부인하는 자니 이같은 자들에게서 네가 돌아서라"(딤후 3:1-5).

오늘날 이 예언은 점점 더 성취되어가고 있는데, 이는 주로 부모가 (남을) 소중히 여기는 데 실패해왔기 때문이다. 그 결과 마음이 딱딱해지고 비인간적이 된다. 결과적으로 그러한 사람들에겐 진정한 양심이 없다. 그들은 한번도 하나님의 사랑을 받아보지 못했기 때문에 사랑이신 하나님의 능력과 연결되지 못한다. 그들의 영은 잠자고 있고 기능이 없다(허물 가운데에 죽었다, 엡 2:5). 그러한 이유 때문에 거리깡패들의 저주가 시가를 황폐케 만든다. 약탈 때문에 건축가는 학교건물을 깨질만한 창문이 없는 감옥같이 짓는다. 공원에는 변기와 싱크대를 망가지지 않게 만들어 놓는다. 그리고 범죄율이 치솟는다. 부모에 대한 억압된 분노가 분출된다. 저주가 이 땅에 임하기 시작하고 있다. "보라 여호와의 크고 두려운 날이 이르기 전에 내가 선지 엘리야를 너희에게 보내리니 그가 아비의 마음을 자녀에게로 돌이키게 하고 자녀들의 마음을 그들의 아비에게로 돌이키게 하리라. 돌이키지 아니하면 두렵건대 내가 와서 저주로 그 땅을 칠까 하노라"(말 4:5-6).

디모데전서 3:1-5에 열거된 죄들은 그 죄를 범하는 이가 타인을 '당신'으로 보고 소중히 여기지 못할 때에만 발생할 수 있다. 정상적인 사람인 나(존)는 동생 것을 훔치려고 할 때 머리 속에서 동생을 인간 이하라고 여겨야 했다. 그렇지 않았으면 너무 힘들었을 것이다. 인디언을 속여 빼앗기 위해 미국인들은 인디언을 인간이하의 제거해야 할 대상인 '야만인' 이라고 불러서 자신들의 양심을 무디게 하였다. "좋은 인디언은 죽은 놈뿐이다"라고 하면서 말이다. 흑인들은 노예주에 의해 인간 이하라고 여겨졌다. 그렇지 않았다면 노예주들은 흑인들을 가재 노예로 격하시키지 못했으리라. 한 번도 사랑받거나 소중히 여김 받지 못한 사람에게는 어느 누구도 '당신' 이 되지 못한다. 악을 행하기 원했던 맥베스부인은 자신의 너무나 인간적인 감정이 방해할까봐 "자, 흉계를 따르는 악령들아, 나를 지금 탈성시켜 주고 정수리에서 발끝까지 무시무시한 잔인성으로 꽉 채워다오! 내 피를 탁하게 만들고 동정심의 입구와 통로를 막아다오. 그리하여 인간 본연의 측은한 마음이 나를 찾아와 내 잔인한 목표가 흔들리지 말게 하며…"라고 외친다(맥베스 1막 5장). 그러나 디모데전서 2:3에 열거된 사람들은 스스로를 비인간화시킬 필요가 없다. 그들은 이미 비인간화되었기 때문이다! 따라서 증가하는 범죄율은 우리가 주 안에서 진정한 부모로서 했어야 할 임무를 유기했다는 표지에 불과하다.

사탄이 파괴하기 원하는 것은 인간성이다.

인간성을 방해하는 사탄의 도구는 돌같은 마음이다.

하나님께 부름 받아 아이 안에 살같은 마음이 자라도록 해야 할 사람은 부모이다.

'당신'을 생명으로 이끌어야 할 사람은 부모이다.

종종 자녀에게 돌담을 쌓도록 만드는 이는 부모이다.

돌같은 마음을 만나 녹이고 살처럼 부드러운 마음을 주고자 사람이 되신 분은 예수님이다.

인간성을 회복시키는 하나님의 선물은 예수님 안에 있는 살같은 마음이다.

우리를 인간으로 만드시는 분은 예수님이다.

그리스도 안에서 상담자가 할 일은 아이가 언제 어떻게 고통 때문에 도망치고 숨었는지를 살피는 것이다. 그의 임무는 돌같은 마음을 찾아서 사랑의 불로 녹이는 것이다. 부모가 그 문제를 야기했을지라도 이에 대응한 아이의 죄책감을 상담자는 다루어야 한다. 그래서 고백하고 용서하게 하여 다시금 십자가의 능력을 경험하게 한다. 하지만 권세가 내적맹세를 깨뜨릴 수 있고, 보혈이 죄책감을 씻어주며, 자아를 매일 십자가에 못 박으면 옛 본성의 습관이 십자가에서 죽게 되지만, 이보다 더 많은 일이 관련되어있다. 그러한 이유로 예수님은 "성령과 불로 너희에게 세례를 주시기"(마 3:11) 위해 오셨다. 오직 사랑의 불만이 돌같은 마음을 녹일 수 있다.

친한 친구인 카이와 겔다가 들에서 즐겁게 놀고 있었다. 악한 눈의 여왕이 찾아와서 카이의 마음에 얼음조각을 던지고 그를 얼려서 데려갔다. 겔다는 카이를 찾기 위해 많은 위험을 무릅쓰고 오랫동안 찾아다녔다. 하지만 마침내 겔다가 카이를 찾았을 때에 카이는 겔다를 반가워하지 않는다. 카이는 겔다에게 욕하고 소리치며 침 뱉는다. 마침내 겔다의 사랑이 카이를 녹여 얼음가시가 빠져나오고 카이는 원래 자신의 모습으로 되돌아온다. 카이와 겔다는 다시 들에서 즐겁게 논다.

이와 마찬가지로 친구들과 상담자는 인내심을 갖고 친구 안에 얼어있는 마음을 찾아야 한다. 하지만 생명으로 돌아오는 가장 흔한 표지는, 따뜻한 사랑을 받으면 받을수록 더 못되게 반응하는 것이다. 상처받을까 두려워하는 마음에서 미워한다. 돌같은 마음은 자신만의 생명이 있다. 이는 노랫말로 생각에 거짓말한다. "전에 위험을 무릅썼을 때 어떤 일이 있었는지 알잖니." "또 상처받고 싶지 않잖아." "이렇게 하면 외롭겠지만 적어도 안전해." 어떤 노래는 사실일 수 있다. 하지만 혼자서 죽어가는 것이 더 낫다는 말은 거짓말이다. 이렇게 생명으로 이끌어가려고 사랑하는 바로 그 사람이 우리에게 되받아친다.

예수님은 "나를 인하여 너희를 욕하고 핍박하고 거짓으로 너희를 거스려 모든 악한 말을 할 때에는 너희에게 복이 있나니 기뻐하고 즐거워하라 하늘에서 너희의 상이 큼이라. 너희 전에 있던 선지자들을 이같이 핍박하였느니라"(마 5:11-12)고 하셨다. 왜 기뻐하는가? 우리의 상급은 다른 이들이 생명으로 돌아오는 데 있다! 사람의 생명이 우리의 기쁨이자 상급이다. 생명으로 돌아오는 표지는 고통인데, 이는 마치 다리에 쥐가 났다가 무수히 찔러대는 바늘 같은 고통을 느낄 때 다시 괜찮아지고 살아난다는 것을 처음 아는 것과 같다! 우리의 사랑하는 상대는 고통을 피하려는 바로 그 목적을 위해 숨을 곳을 쌓아올렸다. 따라서 자동적으로 반격하는데 이는 그 벽을 허물어뜨리려는 위협을 제거하고 싶어서이다. 기뻐함은 찬양과 예배의 일부로 예수님의 생명이 횃불을 들고 그 벽을 들이치는 것이다.

그렇게 가까이 끌려 서로 마음을 열었지만 이상하게 헤어지고 만 커플을 본 적이 없는가? 대개 아내보다는 남편 중에, 배우자가 사랑을 표현하면 할수록 더 못되게 구는 경우가 종종 있다. 멀찌감치 떨어져서 안전하게 기도하며 잘되기를 바라는 정도로는 돌같은 마음에 변화가 일어나지 않는다. 얼음가시가 녹을 때까지 끈기 있게 고통을 감내하며 매일 기꺼이 자신을 내려놓고 대상자가 되받아칠 때마다 이해하고 용서하는 마음에 의해서만 돌같은 마음이 녹을 수 있다. 바로 이러한 종류의 사랑이 불이다. "하나님은 사랑이심이라"(요일 4:8). "우리 하나님은 소멸하는 불이심이니라"(히 12:29). 하나님의 사랑은, 지상에 계실 때에 사랑의 행보를 하시고 인류애 때문에 십자가에 못 박히기까지 하신 예수님 안에서 나타났다. "나는 받을 세례가 있으니 그 이루기까지 나의 답답함이 어떠하겠느냐"(눅 12:50). 그분이 성취하신 것은 십자가였다. 타인을 위한 구속적 고난의 세례는 불이다. 사랑이 불로 바뀌는 것은 공격자를 사랑하고 있는데 마음이 억울하게 고난당할 때이다. 그런 종류의 불은 돌을 녹여 용암이 되게 한다. 불과 녹아버린 바위를 만드는 데에 산처럼 엄청난 압력이 필요하다는 사실이 놀랍지 않은가!

샘은 자기 아내가 무슨 말을 하고 있는지 이해할 수가 없다. 그는 집에 생활비를 벌어다 준다. 한번도 친구와 같이 밖에 나가서 술을 마신 적도, 욕하거나 아내를 때린 적도 없고, 정기적으로 아내와 함께 교회에도 출석한다. 하지만 샘의 아내는 비참하다. 남편은 자신이 로봇처럼 의무감에서 이 모든 일을 하고 있음을 모른다. 아내에게 키스하는 일도 드물지만 그것조차 의무감과 명백한 (아내의) 신호 때문이다. 하지만 아내 루시에게 있어 그와 함께 사는 것은 마치 빈집의 문을 계속 두드리는 것과 같다. 그녀가 들어가 "집에 아무도 없어요?"라고 소리치지만 메아리만 들릴 뿐이다. 샘의 내면의 집에는 아무도 없다! 둘은 서로를 이해하지 못한다. 겉으로 보면 아내가 보기에도 샘은 매우 훌륭한 사람이다. 샘의 부모님은 좋은 분들이셨다. 부모님은 샘을 잘 부양하셨다. 그는 부족한 것이 없었다. 그의 부모님은 불친절하거나 잔인하지 않으셨다. 그러나 그분들은 샘을 만져주거나 안아주지 않으셨다. 샘은 숨은 돌같은 마음을 가진 채 결혼생활을 시작했다. 그는 여전히 양철인간이다. 그는 무엇을 느끼지도, 누구와 깊이 만나지도, 누구를 소중히 여기거나 소중히 여김을 받거나 하지 못한다. 루시는 사막에 살고 있다. 훌륭하지만, 그것도 항상 훌륭하지만 그럼에도 불구하고 여전히 사막인 곳에서 말이다.

앤은 계속 자신을 괴롭히는 자살충동과 우울증으로 인해 낙심이 되어 나(존)를 찾아왔다. 그녀는 좋은 남편과 건강한 자녀를 가졌고, 주변에 돈과 친구와 좋은 것이 풍족하였다. 간단히 말해 그녀는 성공했다. 모든 것을 가졌다. 수고하여 멋진 삶을 얻었다. 하지만 그런 모든 축복이 공허했다. 슬퍼할만한 이유도 없는 것 같았기에, 슬퍼하는 것 때문에 죄책감이 들어 점점 우울증이 심해졌다. 앤은 느낄 수가 없었다. 전혀 느낄 수가 없었다. 그녀의 부모님은 차갑고 원칙적인 분들이셨다. 그녀는 학교에서 잘했고 예술적으로 뛰어났는데 지금까지도 그렇다. 최근에야 그녀는 교회의 성령 충만한 기도모임에서 진정한 생명을 맛보아 생명의 힌트를 발견하게 되었다. 그녀는 더 원했지만 마치 기어가 중립에 끼어 기어를 못 넣는 것처럼 더 앞으로 나갈 수가 없었다. 그녀는 돌같은 마음을 가지고 있었다.

종종 돌같은 마음을 가진 사람은 샘이나 앤과 같다. 그들은 잘 해낸다. 타인을 돌본다. 하지만 느끼진 못한다. 대개 이를 알 수 있는 특징은 남이 자신을 돌보도록 놔두지 못한다는 사실이다. 남을 돌볼 줄 모르는 이들의 경우에는 돌같은 마음이 분명히 드러나 있다. 모든 사람이 이를 알고 일상적으로 말한다. "도대체 누가 저렇게 딱딱한 마음을 가졌나?" 그러나 샘과 앤 같은 사람의 안에 있는 돌같은 마음은 찾기가 어렵다. 왜냐하면 모든 사람이 그들의 행동을 보면서 그들이 애정 많은 사람이라고 여기기 때문이다. 그들이 가지고 있다고 의심하기가 가장 어려운 것이 마음의 딱딱함이다.

목회자와 의사, 변호사는 숨은 경직된 마음 때문에 괴로워하는 가장 흔한 예이다. 사랑의 본성을 갖고 태어난 그들이지만 진실한 주고받음을 배우지 못해서 천성적인 부드러운 마음을 보호하기 위해 견고한 담을 쌓아 올린다. 예를 들면 가정주치의가 아주 동정심 많은 임상태도로 사랑의 성품을 표현한다고 하자. 그는 마을에서 대부분의 사람들에게 사랑받는 상담자이다. 모든 사람이 그를 칭찬한다. 마을 전체와 교회가 의사부인에게 그렇게 성자 같고 온유하며 사랑 많은 남편을 가지다니 얼마나 행운이냐고 말한다. 의사부인은 비명지르고 싶은 마음을 억누르면서 공손히 동의하고 집으로 달려가서는, 하루 더 살아남기를 바라며 남몰래 위스키를 또 한잔 꿀꺽한다. "그들도 내가 보는 것처럼 남편을 볼 수만 있다면!" 그는 어느 누구도 특히 가까운 가족이 자신을 사랑하도록 놔두지 못한다. 그는 다른 모든 사람들에게 사역해야 한다. 그녀의 '(술 마시는) 문제'를 아는 사람은 다 성자 같은 남자가 술취한 아내에게 발목잡혀있다고 불쌍히 여긴다. 하지만 그들은 알지 못한다. "그 눈에 보이는 대로 심판치 아니하며 귀에 들리는 대로 판단치 아니하며"(사 11:3). 바라는 대로 돌파구가 되는 어떤 일이 일어난다. "하나님께서는 너희의 행위와 사랑의 수고를 잊으실 만큼 불의하지 아니하심이라"(히 6:10). 하나님은 자유롭게 해주심으로 자신의 종에게 보상하기를 원하신다.

하나님께서 직접 그러한 사람을 병약하게 하실 수도 있다. 그는 약해졌을 때에 다른 이의 도움을 받아들이는 법을 배우게 될 것이다. 우리는 (한 번도 받기를 배운 적이 없는) 강하고 섬기기를 좋아하는 사람들이 종종 죽기 전에 오랜 시간동안 병약해져 앓는 것을 주목해 왔다. 만약 천국에 있는 모든 사람들이 섬기는 법만 배웠다면 누가 받겠는가? 또는 주님께서, 위험을 무릅쓰고 가슴 아픈 진실을 얘기해줄 정직하고 집요한 친구를 보내주실 수 있다. "친구의 통책은 충성에서 말미암은 것이나 원수의 자주 입맞춤은 거짓에서 난 것이니라"(잠 27:6). 어쩌면 그의 영 깊은 곳에서 의문이 떠오를 수도 있다. "사람의 영은 주의 촛불이라. 뱃속에 있는 모든 깊은 부분을 살피느니라"(잠 20:27, 흠정). "상하게 때리는 것이 악을 없이 하나니 매는 사람의 속에 깊이 들어가느니라"(잠 20:30). 어떤 식으로든 하나님께서 그 마음에 다가 가신다. 친구들과 상담자에게 우리가 말하고자 하는 요점은, 대개 그러한 축복이 위장된 형태로 온다는 사실이다. 우리는 하나님의 엄한 손길을 기뻐하고 조각들을 주울 준비를 하고 서있어야 한다.

물론 더 쉽게 마음에 다가갈 수 있다면 좋을 것이다. 크리스천 상담자는 논리나 접촉, 하나님의 말씀 중 어떤 방법을 사용해서라도 생각이 아닌 내담자의 마음에 관한 통찰을 얻기 위해 침투해야 한다. 대화와 기도는 어린 시절 가정생활에서의 원인을 알아내는 목적으로 해야 한다. 하지만 알았다고 해서 싸움이 끝난 건 아니며, 단지 시작했을 뿐이다. 마음은 받았다가 거절하고, 앞으로 나왔다가 물러서고, 포옹하다가 공격하며, 흥분과 침묵을 교대로 왔다갔다한다. 상담자는, 모든 것이 잘되는 것 같은데 갑자기 내담자가 자제를 잃고 본래 상태로 되돌아갈 때에 당황하거나 낙심하지 않으려면 이 가르침을 기억해야 한다. 우리는 그런 사람을 때려서 생명의 자리로 가게 할 수는 없다. 그들은 그곳에서 우리를 통해 멋진 왕자님(예수님)의 '키스'를 받고 마음이 움직여야한다. (이는 육체적인 입맞춤이나 부적절하게 손으로 만지는 것을 의미하지 않고, 주님 안에서의 따뜻한 접촉만을 의미한다.)

상담자는 자신의 책임을 포기해서는 안 된다. 사람의 생명이 싹트는 것은 그 기간 동안 우리의 사랑이 변치 않는다는 사실에 좌우된다. 우리는 사람을 예수님께로만 넘겨서는 안 된다. 당대에 위대한 믿음의 치유사역자였던 아그네스 샌포드가 (남편 사후에) 우울증이라는 벽에서 나와 다시 살기 위한 사랑을 필요로 하여 우리(존과 폴라)를 찾아왔다. 우리는 이 위대한 성자가 우리를 필요로 한다는 게 믿기지 않았다. 우리는 기도하며 아그네스를 주님께 올려 드렸다. 그녀는 마음이 무너진 채 가버렸다. 그녀는 무수한 사람을 치유하기 위해 믿음으로 산도 움직일 수 있었지만 자신을 위해서는 하나님으로부터 받을 수 있는 믿음이 전혀 없었다! 그녀는 인간이라는 그릇을 통한 하나님의 사랑이 필요했다. 상담자는 하나님의 사랑의 메신저로서의 자신의 가치를 알아야 한다.

때론 예수님께서 주권적으로 신속히 돌같은 마음을 녹이실 때가 있다. 그러한 종류의 간증이 많이 있다. 하지만 그보다는 인간이라는 그릇을 통해 천천히, 정말 아주 천천히 일하시는 경우가 훨씬 더 많다. 아마도 그런 식으로 그분의 교회 안에서 사랑의 끈을 만드시는지도 모르겠다. 돌같은 마음을 치유하기 위해서 예수님은 우리를 진정한 친구라 부르신다. 그렇기에 상담은 요령이나 기도만 하는 것이 아니라 우정이다. "많은 친구를 얻는 자는 해를 당하게 되거니와 어떤 친구는 형제보다 친밀하니라"(잠 18:24). "혼자보다는 둘이 더 낫다. 두 사람이 함께 일할 때에, 더 좋은 결과를 얻을 수 있기 때문이다. 그 가운데 하나가 넘어지면, 다른 한 사람이 자기의 동무를 일으켜 줄 수 있다. 그러나 혼자 가다가 넘어지면, 딱하게도 일으켜 줄 사람이 없다. 또 둘이 누우면 따뜻하지만, 혼자라면 어찌 따뜻하겠는가? 혼자 싸우면 지지만, 둘이 힘을 합하면 적에게 맞설 수 있다. 세 겹줄은 쉽게 끊어지지 않는다"(전 4:9-12, 표새).

마음을 녹일 수 있는 최상의 오븐은 한명의 상담자가 아니라 교회 안의 모임이다. 우리 교회에 얼음장 같은 지식인 한명이 정기적으로 우리의 교제권 안에 들락날락했다. 하지만 기도모임에서 꾸준히 그를 위해 기도하고 문간에서 포옹하며 그를 맞이했다. 그들은 쾌활하게 그의 명석

한 이성과 맞부딪치지 않고 그를 영과 몸으로 포옹하며 맞이했다. 오래지 않아 그는 여섯 번의 포옹을 받지 않고는 문을 통과하지 않으려고 사람들에게 자신이 떠남을 알게 할 방법들을 찾아냈다. 그는 자신이 무엇을 하고 있는지, 어떤 일이 일어나고 있는지를 인정할 준비가 되어있지 않았다. 마침내 그는 주님을 영접하고 문간에서 모든 사람을 안아주면서 가장 따뜻하게 맞이하는 사람이 되었다.

요약컨대 돌같은 마음은, 내적맹세와 마찬가지로 때론 가장 따뜻한 외벽 뒤에 숨어있다. 돌같은 마음의 존재를 알려주는 표지는 사랑의 성품이 나타나지 않는 것이 아니라 사랑을 받아들이지 못하는 데에 있다. 내적맹세와 같이 돌같은 마음은 변화에 저항한다. 내적맹세와 다른 점은, 돌같은 마음에는 권세가 별 효과가 없다는 점이다. 오직 기도와 꾸준한 접촉만이 불을 일으키고 생명에 이르게 한다. 거절당하거나 공격을 받으면서도 사랑함이 (돌같은 마음을 녹이는) 불이 된다. 기뻐하고 꾸준히 밀고 나가라.

제 13 장 도피와 통제, 은폐와 소유욕
Flight, Control, Burial and Possessiveness

자녀들은 혈과 육에 속하였으매 그도 또한 같은 모양으로 혈과 육을 함께 지니심은 죽음을 통하여 죽음의 세력을 잡은 자 곧 마귀를 멸하시며(히 2:14-15, 개정)

두 살에서 열두 살까지의 아이의 위상을 상상해보라. 부모님, 그리고 (집에 같이 사시는) 할아버지 할머니 같은 다른 사람들은 모두 어른이다. 형이나 누나가 있을 수도 있다. 처음에는 나이든 사람들이 아는 것 모두가 아이에게는 낯설다. 그들이 오랫동안 당연시한 모든 것들을 아이는 해내야 한다. 걷기, 말하기, 몸의 기능 조절하기, (적당하게) 먹기, 포옹하기, 누가 건드리지 않게 하기, 방해하지 않기, 옷 입기, 예의바르게 굴기, 놀리기, 웃고 농담하기, 기억하기, 물건 잡기와 물건 제자리 놓기 등 이외에도 셀 수 없이 많은 기술들을 그것도 신속하게 습득해야 한다. 어른이 마라톤의 마지막 구간을 달린다면 유아는 이제 막 시작한 것이다.

형제들아 내 마음에 원하는 바와 하나님께 구하는 바는 이스라엘을 위함이니 곧 저희로 구원을 얻게 함이라. 내가 증거하노니 저희가 하나님께 열심이 있으나 지식을 좇은 것이 아니라 하나님의 의를 모르고 자기 의를 세우려고 힘써 하나님의 의를 복종치 아니하였느니라. 그리스도는 모든 믿는 자에게 의를 이루기 위하여 율법의 마침이 되시니라(롬 10:1-4)

실패하면 종종 벌과 조롱, 웃음이 따라온다. 그래서 아동기에 두려움은 당연히 있다. 두려움은 꾸러미로 온다.

여러 가지 종류의 두려움이 유아를 괴롭히고 성장 과정에도 계속 괴롭혀 댄다. 이 중 가장 큰 두려움이 불안이다. 보통 불안은 두려움보다 앞서 발생하는 건강한 상태이다. 불안은 우리의 영이 뭔가 잘못되었음을 감지하고 분별하는 상태이다(롤로 메이(Rollo May)의 책 '불안'을 보라). 이는 DEW(역자주: Distant Early Warning, 원거리 조기 경계)계열과 같은 초기 경보체계이다. 불안은 행동에 필요한 에너지를 불러일으킨다. 무언가 잘못되었음을 감지한다(이것이 불안이다). 곧 폭포같은 메시지들이 몸을 통해 부어지고 아드레날린이 분비되어 몸을 준비시킨다. 우리는 이 에너지가 어디(으르렁대는 개, 화난 얼굴, 우리에게 돌진해오는 무엇)에서 시작되는지 찾고, 이 에너지는 곧장 도피나 싸움 등 적당한 행동에 전달된다.

불안이나 고통, 두려움 혹은 분노 등의 여타 감정에는 잘못된 것이 없다. 모든 것이 정상적이고 건강한 기능이다. 성숙의 과제 중 하나는 이 감정들을 어떻게 다뤄야하는지를 배우는 것이다. 불안이 없다면 에너지는 제때 사용될 수 없다. 두려움이 없다면 우리는 과속하는 차가 앞에 올 때 뛰어서 피해야 함을 모를 것이다. 고통이 없다면 뜨거운 난로에서 손을 빼야함을 감지하지 못할 것이다. 불안과 두려움, 고통은 우리가 가진 도구 중에서 가장 축복받은 부분이다. 이들은 파수꾼처럼 우리를 해로움으로부터 지켜주거나 행복을 위해 경고해 준다.

하지만 모든 것은 일시적인 것이다. 항시 시키는 대로 왔다갔다하는 민병대(역자주: 미국 독립전쟁 당시 즉각 출동할 수 있게 준비하고 있던 군대)처럼, 안전한 상태나 원하는 목적대로 몸이 움직이도록 잠깐 반짝한 후에는 멈추어, 준비는 되어있지만 휴지상태로 돌아가도록 되어있다. 우리는 감정이 고양된 채 지나치게 오래 있는 것을 견디지 못한다. 설령 그것이 기쁨이라 할지라도 말이다. 그렇게 되면 우리는 너무 흥분하거나 탈진하게 된다.

동물이 적을 발견하지 못하거나 발견했을지라도 어떻게 행동해야 되는지 정하지 못하면 불안 때문에 꼼짝 못한다. 사슴과 토끼는 섬광처럼 빨리 움직일 수 있지만 종종 차에 부딪치는데, 이는 불안이 순간적으로 엄청난 에너지를 일으켜도 전조등 때문에 눈이 멀어 어디로 도망갈지 정하는 능력이 위축되기 때문이다. 생명을 구하는 바로 그 에너지에 '과부하가 걸려' 꼼짝 못한 채 자신을 죽게 만든다.

유아와 아동은 성인마냥 언제 어떤 말이나 행동이 상대방에게 반응을 일으키는지를 금방 배운다. 말할 때에 상대방이 거부하거나 충격받거나 또는 부정적으로 반응하는 것을 감지하고 재빨리 강조점이나 태도를 바꾼 적이 여러 번 있지 않은가? 순식간에 에너지가 모이고 결정을 내려서, 싸움을 피하든지 시작하든지, 행복으로 끝나게 하든지 한다.

우리는 내재된 성향에 근거해 그러한 결정을 순식간에 내린다. 우리의 본성에 있는 습관화된 성향 중 일부는 의사소통을 잘하며 우리를 잘 도와주지만, 어떤 것은 우리의 관계를 깨뜨린다. 도피하고 조종하며 통제하는 성향은 행복을 깨뜨린다. 반면 감정이입하고 동정하고 용기내고 개방하고 이해하고 사랑하는 성향은 행복하게 해 준다. 우리는 그러한 습관화된 반응성향을 유아기와 초기 아동기 때 형성한다. 이들은 우리 성품의 집을 쌓는 '기초석'이 된다.

중요한 건축 요인은 온화한 사랑의 유무이다. 어른들 간에 사랑의 강물이 영에서 영으로 흐르는 곳에서는, 아기가 실수할 때 어른들이 단호하면서도 부드럽고 민감한 행동으로 표현하기에 아기는 불안해하지 않으면서도 실수했음을 알아차린다. 그러면 불안은 두려움이 들어있는 샘과 연결되지 않게 된다. 기분이 좋은 어른은 편안하고 쉽게 용서하며 관계를 방해하기보다는 촉진시키는 습관이 형성되도록 고무한다. 이러한 예는 아기가 울 때에 어떤 일이 일어나는지를 보면 알 수 있다. 아기들은 울 필요가 있다. 신체적으로 울음은 허파기능을 강화시킨다. 감정적으로는 긴장을 풀어준다. 아기가 울 때에 그의 영은 주위의 어른들이 어떻게 반응하는지를 감지한다. 아기를 안은 사람이 화가 나 있으면 불안이 경보를 발하여 울음소리가 더 커진다. 온화한 사랑은 영을 진정시키고 불안을 잠재워 에너지를 기쁜 포옹으로 바꾸어준다. 부정적인 경험이 반복되면 두려움에서 경직되거나 분노 가운데 반항하는 자동적인 반응 습관을 형성한다. 계속 부드럽게 만져주면 아기는 이렇게 알아듣는다. "울어도 괜찮아. 네 자신이 되어도 괜찮아. 네가 뭘 해도 난 널 받아줄 수 있단다." 이렇게 사랑은 내가 될 수 있는 자유, 모험할 자유, 실수하는 두려움으로부터의 자유를 창출하고, 그 결과 자발적이고 행복할 수 있는 능력이 생기게 한다. 이와 같은 우리의 초기 경험에서, 생애 전반에 걸쳐 다른 사람에게 반응하는 성품구조가 형성된다.

초창기의 많은 만남을 통해 우리는, 쉽사리 위험을 감수하면서 웃고 사랑하는 법을 배우기도 하고, 아니면 두려움에서 방어벽과 쓴 뿌리의 기대 뒤로 물러서는 법을 배운다. 우리는 걷기를 배울 때와 마찬가지로 습관구조를 형성한다. 우리가 어떻게 걸어야 하는지에 대해 다시 생각할 필요가 없듯이 우리는 다른 사람과 관계를 맺을 때에도 두 번 생각할 필요가 없는 습관화된 방식을 개발한다. 곧 우리가 다른 사람의 접근을 해석하는 기본 틀은 사실에 입각하여 적절할 수도 혹은 그릇될 수도 있으며, 그 이후의 우리의 반응은 진정한 의사소통과 우정을 가능하게 할 수도, 왜곡하여 불가능하게 만들 수도 있다.

가장 흔한 이상증상은 도피기제이다. 처음 6년 동안 도피기제가 형성되지만, 6-12세에는 이에서 벗어나 자라든지, 이를 극복하든지, 아니면 이를 더욱 강화시키든지 한다. 우리가 십대가 되면 우리의 성품은 틀이 잡힌다. 의사들은 뼈와 연골의 성장상태로 아이의 나이를 알 수 있다. 노련한 상담자는 사고방식과 무의식적 사고방식의 발달상태, 강건함이나 완고함의 정도로 사람의 정신 연령을 정확히 알아낼 수 있다. 더 중요한 것은 그 완고함의 정도가 통상 견뎌낸 외상의 정도를 말해준다.

도피성향은 우리의 재능을 은폐한다!

그러나 한 달란트를 받은 사람은 다가와서 말하였다."주인님, 나는, 주인이 굳은 분이시라, 심지 않은 데서 거두시고 뿌리지 않은데서 모으시는 줄로 알고, 무서워하여 물러가서, 그 달란트를 땅에 숨겨 두었습니다. 보십시오, 여기에 그 돈이 있으니, 받으십시오" 그러자 그의 주인이 그에게 말하였다. "악하고 게으른 종아! 너는, 내가 심지 않은 데서 거두고, 뿌리지 않은 데서 모으는 줄 알았다. 그렇다면, 너는 내 돈을 돈놀이하는 사람에게 맡겼어야 했다. 그랬더라면, 내가 와서, 내 돈에 이자를 붙여 받았을 것이다. 그에게서 그 한 달란트를 빼앗아서, 열 달란트 가진 사람에게 주어라. 가진 사람에게는 더 주어서 넘치게 하고, 갖지 못한 사람에게서는 있는 것마저 빼앗을 것이다. 이 쓸모없는 종을 바깥 어두운 데로 내쫓아라. 거기서 슬피 울며 이를 가는 일이 있을 것이다."(마 25:24-30, 표새)

이 비유는 요점만 설명하는 이야기가 아니다. 이 비유는 실재가 어떻게 돌아가는지를 정확하게 묘사한다! 자신의 달란트(재능)를 묻어두는 사람은 자신이 갖고 있다고 생각하는 것조차 잃어버리게 될 거라는, 피할 수 없는 비인격적인 보응의 법칙이 작용하는 것을 보여준다!

더 많이 받은 자는 무엇을 해야 하는가? 신뢰하라. 자기 자신이 될 용기를 가지라. 기꺼이 위험을 무릅쓰라. 더 받지 못한 자가 못 받은 것은 무엇인가? 같은 것(신뢰, 용기, 자발성)이다.

최초에 깊은 내면에 생긴 이상증상을 심리학자들은 모태퇴행(amniosis)이라고 부른다. 이는 양수에서 나와 태어나지 못하거나, 모태의 안전한 은신처로 회귀하는 퇴행에 의한 도피성향을 의미한다. 그래서 한 번도 밖으로 나오지 않았거나 도피하곤 한다. 모태퇴행적인 사람은 누가 돌봐주길 원한다. 그들이 기대고 의존하며 응석부리는 것을 받아줄 만한 강한 사람을 찾길 원한다. 그들은 결정하고 직면하고, 대중 앞에서 말하거나 일을 수행하고, 물리적으로 위험한 일을 하거나 경쟁하고, 새로운 상황에 있거나 새로운 사람을 만나고, 창의적으로 도전하는 일 등을 피한다. 그들이 원하는 바는 안전함이고, 친밀감이 아닌 귀여워함, 성관계가 아닌 애무, 열린 공간이 아닌 벽으로 닫힌 곳, 환한 빛이나 어둠이 아닌 부드러운 조명, 도박이 아닌 분명한 일, 힘든 일이 아닌 안락한 일을 원한다.

모태퇴행적인 사람에게 있어 이상적인 삶이란 (자궁막을 생각나게 하는) 안락한 동굴이다. 그들의 주제가는 이것이다. "아, 내게 뭘 해달라고 요구하지 마세요." 또는 (눈을 깜빡거리고 가슴에 손대면서) "아, 전 감히 그렇게 못하겠네요." 아니면 "도대체 누가 그런 일을 생각해 냈어요?"라고 한다. 그러한 사람에게는 선지자나 자기 인생의 배를 흔들어대는 사람은 위협이 되고, 염병과 같이 피해야 하거나 남편이나 공격적인 아내에 의해 교회에서 내쳐질 대상이다.

대학시절에 멋진 남자를 만나 결혼한 후에 곧장 집짓기(nest-making) 증후군에 걸린 한 아름다운 여성을 폴라와 나는 알고 있다. 어떤 것도 그녀를 밖으로 유인해낼 수가 없었다. 그녀에겐 자신의 둥지와 멋지고 젊은 공급자가 있었고 누구도 이를 뺏으려하지 않았다. 그녀는 남편과 함께 스키를 타러 가거나 보트나 수상스키를 타려고 하지 않았다. 그녀는 남편과 함께 사교모임에 참여하는 것을 좋아하지도 않았다.

곧 세 아들을 낳았는데 아이들을 먹이고 재우는 것이 생활의 중심이 되었다. 활달한 남편이 아내의 생각을 거부하고 열심히 아들들을 밖으로 데리고 다니지 않았다면, 그녀는 자식들을 과잉보호했을 것이다. 남편은 아내를 데리고 밖에 나가 자신과 좋은 세상을 함께 하길 계속 시도했다. 만약 그녀가 동의하고 노력하려고 수상스키를 타러갔다면, 그녀의 영이 함께 있는 것이 아니기에 조정하는 것이 너무 서툴러서 같이 간 사람들은 풀이 죽게 되고, 그녀는 크게 안도하여 안전한 집으로 도망쳤으리라. 모험을 좋아하고 잘 노는 남편의 영은 곧 외로워졌고 마침내 낙담하고 화가 났다. 남편은 삶에 대한 신뢰와 열정, 배고픔과 추구가 있었다. 아내에겐 아무것도 없었다. 아내는 자신의 달란트를 은폐하지 않기를 거부했다. 남편에게도 많은 잘못이 있었고 아내도 도피하고 은폐하는 일만 한 것은 아니었다. 결혼상담을 통해 두 사람의 어떤 부분이 다루어졌지만, 아내의 마음 밑바닥에서는 여전히 사회생활이나 남편과 즐기는 일이나 부부관계를 맺는 일에 있어 모험하기를 원치 않았다. 그 결과는 놀랄 만한 일이 아니었는데, 그는 결국 이혼했다. 그녀에게 있던 것도 빼앗겨서 이미 '가진' 다른 여성에게 주어졌다. 무엇을 가졌는가? 삶에 대한 신뢰와 모험과 열정이었다. 재혼한 여성은 마음을 여는 고통이라는 비싼 대가를 치루며 살기로 결심한 자였다.

폴라와 나는 인생의 전반, 특히 결혼생활에서 자기 재능을 묻어버린 비유의 일이 수없이 재현되는 것을 보아왔다. 학업과 사업에서 어느 정도 잘하지만 위험을 무릅쓰거나 성장하지 못해, 조금만 더 모험했더라면 자기 것이 되었을 승진이나 사업거래를 위험을 무릅쓴 다른 사람에게 빼앗긴 실패경험을 한 사람들을 알고 있다. 우리는 다음 올라야할 정상에

도전하기보다는 고원에서 하나님과 함께 앉아 이미 경험한 것에 장막을 짓길 원해서, 성령의 충만함을 받아들이지도 이미 받은 은사를 사용하지도 않는 사람들을 수없이 많이 만났다(바울이 디모데에게 보낸 편지를 보라. 딤전 4:14, 딤후 1:6). 우리 모두는, 소수의 친구들을 붙잡아 놓고는 뭔가 새로운 것을 모험하기보다는 편안한 일상에 머무르며, 도전은 두렵고 전혀 즐거운 게 못되며 인생은 '무슨 수가 있어도 평화가 제일'이어야 한다고 생각하는 사람들을 경험하곤 한다.

하지만 인생은 정체되어 있는 연못이 아니다. 인생은 역동적인 강이다. 조만간 강물은 흘러가고 보트는 그들을 놔두고 떠나버린다. 그 때에는 그들이 가졌다고 생각한 것조차 허망하게 사라진다.

자신의 재능을 묻어두는 사람은 대개 자신이 사랑하는 사람들을 자기 삶의 방식 안으로 끌어들이는 미묘하고 때론 공격적인 방법을 알고 있다. 두려움이 많거나 모태퇴행적인 어머니는 숨 막히게 하는 사람이 되어, 둥지 안에서 자녀들을 자유롭게 있게 하지도 후에 둥지를 떠나지도 못하게 한다. 거북이 목을 가진 아버지는 훈육과 보호의 책임감 이면에 두려움을 숨기고는, 위험을 무릅쓰며 발견해가려는 자녀들의 열정에 재갈을 물리고 죽인다. 폴라와 나는, 모든 것을 제대로 하는 좋은 가정의 일원이면서도 죽은 듯한 눈으로 걸어 다니며 어떤 일에도 에너지를 내지 않는 아이와 성인을 볼 때 탄식하게 된다. 그들의 태도는 이렇다. "아무 문제도 일으키지 않고 인생을 헤쳐 나갈 수만 있다면…" 우리는 그들을 높은 둑 위에서 던져버리고 이렇게 말하고 싶다. "가라앉는지 수영하든지 하시게, 친구!" 그러나 우리는 그렇게 할 수 없다. 그게 길이 아니라는 걸 안다. 하지만 그렇게 하고 싶다.

두려움 때문에 긍정적으로 대면하지 못하고 훈련을 위한 조정이 가정에 필요할 때에 부모는 조종이라는 방법에 의존한다. 모태퇴행적인 사람은 감언이설한다. "제발, 엄마는 네가 그런 행동하는 거 싫어해. 애야, 엄마의 착한 딸(아들)이 되야지." "그래, 그게 아빠의 착한 딸이지. 아빠가 기분 나쁜 걸 원치 않지? 그렇지?" 명확하고 깨끗하게 "이제 그만 두세요!"라고 하면 아주 잘한 것이다. 조종하는 부모는 통제를 부모의 사랑에 결합하고 모든 충동을 너무 많이 억제하여, 아이는 (또는 후에 어른이 되어서도) 누군가 기분 나쁘거나 소외될까봐 어떠한 종류의 모험도 두려워하게 된다. 그러한 엄마는 왕왕 아들이 결혼할 즈음에 갑자기 죽을 것같이 아파하는데 그러면 아들은 당연히 "엄마를 돌봐야 해. 어떻게 이런 시점에 내가 이기적으로 결혼을 생각할 수 있겠어"라고 생각한다.

우리가 믿기로는 주님께서 새로운 일을 행하고자 하실 때마다 그렇게 많은 교회가 쪼개지는 가장 흔하고 기본적인 이유는 단순한 도피와 은폐 성향 때문이다. 예를 들면, 하나님께서 사람들에게 새로운 성전을 짓거나 새 프로그램을 시작하라는 감동을 주실 때에, 혹은 새로운 성령님의 채워주심을 갑작스레 부어주시거나 그 백성이 주 안에서 능력의 새로운 차원과 은사를 발견하길 원하실 때에, 두려움에 찬 반응과 억압이 발생한다. "이 오래된 건물이 어때서?" "우리는 갈 수 있는 데까지 갔습니다." "새로운 걸 한답시고 성가시게 하지 마세요." "우리가 할 수 있는 건 다 해봤어요." "우리가 이미 할 수 있는 것으로 안정을 찾으면 좋겠어요." "아시겠지만 선교는 집에서 시작하는 것이죠." "우리는 우리 자신을 먼저 돌볼 줄 알아야 합니다." 이런 말들이 실제로 말하는 바는 이렇다. "우린 편해요" "우리의 진짜 하나님은 편한 삶이랍니다." "우리가 주관하고 있어요." "배를 흔들지 마세요." 때론 선지자들과 목사들이 핍박 받는 이유는 단지 그들이 새로운 고수(鼓手)가 북치는 소리를 들었기 때문이다. 그들은 이렇게 말한다. "일어나서 움직이시오."

애굽에 내린 아홉 가지 재앙은 바로를 괴롭히기보다는 이스라엘 백성의 노예근성과 판에 박힌 편안한 삶을 깨뜨리기 위함이었을 것이다. 바로의 마음을 하나님께서 강퍅케 하셔서 이스라엘 백성을 가지 못하게 하셨음에 주목하라(출 4:21, 7:3). 왜 그러셨을까? 하나님은 아홉가지 재앙을 통해 이스라엘 백성을 충분히 놀라게 하고 애굽에 대해 완전히 정떨어지게 하지 않으면, 그들이 금방 자유의 책임감을 포기하고 안락함을 좇는 노예생활로 도망칠 것임을 아셨기 때문이다. 그럼에도 불구하고 이스라엘은 되돌아가길 원했다(출 17:2-3). 아주 많은 사람들이 어린시절의 두려움과 안락함에 조건화되어 아직까지 인류는 한번도 엄정한 의미의 자유를 시종일관 택한 적이 없었다! 오늘날 미국은 사회보장제도, 어린이 구제, 노동보상제도, 연금, 보험, '보증제도 등에 지나치게 의존하는 편으로 후퇴하고 있어서 (그렇지 않았다면 좋은 것들인데) 이에 대한 예산을 삭감할 생각이 있는 사람은 선거에서 당선될 수가 없다. 왕의 식량을 공급하는 일에서 독립할 수 있는 권리를 위해 독립전쟁을 했던 이 나라가, 이제는 정부에게 이렇게 말하고 있다. "우리를 돌보라." 하나님으로부터 멀어진 사회에는 도피와 은폐성향이 급증하고 있다. 우리가 소유했다고 생각하는 자유는 곧 내어주게 되고 쉽사리 빼앗길 것이다.

수년간 과학자들은 알칸사스주의 야생돼지를 연구하고 싶어 했지만 이들의 생태를 관찰할 수 있을 만큼 잡아둘 수가 없었다. 한 현명한 흑인 노인이 자원하여 6주 안에 야생돼지 한 떼를 데리고 왔다. "어떻게 하셨나요?"라는 질문에 노인은 답했다. "쉬워. 먹이를 좀 내놨지. 걔들이 금방 이 먹이에 아주 익숙해져 이것 없이는 못살게 됐어. 난 걔들을 그냥 데려왔지." 요점은 안락함과 먹이를 통한 조종과 통제이다.

"주의 영이 계신 곳에는 자유함이 있느니라"(고후:7). 그 반대는 "주의 영이 계시지 않은 곳에는 자유가 없다"라는 법칙이다. 자유가 없는 곳에는 감옥 같은 조종과 통제가 있다. 가정에서 계속 서로를 조종하고 통제하다보면, 그렇게 하는 것이 당연하고 정당하다고 느껴지게 되고 사회와 정부에서도 그런 식으로 살게 된다.

모태퇴행적 사람이 늘 우유식빵처럼 말랑말랑한 것은 아니다. 공격성은 통제의 흔한 도구이다. 일단 사랑하는 사람이 모태퇴행적 사람의 통제장치에 굴복하기 시작하면, 모태퇴행적인 사람은 그 영역에서 용기를 얻어 다른 것도 해보려고 시도한다. 곧 분노가 통제무기의 병기고에 포함된다.

정직한 분노는 도움이 된다. 부정직한 분노는 조종한다. 분노는 죄가 아니다. 예수님은 한 번도 죄를 짓지 않으셨지만 "저희 마음의 완악함을 근심하사 노하심으로 저희를 둘러보셨"(막 3:5)다. "분을 내어도[이것은 명령이다] 죄를 짓지 말며 해가 지도록 분을 품지 말고"(엡 4:26). 분노를 가지고 무엇을 하느냐가 죄가 될 수도 있고 축복이 될 수도 있다.

폴라는 내가 동굴로 들어가 버리면 나에게 화를 내곤 했다. 아내의 분노는 조종이 아니었다. 그것은 나를 향한 사랑에서 나온 것이었다. 그 분노는 나를 아내와 맺은 서약으로 돌아오게 했다. 그것은 내가 원하면 동굴을 택할 자유도 주었지만 아내가 그걸 싫어한다는 사실도 알게 해주었다. 그것은 정직한 분노였고 도움이 되었다.

부정직한 분노는 상대방을 위한 사랑에서 나온 것이 아니다. 그것은 자기 맘대로 하려는 욕구에서 나온 것으로 (자기 맘대로 하겠다는) 자기 목적을 위한 도구이다. 그 분노는 다른 사람을 위한 것이 아니라 자기 자신을 위해 자신에게 화낸 것으로, 이는 조종하는 자를 위한 분노이다. 이 분노의 예상되는 결말은 다른 사람이 본래의 모습을 찾는 축복이나 성취가 아니다. 이 분노는 상대방이 본래의 모습이 되지 못하게 하고 이기적이고 자기중심적인 목적을 위해 상대방을 통제하고 방해함으로써 조종자가 쉴 수 있게 하려는 것이다. 정직한 분노는 상대방을 위한 사랑으로 자아가 죽을 때 생겨나고, 상대방이 자유롭게 되어 본래의 모습이 될 수만 있다면 자신이 거절당하거나 자기 위치를 잃어버리는 위험을 감수한다. 부정직한 분노는 정반대이다. 그것은 잔재주를 부리려는 억지 때문에 발생하며, (뭔가를) 잃어버릴 위험이 있다고 생각하면 가해자(화내는 사람)는 모험을 하지 않는다. 그 목표는 상대방이 아니라 조종하는 사람을 지켜주는 것이다. 그 목적은 상대방이 본래의 모습이 되지 못하게 막아서서 상대방이 궤도를 도는 위성같이 자신의 분신이 되도록 하는 데에 있다.

많은 부부는 그들 부모의 집에서부터의 분노와 조종의 악순환에서 전혀 벗어나지 못하고 있다. 그들은 다른 생활양식을 모른다. 그리하여 그들의 결혼생활은 시소게임이 된다. "이제 내가 그것이 될 차례야. 내가 힘이 있는 자야. 이제 너는 잠시 동안 내가 너를 맘대로 할 수 있게 해야 돼(영원히 하면 더 좋겠지만)" 또는 "이제 네가 그것이 되었어. 네가 소리치고 고함지르면 나는 굴복할꺼야." 누가 진실을 알던, 누가 그 순간 인정받을만한 의를 취해서 '그것' 이라 불리게 되든 간에, 참여하는 이들은 둘 중 하나가 더 진실에 가까워져서 우위를 점할 것이 분명해질 때까지 싸움을 벌인다(이는 마치 진실의 베이스를 지나는 사람이 힘을 가져서 나머지는 뛰어야 하는 '스팅크 베이스(stink base)'라는 놀이와 같다). 거의 모든 가정의 '싸움' 이면에는, 진실을 아는 사람이 나머지 사람들을 굴복시킬 힘을 가진다는 속임수가 있다(이 모든 것은 그리스도 안에서의 삶과는 정면 배치되는 것이다. 수세기에 걸친 종교 교단간의 싸움 이면에도 동일한 속임수가 자리하고 있다!).

조종하는 이를 치유하는 것은 다른 상태를 치유하는 것과 같지 않다. 권세가 내적맹세를 깨뜨린다. 우정이 돌같은 마음을 극복한다. 상담자가 선포하는 용서가 죄책감을 씻는다. 악의 없는 농담과 놀림이 성취지향적인 사람의 애씀을 멈추도록 도와준다. 이 모든 일들이 상담자가 내담자를 위해 하는 일이다. 조종하는 사람에게는 그가 (조정을) 멈추려 하지 않으면 상담자가 할 수 있는 어떤 것도 도움이 되지 않는다! 물론 다른 모든 치유상황에도 마찬가지이지만 도피성향과 조종의 경우에는 특히 더 그러하다. 인격적이고 개인적인 내적 결단만이 조종하는 사람을 도울 수 있다.

상담자는 가능한 다른 도움은 모두 제공해야 한다. 상담자는 형제(혹은 자매)에게 그가 뭘 하는지 보게 해 주고, 내담자의 어린 시절의 삶에 있는 뿌리를 볼 수 있게 도와야 한다. 그 어느 누구보다도 모태퇴행적인 사람에게는 상담자가 산파가 되어준다. 상담자는 하나님을 도와 상대방이 태어나도록 한다. 하나님을 도와 상대방이 생명으로 나오도록 돕는다. 내면의 아이의 부모에 대한 미움이 용서받도록 하고 용서를 선포한다. 내면에 굶주리고 버려진 아이에게 사랑이 부어지도록 기도한다. 상담자는 격려하고 권면하며 꾸짖고, 때론 그리스도 안에서 부모가 된다.

> 너희도 아는 바와 같이 우리가 너희 각 사람에게 아비가 자기 자녀에게 하듯 권면하고 위로하고 경계하노니 이는 너희를 부르사 자기 나라와 영광에 이르게 하시는 하나님께 합당히 행하게 하려 함이니라(살전 2:11-12)

하지만 이 모든 것들은 내담자가 생명을 선택하는, 즉 재능을 묻거나 삶의 위험을 피해 도망치거나 타인을 조종하길 거부한다는 단호한 결심의 자세를 갖지 않으면 별 소용이 없다.

달란트를 묻어두는 조종자에겐 어느 누구보다도 그들의 죄 이면에 거대한 보상체계가 발전되어 있다. 그들은 어떻게 타인을 자신의 음률에 맞춰 뛰게 하는지를 배웠다. 두려움으로 인해 자기만의 삶을 상실해서 힘이 없다고 느끼는 사람에게 그러한 능력은 기분 좋은 것이다! 사람은 힘이 있다고 느끼길 원한다. 우리는 종종 키 작은 사람이 다른 사람을 엄하게 지배하는 것을 보지 않는가. 약하고 작고 나이든 할머니에게 있어 거대하게 크고 힘센 아들들이 우왕좌왕 급하게 서두르는 걸 보는 것은 기분 좋은 일이다. 그런데 죄는 거의 언제나 (육신을) 기분을 좋게 한다. 그것이 (아무리 고통스러워도) 즐겁지 않다면 우리는 계속 그걸 하려고 들지 않을 것이다.

거북이 목을 가지고 딱딱한 등딱지를 가진 통제자를 위한 유일한 탈출구는 미워하기를 배우는 것이다. "...악을 미워하고"(롬 12:9). 조종하고 통제하는 타락한 그 습관을 적의에 찰만치 미워해야 그 습관이 죽기까지 십자가에 붙들어 놓을 수 있다. 자신이 조종자가 된 것을 용서하더라도 그 습관을 마치 죽음을 부르는 암처럼 미워해야지, 그렇지 않다면 그 습관을 없애기에 충분할 만큼 힘의 보상을 포기하는 일을 하지 못할 것이다.

상담자는 내담자가 기도를 하도록 권유해야 한다. 다른 것들은 상담자가 내담자를 위해 기도해도 치유되지만, 조종의 습관은 그렇지 않다. 상담자가 모든 원망과 함께 도피하고 조종한 원인이 없어지도록 기도하더라도, 결국에는 내담자가 기도해야 하는데, 상담자 앞에서 두 가지를 큰 소리로 기도하는 것이 좋다. 하나는 "주 예수님, 제가 생명을 선택합니다. 제가 여기에 저를 가리는 장치없이 벌거벗은 채 있기로 선택합니다. 주님을 신뢰하고 생명에 마음을 열기로 선택합니다."이다. 그리고 훨씬 더 중요한 다른 한 가지 기도는 이것이다. "주님, 사람을 통제한 모든 방법들을 버리고 거부합니다. 그렇게 한 것을 후회하며 저에게서 벗어 던집니다. 주님, 제가 그것으로 뒷걸음칠 때마다 저를 꾸짖어주세요. 주님, 제가 그것에서 벗어나게 해 주세요. 그것을 충분히 미워하지 않으면 저로 하여금 제 친구와 사랑하는 이들의 파괴자가 되게끔 만드는 그것에 대해 철저히 미워하는 마음을 제 안에 창조하여 주세요."

사람은 모태퇴행적이 아니면서도 도피하거나 달란트를 묻거나 할 수 있다. 우리는 갈등의 상황에 있을 때 쉽사리 이전의 보다 편하고 성공적이었던 방식으로 회귀해 버린다. 많은 경우 하나님은, 도와달라는 우리의 외침에 응답하지 않으려 하시는데, 이는 하나님께서 도와주지 않으시려는 것이 아니라 우리의 외침이 퇴행하는 어린아이의 외침이기 때문이다. 하나님께서 이에 응답하신다면 그 결과는 유치한 꼴이 될 것이다. (하나님이 그렇게 응답하시면) 부모에게 떼쓰는 듯한 우리의 미성숙한 방식을 하나님이 인정해 주시는 셈이 된다. 하나님은 성숙한 아들들을 원하신다.

때로 아이들은 부모님이 짜증을 어떻게 다루어야 하는지 모르신다는 걸 알게 된다. 그리하여 결국에는 아이들이 통제할 수 없는 상태 이상으로 성숙해지는데, 자신이 더 치명적인 것을 알게 되었음은 모른다. 그 후부터 그들의 분노는 종종 부정직해진다. 자신이 허세로 화를 폭발하면 사람들이 서둘러 잘 행동하거나 뒤로 물러선다는 것을 알게 된다. 우리는 때로 그런 사람을 두고 "그는 강한 성격을 가졌어"라고 말한다. 하지만 실상은 그 반대이다. 용감하고 공격적으로 보이는 것 이면에는 도피라는 습득된 기술이 있다. 무의식적인 사고에서 자아는 이렇게 말한다. "공격하면 남들이 뒤로 물러선다. 나는 내 자신을 드러내거나, 누가 나한테 가까이 다가오도록 허용하거나, 내 자신이 되거나, 이성적인 태도로 말할 필요가 없다(어찌됐든 나는 그것을 정말로 그렇게 못할까봐 염려하기 때문에 그렇게 하는 건(드러냄, 허용, 내 자신이 됨, 이성적인 태도) 두렵다)."

강간과 살인은 종종 그 뿌리에 두려움과 도피성향이 있다. 두려움 때문에 자신의 감정을 억눌러서 어머니에 대해 진짜 분노가 있음을 인정할 수 없는 사람은, 나중에 그 분노를 강간과 폭력의 형태로 투사시킨다. 진짜 뿌리는 공포와 타오르는 분노, 증오이다. 모든 비열하고 공격적인 살인자 내면에는 공포에 떠는 어린 소년이 산다. 심지어는 전쟁도 진정한 대면을 회피하기 때문에 발생하는 것이다.

고의적이 아닌 모욕을 계속 받으면서 관계를 유지하는 데에는 용기가 필요하다. 더더구나 일부러 주는 상처를 받고, 마음이 상할 것을 알면서도 계속 마음을 여는 데에는 더욱 그러하다. 일반적으로 사람이란 잘못을 범하기 쉬운 존재라고 여기면서 자꾸 포용하는 자리로 가고 계속 마음을 여는 데에는 인내가 필요하다. 더더구나 우리가 사랑하는 사람 안에 흉악한 것이 있음을 알아도 계속 용납하는 데에는 더욱 그러하다(골 3:13). 정녕 인생은 거듭 거듭 뿌리지 않은데(너무 억울한 곳)에서 모으는 굳은 주인과 같다. 그래서 우리는 쉽게 은신처로 돌아가 버린다.

침묵은 남자의 가장 흔한 무기이다. 아이는 소년시절에 대꾸하지 않는 것만큼 엄마를 약 올리는 것이 없음을 배운다. 이제 이것은 자동적이고 잊은 성향이 된다. 아내로 인해 두려움이 생길 때 남편의 내면에는 재미있어하는 장소가 자리하고 있다. 아내보다 6인치(15cm)나 크고 순식간에 아내를 신체적으로 박살 낼 수 있는 힘센 남자임에도, 자기 인생의 일차적인 여성(역자 주:어머니나 할머니등)을 두려워한 나머지 진정한 만남과 포옹에서 도망치는 경우가 종종 있다. 세상의 잘못을 지적하는 데에는 용감한 바로 그 남성이 집에서는 겁쟁이일 수 있다. 다시 말하지만, 반복해서 소리내어 기도하는 의식적인 결단만이 남자를 아내와 함께하는 활동무대에 붙잡아 놓는다. 아내의 훌륭함이 남편을 두렵게 할 수 있다("난 이것에 맞춰 살지 못해"). 남편은 어떤 대상이나 일을 잘 다루게 되었다. 그 영역에서 자신감을 느낀다. 하지만 이 영역(아내)에는 그에게 권리를 주장하고 그의 내면의 감정에 들어올 수 있으며, 잘 다룰 수도 가두어둘 수도 없는 완전히 다른 '당신'이 있다. 도와주세요! 아내의 그러한 접근은 남편의 마음에 도피라는 산불을 일으킨다. 직장업무나 사회적인 책임, 교회 일이나 친구방문, 부모에 대한 의무 등 핑계대고 아내와 자녀로부터 떨어져 있는 시간을 벌 수 있는 무슨 일이라도 하려는 생각 이면에는 도피성향이 숨어있다.

  나(존)는 종종 똑같은 기도를 여러 번 한다. "주님, 제가 생명에 마음을 열게 해주세요." "예수님, 저로 마음을 열어놓게 해주세요." "주님, 제가 폴라로부터 도망치지 않게 해주세요." "아버지, 아내와의 관계에서 제가 주님이 계획대로의 모습을 갖게 해주세요." 우리의 성관계로 인해 내가 경이롭게도 (잠언 5:18-19에서 말씀하셨듯이) "그녀의 사랑으로 항상 기뻐하게" 되자, 나는 그 기쁨의 포옹의 순간에 내 마음의 다른 부분이 더 상처받을까 두려워 어떻게 도망칠까 궁리하는 것을 보았다! 그런 때에는 이렇게 기도한다. "주님, 저를 폴라에게 열어주시고 제가 그곳에 있게 해주세요. 제가 도망치지 않게 해주세요." 마음과 마음의 관계에 거할 용기가 있음을 당연시 하거나 자신이 그렇다고 자축하는 사람은 마치 자기 꾀에 빠진 변호사와 같다. 그는 고객에겐 쓸모가 없다.

  아담과 이브가 단순히 두려움 때문에 선악을 알게 하는 나무의 실과를 먹는 유혹에 굴복했을 가능성을 생각해 보자. 어느 정도의 지식과 이해, 그리고 삶을 통제하는 방식과 같이 그들을 위한 무언가가 없이 성장해가는 두려움 말이다. 아마 그들이 선악과를 선택한 가장 큰 이유는 맹목적으로 하나님을 신뢰하고 생명에 마음을 열며('벌거벗고') 살아야하는 두려움 때문이었으리라. 그 두려움은 아무 핸들 없이 신뢰하기만 하면서 매일 새로워져야 하는 두려움이다. 어쩌면 게임의 규칙도 알지 못한다는 실패에 대한 두려움이었을 수도 있다. 이에 관한 지식은 "지혜롭게 할 만큼 탐스럽기도 한"(창 3:6) 것으로 보였다. 어떻게 그런 일이 일어났을까? 보기에 영리하고 똑똑한 조종이라는 통제가 없으면 삶에 상처받을 수 있다는 것을 두려워하는 사람의 마음에 호소함으로써 그렇게 된 것이다.

하나님께 대한 신뢰와 솔직함에서 육적인 지식으로 돌아선 즉각적인 결과는 영리함으로 숨는 것이었다. "당신께서 저에게 짝지어 주신 여자가 그 나무에서 열매를 따 주기에 먹었을 따름입니다"(창 3:12, 공동). 이 모든 것은, 도피와 은폐성향이 몇몇 약한 자들이 갖는 경향이 아니라는 것을 말해준다. 이는 인류 모두에게 기본적으로 있다. 도피성향은 우리 중 누구에게도 언제든지 있는 죄된 경향이다. 우리는 매일 반복해서, 생명에 마음을 열고 하나님을 선택하고 위험을 무릅쓰고 마음을 열어두며 매일 생명의 대가를 지불하겠다고 선택하고 또 선택해야 한다.

제 14 장 쓴 뿌리 판단과 기대
Bitter-Root Judgement and Expectancy

버트와 마사가 상담 받으러 나(존)를 찾아 왔다. 버트는 문제가 아주 단순하다고 생각했다. 마사가 너무 뚱뚱하고 자신은 그걸 견딜 수가 없다! 마사는 자신에 대해 좋지 않게 여겼지만 남편이 자기를 항상 비난하는 걸 멈추기만 하면 살 빼는 건 어렵지 않다고 주장했다. 몇 분 동안 질문한 결과 몇 가지 뿌리 문제가 드러났다. 버트는 뚱뚱할 뿐 아니라 단정치 못한 어머니 밑에서 자랐다. 버트의 어머니는 외모를 가꾸지 않았다. 집안은 엉망이었다. 그녀는 문을 열어둔 채 화장실을 사용해서 아이들이 들락날락하곤 했다. 버트는 어머니의 외모와 습관을 판단했다. 그의 쓴 뿌리 판단과 그에 따른 기대는, 자신의 아내도 뚱뚱하고 단정치 못하리라는 것이었다.

마사는 아무리 노력해도 결코 만족하지 않는 아버지 밑에서 자랐다. 아버지는 언제나 야단칠 일을 찾아내었다. 적어도 마사는 그렇게 느꼈다. 그녀의 아버지가 실제로 그렇게 비판적이었냐는 것은 상담자인 나에

> 여러분은 하나님의 은혜에서 떨어져 나가는 사람이 아무도 없도록 주의하십시오. 또 쓴 뿌리가 돋아나서 괴롭게 하고, 그것으로 많은 사람이 더러워지는 일이 없도록 주의하십시오. (히 12:15) 비판을 받지 아니하려거든 비판하지 말라 너희의 비판하는 그 비판으로 너희가 비판을 받을 것이요 너희의 헤아리는 그 헤아림으로 너희가 헤아림을 받을 것이니라(마 7:1-2) 스스로 속이지 말라 하나님은 만홀히 여김을 받지 아니하시나니 사람이 무엇으로 심든지 그대로 거두리라(갈 6:7)

게 중요한 문제가 아니다. 중요한 것은 마사가 아버지를 판단했다는 점이다. 그녀가 그 부분에서 아버지를 공경하지 않았기 때문에 그녀는 인생의 비슷한 영역에서 잘 풀리지 않았다(신 5:16). 그녀의 쓴 뿌리 판단과 기대는, 그녀 인생의 남성은 항상 비판하고 그녀는 결코 그 남성에게 받아들여지지도 그를 만족시키지도 못할 것이라는 것이었다.

버트와 마사가 만났을 때에, 마사는 늘씬하고 아름다운 소녀였다. 그들은 서로 사랑에 빠져 결혼했다. 얼마 후 마사는 임신했다. 몸이 불어나면서 점점 버트는 마사를 아름답게 보거나 칭찬하기가 어려워졌다. 출산 후 살이 빠지는데 시간이 걸렸다. 버트는 점차 화가 났고 비판적으로 되었다.

버트는 자신이 어머니와 같은 여성과 결혼했음을 확신하게 되었다(그러한 내면의 깨달음을 의식적으로는 인정할 수 없었지만). 그는 점점 아내를 비난하고 잔소리하게 되었다. 그런데 이는 당연한 귀결로서 이미 마사가 일어나리라고 기대했던 일이었다! 공격을 받자 마사는 초조하고 불안해져 위안을 얻으려고 더 먹어댔고 더 뚱뚱해졌다. 버트가 화를 더 내고 더 비판적이 되자, 마사는 점점 더 기분이 좋지 않고 불안해져 더 배고파지고 더 뚱뚱해졌다. 이 모든 일로 인해 마사는 자기 자신과 집안을 잘 관리하지 못하게 되었다. 그들의 판단과 반응은 점점 더 고통스러운 상황에 이르도록 악순환해서, 마침내 부인은 화내는 귀신과 살고 남편은 뚱보랑 살게 되었다!

무엇으로 인해 그렇게 파괴적인 악순환이 생겨났을까? 심리적 기대 때문만은 아니다. 남편은 아내가 뚱뚱해질 것을 기대하고 아내는 비난받을 것을 기대한 것은 사실이다. 하지만 심리적 기대 자체에는 살을 빼고 비난을 멈추겠다는 그들의 결심을 이길만한 충분한 힘이 없다. 이들 부부는 이미 상담 받으러 오기 전에 자신들이 서로에게 어떤 일을 하고 있는지를 알고 있었다. 성령충만한 크리스천들인 그들은 자신들이 하는 일을 멈추겠다고 마음먹었다. 그들에게 멈출 힘이 없다는 걸 알았기에 찾아온 것이었다. 그들은 도움이 필요하다는 사실을 알았다.

판단의 법칙은 정말로 그러한 종류의 능력을 갖고 있다. 버트가 어머니를 판단했을 때에 그가 헤아리는 그 헤아림으로 자신이 헤아림을 받는다는 법칙이 효력을 발하게 되었다. 이는, 그의 판단으로 어머니를 공경하지 않아서(그녀가 그의 판단을 받을 만한지는 관계없다. 그의 판단이 사실이라고 해도 말이다) 신명기 5:16 말씀대로 그의 인생이 그 부분에서 잘되지 않을 거라는 말이다. 보다 적절히 말하면, 그의 판단은 법칙으로 인해 언젠가는 거두게 될 심겨진 씨와 같다. 조그마한 겨자씨가 자라 커다란 나무가 되듯이, 심은 판단의 씨앗을 인식하고 회개하지 않는 한 점점 더 크게 자란다. 그래서 우리는 작은 판단의 씨앗을 심고는 살면서 반복적으로 점점 더 큰 것을 거둔다.

우리가 어떤 행동을 하거나 마음에 판단을 하는 것은 마치 그 때마다 벽에 대고 공을 던지는 것에 비유할 수 있다. 물리학자는 공의 무게와 크기, 그리고 벽까지의 거리와 나의 던지는 힘을 알면 공이 언제 얼마만한 힘으로 돌아오는지 예측할 수 있다. 그것이 자연의 법칙이다. 우리는 그것을 쉽게 이해한다. 하지만 하나님께서는 자연의 법칙과 영적인 법칙을 따로 만들지 않으셨다. 모든 것은 같은 기본적인 법칙에 의해 움직인다. 그 법칙은 물리에서는 "모든 작용에는 똑같은 반작용이 있다"이다. 화학에서는 "모든 반응식(공식)은 균형을 이루어야 한다"이다. 도덕적이고 영적인 삶에서는 "사람이 무엇으로 심든지 그대로 거두리라"(갈 6:7)와 "비판을 받지 아니하려거든 비판하지 말라. 너희의 비판하는 그 비판으로 너희가 비판을 받을 것이요 너희의 헤아리는 그 헤아림으로 너희가 헤아림을 받을 것이니라"(마 7:1-2)이다. 만사는 결산을 할 것이고 균형(공의)을 맞춘다. 각 영역마다 다르게 표현되었을 뿐 이는 한 가지 기본 법칙이다.

그런데 심고 거두는 법칙에는 또 다른 차원이 있다. 우리가 한 알의 씨를 심어 한 알의 씨를 거두는 것이 아니다. 하나님의 나라에서는 모든 것이 증가한다. 하나님은 모든 유익한 것들이 증가하길 원하신다. 아담과 이브가 받은 첫 번째 명령은 생육하고 번성하여 땅에 충만하라(창 1:28)는 것이었다. 자기 달란트를 묻은 사람은 평소 온유하신 주 예수님께 심한 꾸지람을 받는데 그 이유는 적어도 자신의 달란트를 불어날 수 있는 곳에 두지 않아서였다. "그러면 네가 마땅히 내 돈을 취리하는 자들에게나 두었다가 나로 돌아와서 내 본전과 변리를 받게 할 것이니라"
(마 25:27). 판단을 회개하고 고백하지 않은 채 오래 시간이 지나면 지날수록 거두어들이는 증가량은 더 커진다. 불꽃을 심으면 숲을 태울 불을 거두고, 바람을 심으면 회오리바람을 거둔다. "너희의 그 헤아리는 그 헤아림으로 너희가 헤아림을 받을 것이니라"라는 말씀에 대해 나는 이것을 같은 양을 말한다기보다는 인생의 같은 부분이나 영역을 말한다고 생각한다(그렇지 않으면 말씀에 모순이 생긴다).

하나님 아버지께서는 인자하셔서 우리에게 거듭 선한 일을 하라는 감동을 주신다. 마침내 우리가 그렇게 하면, 하나님은 그것이 마치 우리 자신의 생각인양 수백 배 거두게 하신다. 하나님은 땅과 하늘에 있는 종들을 보내어 악한 일을 행치 않도록 설득하시지만, 우리가 악한 일을 하면 하늘과 땅을 움직여 회개하고 자백하게 하시어 우리의 모든 악을 십자가의 독생자 예수님 안에서 거두신다!

심고 거두는 법칙은 아담과 이브가 창조되기 전부터 우주에 영원토록 작동했던 법칙이다. 아담과 이브가 창조되었다. 죄가 생기기 전에 이 법칙은 축복의 증가를 낳도록 고안된 것이고, 이는 오늘날에도 동일하게 그러하다. 하지만 죄의 도래로 인해 그때부터 똑같은 법칙이 파괴에 적용된다. 따라서 인간이 어떤 일을 할지를 창조의 밑그림 때부터 아셨던 성부 하나님은 예수님을 보내셔서 우리가 마땅히 받아야 하는 악을 거두도록 계획하셨다. 다음 그림에서 우리는 어떻게 우리의 판단이 되돌아오는지를 볼 수 있다. 잠언 13:21(흠정)에 이르기를 "죄인들에게는 재앙이 따르나, 의로운 자는 좋은 것으로 보상을 받으리라"고 하셨다. 여타 자연법칙이 당연한 결과를 받아내듯 하나님의 법칙은 적극적으로 상과 벌이 우리를 찾아오도록 만든다(그림 1을 볼 것).

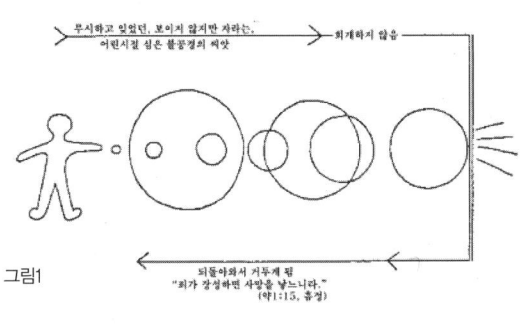
그림1

우리가 심은 씨앗은, 어린시절 가족을 향한 분노나 원망같이 작은 것이고 잊혀진다. 이것을 모르거나 무시한 채 오래 있으면 있을수록 이것이 더 크게 자란다. 그래서 우리는 탁구공을 심고는 9층짜리 크기의 볼링공을 거둔다.

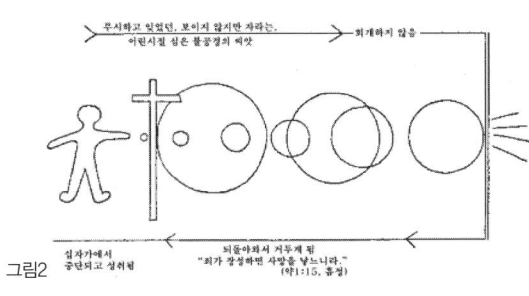
그림2

그림 2에서 볼 수 있듯이 십자가상의 그리스도의 은혜가 우리를 구한다. 골로새서 2:13-14은 "...우리에게 모든 죄를 사하시고, 우리를 거스리고 우리를 대적하는 의문에 쓴 증서를 도말하시고 제하여 버리사 십자가에 못박으시고."라고 말씀하신다. 값싼 은혜란 없다. 모든 죄는 결산을 필요로 한다. 용서란 하나님께서 딴청피우시거나 그 분의 법칙을 변경하신다는 말이 아니다. 예수님은 이렇게 말씀하셨다. "내가 율법이나 선지자나 폐하러 온 줄로 생각지 말라 폐하러 온 것이 아니요 완전케 하려 함이로다"(마 5:17). 심고 거두는 법칙의 온전한 법적요구는 십자가에서 마음과 혼과 영으로 괴로워하신 예수님의 몸에 가해진 고통 안에서 완전케 되었다(그림 2를 볼 것).

그럼에도 불구하고 십자가는 자동적인 것이 아니다. 잠깐 말만 해도 충만한 자비를 누릴 수 있지만, 우리가 회개하고 고백하지 않으면 우리는 전부 다 거둬들인다.

어머니를 뚱뚱하다고 비판했기에 버트는 뚱뚱함을 거둘 수밖에 없었다. 아내만큼 뚱뚱함의 보응을 거두어 들이기에 더 적당한 사람이 누가 있겠는가? 먼저 그의 판단 때문에 버트는 체중문제를 가질만한 여성에게 끌리게 되었다. 그리고 마사가 체중이 늘도록 강요했다. 심은 것은 거둔다는 필연성이 그렇게 광풍처럼 그에게 되돌아오게 되었다. 마사가 체중을 늘림으로써 남편의 법적요건을 채우도록 강요당한 것은, 마치 시속 100마일의 강풍에 서 있는 것과 같은 일이었다.

하지만 마사도 자신만의 판단이 있었는데, 그로인해 먼저 자신을 비난할 것 같은 남성에 끌려 결혼하였고 남편이 그렇게 하도록 강요했다. 그녀가 심은 씨앗은 무르익어 버트를 통해 거두게 되었다.

대부분의 부부가 그렇듯이, 버트와 마사는 서로가 상대방의 문제에 부딪치게끔 되어있음을 알게 되었다. 남편의 판단은 아내가 가장 될법한 모습과 정확히 맞아떨어졌고 아내의 판단은 남편의 육적 성향과 맞아떨어졌다.

버트와 마사가 유일한 예는 아니다. 우리는 상담하는 모든 부부에게서 쓴 뿌리 판단과 기대를 발견한다! 쓴 뿌리 판단은 모든 부부관계, 아니 어쩌면 인생의 모든 관계에서 가장 흔하고 기본적인 죄이다. 세 가지 간단한 법칙이 모든 인생에 영향을 준다. 1) 인생은 부모를 실제로 공경할 수 있었던 영역에서 잘되며, 공경치 않은 영역에서는 잘되지 않는다. 2) 우리는 남을 헤아리며 판단했던 바로 그 영역에서 해를 입는다. 3) 우리는 분명히 심은 것을 거두어들인다. 우리는 이 법칙들을 관계의 치유에 있어 그분의 백성에게 계시된 가장 강력한 열쇠라고 본다. 이 세 가지 법칙들은 대개 상담의 근간이 된다.

대부분의 부부는 자신의 마음에 무엇이 있는지 또는 그 무의식적인 힘에 어떤 능력이 있어 영향력을 행사하고, 몰아가고, 인식과 태도와 행동을 통제하는지를 거의 알지 못한 채 결혼관계를 맺는다. 그림 A는 존과의 결혼초기의 나(폴라)를 상징한다.

나 자신을 완전한 원의 불완전한 부분으로 그렸다. 나는 내가 불완전하고 미완성이며 온전해질 필요가 있음을 알고 있었다. 그러나 대부분의 젊은 신부가 그러하듯이, 나는 깨끗하고 정결하게 새로운 생활을 시작한다고 느꼈다. 무수한 크리스천들이 그러하듯이, 내 죄가 용서받았어도 나는 여전히 인생의 경험과 그에 대한 나의 반응들로 빚어진 모양의 사람임을 이해하지 못했다. 그리스도 안에서 과거와 내적으로 단절하여 자유케 되고 새로운 삶으로 성장해가는 것을 경험하기 전에는, 내가 남편을 옛 성품의 태도와 기대와 연관지어서 '보는' 경향이 있다는 걸 알지 못했다. 그 꾸러미의 무거운 짐은 솔직하게 나누지 못하도록 나를 끌어내렸다. 또한 그것들은 때때로 존에게 퍼부어질 탄약의 뇌관이기도 했다.

또 다른 요인을 다루어야 했다. 나는 존이 나를 보완하기 위해 어떠한 모습이며 또 그렇게 되어야 한다는 이상적인 그림을 가지고 있었다. 그림의 내가 불완전하면서도 대칭적으로 균형 잡힌 것에 주목하여 보라(나는 내가 생각한 모습이 되려고 무던히 애썼고 그래서 어느 정도는 이

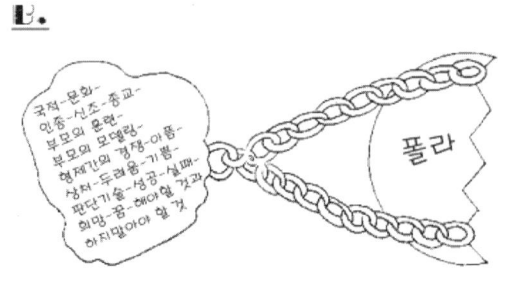

렇게 되는데 성공했다고 생각하고 싶어했다). 존이라는 사람의 모양이 내 것과 잘 맞을 거라고 기대했었다. 내가 연약하고 개발되지 않은 영역에서 존이 강하고 능력이 있어 나를 채워주고 힘이 되어주길 진심으로 바랬다. 내가 원래 잘하고 능력이 있는 부분에서는 남편이 관대하게 뒤로 물러서서 내 자신을 표현할 수 있는 여지를 주길 기대했었다. 나는 우리의 함께함이 가능한 한 수고와 고통이 없어야 한다고 생각했다. 나는 결혼한 지 얼마 지나지 않아 우리가 쉽게 하나가 될 수 있는 모양이 전혀 아니라는 것을 발견했다. 내가 볼 때에는 그림은 아래와 같다(존은 그 반대로 보았다).

이상적인 그림

우리가 서로 가까이 갈수록 조정을 해야 함이 분명해졌다. 둘 다 엉망이고, 우리가 상대의 본성에 부딪쳐 분쇄되고 연마되어 온전해지는 것이 축복으로, 우리를 함께 부르시는 하나님의 계획의 일부임을 두 사람 모두 깨닫기까지는 시간이 걸렸다. 영적으로 게으른 백성인 우리

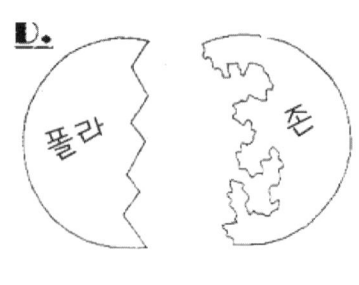

여명의 빛

가 다뤄지지 않은 육신의 부분을 직면하게 하기위해 하나님께서는 사랑스러운 적을 우리에게 주신다. 그렇지 않았다면 우리는 하나님 없이도 괜찮은 사람이라고 자축하며 인생을 살았을지도 모른다.

현실

불행한 것은 많은 결혼생활에서 부부가 분쇄와 연마과정이 본격적으로 진행될 정도로 충분히 서로 가까이 하게 되면, 고통을

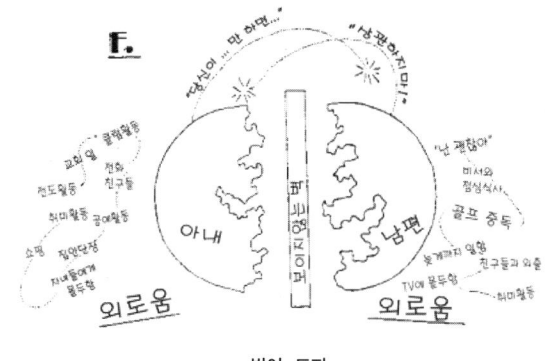

방어, 도피

느껴 뒤로 움츠리고 상처받지 않으려고 방어벽을 세워서 결혼생활이 다음 그림처럼 되어버리는 일이 발생한다는 점이다.

남편은 상처받는 장소인 가정에 오래 있는 걸 피하기 위해 사무실에 있거나 취미생활에 몰입하거나 골프 등(어떤 일이든지 간에)의 일에 점점 더 많은 시간을 쏟으며 벽의 한쪽 편에서 산다. 그리고 그는 자신을 표현할 수 있고 자아가 공격당할 위협이 없는 장소를 찾는다. 아내는 관심을 자녀에게 쏟아 붓고, 취미나 클럽이나 교회생활로 시간을 보내며, 남편에게 털어놓는 것이 이제는 안전하지 않다고 느껴지는 얘기들을 여자 친구들에게 한다. 함께 하는 것은 부부 모두가 서로에게서 격리되어

둘 다 느끼는 외로움을 두드러지게 할 뿐이기에 고문이다. 가끔씩 벽 뒤에서 서로를 향해 돌을 던지기도 한다. "당신이 변하기만 하면 난 좋아질 거야!"

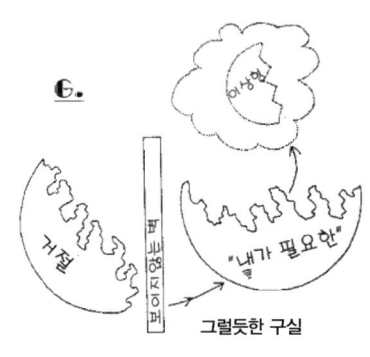

세상 문화는 계속해서 부부에게 거짓말을 심어준다. "기분 좋으면 괜찮은 거야.", "사랑은 따뜻하고 솜털 같으며 온 몸에 설레는 기분이 들게한다.""당신이 정말 사랑에 빠졌다면 영원히 행복하게 산다.""관계가 행복하지 않다면 그 관계를 그만두어라." 분명 그들의 결혼생활은 별로 기분 좋지 않고, 그러면 이렇게 생각하기 시작한다. "우리가 실수한게 틀림없어. 배우자를 잘못 선택한 거야. 하나님께서는 절대 우리가 부부가 되길 원치 않으셨어." 그리고는 부부 중 한 명 혹은 둘 다 어딘가에 있을 '영혼의 동반자' 인 '이상형' 을 찾아 결혼 밖에서 헤매고 다닌다. 이렇게 헤매는 배우자는, 처음에는 자신을 '기분 좋게' 해주는 사람을 진짜로 찾을 수도 있다. 그러나 그는 마음의 문제들을 주님께서 다루시도록 하지 않았기 때문에 똑같은 눈과 감수성, 처음 배우자를 골랐던 똑같은 기준을 갖고 새로운 관계를 선택하게 된다. 그리고 만약 그가 재혼하게 되면 새 배우자가 그의 마음을 간파하는 순간부터 그는 또다시 똑같은 양상의 일을 반복하게 된다. 보다 적절하게 말하면, 판단의 씨앗은 거둔다는 동일한 필연성이 아직 십자가에서 멈춰지지 않아서 여전히 심은 것을 보통은 더 해롭게 거둘 배우자에게 끌리기 십상이다. 이런 식으로 어떤 이들은 결혼을 했다가 또 다시 결혼하고 또 다시 결혼하기를 거듭하다가는, 막다른 골목에서 좌절에 빠진다. "나는 결혼하여 살 체질이 아닌가봐." (마찬가지로 사람들은, 성장하고 변화해야 한다고 도전하지 않고 자신을 기분 좋게 해줄 사람을 끊임없이 찾아다니기에 이리저리 교회나 모임이나 친구를 바꾸고 다닌다.)

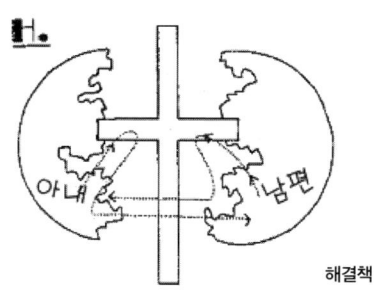

해결책

결혼이나 중요한 관계에는 유일한 해답이 있다. 그것은 그 적대감의 분리벽을 그리스도의 십자가로 교환하는 것이다. 그것은 상대방이 변화해야 한다는 요구를 멈추는 것이다. 그것은 매일 자아에 대해 죽고 주님께 계속 이렇게 여쭈어보는 것이다. "제 안에 있는 어떤 문제 때문에 저희 결혼이 어렵게 되었죠?" "주님, 왜 제 배우자가 저와 살면서 더 나아지지 않는 거죠? 제 안의 무엇이 죽어야 합니까?" "저를 죽게 해주세요." 그것은 이렇게 고백하는 것이다. "주님. 저는 존을 사랑할 수가 없어요. 하지만 주님께서 그렇게 하실 수 있지요. 주님의 사랑을 주셔서 저로 그를 사랑할 수 있게 해주세요." "저는 용서할 수 없지만 주님은 그렇게 하실 수 있어요. 저를 통해 주님의 용서가 표현되게 해주세요." 그것은 상대방의 상처와 두려움을 불쌍히 여겨 동일시할 수 있게 해달라고, 그리고 그 부분을 어떻게 다루어야 하는지 지혜를 달라고 주님께 구하는 것이다. 그것은 "뒤에 있는 것은 잊어버리는"(빌 3:13-14) 것으로, 뒤에 있는 것을 찾아 그리스도의 십자가에서 처리함으로써 더 이상 뒤에 있는 것에 능력이 없게 하고 "앞에 있는 것을 잡으려고 좇아갈" 수 있게 하는 것이다. 여기에는 배우자와 함께 살면서 문제들을 같이 풀어나가며 나의 삶을 변화시킨다는 하나님의 때론 고통스런 계획을 한 단계씩 받아들이는 것도 포함되어 있다. 이는 주님께서 보호하고 방어해 주심을 믿고 마음을 열기로 선택함을 뜻한다.

배우자가 주 안에서의 변화과정에 들어가길 거부한다고 해서 모든 것을 잃은 것은 아니다. 믿지 않는 배우자는 믿는 배우자에 의해 거룩하게 된다(고전 7:14). 한 사람의 마음에서 생긴 일이 의식적이 아닌 무의식적으로 발생한 것이라면 상대방에게 영향을 준다. 결국 그것은 열매를 맺을 것이다. 한 쪽 배우자가 십자가 위에서 멈출 장소를 발견한 즉효는 이것이다. 악순환이 끝난다. 다른 배우자가 여전히 옛 습관성향에서 행동하더라도 그런 방식이 그 크리스천 안에서는 자리할 곳이 없다. 그런 방식은 더 이상 예민한 뇌관을 건드리지 못한다.

나(존)는 혹평하는 어머니 밑에서 자랐다. 그래서 나는 어머니를 판단했다. 나의 쓴 뿌리 판단은, 내 인생의 여성은 항상 비판하고 나를 잘 인정해주지 않으리라는 것이었다. 또한 어머니는 나에게 오래 일을 시키고는 조금도 위로하거나 고마워하거나 하지 않으셨다. 그래서 나의 쓴 뿌리 판단은, 나와 가까운 여성은 누구든지 나한테 일을 오래 시키고 무슨 이유에든지 나한테 불만이며 나의 필요에 대해 무감각하리라는 것이었다.

나(폴라)는 한번에 두주씩 출장 다니시는 외판원이신 아버지 밑에서 자랐다. 생각으로는 "난 아빠가 자랑스러워. 우릴 위해 일하시니까"라고 했지만 마음으로는 슬픈 노래를 불렀다. "아 그래, 아빠는 왜 내가 아빠를 필요로 할 때에 함께 계시지 않는 거지?" 나는 암암리에 남자들에게 화가 났다. 나의 쓴 뿌리 판단은, 남자는 항상 내 옆에 없으리라는 것이었다. 이 판단을 거두어들이는 데에 있어 일에 중독된 목회자와 결혼한 것보다 더 나은 길이 있겠는가!

우리가 얼마나 서로를 괴롭혔는지를 상상하기란 어렵지 않다. 나(존)는 교회(어머니 혹은 여성의 상징)를 위해 오랫동안 일을 하고 교회와 폴라는 끊임없이 나를 비난했다. 그들을 만족시킬 요량으로 더 열심히 오래 일하면 폴라는 점점 더 화를 냈다. 법의 힘은 강력해서, 내 안에 일 중독적인 습관구조가 형성되지 않았더라도 폴라가 심은 씨앗으로 인해 나는 일에 중독되어가든지 아니면 어떤 식으로든 폴라에게서 떨어져 있게 된다. 그녀의 분노 때문에 나는 자문했다. "누가 전기톱을 만나러 집에 가길 원하겠나?" 쓴 뿌리의 판단은 거둔다는 필연성으로 인해 폴라는 이미 그럴 마음이 없었어도 비난한다.

존은 일중독일 뿐 아니라 항상 늦었다. 결혼 첫 해에 존은 교구민 심방을 갔다가 습관적으로 저녁식사에 늦게 왔다. 나는 남편을 나무랐고, 존은 시간을 지켜서 곧장 집에 오겠다고 약속했다. 하지만 내가 뭐라 하든 그의 결심이 어떻든 소용없었다. 그는 시간에 관한한 뭔가 막혀있는 듯했다. 시간은 무시해도 되는 대상이었다. 우리는 '인디언 타임'에 대해 슬픈 웃음을 지었지만, 나는 반복해서 상처받고 점점 더 화가 치밀어 올랐다. 그리고나서 우리는 쓴 뿌리 판단과 기대라는 성향에 대해 배웠다. 나는 (지금도 그렇지만) 이제껏 한번도 아버지에 대한 분노를 느낀 적이 없었지만 있으리라 생각하며 (감정없이 믿음으로만) 회개하고, 내 남편은 항상 늦으리라는 나의 쓴 뿌리 기대를 십자가에 못박아달라고 기도했다. 그러자 아빠가 주말에 집에 오시길 쓸쓸히 기다리지만 시간이 끝없이 지체되자 점점 더 실망하는 빨간 머리의 꼬마소녀가 기억나기 시작했다. 아버지가 실제로는 항상 시간을 정확히 지키셨기 때문에 이것(쓴 뿌리 기대)을 보기는 더욱 어려웠다. 하지만 어린 소녀가 감지하는 시간은 그렇게 사실적이지 않다. 나는 회개했고 새로운 마음을 구했다. 곧 존은 애쓰거나 노력하지 않고도 쉽게 제때에 집에 왔다.

어머니에 대한 판단에서 나온 나(존)의 쓴 뿌리 기대는, 내가 최선을 다할지라도 비난받으리라는 것이었다. 그리고 비판적인 시선 앞에서는 누구도 잘 할 수 없는 까닭에 나는 어린시절 종종 멍하고 어리석은 실수를 범하고는 호되게 야단맞았다. 그래서 거두어야할 판단과 심리적 기대로 인해 나는 나를 비난할 인생의 여자를 찾았고, 자꾸 실수해서 비난받으리라 기대했다. 그런 습성은 폴라가 세 명의 남동생들과 함께 자랐다는 사실과 딱 맞아떨어졌다. 아래 두 동생은 보통의 못말리는 소년들이었는데, 그들은 올바른 누나를 항상 당황케 만드는 일을 했다. 달려와 누나의 욕조에 지렁이를 집어던지는 등, 누나에게 못되게 굴길 좋아했다! 모험심이 많아 온몸이 '어처구니없는' 상처투성이었다. 바보 같은 일을 해서 선생님이 방과 후에 반 학생 모두 남으라고 말씀하시도록 만드는 게 누구인가? 물론 남자애들이다! 폴라의 길게 땋은 빨간 머리를 잉크병에 집어넣은 건 누구인가? 종이뭉치를 던져 잉크가 튀게 만든 건 누구인가? 남자애들이다! 폴라의 쓴 뿌리 판단은, 남자애들(남자)은 늘 어처구니없는 일을 해서 모두를 힘들게 한다는 것이었다. 이 판단을 거두는데 미숙하고 생각은 비현실적이고 신비적이며 몽상가에 멍한 설교자보다 더 나은 사람이 있겠는가?

신혼 첫 해에 나는 hoof-in-mouth병(역자 주:뇌의 이상으로 말의 실수를 하는 병)으로 고생했다. 나는 항상 뭔가 바보같은 말을 했다. 나는 주일아침에 설교를 했다. 그러면 폴라는 주일오후에 (나한테) 설교를 했다! "당신이 사람들에게 뭐라고 말했는 줄 알아요?" 이것이 너무 심해서 주일 아침마다 폴라가 "오늘은 사람 깜짝 놀라게 하는 말을 하지 않을 거죠, 그렇죠?"라고 말하곤 했고, 물론 나는 독립선언을 하고자 그런 말을 해야 했다. 스스로도 깜짝 놀랄 정도로 당황스럽게 말을 계속 바꾸어서 말했다. 예를 들면 "베드로전서 3장을 봅시다"라고 해야 하는데 "데드로피서 전장을 봅시다"라고 하곤 했다.

그러다가 나는 폴라와 떨어져서 혼자 다른 동네에서 말씀을 가르치도록 초청받았다. 놀랍게도 지혜가 끊임없이 펼쳐졌고 바보같은 말을 전혀 하지 않았다. 나는 "할렐루야! 내가 치유됐네. 이제 집에 가기만 하면!"이라고 생각했다. 하지만 결국 두음전환을 비롯해서 온갖 종류의 말바꾸기 실수로 되돌아갈 뿐이었다. 마침내 주님께서는 폴라의 쓴 뿌리가 나를 더럽게 했음을 알려주셨다. "...혹 그것 때문에 많은 사람이 더럽혀지지 않도록 하라"(히 12:15). 폴라는, 남자들은 바보 같은 일을 저지른다는 기대를 십자가에 못박으면서, 남동생들과 다른 남성과 남자애들에 대한 자신의 판단을 회개했고, 주님께 새로운 마음을 주시도록 간구했다. 그 이후로 나는 누구나 하는 실수 말고는 하지 않았었고, 그 실수들은 내가 한 것이지 아내의 거두어들임에 의한 것이 아니었다.

어떤 의미에서 남자는 나를 떠난다는 나(폴라)의 쓴 뿌리 판단과 기대는, 존의 일 중독적 성향과 맞아 떨어졌다. 존은 항상 도와줄 사람을 찾고 있었고 남을 위해 가족과 함께 보낼 시간을 지나치게 희생했다. 그것은 우선순위가 뒤바뀐 것이지만(하나님은 그를 첫 번째 우선순위인 아내와 자녀에게 가라고 부르신다), 존은 이것을 하나님을 위한 고귀한 섬김이라고 교묘하게 가렸다. 하나님은 그를 집에서 떠나있으라고 부르지 않으셨다. 소년시절 나머지 식구들이 놀며 돌아다닐 때 존은 밖에 나가서 소젖을 짜고 닭에 모이를 주고 잡일을 해야 했고, 그러면서 인생은 늘 그러하리라는 쓴 뿌리 기대가 형성되었다. 그 기대는 나의 남성에 대한 판단과 완벽하게 맞아 떨어졌다. 이것이 너무 심해서 심지어는 휴가를 떠나 텐트를 친지 5분도 안되었는데, 존은 도와줄 사람을 찾으러 캠프장을 돌아다녔다. 나는 화가 치밀어 올랐다!

법칙의 힘은 아주 강력하여, 심은 것을 거둔다는 필연성은 아주 선한 성품이 가지는 힘도 이긴다. 나(존)의 어머니는 그 부모님 중 한 분이 오세이지족 인디언이셨고 다른 한 분이 영국계이셨다. 매우 말수가 적은 외조부모의 문화로 인해 어머니가 감정이나 사랑을 표현하시기가 쉽지 않았다. 나는 어머니가 충분한 애정표현을 하지 않으신다고 판단했다. 그래서 나의 기대는, 내가 고통받는 노예 순교자가 되어 장시간 일하고도 야단맞고 충분히 애정 표현을 받지 못하리라는 것이었다. 그런데 나는 애정덩어리와 결혼한 것이다! 신학교 당시 나는 은둔하는 학생으로 있겠다고 마음먹었는데, 폴라는 다가와 내 무릎 위의 책 위에 앉고는 내게 애정을 표현했다. 나는 항의했다. 이를 매우 즐기면서 말이다! 그후 5년동안 이런 일은 더 이상 일어나지 않았다. 폴라는 더 이상 애정표현을 하지 않았다. 왜일까? 나의 쓴 뿌리 판단은 거둬들여져야 했다. 법이 그녀의 선한 의도를 이겼다. (심리적 기대감과 함께) 거두어야 한다는 필연성은 폴라가 애정표현하는 것을 막았다.

나(폴라)의 아버지는 집에 계셔서 나를 보호하신 적이 거의 없었다.

못말리는 세 명의 남동생으로 인해 나는 어려운 시간을 보냈다(남자형제들이 다 그렇듯이, 평범하고 건강한 형태로 못살게 굴은 것이었다). 하지만 내 마음은 원통했다. 나를 보호해줄 남자가 아무도 없었다. 나는 나 혼자 모든 일을 해야 했다. 존은 여성을 보호하기 위해서라면 자신의 생명이라도 내어주는 엄격한 영국식 훈련을 받으며 자랐다. 그는 자기 아버지가 어머니를 위해 다양한 방법으로 감정상 그렇게 사시는 것을 보며 자랐다. 그리고 인디언의 본성 중에서 가장 강하고 사나운 특성은, 용사라면 자기 아내를 지킨다는 것이다. 부모님으로부터 이러한 유산과 훈련을 물려받은 존은 여성, 특히 아내를 모든 공격으로부터 보호하려는 것이 그의 가장 강한 성품 중 하나였다. 그런데 존은 거의 항상 무언가에 막혀서 나를 보호할 수 없는 것으로 인해 매우 곤혹스러워했다. 내가 씨를 심었고 거두어들이는 것이 너무 강력하여 존의 아주 강하고 선한 의도를 이긴 것이다.

알콜중독자인 아버지 밑에서 자라서 아버지를 판단한 여성은 종종 이미 알콜중독자이거나 조만간 알콜중독자가 될 남성과 결혼한다(그 여성은 알콜중독자를 익숙해 하는데, 이 사실은 그녀에게 판단이 있었다는 확증이 된다). 마찬가지로 아버지가 약하면 남편도 약하고, 부모가 재정적으로 공급해주지 못하면 남편도 그러하고, 아버지가 냉정하고 거리감이 있으면 남편도 그러하다. 만약 남편이 이런 경향에 맞지 않는다면 어린 소녀가 판단하지 않아 거두어들이지 않게 된 것이든지, 아니면 판단했더라도 하나님의 은혜로 거두어들이는 일에서 구원받은 것이다.

지배적인 어머니를 둔 남자는 은혜가 개입되지 않는 한 똑같은 여성에게 끌린다. 베이비시터에게 맡겨지거나, 질병이나 별거, 죽음 등으로 어머니와 떨어진 남자는 아내가 자신에게 똑같은 일을 한다는 것을 알게 된다. 마찬가지로 어머니가 냉정하고 무감각했으면 아내도 냉정하고 무감각하다. 기타 등등 이런 식이다. 상황이 딱 맞아 떨어지지 않더라도 유사성만큼은 명백하다. 다시 말하지만, 관건은 실제의 과거사실이 아니고 아이가 부모를 판단했는지의 여부이다. 그리고 거두어들이는 일은 불가피하다. 예수님께서 법에서 요구하는 바를 전부 지불하시도록 우리가 허용하고 자유케 되느냐 아니면 통상 배우자를 통해 거두어 들이느냐이다.

우리가 예수 그리스도를 주와 구세주로 영접할 때에 모든 쓴 뿌리 체계는 치명상을 입는다. 그러나 사도바울이 크리스천에게 쓴 편지에서 "쓴 뿌리가 돋아나서… 없도록 주의하십시오"(히 12:15, 표새)라고 명령한 것에 주목하여 보라. "돋아나서"(spring up)라는 단어는 숨은 뿌리에서 갑자기 나오는 식물과 같음에 주목하라. 그는 "눈에 보이는 가지를 잘라내라"라든가 "분명한 것을 다루라"고 하지 않았다. 대신 어떤(숨어 있고, 표면 아래에 있으면서, 문제가 되는) 뿌리도 분명하게 보여서 문제를 일으키지 않도록 주의하라고 했다.

때론 예수님을 주와 구주로 영접하기 전의 회개가 쓴 뿌리에 이르러서, 회심의 순간이 동시에 (거둠으로부터의) 구원의 순간이 된다. 그러나 대부분은 우리가 사도바울의 명령에 순종해서 그것을 주의하여 보기 전까지는, 땅속에 거대한 원뿌리와 잔뿌리가 숨어 퍼져있는 채로 남아있다.

우리는 모든 크리스천 상담자를 훈련시켜 원칙적으로 매 상담마다 내담자 안에 있는 쓴 뿌리를 찾도록 하고 싶다. 내과의사는 특히 첫 면담에서 어떤 병에 걸린 것은 아닌지 순서에 따라 신중하게 검사하도록 훈련받는다. 치과의사나 물리치료사, 여타의 의사들도 역시 그렇다. 폴라와 나는 순서에 따라 초기 어린시절에 관한 질문을 하면서 상황 이면에 쓴 뿌리가 있는지를 점검한다.

"남편이 당신 말을 전혀 듣지 않는다고 하셨죠? 당신 아버지에 대해서 말씀해 주세요. 어떤 분이셨죠?" 몇 가지 기본적이고 일반적인 질문을 한다. "아버지가 애정표현을 하셨나요? 집에 계실 때엔 정말 '집'에 계신 것 같았나요? 아버지는 어머니와 함께 계셨나요? 두 분 관계는 어떠했나요?" 그런 다음 이렇게 묻는다. "당신은 아버지와 대화할 수 있었나요? 아버지는 당신 이야기를 듣고 이해하셨나요?"

남편이 말을 듣지 않는 대부분의 경우에 똑같은 일이 아버지에게서도 있었음을 발견한다. "아, 아버지는 항상 너무 바쁘셨죠. 한번도 제 말을 듣지 않으셨어요."

"당신 부인은 항상 실제 아픈 것보다 더 아프시네요. 그리고 그것이 당신을 불쾌하게 만드는데, 생각보다는 부인을 돕지 못하겠다고요? 어머니는 어떤 분이셨죠?" 이렇게 물어보면 다음과 같이 대답하는 경우가 많다는 사실이 놀랍다. "예, 어머니는 항상 여기 아프다 저기 아프다 불평하시면서 몸져 누워 계셨어요." 그리고 때론 이런 말도 덧붙인다. "어머니는 아버지로 하여금 정성을 다해 옆에서 간호하게 하셨죠"라든가 "전 그게 너무 싫었어요."

남편의 말이 이럴 수 있다. "제 아내는 집안 정리를 하지 않아요" 나 "빨래를 해 놓은 적이 없어요.", "항상 쇼핑하고 돈을 과다하게 쓰죠." "험담을 많이 해요. 항상 말이 많죠." 그러면 우리는 이렇게 질문한다. "어머니께선 집안을 어떻게 돌보셨나요?" "어렸을 때 어머니께서 당신 옷을 깨끗이 세탁하시고 입을 수 있도록 하셨나요?" 등등. 대개 우리는 내담자가 부정직하게 대답하지 않도록 우리의 의도를 위장하기 위해 몇 가지 다른 일반적인 질문을 먼저 한 후에 관련된 질문으로 들어간다.

아내의 말이 이럴 수 있다. "남편은 날 데리고 어딜 나가려들지 않아요. 그냥 그놈의 안락의자에 앉아서 잠만 자죠"라든가 "내가 예뻐 보이는지에 관심을 가진 적이 없어요", "애들을 벌주질 않아요. 아버지로서 할 일을 포기하고 전부 제게 맡겨버리죠." 그러면 우리는 이렇게 질문한다. "아버지께서 가족의 일을 돌보셨나요? 소풍이나 낚시와 같은 일들을 함께 했나요?" "아버지께서 집안일 하기를 좋아하셨나요? 아니면 TV에 빠지거나 잠만 많이 주무셨나요?" "누가 집에서 남자 역할을 했나요?" "아버지께서 혼내셨나요, 아니면 어머니께서 하셨나요?"

딸을 실망시켜 판단받는 이가 때론 아버지가 아니라 어머니일 수 있다. 하지만 성장한 아내는 남편을 통해서 거두어들인다. 혹은 자녀나, 집이나 근처에 사는 다른 사람, 직장상사나 목사, 직장동료를 통해서 거두어들이기도 한다. 마찬가지로 아들이 아버지를 판단했는데 아내를 통해 거두어들이기도 한다.

때로 판단과 거두어들이는 유형이 그다지 분명하거나 명료하지 않을 때가 있다. 예를 들면, 어린 소녀가 아버지에게서 크게 거절감을 느꼈다. 하지만 면담한 결과 아버지는 집을 떠나신 적도 별로 없고, (술이나 폭력, 비판적 언사와 같이) 자명하게 악한 일을 하지도 않으셨으며, 교회에 정기적으로 출석하시는 선하고 도덕적인 분이셨다. 하지만 아마도 아버지가 관심을 가져주지 않았거나 책에 빠지셨든가 말씀이 없으셨든가 할 수 있다. 소녀는 이런 단순한 결함을 쉽게 거절로 받아들이지만 사랑과 효심이 상처의 감정을 덮어주기 때문에(약 5:20), 아버지를 탓하기 힘들어한다. 그녀가 기억하는 것은 다 장밋빛뿐이다. 그녀는, 십대 갱단의 정신세계에 남기로 고집하여 자주 그 친구들과 어울리기 위해 그녀를 남겨두고 나다니는 남자와 결혼할 수 있다. 혹은 남편이 술이나 일 중독적일 수 있다. 외관상 보이는 모습이 무엇이든지간에 이는 똑같은 뿌리에서 나온다. 어떻게 해서든지 남편은 아내에게 관심을 기울이지 않고 아내는 거절감을 느낀다.

모든 상담자가 쓴 뿌리를 찾도록 우리가 훈련시키고 싶어하는 만큼이나, 우리는 교차하는 유형을 찾아보도록 상담자에게 권유하고 싶다. 다음은 거의 철칙과 같다. 한쪽 배우자에 쓴 뿌리가 있으면 다른 배우자에게는 그에 딱 어울리는 무언가가 있다! 상담자는 단순히 인력과 척력의 법칙에 따라 그러한 가능성을 의심해보아야 한다. 우리는 우리와 잘 맞거나 반대되는 성품을 가진 사람이 우리에게 관심을 갖도록 하고 또 스스로 그런 이에게 끌린다. 이런 현상을 매년 수백 건씩 20년간 상담하면서 보아온 폴라와 나는 여전히, 법칙과 인간 본성의 일관성에 깜짝 깜짝 놀란다.

때로는 다른 사람을 통해서가 아니라 자연이나 환경 혹은 우리 자신을 통해 거두어들인다. 예를 들면, 나(존)는 여러 세대가 사업에 실패한 경우를 보았는데, 어리석어서 그럴 때도 있지만 자주 사고나 경제 불황, 날씨가 그 원인이었다. 세대를 통해 내려오는 죄(신 5:9)만으로는 그런 유형이 갖는 힘을 충분히 설명하지 못한다. 반면에 아들이 아버지에게 행한 쓴 뿌리 판단이야말로 특정한 유형의 어려움이 세대를 통해 계속 내려오는 주된 통로일 때가 있다.

자기 자신을 통해 거두는 경우에는 통상 또 다른 법이 기본이 된다.

"그러므로 이 사람아, 판단하는 네가 누구일지라도 변명하지 못할 것은 네가 다른 사람을 판단하는 것으로 네 스스로를 정죄함이니, 이는 판단하는 네가 똑같은 일들을 하기 때문이라"(롬 2:1). 우리가 남을 판단할 때 우리도 똑같은 (혹은 매우 유사한 일을 해서 뿌리를 분명히 알 수 있을) 일을 하게 될 운명이라는 것 역시 변경할 수 없는 법칙이다. 예를 들면, 어느 여자가 이렇게 소리치는 것과 같은 경우이다. "우리가 어릴 때 어머니는 언제나 우리들에게 소리치셨죠. 저는 절대 그렇게 하지 않을 거라고 맹세했어요. 그런데 지금은 제가 엄마처럼 똑같이, 아니 더 심하게 하고 있어요!"

알콜중독에다가 바람 핀 아버지를 둔 한 젊은이가 찾아왔다. 내담자는 아버지를 증오하고 자신은 아버지처럼 되지 않을 거라고 맹세했다. 그는 아내를 매우 사랑했다. 그는 성령충만한 신자가 되어서 교회에 정기적으로 출석하고 성경을 읽으며 예수님을 사랑했다. 그러다가 그는 납득할 수 없게도, 충동적으로 술 마시러 나가고 이미 간음 관계를 맺고 있었다. 그는 죄책감과 근심, 혼란에 싸여 우리를 찾아왔다. 몇 분간의 면담 결과 쓴 뿌리 판단의 성향을 알게 되었다. 크리스천이었지만 그는 한 번도 아버지를 향한 자신의 판단을 명백하게 회개한 적이 없었다. 법칙의 힘에 의해 그는 아버지께서 행하신 그대로 할 운명이었다. 물론 예수님은 그를 자기 자신으로부터 보호하길 원하셨고, 그가 타락한 후에도 그를 자유케 하길 원하셨다. 하지만 그 젊은이가 자신의 뿌리문제를 보고 구체적으로 회개하기 전까지는 은혜로우신 우리 주님이 그렇게 하시지 못하도록 그의 자유의지가 막고 있었다. 우리의 상담을 통해 그는 회개했고 자유롭게 되었다.

때론 쓴 뿌리가 우리가 흔히 '기억할 수 있는' 사건 수준보다 훨씬 아래에 숨어 있다. 자신의 행동을 너무 곤혹스러워 하는 한 부인이 찾아왔다. 그녀는 주님과 남편을 사랑했다. 그녀는 성경을 믿었고 견실한 복음주의 교회에 속했고 성령충만했다. 지금은 그녀 역시 남편을 두고 혼자 충동적으로 술을 마시러 나간다. 자신이 좋아하지도 않고 가까이 가기조차 싫은 알콜중독의 유부남과 간음관계를 맺게 되었다! 그녀의 남편은 자상하고 사랑이 많으며 거듭난 성령충만한 사람이었다. 그녀는 이렇게 외쳤다. "세상에 내가 지금 뭘 하고 있는 거지? 왜 이러는 거야?"

그래서 나는 더 질문하였고 그녀가 태어나면서 입양되었음을 발견했다. 그녀의 생모는 결혼한 적이 없었고 40세에 알콜중독인 유부남과 데이트를 했다! 그녀의 생부는 한번도 그녀의 생모에게 자신이 결혼했음을 말하지 않았다. 임신 사실을 그에게 알리자 생부는 그녀와의 관계를 전혀 인정하지 않으면서 자기 아내에게로 돌아갔고 어머니의 삶에서 사라졌다. 그런 상황에 대한 정죄가 지금보다 훨씬 심하였고 부모됨을 입증할 수 있는 의학적 방법도 없었던 그 당시에 그녀의 어머니는 수치감을 느끼며 9개월 동안 아이를 태중에 가지고 있었다. 9개월 동안에 그녀는 때때로 아이를 포기하고 입양시켜야겠다고 결심했다. 실제로 그렇게 했고, 앤은 모태에서 나와서는 자상하고 사랑이 넘치고 하나님을 경외하는 양부모만을 알았다.

이쯤 되면 이글을 읽는 독자들은 우리가 영으로 모태 주위에서 일어나는 일을 알고 파악한다는 사실을 이해해야 한다. 이는 마치 세례요한이 마리아가 주님을 임신한 사실을 알고 기뻐 뛰놀았던 것(눅 1:41-44)과 같다.

태 내에 있을 때 그녀는 영으로 음행한 아버지와 어머니를 판단했고, 아버지가 술마시고 간음하고 어머니와 자신을 거절하고 버린 것을 판단했다. 그로 인해 그녀는 1) 자신이 버려진 것처럼 누군가(그녀의 남편)를 버리고 2) 술마시고 3) 간음을 하게 되었다. 우리가 행하는 사소한 판단이 모두 다 그렇게 강력한 힘을 발휘하는 것은 아니다. 어떤 판단은 예수님의 보혈로 금방 깨끗하게 된다(요일 1:7). 하지만 마음 깊이 자리한 증오심의 판단에는 그런 능력이 있다. 그녀가 9개월간 수치스런 태내에 있는 것을 혐오하고 사람이 된다는 것을 싫어하자, 그녀 어머니는 뱃속에서 자라고 있던 딸로 인해 스스로에 대한 미움이 생겨 무의식적으로 자기 증오의 마음을 자신의 아기에게 투사하였다.

우리가 쓴 뿌리 판단의 법칙을 설명했을 때에 그녀는 어떻게 그런 강박충동을 갖게 되었는지를 이해할 수 있었다. 성령께서 그녀 인생의 실체를 그녀 마음에 보여주셨고, 우리는 용서의 기도와 모든 쓴 뿌리의 구조를 십자가에 못박는 기도를 했다. 한 번의 상담과 기도를 한 후에 즉각적으로 온전한 치유가 일어났다(어쩌면 그녀가 아주 좋은 믿음을 가진 까닭에)! 그녀는 기뻐하며 확인할 겸, 그리고 자신의 딸을 미워하는 이유를 이해하지 못하는 입양된 언니를 위해 기도할 목적으로 양어머니를 모시고 왔다. 그녀의 남편도 왔다. 지금쯤이면 내가 그에게 무슨 질문을 하고 어떤 답을 얻었을 지를 독자 여러분이 모를 수 있을까? 남편은 오랫동안 경건한 크리스천이었지만, 당연히도 자신의 아내가 자기를 떠나서 바람을 피울 것이라는 아내와 맞아 떨어지는 쓴 뿌리 판단과 기대를 갖고 있었다!

매일 크리스천 상담을 하며 폴라와 내가 생각하는 가장 가련한 일은,

선한 크리스천들이 날이 가고 해가 갈수록 알지도 못하는 힘에 끌려 다니는 것이다! 우리가 단지 심리학에서 말하는 리비도의 힘을 말하는게 아니다. 대부분의 정신의학자나 심리학자도 앞의 말에 동의할 수 있을 정도로 사태는 심각하다. 모든 종류의 상담자들은 전도서 1:18이 진리라는 것을 알고 있다. "지혜가 많으면 슬픔도 많으니, 지식을 늘리는 사람은 슬픔을 늘리는 것이라." 그러한 슬픔 너머에 크리스천 상담자들을 향한 깊은 비애가 있다. 왜냐하면 우리는 단지 심리학적으로만이 아니라 불가피한 판단의 법칙, 특히 심고 거두는 법칙이 (그리스도의 십자가가 없으면) 비인격적이고 가차 없는 힘으로 인생에 막강하게 작용함도 보기 때문이다. 비애감이 있는 것은, 크리스천이라면 이를 믿어야 하고 알아보며 예수 그리스도께 그분의 오신 목적(우리를 자유롭게 하는 일)을 이루시도록 맡겨야 한다는 사실 때문이다.

그런데 크리스천들이 이를 이해하지 못한다. 만약 본서의 목적이 이 장에서 말하는 것뿐이어서, 일상생활에서 심고 거두는 법칙이 얼마나 다양하고 격렬하게 매일매일 영향을 미치는지를 크리스천들이 알게만 된다면 그 목적은 달성된 것이리라.

폴라와 나는 책 '크리스천 가정의 회복' (제11장)에서 쓴 뿌리 기대에 대해 썼고 수년간 어딜 가나 이에 대해 말해왔다(이것은 두 세트의 4개짜리 테이프인 '크리스천 가정의 회복' 과 '용서의 유쾌함' 에, 그리고 '쓴 뿌리의 재조명' 이라는 한 개짜리 테이프에서 설명했다). 유감스럽게도 우리는 쓴 뿌리 기대에 대해 듣거나 읽은 대부분의 사람들이 핵심을 놓친다는 사실을 알게 되었다! 사람들은 우리가 단지 심리적인 기대를 이야기한다고 생각했다. 좁게 보면 사실이다. 쓴 뿌리 기대는 이를 통해,

항상 비난받든지 거절당하든지 소외당하는지 하는 식으로 자기 성취적 예언이 이루어지길 기대하는 육적인 본성의 심리적 구조물이다. 우리는 쓴 뿌리 기대를 갖고, 우리의 판단을 입증할만한 나쁜 일들을 할 때까지 실로 사람들을 강제하거나 무의식적으로 조종하고는, "그럴 줄 알았어!" "나는 그게 그렇게 될 줄 알았어. 언제나 그렇다니까"라고 말한다.

그러한 심리적 기대는 우리 삶에서 어느 정도 능력이 있다. 하지만 우리가 말하고 있는 법칙과 비교했을 때에 심리적인 쓴 뿌리 기대는 핵폭탄의 폭발 옆에 있는 깜박거리는 촛불 같은 것이다! 하나님의 법에는 그 자체에 광대한 능력이 있다!

대부분의 사람들이 알아듣지 못하는 것은 더욱 상처가 되는 다른 무언가를 우리에게 말해준다. 제4장 '법의 토대'에서 설명했듯이, 대부분의 사람들은 하나님의 법의 작용이라는 관점에서 일상생활을 생각할 수 없고 생각하지도 않는다. 사람들은 어린시절(혹은 성인기)의 그들의 행동이 어떻게 현재나 미래에 더 큰 힘을 갖고 되돌아오는 부메랑처럼 되는지를 보지도 이해하지 못한다. 인생의 모든 행동은 결과를 거둔다는 사실을 이해하지 못해서, 보이지 않는 면을 계속 얻어맞고 사건들에 치이면서 왜 그런지 의아해한다. 인생은 불공평해 보인다. 이 장을 쓴 것은 그리스도의 몸이 알고 회개하여 파괴적인 거두어들임을 멈추도록 도우려함이다. 아, 그 사람들은 들을 것이다!

제4장에서 언급한 것을 반복하면, 어떤 하나님의 법도 멈추거나 폐기되지 않는다. 하나님의 법은 우리가 그 법에 대해 알건 모르건, 찬성하건 반대하건, 좋아하건 싫어하건, 믿건 믿지 않건 간에 상관없이 작용한다. 그러므로 어린시절의 판단으로 무심코 법을 작동시키건, 성인이 죄를 지

어 일부러 작동시키건 간에, 하나님의 공평한 법은 우리에게 영향을 미친다. 차이는 없다. 법은 법이다. 우리가 믿지 않는 다해도, 하나님의 법의 실재와 그 효과에 대해 우리가 생각하고 느끼는 바는 엠파이어 스테이트 빌딩을 무너뜨리려고 하는 각다귀(역자주:gnat, 피를 빨아 먹는 작은 곤충의 일종)정도만큼 영향을 줄 뿐이다! 우리의 하잘것없는 이성으로 무엇을 생각하건 안하건 간에 상관없이 하나님의 법은 우주를 주관하며 굴러갈 테니까 말이다.

심고 거두는 법칙은 너무 단순하여 믿기가 어렵다. 그렇게 단순한 것은 진짜일 수 없고 그렇게 광범위한 힘과 효과를 가질 수 없다고 생각한다. 아마 그러한 이유 때문에 사도 바울이 이렇게 경고했다. "스스로 속이지 말라 하나님은 만홀히 여김을 받지 아니하시나니 사람이 무엇으로 심든지 그대로 거두리라"(갈 6:7). 반드시 우리에게 되돌아올 힘을 작동시키지 않으면서 판단하거나 행동하는 것은 불가능하다. 어떤 사람이 어리석기 짝이 없어서 자신이 날 수 있다고 확실히 믿는다 해도 중력의 법칙에는 조금도 영향이 없다! 그의 기술의 우매함의 정도 만큼이나 확실하게 그는 확 떨어진다. 오직 다른 법칙들을 사용하여 장치를 작동할 때에야 사람이 날 수 있다. 마찬가지로 도둑은 자신이 기막히게 사람의 눈을 피해 다녀도 결국에는 거두어들이게 된다. 은밀한 간음은 현대의 '감성철학'(feelosophy, 역자주: feel과 philosophy의 합성어)이 뭐라 말하든 간에 결국에 영혼의 파괴를 낳고 나중에는 거두어들이게 된다. 심고 거두는 법이 무조건적으로 보장하는 것은, 언제 어떤 장소에서도 어떤 일의 대가를 받지 않고 피할 수 있는 사람은 없다는 사실이다!

만약 크리스천 상담자가 심고 거두는 법이 그렇게 유효하다는 것을 안다면, 그는 이 법을 인생과 딜레마를 이해하는 열쇠로 사용할 준비가 된 것이다. 그러나 상담할 때에 우리의 계산에 시간의 차원을 포함시키고 이를 내담자에게 설명하는 것을 잊지 말아야 한다. 금방 거두어들이는 것은 아니다. 농부는 먼저 씨앗이 죽고 싹트고 그 다음에 자라서 꽃이 피고, 이삭이 생겨 마지막에야 익기를 기다리는 것처럼, 인생의 모든 거두어들임에도 역시 기다림이 필요하다. 상담에는 한 가지 결정적인 차이점이 있다. 농부는 식물이 자라는 것을 볼 수 있을 뿐 아니라 돌봐줘야 한다. 하지만 어린시절에 심은 쓴 뿌리 판단의 경우에는, 대부분 심긴 씨앗은 잊혀지고, 좀처럼 쓴 뿌리 판단의 모양을 초기 아동기에는 볼 수 없기에 제대로 그걸 했다고 인정하지도 않는다. 그런데 그렇게 오래전에 심어서 숨어 있고 잊혀졌던 조그마한 바람이 나중에 광풍으로 돌아오면 납득이 되지 않는다. 사람들은 실패했다고 서로를 탓하고 자신을 정죄한다. 유아기에 심은 판단의 죄로 말미암아 성인의 관계가 파괴된다는 사실은 불공평해 보인다. 하지만 그것은 우리가 책임을 과정에게 돌리기 때문인데, 거기에는 공평한 법 이외에는 아무도 없다.

사람이 창조되어 동산을 돌보도록 되었을 때에 이미 법칙은 오랫동안 성장을 주관하고 있었다. 그러한 무죄의 상태에서는 실로 모든 것이 합력하여 선을 이루었다(롬 8:28, 당시에는 십자가가 필요 없었지만 이제는 십자가로만 가능하다). 아담과 이브가 한 선한 일은 에덴동산의 축복을 증대시켰고, 후에 끔찍하게 거두어들이도록 법을 작동시킬 죄된 것이라곤 없었다. 온 우주가 사랑 가운데 스스로를 세우도록 설계되었다(엡 4:16).

그러나 법은 비인격적이기에, 아담과 이브가 죄를 향한 문을 열었을 때에 그 후의 모든 세대는 죄의 결과를 거두어들이게 되었다. 이것은 유아도 아담의 범죄로 말미암아 이미 타락한 마음을 안고 왜곡되어 죄 많은 세상에 태어나고, 판단하고 증오에 찬 행동을 함으로써 후에 엄청나게 증가한 양을 거두게 된다는 것을 뜻한다. 바로 아담과 이브가 범죄하지 않았다면 영원히 복을 증대시켜줄 바로 그 법으로 말이다! 하나님은 비난하지 않으신다! 그 분은 창조 전에 이미 인간이 타락하리라는 것과, 모든 것을 축복 가운데 주관하도록 만드신 바로 그 법이 파괴를 가져오리라는 것을 아셨다. 그래서 창조의 밑그림에서부터 하나님은 예수님을 예정하사 모든 해악을 거두어들이고 십자가에서 그분의 공평한 법이 요구하는 모든 대가를 지불하도록 하셨다.

우리는 특히 상담자로서 한 가지 지극히 중요한 사실을 이해해야 한다. 인간의 자유의지는 우리 주님께 매우 소중하기 때문에, 주님은 십자가의 효험이 우리의 동의 없이 우리에게 적용되도록 하지 않으신다. 이것은 마치 주님께서 성 금요일에 우리를 위한 선물을 주셨지만 우리 스스로가 부활절 아침에 그 선물을 개인적으로 적용하려고 열어보기 전까지는 개봉되지 않은 상태로 있는 것과 같다. 우리 인생의 모든 소소한 일들에서도 마찬가지이다. 언제나 우리의 온유하신 주님께서는 잇달아 있는 내면의 새로운 문 밖에 서서 조용히 문을 두드리시지만, 빗장은 우리 편에 걸려있다. 보통 쓴 뿌리는 우리가 예수님께 이를 다루어 주시라고 부탁하기 전까지는 그대로 있다. 동정심이 많으신 우리 주님은 우리가 부탁할 때까지 기다리시면 더 (덜 받으시는 것이 아니라) 상처받으신다. 그 분은 우리가 늦장부리는 고백을 해도 대가를 지불해 주신다.

조그마한 아이가 화를 많이 내고 폭력적인 아버지와 살아서 그로인해 비슷한 상사나 아버지와 똑같거나 더 나쁘게 행동하는 남편과 살아야 한다는 것이 공평한가? 물론 그렇지 않다. 타락 이후에 삶이 공평하다고 누가 말하겠는가? 반면 우리의 유아가 우리 조상으로부터 물려받은 집과 건강, 기술과 의약품, 가재도구, 의복, 풍부한 음식, 지식과 영적 축복 등의 모든 은전(恩典)은 과분하게 거두어들이면서, 똑같은 꾸러미 안에 들어있는 해악들을 거두어들이는 데에서는 면제받아야 하는가? 하나님은 공정하고 공평하시다. 그러나 아담과 이브의 타락 이후 지구상의 삶은 그렇지 못하다.

부모가 그럴만해서 부모에 대해 화내고 쓴 뿌리 판단을 한 것을 탓하기조차 힘든 아주 어린아이일지라도 결산을 해야 할 힘을 작동시킨다는 점은 공평하지 않다. 이것이 하나님이 비열해서 어린아이를 괴롭히시는 게 아니다. 이는 정반대로, 친절하시고 동정심이 많으신 하나님은 우리가 심은 것들에서 거둬들일 광풍을 보시고 (우리는 심은 것도, 임박한 거둠을 보지 못해도) 보이지 않게 우리를 위해 중보하려고 움직이신다. 이 땅과 천국에서의 중보기도가 우리의 완고한 본성으로 인해 우리에게 다다르지 못할 때에는, 하나님의 온전하신 뜻에도 불구하고 우리는 우리가 심은 것을 거두게 된다.

예수님은 항상 살아서 우리를 위하여 중보하신다(히 7:25). "나 여호와는 변역지 아니하나니 그러므로 야곱의 자손들아 너희가 소멸되지 아니하느니라"(말 3:6). 모든 기독교계는, 만약 주님이 변하시면, 다시 말해 한 순간이라도 중보를 멈추시면, 우리가 심은 죄의 무게가 심히 커서 "이 테이프(지구)는 5초 안에 스스로 폭파된다!"는 일이 발생하리라는 것을 이해해야 한다.

결혼과 가정생활에서만 파괴를 거두는 것이 아니고 삶의 모든 영역에서 그러하다. 자신의 아버지가 가족의 돈을 계속 도박에 써버리는 사업가가 있었다(제17장을 보라). 우리 친구가 11살 즈음에 가족을 위해 일을 시작했는데, 그가 번 돈을 그의 아버지가 찾으면 훔쳐서 도박에 써버리곤 했다. 이로 인해 그는 아버지를 판단했다. 그의 쓴 뿌리 판단은, 아버지(그리고 모든 사업가들)는 속이고 거짓말하며 도둑질하리라는 것이었다. 부동산 프로젝트를 위한 동업자를 필요로 한 그가 연속해서 끌어들인 사람들은 거짓말하고 속이고 게으르고 도와주지 않고 그로 혼자 책임지게 하는 등, 어떻게든 그를 실망시키는 사람들이었다. 그의 사무실에서 그는 자신을 반드시 실망시킬 동업자를 잘도 찾아내었다. 한 명은 그의 가정을 둘로 쪼갰다. 단단히 각오를 한 그는 거듭나고 교회 다니고 책임감 있는 집사이면서 강력한 추천을 받는 믿음의 사람을 찾아내었다. 그런데 이 사람 역시 사업에 책임감을 갖고 임하지 않았고 우리 친구는 거의 파산직전에 이르렀다. 그가 등의 통증으로 병원에 있는 동안, 이 동업자는 그의 사업을 훔치고자 친구의 의사와 변호사와 상담자(나)를 찾아와 내 친구가 무능함을 선언해 달라고 했다.

그 후에 우리는 아버지에 대한 그의 판단에 대해, 그리고 어떻게 그의 쓴 뿌리가 그의 동업자들을 통해서 거두어들여졌는지에 대해 얘기했다. 친구는 회개했고 용서받았다. 기도 가운데에 우리는 그 쓴 뿌리를 십자가에 못박고 새로운 마음과 새로운 기대를 주셔서 믿을만하고 정직한 사람들이 오게 해달라고 기도했다. 하나씩 하나씩 주님은 회사의 거머리들을 제거하셨고 믿음직하고 의지할만한 사람들을 보내주셨다. 최근에 친구의 은행가는 그의 사업을 어려움에서 구할 수 있는 큰 돈을 대여하면서 그에게 이렇게 말했다. "이제 당신이 그런 사람들을 내보냈으니 다시 회사를 경영하겠네요(병원에서 나와서 직장에 다시 돌아간다는 뜻에서). 이제 당신 주변에는 믿을만한 사람들이 있으니 우리도 당신을 다시 후원하겠습니다." 우리 친구의 쓴 뿌리는 자기 사업을 거의 파괴시킬뻔 했고, 그리스도의 십자가가 이를 구했다.

"… 그것으로 많은 사람이 더러워지는 일이"(히 12:15, 표새)라는 말씀에 주목하여 보라. 우리의 쓴 뿌리는, 거두어들이는 힘에 의해서 실제로는 남을 더럽힌다. 우리는 그들을 우리 주변에서 연극하도록 만든다. 그들이 우리와 떨어져 있었다면 그렇게 하지 않았을 방식대로 말이다.

모든 기혼자나 다른 종류의 동업자들은 "그는 나와 교제하면서 왜 더 낫고 더 강한 사람이 되지 못했을까?"라고 질문해봐야 한다. 그리고는 "나의 쓴 뿌리가 그를 더럽히는 것은 아닐까?" "내가 이 사람을 통해서 무언가를 거두어들이고 있는건 아닐까?"라고 질문해야 한다.

하지만 죄책감은 항상 50대 50의 일임을 이해할 필요가 있다. 상대방 안에 있는 무언가가 여전히 육적이거나(아무리 좋고 강하여도) 약하고 죄악된 것이 아니면, 우리의 쓴 뿌리가 그의 자유의지를 이기지 못한다. 상대방에게도 항상 책임이 있다. 가정 가운데 있는 죄책감은 항상 공유하는 것이다.

면담 결과 쓴 뿌리가 드러나면 몇가지 주의할 사항이 있다. 먼저 원 사건이 있다. 마치 폴라가 한번도 아버지에 대해 어떤 종류의 원망도 느낄 수 없었듯이, 성인은 아무 것도 의식하지 못할 수 있다. 하지만 우리는 육이나 영의 감정을 먼저 다루지 않는다. 우리는 믿음으로 사실과 법을 다룬다. 현재상황이 거두어들이고 있는 상태라면, 판단한 죄에 대한 용서를 선포해야한다. 상대방의 논리적인 이성이나 감정이 뭐라고 항변하더라도, 거둠이 있는 곳에는 판단과 죄악의 행동이 (함께 또는 둘 중 하나만) 심겨져 있는 법이다. 상담과 기도시간 중에 내담자가 무엇을 느낄 필요는 없다. 이제 상담자는 성인을 지나 내면의 아이에 이르기까지 사역을 하며 내면의 아이의 용서를 선포하는 고백자이다. 용서는 내면의 아이가 알아듣고 받아들이기까지 여러 가지 방법으로 말할 필요가 있다.

내담자는 용서하고 용서 받도록 권유받아야 한다. 필요하다면 순전히 믿음으로만 할 수도 있다. 용서가 필수적이다. 용서가 없으면 이후의 치유는 일어날 수 없다(마 6:15, 막 11:26, 마 5:23-25).

원 사건이 성품 안에 구조를 만든다. 이것은 판단과 심리적 쓴 뿌리 기대의 습관으로 오직 십자가만이 변화시킬 수 있다. 내담자나 상담자 혹은 양자는 예수님의 십자가상의 공로가 옛 본성 가운데 있는 그 습관에 적용되도록 함께 크게 기도해야 한다. "난 그게 싫어요. 그걸 거부하며 원치 않습니다."라고 기도 가운데에 말하는 것이 내담자를 위해 도움이 되고 필요할 것이다.

수년전의 한 공상과학 우주영화 중 이전의 문명을 일궜던 사람들이 사라진 한 행성에 떨어진 우주선 이야기가 있었다. 첫 번째 우주선을 찾기 위해 보내진 두 번째 우주선은 한 교수(비행기에 탔던 과학자)와 그의 딸만 살아있는 것을 발견한다. 얼마 안 있어 두 번째 우주선의 승무원들이 한명씩, 부분적으로만 보이는 괴물에 의해 찢겨 죽임을 당했다. 우주선의 선장이 이전의 문명에 의해 만들어진 기계를 발견한다. 머리에 모자를 쓰고 기계를 작동시키면 거대한 정신력이 방출되었다. 불행히도 모든 내적인 힘도 방출되었다. 그렇게 해서 이전의 문명의 사람들의 숨은 악마같은 충동이 물질화되었는데, 그들의 숨어있던 증오로 인해 이 물질화된 것들은 모두 서로를 파괴하는데 사용된 것이었다! 그러는 한편, 두 번째 우주선의 승무원들이 거의 다 죽고 통과할 수 없다고 여겨지는 문 뒤에 소수의 승무원들이 과학자와 그의 딸과 함께 남아있게 된다. 이제 그 악마적인 놈이 그 문마저 박살내려 한다! 마지막 순간에 선장은 과학자가 전에 기계를 사용한 적이 있었다는 사실을 알고 과학자에게 도움을 청한다. 과학자는 그 놈이 질투 때문에 자기 딸을 과보호하려는 자신의 포악함을 깨닫는다. 마침내 과학자가 문 앞에 서서 외친다. "난 네가 미워. 널 거부한다. 널 원하지 않아." 찢고 쥐어뜯는 소리가 극적으로 잠잠해졌다.

우리 본성 안에 있는 무의식적인 습관이 얼마나 강력한지, 또 그 습관을 미워하여 십자가에 못박아 놓을 때에야 그것들이 파괴될 수 있다는 것을 이보다 더 잘 묘사할 방법이 있겠는가. "악한 것을 미워하고(모든 불경건한 것을 미워하고 질색을 하고 불의에서 돌아서라), 선한 것을 굳게 잡으십시오"(롬 12:9, 표새). 때론 우리가 그 습관들을 놓고 내담자와 함께 충만한 믿음으로 기도해도 줄어드는 것 같지 않다. 성공하는데 있어 빠진 요소는 미움이다.

이전에 보상체계에 대해 언급한 바 있다. 모든 쓴 뿌리 체계에는 보상이 따른다. 나는 자라면서 동료들이 칭찬하든 비난하든 간에 잘 섬기기로 마음먹었다. 그로인해 나는 실제로 그런 태도를 사모하는 고결한 순교자가 되었다. 그것이 나의 자아를 만족시켰다. 내가 아무리 비난받는 것을 싫어하고 별 대가 없이 봉사하는 데 싫증났다고 항변해도, 실제 그렇게 하길 선호한 것이 내면의 진실이었다. 그것은 내가 도량이 넓은 크리스천으로 고난 받는 종임을 입증했고, 나만큼 못하는 다른 사람들은 위선적이기까지 함을 보여주었다. 내가 그 보상을 즐기는 한, 남을 더럽혀서 나를 향해 비기독교인처럼 행동하게끔 한 쓴 뿌리를 죄로 인정하고 버릴 생각이 없었다.

존은 나(폴라)와 아이들로부터 오랜 시간 떨어져 계속 아주 늦게까지 일하는 동안, 내 안의 고결한 순교자적 자아는 인정받지도 못한 채 봉사하면서 혼자 '십자가를 지는 일'을 하고 있었다. 그 사실이 내 자아를 만족시켰다. 내가 남자는 잘못되었다고 입증하기를 즐기는 한, 그리고 내가 (형제간 경쟁했던 남동생들보다) '좀더 우월함'을 즐기는 한(이것이 존에게 투사되었다), 또한 나의 인생에 대한 쓴 뿌리의 관점이 거듭 확인되는 것이 나에게 소중한 일인 한, 나는 내 쓴 뿌리를 버리고픈 마음이 정말 없었다. 그 보상은 너무 달콤했다.

아마 지금쯤이면 "주의하십시오"라는 명령의 당위성을 이해할 준비가 되었을 것이다. 때로 쓴 뿌리를 뒤엎으려면 자신의 인생을 정의하고 자신에게 (육적인) 가치를 가져다준 전체 인생에 대한 태도를 뒤집어야 할 필요가 있다. 이는, 우리가 예수님을 위한 선한 편이고 악당들에게 핍박을 받는다는 식으로 우리를 자축했던 육적인 의를 혐오하는 지경에 이르게 됨을 뜻한다.

나아가 진정한 회개를 하려면 근방에 있다는 이유로 우리를 상처주게끔 그들에게 강요했던 것(우리는 그것 때문에 그들을 비난했지만)을 회개할 필요가 있다. 이상하지만, 우리는 그들이 우리를 상처주게끔 만듦으로써 그들에게 상처준 것을 회개해야 한다! 그들이 우리가 거두어들이는 바로 그 사람이 될 정도로 우리를 사랑한 것에 감사하고 축복하기 전까지는 우리가 온전해지지 못한다. 정녕 용서는 우리를 모욕하는 자를 축복하기 전에는 온전히 이루어지지 않는다(마 5:12-13, 롬 12:14, 벧전 3:4).

마지막으로, 상담 이후 며칠 동안은 내담자가 많은 조그마한 치유과정의 일에 붙잡힐 것이다. 큰 싸움에서는 이겼지만 우리 본성의 군데군데에서 무수한 '게릴라들의 저항'이 일어난다. 습관구조는 나팔꽃이나 잡초 같아서, 옛 뿌리의 모든 부위가 뿌리채 뽑히거나 새싹을 낼 수 없을 만큼 약해지기 전까지는 오래되고 끈질긴 뿌리체계에서 싹이 계속 나온다.

쓴 뿌리의 변화의 축복된 결말은 먼저 우리 스스로 계속 놀라게 된다는 사실이다. 이전과 같은 양상의 일들이 일어나지 않는다. 새로운 일들이 발생한다. 그렇지 않던 이가 칭찬하거나 애정을 주는 등 이전에 익숙한 것과는 반대의 일을 한다. 나쁘지 않은 좋은 '사건'이 일어난다. 눈에 띌 정도로 일들이 서로 협력해서 선을 이루기 시작한다. 누구라도 이를 알게 된다.

아마 가장 축복된 충격은 종종 우리가 미워했던 바로 그 사람이 우리가 사랑하고 가장 고마워하는 이가 되는 것이다. 심지어는 이전에 핍박했던 것(아니면 다른 무슨 일을 했든지 간에)에 고마워하게 된다. 왜냐하면 그로 인해 우리가 보게 되었고 자유롭게 되었기 때문이다. 새로운 인생을 살게 된다. 이는 마치 우리 앞에 새로운 풍경이 펼쳐지는 것과 같은데, 우리는 (어쩌면 나중에야) 그것이 언제나 거기 있었음을 깨닫게 된다. 우리가 보지 못했을 뿐이다. 전에 우리를 괴롭혔던 일들이 이제는 오리 등에 물이 흘러내리는 것처럼 떨어져 나간다. 긴장하는 대신 낄낄대며 웃는다. 우리가 전에 화냈던 이들과 함께 우리 자신을 보고 웃는다. 그리고 다른 사람들과 우리 자신을 진정 긍휼한 마음으로 바라보게 된다.

   진정으로 우리는 그 영역에서 거듭난 것이다.

제 4 절

성적인 죄와 어려움들

제 15 장 음행과 간음, 과욕과 변태

Fornication, Adultery, Inordinate Desire, and Aberrations

이와 같이 남편들도 자기 아내 사랑하기를 제 몸같이 할지니 자기 아내를 사랑하는 자는 자기를 사랑하는 것이라 누구든지 언제든지 제 육체를 미워하지 않고 오직 양육하여 보호하기를 그리스도께서 교회를 보양함과 같이 하나니(엡 5:28-29)

하나님의 뜻은 이것이니 너희의 거룩함이라 곧 음란을 버리고 각각 거룩함과 존귀함으로 자기의 아내 취할 줄을 알고 하나님을 모르는 이방인과 같이 색욕을 좇지 말고 이 일에 분수를 넘어서 형제를 해하지 말라 이는 우리가 너희에게 미리 말하고 증거한 것과 같이 이 모든 일에 주께서 신원하여 주심이니라 하나님이 우리를 부르심은 부정케 하심이 아니요 거룩케 하심이니(살전 4:3-7)

하나님은 우리가 성교를 즐기도록 의도하셨다. 성적인 연합 안에서

> 네 샘으로 복되게 하라
> 네가 젊어서 취한 아내를 즐거워하라
> 그는 사랑스러운 암사슴 같고 아름다운 암노루 같으니
> 너는 그 품을 항상 족하게 여기며
> 그 사랑을 항상 연모하라
> (잠 5:18-19)

축복과 기쁨을 최고조로 느끼게 하시려고 하나님은 예민한 영을, 섬세하고도 복잡하고 놀랍도록 강하며 감각을 느끼는 육체와 하나로 묶으셨다. 서로에게 몸으로 할 수 있는 일 중에서 부부간의 성적 연합만큼이나 거룩하고 완전한 성취감을 주는 것은 없다.

하나님이 성교를 만드신 것은 원기회복과 성취감, 기분전환과 재조정, 해방감과 나눔, 생식과 치유, 사랑수업과 감수성훈련, 상대방을 위해 자신의 삶을 내려놓는 기술의 개발과 성취감, 한 몸이 되는 왕국으로의 진입과 감사, 갈망과 희망, 인내와 재미, 웃음과 신비함, 포옹 등 축복을 주는 끝없는 목록의 것들을 위해서였다. 아마도 성교는 하나님께서 인간에게 주신 최상의 물리적인 선물이리라.

엄청난 축복의 힘이 있다는 바로 그 이유 때문에, 인간은 성교를 왜곡시키고 비틀어 파괴력을 갖게 할 수 있었다.

성적인 축복은, 다른 어떤 형태의 인간관계보다 우리의 인간됨에 좌

우된다. 인간은 사랑하며 살아있는 인격적인 영을 가진 존재로, 이를 통해 다른 사람을 불쌍히 여기고 자신보다 남을 더 귀히 여긴다. 단지 존재한다고 해서 인간이 되는 건 아니다. 우리는 유아기에 충분한 사랑을 받아 사랑을 줄 수 있게 됨으로써 인간이 되어가야 한다. 성적인 축복은 몸을 통해 우리의 영이 상대방의 마음과 영을 자라게 하고 축복하고 안아주며 풍성하게 하고 매혹시키고자 찾아갈 수 있는 능력에 좌우된다. 그러한 능력은 부모님과의 관계에서 활성화되고 자라고 훈련받는다. 6세 전에 이미, 후에 성교를 충분히 즐길 수 있는 능력이 생기든지 파괴되든지 한다. 특히 아버지로부터 받지 못했다면 우리가 되어야 할 바의 충만함 안에 들어가지 못한다. 그 결과로 인생이라는 얕은 수면 아래에 있는 암초와 같이 변태적인 형태가 우리를 기다린다.

  인간이 된다는 것은 (최대한) 예수님처럼 되는 것이다. 예수님은 단 한명의 온전한 인간이시다. "제가 인간에 불과하기에 그런(나쁜) 짓을 했어요."라는 말은 잘못된 말이다. 아니다. 우리가 잘못된 짓을 하는 것은 순전히 우리가 인간답지 않기 때문이다. 우리가 인간답다면 우리는 예수님이 하셨던 대로 할 것이다! 우리가 인간답다면 동정심 많고 따뜻하고 개방적이고 인색하지 않으며 품어주고 돌봐줄 것이다. 그리고 몸과 완전히 하나가 된 우리의 영은, 우리만을 위해서라기보다는 하나님을 위해서 다른 사람을 품을 때 기뻐할 것이다. 또한 남을 축복하며 사는 삶이 우리에게 극히 자연스럽고 성취감을 주며, 우리는 예수님처럼 다른 사람의 행복을 위해 기꺼이 손해를 감수할 것이다. 그렇게 자진해서 희생하는 마음이야말로 부부간의 성적인 연합이 성공하는 진수(眞髓)이다. 왜냐하면 남편과 아내 모두 서로를 채우기 위해 자신의 있는 모습 전부를 몸을 통해 주려고 할 때에야 각자 또는 함께 성교 안에 있는 축복의 충만함에 이를 수 있기 때문이다.

　인간이 된다는 것은 (적어도) 남에게 감정이입할 수 있게 된다는 뜻이다. 이는 제구실하는 영을 가지고 있어 우리 몸의 감각을 통해 서로를 불쌍히 여기거나 기뻐할 수 있다는 말이다. 이는 다른 사람을 위해 공감하며 아파할 수 있는 능력을 뜻한다. 양심에 관련되어서는 형제가 상처받지 않도록 우리 자신이 상처받는 일을 허용한다는 말이다. 그래서 인간이 될 수 있는 자격의 최소한의 척도는 활동하는 양심의 유무이다. 인간성의 본질은 양심으로 설명할 수 있다. 우리에게 사랑으로 가득 차있는 제구실하는 영이 없으면, 형제가 어떻게 느끼는지 배려할 수 없고 자신이 형제에게 해를 끼친 그 사람이어도 속상해할 수 없다. 비인간이 된다는 것은 주변 사람의 안녕에 무관심하다는 말이다. 인간답지 못하다는 것은 주변 사람의 행복을 배려하지 않는다는 뜻이다. 거리의 깡패들이 행하는 잔인한 행동들, 그리고 오늘날 점점 더 많아지는 아버지 없는 아이들 중에 나타나는 양심 없음을 보라(딤전 3:1-5). 우리는 영을 소유하고 태어난다. 하지만 우리 영은 아직 어떻게 서로 사랑하는지를 모른다. 우리는 그런 능력을 일깨우고 끌어내고 가르치고 훈련해야 한다. 양육과 훈련의 임무는 특히 아버지들에게 속해있다. "아비들아…. 주의 교훈과 훈계로 양육하라"(엡 6:4, 흠정). 어머니가 생명을 주고 자라게 한다. 아버지에게 생명을 끌어내고 형성할 일차적인 책임이 있다.

　성인으로서 성적으로 될 수 있는 능력은 소녀일 때 그녀의 영이 아버지의 강한 팔에 안전하게 기대는 법을 배우면서 형성된다. 의자에 앉은 아버지의 무릎 위에 올라 떠들썩하게 놀면서 흔들어대고 그 가슴에 웅크리고 자고, 그를 기쁘게 해드릴 때에, 소녀는 축복하고 축복받는 게 뭔지, 남자의 손에 편히 맡긴다는 것이 뭔지, 그리고 자신의 영이 다른 사람의 영에 흘러갔다가 오는 것이 뭔지를 배운다. 그녀는 자신과 다른 성(性)을 가진 다른 사람의 품에서 어떻게 자신의 영이 살아나게끔 하는지를 배운다. 한 번도 아버지와 그런 삶을 누리지 못한 여성은 성교의 절정에 이르지 못한다. 이는 절정의 최고조에 이르려면 자신에 대한 통제를 남편에게 맡겨야 하는데 그렇게 하지 못하기 때문이다. 성적인 연합에서 오는 육체적인 자극을 즐길 수 있을지언정 영광과는 거리가 먼데, 이는 그럴 능력이 한 번도 발휘되도록 일깨워진 적이 없기 때문이다. 그녀는 하나님이 의도하신 바를 자신이 놓치고 있다는 사실조차 모른다. 산위의 공기를 맛본 자만이 후덥지근하고 무겁게 강바닥에 깔리는 대기가 숨쉬기조차 힘들다는 것을 진짜 알 수 있다.

남자가 성적으로 되는 능력도 동일한 방법으로 형성된다. 아들이 어머니로부터 받아들이는 정도는 딸보다는 비례적으로 더 많지만, 만나고 품을 수 있는 영의 능력과 모양은 아버지와의 생활에서 형성된다. 아빠가 안아주고 떠들썩하게 놀아주며 무등을 태우고 밖에서 산책하며 희희덕거리고 웃고 모의 전투와 게임을 하는 것은 남에게 반응하는 모습을 아들의 영에게 가르친다. 아버지가 어머니를 품거나 거리를 두는 방식은 자라나는 소년에게 여성과 함께하는 남성이 되는 법에 대한 나름대로의 정의로 받아들여진다. 아버지가 공감하거나 성급하게 잘못된 결론을 내리는 모습, 상처받은 것에 공감하거나 약점을 보고 역겨운 말을 하는 모습, 부드럽게 어루만져주거나 거칠게 때리는 모습 등, 수없이 많은 일상의 경험들이 자라나는 소년에게 자신의 영을 몸과 성품을 통해 표현하는 방법으로 마음에 새겨진다.

하나님은 아버지가 자녀에게 성의 축복과 더불어 부도덕함을 멀리하기 위해 필요한 경고를 가르치도록 계획하셨다. 잠언 1-7장, 특히 5:1-5 말씀을 보라.

> 내 아들아 내 지혜에 주의하며
> 내 명철에 네 귀를 기울여서
> 근신을 지키며
> 네 입술로 지식을 지키도록 하라
> 대저 음녀의 입술은 꿀을 떨어뜨리며
> 그 입은 기름보다 미끄러우나
> 나중은 쑥같이 쓰고
> 두 날 가진 칼같이 날카로우며
> 그 발은 사지로 내려가며
> 그 걸음은 음부로 나아가나니

나무의 뿌리는 밖으로 드러나 자라지 않으며 잎은 땅 밑으로 자라지 않는다. 우리에겐 하나님께서 어떤 일들이 특정한 방식으로만 자라도록 확고하게 정하셨음을 알 수 있는 감각이 있다. 차 지붕으로 운전하면서 바퀴가 공중에서 빨리 돌면 움직일 수 있을 거라고 기대하지 않는다. 사람이 만든 것도 법에 따라 움직이며, 그렇지 않으면 작동하지 않는다는 것을 알만큼의 감각이 우리에게 있다. 그런데 기이하게도 성경을 믿는 크리스천이, (제14장에서 말했지만) 하나님께서 "간음하지 말라!"고 하셨을 때 그것이 진심이 아니었다는 생각을 머리 속에 집어넣는다. 우리는 과학적으로 모든 기계가 법칙을 따라 움직이어야 하고, 그렇지 않으며 멈추거나 폭발한다는 것을 안다. 우리는 영양학적으로 어떤 것은, 우리의 생각이나 느낌에 무관하게 몸에 독이 된다는 사실을 안다. 그런데 우리는 어째서 하나님이 허락하신 권리 없이 성교하는 곳에서, 그리고 하나님이 인정하신 관계의 아름다움 가운데 부부가 성을 나누는 곳이 아닌 데에서 성병이 창궐하리라는 것을 모를 정도로 장님이 되었단 말인가! 이 사실만으로도 우리의 어리석은 마음에 하나님의 법의 실재를 확신시키기에 충분치 않는가? "...저희의 그릇됨에 상당한 보응을 그 자신에 받았느니라"(롬 1:27).

모든 크리스쳔 상담자는 추호의 의심없이 하나님의 법은 돌이킬 수 없고 불변하는 절대성을 가지고 있음을 알아야 한다. 하나님은 당신께서 주시는 선물의 축복을 보장하시고자 말씀하신 그대로를 뜻하셨다. 하나님께서 "너희는 이러이러한 일을 하지 말지니라"라고 명하신 것은 우리에게서 재미를 빼앗기 위해서가 아니라, 우리에게 소유하라고 창조하신 충만함을 정녕 즐기길 원하셔서이다.

혼외의 성관계에는 결코 축복이 함께 못한다! 성교할 때 우리의 영을 통해 우주의 사랑노래를 부르시는 분은 바로 성령이시다. 그런데 성령은 금지구역에서는 흐르지 않으신다! 혼외의 성관계, 부부가 아닌 사람들 사이의 성적접촉은 어떤 형태로든지 범죄와 상실일 뿐만 아니라 하나님의 창조를 격하시키고 하나님을 모독하는 반항이자 우매함이다. 성범죄의 고백을 듣는 크리스쳔 상담자는 절대로 "아, 괜찮아요"라든가 "그렇게 죄책감을 느끼지 마세요."라고 말해서는 안 된다. 다른 사람에게 "해

보세요. 당신의 억압을 다루는데 도움이 될 거예요"라고 조언해서도 안 된다. 이것은 하나님 앞에 가증한 것이다. 하나님은 긍휼과 용서로 마음과 상황을 참작하시지만 하나님의 도덕법에는 어떤 예외도 없다.

각각의 성범죄와 변태행위 이면에는 초기 아동기에 어느 정도 타락의 원인과 막힘이 있다. 상담자의 마음은 긍휼의 지배를 받으면서 뿌리의 원인을 캐내야 한다. 그러나 그의 생각은 하나님 말씀의 검으로 예리하게 날이 서야 한다. 달리 말해서, 진정한 인간이고 능력이 있는 사람이라면 누구도 변태행위나 성범죄에 빠지지 않을 것이다. 그런 사람의 영의 양심은 아주 크고 힘차게 울려서 그런 짓을 범하기 전에 혐오감으로 돌아서버릴 것이다. 하지만 우리는 그러한 인간도 아니고, 능력도 없다. 긍휼의 차원에서 상담하는 우리가 명심할 것은, 우리가 죄짓는 것보다 더 많이 남들이 우리에게 죄를 짓는다는 점이다. 우리가 죄짓는 자라기보다는 세상에 우리를 타락시키는 사람들이 더 많다.

하지만 본 장에서는 성범죄의 현재사실보다는 범죄의 비옥한 토양을 만든 초기의 사건과 형성된 구조를 주로 다루고자 한다. 성적인 변태행위나 죄 이면에는 결함 있는 본성이 있다. 이제 이것을 원리로 정하자. 온전한 인간은 성적 범죄에 빠질 수 없다(요일 3:9)! 성범죄는 아무리 그것이 우리의 육적 본성을 유혹하더라도 우리의 영과는 상극이다. 우리는 그리스도 안에서 온전한 사람으로서 자연스레 성범죄에 끌리지 않고 오히려 이를 피한다. 만약 우리의 갈망의 흐름이 지속적으로 우리를 성범죄로 이끈다면, 그것은 우리 안에 있는 나쁜 뿌리에서 나오는 것이다. 좋은 나무는 나쁜 열매를 맺지 않는다. 못된 나무가 나쁜 열매를 맺는다(마 7:17).

우리는 내담자들의 거짓된 생각을 들을 때 단호하게 처음부터 끝까지 앞서 말한 것들을 사실로 받아들인다. 상담자가 흔히 듣는 말은 이렇다. "글쎄요, 어쩔 수 없었어요. 그냥 사랑에 빠졌어요.", "내 생각에 나는 그녀를 너무 사랑해서 떨어져 지낸 거에요." "누군가를 사랑하면 당연히 그건 죄가 아니지 않나요, 그렇죠?" 넌센스다! 당치도 않은 소리이며 거짓이다! 사랑은 그릇된 일을 행치 않는다! 좋은 나무는 나쁜 열매를 맺지 않는다. 탐욕과 결함 있는 본성, 그리스도로부터 떠난 양심의 죽음과 거짓이 그러한 죄를 낳는다. 음행과 간음을 범하는 사람은 사랑에 빠진 것이 아니라 미움에 빠진 것이다. 출발점이 사랑이었어도 이용하고 조종하게 된다. 인간다운 사랑이라면 상대방의 존엄성을 존중할 것이다. 부부 간에 하나님의 사랑이 있다면 하나님과 그 분의 법, 상대방의 영혼과 몸의 존귀함을 귀하게 여길 것이다. 성범죄를 저지르는 자마다 거룩한 것들을 자기중심적이고 이기적인 이유로 과시해댄다. 낭만적이라고 변명하고 얼버무리는 겉치장을 단번에 벗겨버리자. 부도덕은 추하지 아름답지 않다. 자유하게 하는 게 아니라 파괴를 갖고 온다. 품위있게 해주는 것이 아니라 역겹다. 사랑이 아니라 미움으로 차있는 것이다. 성취감을 주는 게 아니라 오직 두 사람에게만 하나님께서 허락하신 지성소를 잃어버리는 형언할 수 없는 상실이다.

포르노와 R등급(준성인영화) 혹은 X등급(성인영화) 판정을 받은 영화는 성을 아름답게 하는 것이 아니라 모독한다. 결혼관계 밖에서의 성행위의 횟수는 한 개인에게 성취감을 주는 것이 아니라 허탈하게 만들고 공허감을 남긴다. 결혼한 적이 없는 사람은, 그가 아무리 많이 정사를 나누고 '연인'으로서 높은 명성을 갖는다 하더라도 결코 진정한 성관계를 경험한 것이 아니다. 그는 연인이 아니라 남성됨을 잘못 갖고 노는 자기 중심적인 어린 소년일 뿐이다.

전설에 의하면 1,003건의 성관계를 가진 것으로 유명한 돈 주안(Don Juan)은 지옥에서 사탄으로부터 달랑 어릿광대의 저고리를 받았다. "뭐라구요?"라고 그가 항변했다. "난 바보가 아니요. 난 위대한 연인이란 말이요." 사탄은 그에게 흥정을 한다. 돈 주안이 그 많은 '사랑' 중에 단 한 사람이라도 알아보고 기억할 수 있다면 그 바보의 외투를 입지 않아도 되는 것으로. 한명씩 그의 연인들이 그의 앞에 온다. 그는 한 사람도 기억하지 못한다. 마침내 그는 사실을 인정해야 했다. 그는 한번도 연인인 적이 없었다. 바보였을 따름이다. 그 저고리는 영원토록 그가 입기에 합당한 것이었다.

진정한 연인인 사람은 결코 다른 사람을 이용하지 않는다. 진정으로 사랑하는 사람은 아내가 아닌 여자의 가슴을 품지 않는다(잠 5:18-20). 진정으로 사랑하는 사람은 단 한 배우자에게만 허락된 축복의 영광을 무너뜨리지 않는다. "하나님의 뜻은 이것이니, 곧 너희의 거룩함이니라. 너희는 음행을 삼가고 너희 각자가 거룩함과 존귀함으로 어떻게 자기 자신의 그릇을 소유하는가를 알며[자신의 아내와 성관계를 맺고] 하나님을 모르는 이방인들과 같이 색욕에 빠지지 말고 어떤 문제에 있어서도 정도를 지나쳐 자기 형제를 속이지 말라"(살전 4:3-6, 흠정). 다른 사람의 아내를 취하는 것은 하나님께서 사람에게만 허락하신 영광을 속여 빼앗는 셈이다. "어진 여인은 그 지아비의 면류관이나 욕을 끼치는 여인은 그 지아비로 뼈가 썩음 같게 하느니라"(잠 12:4).

오늘날의 젊은이들은, 성교는 언제 어디서 해도 괜찮다고 떠들어대는 영화, 소설, 잡지, 신문, 만화, 정기간행물, 거짓 상담자와 교사, 라디오, TV, 대중음악, 가십난 등 수많은 미디어를 통해 나이아가라 폭포수와 같은 거짓말의 집중포화를 받는다. 설상가상으로 사이비 도덕과 같이 "당신이 사랑에 빠진 것이라면 괜찮아요."라고 말하기도 한다. 그 홍수(폭포수)에서 최악의 부분은 종종 부모가 모범을 보여준다는 점이다. 별거와 그 이후 배우자 이외의 사람과의 데이트, 이혼, 자녀가 보거나 감지할 수 있는 불륜, 종종 배우자 이외의 상대를 집으로 끌어들여 문도 별로 닫지 않은 채 있는 것(그래서 아이들이 볼 수 있게 하는 것) 등. 나(존)는 때로 사탄이 입에서(입이라고 함에 주목하라) 그 여인에게 쏟은 홍수(계 12:15)는 다름이 아니라 특히 이 세대에서 사람들이 끊임없이 토해내는 성적이고 부도덕하고 신학적인 '언어 쓰레기'들이 아닐까 생각한다.

음행은 혼전 성교를 말한다. 이것의 원인은 앞서 언급한 홍수는 아니지만, 마찬가지로 음행은 실제로 이를 하지 않았으면 도덕적이었을 젊은이들을 쓸어가고자 한다. 그러나 기본적인 사실은, 사람이 예수님 안에서 강하고 온전하면 그는 설 수 있고 서게 되리라는 것이다. "진실로 홍수가 범람할지라도 저에게 미치지 못하리이다"(시 32:6). 우리의 목적은 표면적인 압력을 다루려는 게 아니라 타락하는 뿌리의 원인을 다루려는 것이다. 프랑스의 사회학자 삐아제는 뿌리의 원인을 이렇게 말했다. "한 사람이 동정임을 유지한다면 그 사람은 자신의 부모를 사랑하고 존경한다... 만약 한 사람이 음행한다면, 그 사람은 부모를 미워하든지 공경하지 않든지 하는 것이다."

수년 전에 여러 번 음행을 저지른 이들이 우리를 찾아왔다. 그들은 죄

고백을 개인적으로도 하고 다른 사람들에게도 했고 사죄의 말씀도 들었지만 여전히 죄책감과 깨끗지 않음을 느꼈다. 면담결과 그들의 성범죄는 다른 문제들과 독립된 것이 아니라 연결되어 있음을 알게 되었다. 부모님에 대한 분노와 반항 혹은, 자신의 영광을 부모가 기뻐하지 못하도록 자기 자신을 내던질 필요 등이 있었다. 또는 아버지의 사랑에 굶주렸기에 남자가 자신을 만지는 것이 활기를 돋우어 주는데 "안돼"라고 말할 수 없었다. 부모를 벌주고 싶은 마음도 있었다. 아버지가 한번도 '그 자리'에 함께 있어주지 않아서 활동하는 양심이 부족했다. 혹은 거듭해서 남자나 여자는 (그들의 부모님 대한 자신의 판단처럼) '그런 거야' 라고 증명할 필요가 있었다. 고백할 때마다 각각의 음행 배후에 있는 진짜 이유를 찾는 것이 우리의 임무였다. 대부분의 도덕적일 수 없는 여성에겐 아버지의 애정 표현이 부족하였고 그에 따라 자기 자신을 사랑하고 존중하며 돌보는 마음이 부족하였다. 어쨌든 자신이 무가치하다고 믿으니 함께 하자고 하는 남자의 도구가 되지 않을 이유가 어디 있겠는가? 특별히 자신을 만져주는 것이 마음 깊은 곳의 공허하고 곤궁한 장소를 만져주는 듯 해 보이는데 말이다.

    단지 그 음행의 죄가 용서받았음을 다시 선포하는 것만으로 그 사람이 자유케 되지는 않을 것이다. 상담자는 숨은(완전히 숨어있지 않은 것과 더불어) 어린시절의 상처와 원망을 얘기하고 기도해야 한다. 그리고 자신에 대한 사랑과 존경심이 다시 살아나도록 해야 한다. 원인을 아는 것이 죄에 대한 변명으로서가 아니라 현재에 죄를 낳고 있는 썩은 뿌리로 봐야 한다. 뿌리의 원인을 보고 난잡한 성행위의 진짜 원인이 일차적으로 성적인 문제가 아니라 심리적인 것임을 이해하게 되면, 내담자로

하여금 모든 성적충동이 더럽다고 보는 것을 멈추게 하고, 진실하고 적절한 인간적인 충동이 성적인 영역에 흘러가게끔 도와줄 수 있다. 두려워할 대상이 아니라 소중히 여길 수 있는 새로운 성적인 정체성이 계발될 수 있다.

음행이나 간음, 동성애 혹은 여타 변태행위 등의 완전한 성행위는 한 사람의 영과 다른 사람의 영을 결합시킨다. "창기[또는 다른 불법적인 상대]와 합하는 자는 저와 한 몸인 줄을 알지 못하느냐? 일렀으되 '둘이 한 육체가 된다' 하셨나니"(고전 6:16). 하나님은 남자가 어떤 여자라도 그녀에게 들어가면 그 순간부터 그들의 영이 하나가 되도록 우리의 영을 만드셨다. 각 사람의 영은 그러한 결합의 순간부터 자신과 연합하게 된 사람을 찾고 채워주고 자라게 하고 소중히 여긴다.

만약 꽃이 좋은 땅에 심기우면 그 곳에서 뿌리를 내리고 꽃을 피운다. 이질적이고 메마른 땅에 심기우면 꽃을 피우지도 제대로 된 열매를 맺을 수도 없다. 똑같이 하나님께서는 결혼식과 그 후의 배우자의 몸과 마음, 이성과 영혼과의 성적 연합을 통해 우리로 비옥한 땅에 심기우도록 계획하셨다. 다른 땅에서는 생명의 충만함에 이르지 못한다. 이런 이유로 성경은 간음하는 자마다(특별히 자부와 간음하는 남자에 대해 언급하지만 원리는 모든 간음에 적용된다) "그 피가 자기에게로 돌아가리라"(레 20:12b)고 하셨다. 폴라만이 나의 좋은 땅이다. 폴라만이 내가 남자로서 누구인지를 말해줄 수 있다. 하지만 아무리 괜찮은 외모와 성품을 가진 여성이라 해도 나에게 혼동을 안겨주는 거짓을 말한다. 그러한 이유 때문에 성경은 "부녀와 간음하는 자는 누구나 명철이 부족한 자라. 그것을 행하는 자는 자신의 혼을 파멸시키며"(잠 6:32, 흠정)라고 말씀한다.

그러나 불행히도 한번 잘못된 결합을 하면 우리의 영은 여전히 그 연합을 기억하고 상대를 채워주려고 한다. 만약 많은 상대와 부도덕한 결합을 했다면 우리의 영은 너무 많은 방향으로 전류를 보내려고 애쓰는 과부하 걸린 변압기같이 된다. 죄고백을 하고 용서받고 영을 분리하는 기도를 함으로 구원받은 내담자는 종종 이렇게 외친다. "지금처럼 자유로움을 느낀 적이 없어요. 내가 얼마나 산만했었는지 이제야 알겠어요. 다시 하나가 된 것 같아요." 물론이다! 그들의 영은 이제 더 이상 잊혀진 수많은 파트너를 찾아 채워주려고 하늘과 땅을 헤매고 다닐 필요가 없어진 것이다.

모든 크리스천 상담자는 자신의 임무의 충분함을 이해해야 한다. 성적으로 부도덕한 일의 고백을 듣는다면 (예수님의 이름의 권세로) 용서를 선포하고 뿌리문제를 찾아 용서하고 이상증상의 구조를 변화시킬 뿐만이 아니라, 그리스도의 권세를 갖고 부도덕한 일에 관여한 사람들의 영들이 분리될 것을 예수의 이름으로 선포해야 한다. 나(존)는 보통 이렇게 말한다. "예수의 이름으로 당신의 영이 그 연합(들)을 잊을 것을 명하노라. 당신은 그 사람(들)으로부터 놓였습니다. 배우자에게로만 결합할 수 있도록 당신의 영을 자유롭게 하노라. 내가 땅에서 푼 것이 하늘에서도 풀림에 감사하며 예수의 이름으로 당신을 풀어놓노라."

간음은 자신의 배우자 이외의 사람과의 성적인 연합이다. 만약 기혼자가 미혼자와 성관계를 가지면 기혼자는 간음을, 미혼자는 음행을 한 것이다.

음행을 일으키는 같은 원인이 간음을 일으킨다. 아동기의 뿌리는 간음을 행하는 사람의 행위에 중요한 영향을 주지 않은 것처럼 보일지 모른다. 왜냐하면 현재 결혼관계에서의 문제가 부정한 관계를 찾게끔 상처와 동기를 주는 것이 분명히 보이기 때문이다. 그(그녀)는 참을 수 없는 현재의 결혼상황이 아니라면 배우자에게 성실하기가 어렵지 않았을 거라고 진지하게 항변할 수도 있다. 현재의 원인을 충분히 고려해야 하지만, 원인은 주로 아동기의 뿌리에서 찾아야 한다. 우리의 깊은 무의식 속의 기억이 현재의 자극에 어떻게 의식적으로 인식하고 반응하느냐를 대부분 결정한다. 그러한 기억은 보이지 않기 때문에 현재 상황이 우리를 압박할 때에 우리를 통제할 수 없도록 몰아가는 더 큰 힘을 갖는다. 예를 들면 가장 흔한 현재의 문제는 배우자와 의사소통을 할 수 없다는 것이다. 외로움과 상처받는 마음이 생긴다. 그런 상황에 있는 사람이라면 누구나 의식하건 안하건 간에 내면에서는 정서적으로 죽어간다. 조만간 벽을 헤집고 들어와 마음과 마음으로, 영혼과 영혼으로 교감할 수 있는 누군가가 찾아온다. 다시 살아나는 것이 굉장히 좋은 느낌이기에 성욕이 일깨워지는 것에 대해 죄책감을 느끼지 못한다. 그것에 대해 당황스러워 한다. 커다란 경고신호나 죄책감이 무겁게 느껴지리라 기대했는데. 예를 들면 한 남자가 자신의 영이 너무 죽어있어 양심의 신호를 보내지 못한다는 것을 모를 수 있다. 그는 혼의 기능이 정서적으로 다시 살아나는 것이 너무 좋아서 그 관계가 그릇되거나 죄란 것을 믿을 수 없다. 만약 그 관계를 유지하고 간음을 한다면, 그의 이성에선 하나님의 법을 약하게나마 상기시키지만 그의 마음은 노래를 부른다. 그는 자신이 '사랑에 빠졌다'고 생각한다. 이제 그는 완전히 혼란상태에 빠진다. 하나님의 법이 잘못될 수 있을까? 하나님의 법은 인간의 상상력에 불과한 것일까? 이것이 죄라면 이렇게 활기있게 살아있음을 느낄 수는 없지 않는가? 만약 그가 이혼을 하고 이 '영혼의 배우자'와 재혼을 한다면, 그 여자는 곧 '어머니'로 인식되어지고 따라서 또다시 제대로 나눌 수 없는 사람이 되어 또 다른 '영혼의 배우자'를 찾아야 한다(제11장 '내적맹세'를 볼 것). 그럼에도 불구하고 현재의 외로움이 아무리 압도적이고, 아무리 그 범죄의 관계에서 행복감이 느껴지고 죄책감이 별로 들지 않아 혼란스럽다 할지라도, 그 배후에는 어머니와의 안 좋은 관계나 다른 쓴 뿌리가 있다. 그 쓴 뿌리가 진짜 원인이며, 현재의 문제들에 의해 활성화된 것이다. 이런 양상의 관계는 다양한 형태로 나타날 수 있다. 비서, 직장동료, 절친한 친구의 남편이나 아내, 상담을 받거나 하는 사람, 옆집 이웃, 제부나 처제(형수) 같은 가족 중 한 사람, 좋은 일을 하는 운영회에서 같이 일하는 사람 등. 어떤 사람은 특별히 간음관계를 찾아 나선다. 그런 사람이야말로 불쌍히 여겨야 할 사람이다. 하지만 거의 대부분의 평범한 '선한' 사람은 어떤 숨은 필요나 부서진 부분 때문에 바로 그 잘못된 '어울리는' 사람과 가까워질 때까지 눈이 가리운다. 상담자는 간음관계에서 실제로 무엇이 작동하는지를 발견하고, 단지 결과만이 아니라 그 원인을 다루어야 한다.

성경은 성교의 모든 변태에 대해 분명하고도 강경한 입장을 취한다. 여기서 변태란 근친상간, 수간, '3자혼음'(menage a trois, 세 사람이 잠자리에 같이 있는 것), 동성애 등을 뜻한다.

> 누구든지 남의 아내와 간음하는 자 곧 그 이웃의 아내와 간음하는 자는 그 간부와 음부를 반드시 죽일지니라
> 누구든지 그 계모와 동침하는 자는 그 아비의 하체를 범하였은즉 둘 다 반

드시 죽일지니 그 피가 자기에게로 돌아가리라

누구든지 그 자부와 동침하거든 둘 다 반드시 죽일지니 그들이 가증한 일을 행하였음이라 그 피가 자기에게로 돌아가리라

누구든지 여인과 교합하듯 남자와 교합하면 둘 다 가증한 일을 행함인즉 반드시 죽일지니 그 피가 자기에게로 돌아가리라

누구든지 아내와 그 장모를 아울러 취하면 악행인즉 그와 그들을 함께 불사를지니 이는 너희 중에 악행이 없게 하려 함이니라

남자가 짐승과 교합하면 반드시 죽이고 너희는 그 짐승도 죽일 것이며

여자가 짐승에게 가까이하여 교합하거든 너는 여자와 짐승을 죽이되 이들을 반드시 죽일지니 그 피가 자기에게로 돌아가리라

누구든지 그 자매 곧 아비의 딸이나 어미의 딸을 취하여 그 여자의 하체를 보고 여자는 그 남자의 하체를 보면 부끄러운 일이라 그 민족 앞에서 그들이 끊어질지니 그가 그 자매의 하체를 범하였은즉 그 죄를 당하리라

누구든지 경도하는 여인과 동침하여 그의 하체를 범하면 남자는 그 여인의 근원을 드러내었고 여인은 자기의 피 근원을 드러내었음인즉 둘 다 백성 중에서 끊쳐지리라

너의 이모나 고모의 하체를 범하지 말지니 이는 골육지친의 하체인즉 그들이 그 죄를 당하리라

누구든지 백숙모와 동침하면 그 백숙부의 하체를 범함이니 그들이 그 죄를 당하여 무자히 죽으리라

누구든지 그 형제의 아내를 취하면 더러운 일이라 그가 그 형제의 하체를 범함이니 그들이 무자하리라(레 20:10-21)

동성애는 제16장 '원형과 동성애'에서 좀더 자세하게 다루겠다. 본 장에서는 다른 형태에 대해서 논하겠다. 책 '크리스천 가정의 회복'과 본서의 제11장 '내적맹세' 부분에서 우리는 5명의 여성 중 한 명꼴로 가족 중 누군가에게 강간당한다고 보고했다. 그 이후로 우리는 이 비율이 현재 4명 중 한 명꼴이고 더 증가하고 있음을 알게 되었다. 국가가 하나님과 그 분의 말씀으로부터 돌아설 때에 우리는 "부끄러운 욕심에"(롬 1:26) 우리를 내어 준다. 친아버지나 계부가 딸을 성폭행하거나 함께 잠을 자면, 딸 뿐 아니라 그도 아주 큰 해를 받는다. 상실감을 인지하느냐의 여부에 상관없이 혼란스럽고 수치감을 느끼며 망가진다. 그의 남성됨이 격하된다. 아버지 됨의 진수(眞髓)가 산산조각난다. 왜냐하면 아버지는 자신의 돌봄 아래 있는 여성을 보호하고 거룩하게 딸의 성적 관심이 자라게 하는 사람이기 때문이다. 딸이 망가진다. 성적으로 아내가 되어 몸을 통해 영의 지성소를 남편에게 맡기는 영의 핵심적 능력이 산산조각났고 근원부터 더럽혀졌다. 아버지를 공경하려는 영의 효심은, 배우자로서의 아버지의 영과 연합함으로 인해 혼란스럽게 되었고 더럽혀졌다. 이제 긴장을 풀고 자신의 영이 남편과의 거룩한 연합에서 새롭게 될 수 있는 능력이 사라졌다. 오직 용서하고 치유하고 영들을 분리시킬 뿐 아니라, 주님의 부활의 권능으로 그녀 안에 재창조하시는 주님의 은혜만이 그녀를 아내와 어머니로 회복시킬 수 있다. 약 20년간의 상담을 통해 근친상간만큼 파괴적이고 더럽히는 것이 없음을 알게 되었다!

여성이 되어가는 소녀는 아버지를 꾀는 것을 연습할 때 자유롭고 안전함을 느껴야 한다. 어린 소녀와 부모는 둘 다 이것이 단지 놀이이며 이를 올바른 것으로 허용해야 한다. 아버지는 딸로 인해 기뻐하며 그렇다고 말해 주어야 한다. 하지만 많은 남자들은 '이리 와보세요' 라는 신호를 읽고 이해하지 못해서 또는 양심이 너무 무디어져 그 신호를 무시하고 짐승같이 대응한다.

이런 이유로 추행 당했거나 강간당한 많은 소녀들이 죄책감을 느낀다. 그들은 종종 자신이 그런 일을 초래할만한 뭔가를 했다고 느낀다. 제대로 남자를 꼬시는 하나님께서 부여하신 능력이 이제는 그녀에게 추잡한 것이 되었다니 얼마나 창피한 일인가! 그녀는 두려워서 다시는 자신의 육체적인 아름다움이 빛나도록 할 수가 없다. 그녀가 분노나 반항에서 반대방향으로 나가 남자를 성적으로 올가미를 씌우려고 자신의 육체적인 아름다움을 자랑할 수 있는데, 그런 여성은 진정으로 자신감이 있는 게 아니다. 그녀가 아무리 유혹하는 데 강력한 성적 매력을 사용하더라도 말이다. 그녀는 자신의 진정한 아름다움이 살아나는 것을 두려워한다. 왜냐하면 영으로는 여전히 아버지로부터 받은 수치감과 상처 때문에 움츠리고 깊은 차원에서 고통을 두려워하기 때문이다. 그녀의 마음과 영은 마치 아버지를 유혹했다는 죄책감이 진짜인 것처럼 용서받을 필요가 있지만, 그녀의 생각은 실제로 어떤 일이 일어난 것인지를 이해하고 (죄책감에서) 자유롭게 되어야 한다.

나아가 친부나 계부에게 폭행당한 소녀는 어머니와의 관계 역시 금이 간다. 어머니에게 이 사실을 말해야 할까? 어머니의 결혼생활은 어떻게 될까? 어머니가 (아버지께) 말하지 않으신다면 무슨 소용이 있나? 어머니의 침상을 차지했다는 사실은 사납게 날뛰는 육신의 양면적 감정을 일으킨다. 유혹의 게임에서 어머니를 이겼다는 데에서 오는 원치 않은 기쁨과 죄책감, 어머님의 침상을 더럽혔다는 수치감과 더불어 어떤 이유에서건 어머니에게 상처를 입히고 벌주었다는 데서 오는 막을 수 없는 추잡한 기쁨, 아버지를 향한 배우자로서의 강한 감정과 동시에 (그렇게 할 수 없다고) 스스로 강하게 거부하는 거절감. 어머니와 나누고픈 열망과 더불어 두려움 때문에 그렇게 못함. 임신했을지도 모른다는 두려움. 아버지를 향한 강한 증오와 혐오의 감정들. 바로 이런 것들로 인해 어머니가 "왜 아빠한테 잘 대하지 않니?"라든가 "요즘 둘 사이에 무슨 일이 있었어?"라고 물어보실 때에 답할 수가 없다.

이 혼란의 전모를 상담자에게 말해야 한다. 사탄은 소녀가, 아는 다른 어떤 여자 아이와도 다르다고 말하며 그녀를 속인다. "어찌 되었든 여자애들 중 자기 아버지를 감히 유혹하는 애가 얼마나 되겠어? 넌 매춘부일 뿐이야. 아무도 너를 좋아하지도, 심지어는 네 옆에 있으려고도 하지 않을 걸, 그들이 정말 너를 안다면 말야..." 그녀는 나눔의 경험을 통해 그녀가 홀로 있지 않음을 알아야 한다. 아마도 고립은 근친상간의 가장 큰 폐해 중 하나라고 할 수 있다. 상담자는 (내담자로 온) 소녀나 여성의 신용을 얻도록 노력해야 한다. 그래서 내담자가 결국에는 자유로이 지난 밤 야구장에 간 일을 얘기하는 것만큼이나 자유롭게 그 일에 대해 상담자에게 얘기할 수 있도록 한다. 단, 상담자에게만 말하도록 한다. 다른 사람들에게 너무 말하고 다니는 것은 나눔을 통해 얻어진 모든 좋은 것들을 잃게 만들 수 있다.

한번 혹은 심지어 여러 번 일어난 것도 정기적으로 근친상간을 당하게 된 것만큼 파괴적이진 않다. 우리가 상담한 많은 사례들을 보면 후자의 경우 동일하게 여성됨에 관해 마음과 눈이 무감해지는 결과를 낳았다. 마치 그 여성들은 스스로를 포기해버리고 이용되고 버려질 도구 이외의 아무것도 아니라고 자신을 아는 것처럼 보인다. 그러한 경우에는 많은 치유가 필요하며, 그 와중에 상담자가 지나가야 할 예민한 부분이 있다. 전이된 감정과 혼란스런 감정 등을 피하기가 어려울 것이다. 그는 그녀가 주님보다는 자신에게 매달리기 쉬움을 알면서 그녀를 생명으로 데려가야 한다. 그럼에도 불구하고 이 일은 행해져야 한다. 오직 상담자는 자신의 기도로 자신과 그녀 사이에 십자가를 두어야 한다. 더 나은 것은 동료와 함께 상담하는 것이다. 되도록이면 상담자의 배우자와 함께하라. 다른 사람을 부활시키는 것은 "나사로야 나오너라!"라고 외치는 것만큼 항상 깨끗하고 분명한 것은 아니다. 비록 주님께서 우리를 통해 역사하시지만 우리가 주님은 아니다. 다른 사람의 부활은 우리에게 영향을 준다. 그래서 우리는 사역하면서 우리 자신의 마음을 지키도록 해야 한다. 많은 상담자들이 다른 어떤 것보다 이러한 시도에서 넘어진다.

 3자혼음(Menage a trois)이란 한 침대에 한 남자가 두 여자와 있거나 한 여자가 두 남자와 있는 것을 뜻한다. 3자 혼음 이면에는 진정한 성적 축복에 의해서만 만족될 수 있는 마음의 갈망을 채우려는 굶주림이 있다. 진정한 굶주림이 정당하게 채워지지 못해 그 에너지가 그릇 분출되었을 때 어떤 형태의 욕정이 일어난다(이는 육적인 욕망과 사탄의 영향으로 증가한다). 영이 죽어있어 진정한 채워짐을 모르고 굶주림이 본성의 다른 결함과 결합될 때, 머리에선 욕정에 대한 답을 3자 혼음과 같은 변태와 동일시하게 된다. 어떠한 변태적 경험도 진정으로 만족감을 주지 못하지만 만족감을 줄 것 같아 들뜨게 되고 이에 사로잡혀 하지 않으면 못 배기게 된다. 한번 이 길을 가기 시작하면 싫증을 낼 수도 있지만 점점 더 퇴폐적인 것을 찾게 된다.

때론 3자혼음이 지나친 성취지향성으로 후퇴함으로써 발생한다. 실험하고자 하는 큰 갈망이 있고 또한 성취지향적인 사람을 더럽히고 파괴하려는 더 큰 욕망이 있다. 우리가 아는 동양의 한 목사는, 그의 성취지향성과 '좋은 녀석' 역할을 망가뜨리고픈 스스로의 필요에 대해 내가 한 경고를 받아들이지 못했다. 그는 결국 3자 혼음에 말려들었고 너무나 당황해서 극단적인 성취지향적 행동으로 되돌아가 버렸다. 은혜가 개입되지 않는다면 다음에 어떤 일이 일어날지 알 수 없다.

때로 3자 혼음을 일으키는 불에 기름을 붓는 것은 법에 대한 철저한 순종이다. "죄의 힘은 법이다." 이때의 동기와 성취지향성의 차이는 독특한 실행방식이 법적 엄격함이라는 데 있다. 그것은 더 억압하도록 한다. 왜냐하면 바리새인들은 자신의 감정이나 생각이 그런 영역에 들어서는 것조차 허용할 수 없기 때문이다. 어느 연로하신 지혜로운 목사님이 내게 말씀하셨다. "존, 어떤 사람도 자기 머리 위로 새가 날아오는 걸 막을 순 없네. 하지만 그 새가 자네 머리에 둥지를 틀도록 놔둬선 안 되지." 누구도 자기 마음과 생각에 욕망이 가득한 생각이 드는 건 어쩔 수 없다. 그러나 사람은 마음에 이미 간음해야(마 5:28) 일부러 그런 일을 상상하고 즐기게 되고 그런 생각에 머물러 있게 된다. 조용히 이렇게 기도해야 한다. "주님, 그게 접니다. 평범한 죄인입니다. 저를 용서해 주세요." 그리고 뒤에 있는 것은 잊어버리고 앞으로 나아가야 한다. 하지만 엄격한 사람들은 육적인 의로움을 유지하기 위해 필사적으로 노력하면서 아주 사소한 생각과도 싸우기 때문에 끝없이 분투하게 되고 결국에는 3자 혼음이나 다른 퇴폐적인 행태로 터져버리는 사람도 생긴다. 그들은 그릇된 이유로 순종한다. 그들이 순종하는 것은, 예수님 안에 안식하는 살아

있는 영에서가 아니라 자기 의의 마음과 생각에서 나온 자만에서이다.

포르노에는 동일한 매력이 있는데 이는 반항할 필요가 있는 아동에게 절대 제공되어서는 안 된다. 오래 전부터 부모의 금기(禁忌)로부터 자유롭게 되고 사랑 안에서 자신의 근본을 찾은 사람에게는, 포르노가 유혹적인 것이 아니라 고약하고 혐오스러운 것이다. 상담자는 아동기의 반항과 원한의 뿌리에 도달함으로써 포르노를 붙잡는 것을 깰 수 있다. 어떤 변태적 행위이건 간에 상담자는 각각의 경우에 원인이 되는 독특한 요소가 무엇인지를 찾아 뿌리를 다루어야 한다.

아무리 죄가 상담자한테 용납이 되지 않더라도, 주 예수님을 통해서 성부 하나님께서 용서하지 못하실 만큼 큰 죄는 없다(성령을 거스르는 죄를 제외하고). 오랫동안 상담을 해온 나(존)도 때로, 자기 딸을 정기적으로 성폭행한 남자에 대해서는 분노와 반감이 너무 커서 내가 그 사람에게 용서를 선포할 수 있는 적합한 그릇이 전혀 아니라고 생각한다. 하지만 자비의 사역은 주님의 것이지 나의 사역이 아니고, 그래서 항상 용서를 구하는 기도는 내가 어떻게 느끼는가에 상관없이 기적을 낳는다. 성찬과 세례를 집전하는 신부의 영적인 상황이 어떠하든 관계없이 그런 의례가 유효한 것과 마찬가지로 상담자는 걱정할 필요가 없다. 상담자에게 아직 다루어지지 않은 분노가 있다 해도, 이는 상담자가 내담자의 친구가 되지 못하게 할지언정 죄고백과 회개, 용서의 효험을 막을 수는 없다. 그리스도 안의 상담자는 자신의 마음이 어떤 흔들리는 감정 때문에 괴로운지에 상관없이 죄 고백을 듣는 상담자로서의 직임을 존중하도록 부름 받는다.

상담자가 상담 시 유의할 바는, 만약 상담자가 '짐지는 사람'(burden

bearer, 남에게 공감하여 그 감정을 자신의 마음 속에서 느끼는 사람) 이라면 성에 관련된 상담이 간혹 불필요하게 혼란스러울 수 있다는 점이다. 때론 내담자가 욕정과 싸우는 중임을 내(존)가 아는 데, 이는 내담자와 공감하면서 내 마음에 내담자를 향하는 듯한 욕정을 느끼기 때문이다. 믿음과 경험으로 나는 그것이 실상 무엇인지 분간할 수 있다. 내 자신을 상담자로 매일 주님의 손에 올려드리고, 나와 내담자 사이에 십자가를 두면, 예수님이 내 마음을 지키신다는 것을 알고 있다. 또한 폴라의 사랑 안에 나의 안정감이 있음을 알기에 설령 범죄하려는 욕정의 마음이 실제로 일어나더라도 그런 감정을 즐기지도 그에 따라 행동하지도 않을 것이다. 그래서 그러한 이상한 욕망의 감정이 내 자신의 것이 아니라, 분별하는 한 방법으로 성령께서 나로 느끼게 하신 내담자의 욕정임을 안다. 한두 가지 질문만 해도 그것이 사실임이 밝혀지고, 내 안의 감정은 내담자의 내적인 필요를 내게 알려주기 위해서만 존재한 것이기에 금방 떠나간다.

  초보 상담자는 이것이 극도로 혼란스러울 것이다. 하지만 배워야 할 교훈이다. 너무 많은 사람들이 그런 감정을 실재적인 것으로 여기고 유혹에 지고 만다.

  각 상담자는 자신의 마음을 알아야 한다. 폴라와 나는 성가시고 원치 않는 감정과 욕망이 우리 마음에 있는지를 오랫동안 살피는 수고를 했다. 수년 후에 나는 나 자신을 산부인과 의사처럼 볼 수 있게 되었다. 남녀의 정서적, 성적 벌거벗음에 노출되는 것은, 심지어 이것이 나로 하여금 그들을 괴롭히는 욕정을 느끼게 하는 것일지라도, 다툼이나 부모문제에 대해 말하는 것만큼이나 내게는 초연한 일이다. 나는 내 자신이 "진리의 말씀을 옳게 분변하여 부끄러울 것이 없는 일꾼"(딤후 2:15)이 되려고 기도하고 연구했고, 성부 하나님께서 상담직 가운데 나를 보호하시리라 신뢰하고 있으며, 아마도 가장 실천적으로 중요하게는 (가능한 한 신용을 깨지 않는 한도에서) 무슨 일이 일어나든지 폴라에게 얘기했다.

어떤 교사들은 남성이 여성을 상담하거나 여성이 남성을 상담해서는 안 된다고 다소 강경하게 주장한다. 그러한 조언은 현명해 보이기는 하지만 주로 경건한 지혜가 아닌 두려움에서 나온 것이다. 많은 여성은 온전케 되기 위해 남성의 사역을 필요로 한다. 물론 예수님은 그러한 교사의 지혜에서 나온 도움을 받지 않으셨다. 그랬더라면 우물가의 여인과 단 둘이서 그렇게 오래 상담하다가 들키지 않았을 것이다(요 4장)! 또 사도 바울 역시 루디아와 함께 여성들의 기도모임에 감히 참석하지 못했을 것이다(행 6장).

어떤 이는 남성이 여성을 상담하는 것은 부인이나 다른 증인이 함께할 때에만 해야 한다고 주장한다. 그것은 현명하고 바람직한 것이지만 항상 가능한 일은 아니다. 그렇게 하는 것이 도움이 되는 것은, 두 사람이 혼자 하는 것보다 낫기 때문이지(전 4:9) 성적인 문제가 일어날까 두려워서 그렇게 하는 것은 아니다.

육신이나 사탄과 그 영들의 힘이 찬양받지 못하도록 하자. 크리스천이 남성이나 여성과 함께하는 이 영역에서 충분히 신뢰받을 만큼 강하지 않다면 그는 상담해서는 안 된다. 끝이다. 독신이거나 현재 아내와 문제가 있는 남자는 가능한 한 다른 사람과 함께 함으로써 자신을 보호해야 한다. 부적절하게 관련한 신호가 한번이라도 보이면 결코 육체에 기회를 주지 않기 위해서, 상담을 그만 두든지 다른 사람이 함께 있지 않다면 계속 상담하는 것을 거절해야 한다. 어떤 상담자가 넘어졌다는 사실로 인해 놀라서 우르르 잘못된 해결책으로 가선 안 된다. 상담에는 많은 위험 요소가 있지만 성경적 근거가 없는 세상적인 지혜로 해결해서는 안 된다. 예수님의 모범은 두려움과 퇴각이 아닌 절제된 자유를 보여주신다. 그렇지 않다면 우리는 성적인 두려움으로 인해 남자 의사는 여성을 검사하거나 분만시켜선 안 된다고 주장해야 하는가?

반면에 나는 본서를 통해 많은 경고를 나누었다. 왜냐하면 특히 성적인 문제를 상담할 때에 내담자와 성적으로 얽매이게 된 상담자를 많이 알고 있기 때문이다. 우리가 보기에 상담자가 빠지는 두 가지 큰 함정은 이것이다. (1) 우울증과 (2) 내담자와의 정사. 대부분의 경우에 있어 그러한 정사는, 상담자가 자신이 느끼는 이끌리는 감정이 단순히 감정이입적인 동일시에서 온 것임을 모르고 실제 자신의 것이라고 순진하게 생각하기 때문에 시작된다. 그러면 우리가 앞서 언급했듯이 모든 상담자는 반드시 자신의 배우자와 함께 내담자를 만나야 한다. 마음의 문제가 다시 해결될 때까지 상담을 멈추라고 주저 없이 권면한다. 미혼의 상담자에게는 "주의하라"는 말에 덧붙여서 "친구들의 유쾌한 가정생활 가운데 가서 나누라"라고 말한다.

우리는 어떤 내담자에게 지대한 성적 관심이 있는 두 가지 다른 영역에 대해 논하지 않고는 이 부분을 마칠 수가 없다. 많은 사람들이 우리를 찾아와 자위행위에 대한 강박증세를 고백했다. 우리는 이런 증상을 앞서 기술한 다른 문제들과는 정반대로 다룬다. 일반적으로 이것은 긴장감으로 꽉 찬 가정에서 자라 사춘기에 다다른 아이에게 나타나는데, 이들은 (남자의) 사정이나 (여자의) 절정을 맛보는 경험이 커다란 해방감과 평안을 안겨준다는 걸 알게 된다. 긴장으로부터 풀어날 필요가 해선 안 된다고 억압하는 힘과 결합될 때에 자위는 종종 습관으로 굳어진다. 이는 수년에 걸쳐 육적인 분투와 함께 거듭 안도감과 동일시됨으로 인해 강박적으로 되어버린다. 자위가 주님의 법에 위배되는지의 여부에 관계없이(몇몇 성경구절에서 몽설(夢泄)과 불결함을 언급하긴 했지만(레 15:16, 신 23:10), 현재까지 나는 성경에서 직접적으로 위배된다고 말하는 구절을 보지 못했다), 우리는 자위를 죄책감을 느끼는 원인으로 다루는데, 이는 내담자가 죄책감을 느끼기 때문이다. 그러나 다른 상황에서는 내(존)가 종종 다른 사람이 죄책감을 느끼게끔 말하지만 (그것이 십자가에 이르는 길임을 알기에), 여기서는 반대로 말한다. 이번 한번은 (자위행위 자체에 관해서) 죄책감을 느끼지 말라고 말하겠다.

진정한 죄책감은 먼저 성적 관심에 관한 것이 아니라 우상숭배에 관한 것이다. 내담자는 하나님께 기도하는 데에서 찾아야 할 해방감을 몸을 이용해 구하는 것이다. 이것은 우리가 기도를 통해 직접 하나님 안에서 찾아야 할 해방감을 과도한 흡연과 음주, 골프나 낚시, 기타 과도한 일로 찾으려 하면서 경험하는 같은 종류의 죄책감이다. 나는 내담자에게 자위를 안도감과 동일시한다는 것과 억압의 힘, 우상숭배에 대한 죄책감에 대해 설명하고 이렇게 말한다. "그 우상숭배에 대한 용서를 구합시다. 그리고 그것에 대해 그렇게 열심히 싸우지 않음으로써 그 습관의 힘을 좀 뺄 수 있는지 봅시다." 이렇게 덧붙이기도 한다. "당신이 실패해도 괜찮습니다. 당신 자신을 용서하세요. 하지만 그것을 너무 크게 문제 삼지 말도록 합시다. 그것을 해서는 안 되는 것으로 알고 싸우면 더 긴장되고 그것에 힘을 실어줄 뿐입니다" (주의할 것은, 내가 간음과 같은 다른 죄에 대해선 결코 이런 식으로 상담하지 않는다는 점이다. 그것들은 어떤 대가를 치르고서라도 중단해야 한다.) 이 특별한 습관은 몸의 내부에 내장된 통로가 있어 정면에서 공격하기보다는 무시할 때에 가장 잘 극복할 수 있는 반사행위이다.

내가 어린 시절에 욕하는 습관이 커져갈 때 똑같은 원리가 적용되었다. 내가 멈추고자 결정했을 때에 전투가 계속되었다. 내가 발견한 것은 이 노력에 더 많은 힘을 쏟을수록 어째선지 이 습관에 더 많은 연료가 공급되었다. 하지만 내가 예수님께 돌이켜서 그 분께 나의 시선을 고정시키고 전투를 무시하면서 실패할 때마다 주님의 용서를 믿을 때 전투는 금방 끝나버렸다. 육신적인 노력은 문제에 힘을 실어준다. 예수님 안에서의 안식이 문제의 뇌관을 제거한다.

그러므로 나는 사람들에게, 자신을 자극하고 싶은 유혹이 일어나는 순간이 있으면 이를 인정하되 두려워하거나 걱정하지 말고 생각의 눈을 예수님께 돌리면서 자신을 위해 충동의 열차의 궤도를 딴 데로 돌릴 수 있게 기도해 줄 사람을 찾으라고 가르친다. 나는 이렇게 기도한다. "예수님의 이름으로 내가 모든 자위행위의 순간들을 용서하노라. 그리고 이제 몸에게 직접 명하니 이 습관으로부터 풀어질지어다. 자위행위를 평강이나 정서적 해방감과 동일시하는 것을 깨뜨리며, 속사람에게 말하노니 이제 해방감을 찾는 것은 물리적인 자극에서가 아니라 십자가 밑에서의 기도를 통해서임을 알찌라." 많은 사람들이 다시 돌아와서 하는 말이 "존, 그거 아세요? 그 기도가 효과가 있어요! 더 이상 자위 때문에 분투할 필요가 없어요." 또 어떤 이는 이렇게 덧붙인다. "여전히 가끔씩 자위하지만, 더 이상 강박적인 것은 아니에요. 내 자신을 용서하고 자기정죄에 빠지지 않아요."

상담자들에게 부탁하는 것은 자위를 축사가 필요한 귀신으로 취급하지 말고 내담자를 호되게 다루지 말라는 것이다. 자위는 단지 우리가 조용히 뇌관을 제거하고픈 육체 안의 폭탄일 뿐이다.

많은 사람들이 두 번째로 지대한 관심을 갖는 부분이 구강성교이다. 이에 대해서도 성경에 명시적으로 논한 것을 찾지 못했다. 있을 수도 있겠지만, 지금까지는 발견하지 못했다. 성경은 "각각 거룩함과 존귀함으로 자기의 아내 취할 줄을 알고"(살전 4:4)라고 말한다. 이 구절이 내가 따르는 열쇠이다. 내가 볼 때는 뭐든지 상대방을 존중하는 것이면 옳은 것이다. 두 번째 원리는 "뭐든지 자연스러운 것, 즉 하나님께서 고안하신 바대로의 방식은 괜찮다"이다. 내게는 구강성교가 자연스러워 보이지 않는다. 입은 먹고 말하기 위해 있는 것이다. 생식기는 생식기를 위해 지어졌다.

많은 사람들이 내게 찾아와 말했다. "하지만 우리 아내는 구강성교를 원해요. 그것만이 아내가 삽입을 즐길 만큼 자극을 받는 유일한 방법인 것 같아요." 때론 남편이 구강성교를 요구한다든가 남편의 성적인 요구가 지나치다고 하소연하는 부인도 있다. 종종 여기서의 원인은, 남편이 아내가(그녀는 기꺼이 모든 육체적인 사랑의 표현을 감당하려고 하는 것처럼 보임에도 불구하고) 그녀의 내적 자아의 한 부분을 자신에게 주지 않는다고 느끼기 때문이다. 남편은 한 번도 '만났다' 고 느끼지 못하고 무엇이 빠졌는지를 찾지 못하기에, 그는 점점 더 요구하지 않을 수 없게 되지만 '점점 더' 그는 결코 만족하지 못한다. 왜냐하면 벽을 통해서 나눔을 경험하고 있기 때문이다.

오래 전에 주님께서 내게 말씀하셨다. "존, 믿음의 수준이 어떠하든, 갖고 있는 무기가 무엇이건 간에 그걸 갖고 싸움을 해라. 그리고 오늘 순진해서 할 수 있는 일이 내일의 필요나 신앙의 수준에는 맞지 않을 수 있단다." 그래서 그런 사람들에게 주는 조언은 이것이었다. "그녀가 자극되지 않는 진짜 이유는 아마 심리적인 데 있을 겁니다. 뿌리를 찾도록 합시다. 그것이 죄일 수도 아닐 수도 있지만, 그동안에 관계가 깨어지지 않도록 해야 할 일을 하십시오." 주님께서 보다 분명히 말씀하시고 좀 더 지혜를 주시면 이 조언은 바뀔 수도 있다.

보다 분명하게 하자면, 나는 정기적으로 구강성교를 하는 것은 하나님의 의도하신 바에 못 미치는 것이고 어쩌면 죄악된 것이라 믿는다. 아마도 어떤 사람은 이따금씩 구강성교를 할 필요가 있겠지만 말이다. 우리는 그렇게 하지 않는데 왜냐하면 우리는 영과 영, 마음과 마음이 만나고 있고 자극의 그런 수단이 우리에게 필요한 것이 아니기 때문이다. 다시 말하지만, 구강성교가 만족스러운 결혼한 부부에게 무거운 죄책감을 주는 말을 하지 말라고 조언한다.(우리는 흥분시키기 위한 구강자극만을 얘기하는 것이지 정상적인 성교가 아닌 곳에서의 사용을 말하는 것이 아니다. 우리는 그런 행위는 멈출 것을 말한다).

많은 사람들이 우리에게 편지를 써서 이 주제에 대해 우리가 언급한 것을 들었다며 구강성교를 더 강력히 정죄하는 말을 할 것을 원했다. 설령 우리의 선호도가 그렇고 우리가 구강성교를 피하려는 성향임에도 불구하고, 주의 선지자와 교사로서 우리는 하나님의 말씀이 직접적인 언급이나 추정을 통해 명료한 부분에 대해서만 (우리가 간음에 대해 말했듯이) 강력하게 말할 수 있다는 점을 분명히 할 필요가 있다. 선지자와 교사들은 사도바울이 고린도전서 7장에서 언제 주님이 말씀하시고(10절), 언제 자신이 말하지만 스스로 보기에 믿을만한 생각인지(25절), 그리고 언제 그가 말한 바가 자신의 의견인지(12절, 40절)를 구별해야 했던 것처럼 조심해야 한다. 우리가 좋은 의도를 가진 크리스천들에게 부탁하는 것은, 자신의 열심 때문에 하나님의 말씀을 왜곡하여 말씀이 말하지 않은 바를 말하지 말고, 하나님의 말씀이 명백하게 결정적으로 말하지 않는 논쟁의 영역에서 입장을 취하지 않는다고 해서 하나님의 종을 강요하거나 정죄하지 말라는 것이다. 하나님의 말씀이 (우리가 아는 한도에서) 그렇게 말씀하시지 않는다면, 아무리 우리가 그렇게 하고 싶어도, 결정적인 말을 해서는 안 된다.

마지막으로 다룰 부분은 데이트와 애무(이전 세대에서는 가벼운 애무만을 뜻했던 것인데 오늘날에는 성교까지 뜻한다)이다. "어디까지 가는 게 죄가 되지 않을까요?"라는 질문을 자주 받는다. (오늘날의 젊은이들이 갖는 모든 데이트의 어려움들과 더불어) 이런 질문은 우리의 문화가 유별히 비성경적이기 때문에 제기된다. 성경시대에는 데이트란 게 없었다. 우리는 그 문화로 돌아갈 수 없고 아마 그래서도 안 된다. 요점은, 그래서 성경이 직접적인 지침을 주지 않는다는 점이다. 당시에는 데이트할 필요가 없었다. 아가서는 "예루살렘 여자들아 내가 노루와 들사슴으로 너희에게 부탁한다. 내 사랑이 원하기 전에는 흔들지 말고 깨우지 말지니라"(아 2:7)라고 말한다.

오늘날의 자녀들은 성을 더러운 것이라고 생각하도록 사람들을 가르치고(책 '엘리야의 임무' 제9, 10, 11장을 볼 것), 모든 육체적인 감정과 열정을 두려워하도록 했던 이전 세기의 가현적(Docetic) 생각에서 자유롭게 되었다. 그러한 자유는 좋은 것이다. 그들은 또한 한 사람의 거룩함에 대한 존경심 때문이 아니라 지나치게 예의를 차리려고 만지고 보는 것을 금지했던 데에서 해방되었다. 이것 역시 좋다고 본다. 하지만 오늘날의 문화에는 거룩함에 대한 의식과 정숙에 대한 합당한 존경심이 지나치게 결여되었다. 도덕법은 이 문화의 대부분의 사람들에게 조롱받고 산산조각 났다. 따라서 젊은이들에겐 우리 나이든 사람들이 지켜야한다고 느끼는 데이트의 안전장치가 별로 없다. 여기에 샤프롱(역자주: 데이트 나가는 젊은 여성의 보호자로 주로 나이 든 여성)에 대한 오늘날의 이완된 관점과 젊은이들에게 가능해진 이동성이 더해져서, 부모들은 어쩔 수 없이 겨우 하나님을 신뢰하고 기도할 수밖에 없게 되었다. 또한 이 문화는, 남을 존중하지 말고 네가 원하는 것을 얻으라며 기독교적 사랑과 상치되는 것을 가르친다. 지금은 기독교를 믿는 소녀들을 '주려하지 않는다' 는 이유로 경멸하고 거절한다. 십대 청소년을 자녀로 둔 부모와 미혼 남녀에게는 무서운 시기이다.

 제18장에서 좀 더 분명히 말하겠지만 십대는 기본적인 가르침을 주기에는 이미 늦은 나이이다. 그 때쯤이면 아동기에 심거나 심지 않은 것을 거두어들인다. 십대 이전의 시기에 제대로 코치 받고, 스스로 말한 바의 모범이 되었던 부모를 둔 아이는 십대의 데이트의 딜레마에 빠지기 전에 잘 무장된 것이다. 우리는 주님과 미래의 남편을 위해 스스로를 지키려고 밤에 (더 늦기 전에) 집까지 수 마일을 걸어가거나 고등학교 시절에 (남자친구를 사귀지 않고) 외로움의 길을 선택한 소녀들을 알고 있다. 그들의 간증과 부모들의 견실한 가르침과 모범으로 인해 하나님을 찬양하라!

 어떤 키스는 많은 것을 가르칠 수 있기 때문에 젊은이들에게는 유익할 수 있다. 하지만 나(존)는 오랜 시간 알기 전에는 소녀에게 키스를 할 수 없었다. 내게 있어서 키스란 육체적 접촉 이상을 뜻했다. 키스에는 만남과 소중히 여김이 포함되어 있었다. 의미 없이 단지 '전율'을 느끼기 위해 키스할 수는 없었다. 그것은 내게 바보 같은 흉내내기이다. 내 마음에는 그것이, 아무 의미 없이 하나님의 집에 들어가 예배동작을 하는 것과 같은 종류의 부정직한 일이라 여겨졌다. 나는 폴라를 만나기 전에 두 명과만 키스를 했고 각각의 경우 관계가 꽤 심각했었다. 나는 폴라에게 데이트 신청하기 전에 그녀를 몇 주간 지켜보았고 몇 주를 데이트 한 후에야 키스를 요청했다. 로렌도 똑같이 데이트에 접근했다. 마크도 마찬가지였다. 쟈니는 마티 이외에는 심각하게 데이트를 한 적이 한 번도 없었다. 그리고 팀도 같은 식으로 생각한다. 도덕성은 깊은 뿌리를 갖는 것으로 부모에게서 '습득' 되는 것이다.

우리가 젊은 커플에게 주는 경고는, 관계가 성장하면 오늘 그들이 하는 것(너무 지나치게 발전하기 전에 겨우 멈추는 것)을 계속 할 수 없을 것이라는 점이다. 따라서 너무 지나치지 않게 할 수 있는 것에 관련한 철칙은 없다. 한 달에도 몇 번은 욕구가 점차 커지고 저항이 작아진다. 커플은 "만족할 때까지 지나치게 욕구를 자극하거나 일깨워서는 안 된다." 분명 모든 성기부분은 결혼 전까지 제한구역이다. 가슴은 남편만을 위해 남겨두어야 한다(잠 5:18-19과 특히 20절 "내 아들아 어찌하여 음녀를 연모하겠으며 어찌하여 이방 계집의 가슴을 안겠느냐"를 보라). 그가 품기 원하는 가슴의 여자가 자신의 아내가 될지 다른 사람의 아내가 될지를 젊은이가 어떻게 안단 말인가? 둘의 관계가 점점 더 심각해지는 커플에게 주는 우리의 조언은, 지나치게 둘만 지냄으로 기회가 생기도록 하지 말고 다른 커플과 어울리거나 함께 파티같은 모임에 참여하라. 신뢰가 커져서 문을 열리면 육체는 믿을 수 없다. 사랑이 아니라 육욕이 지나치게 가도록 몰아세운다.

다시 말하지만 상담자의 일은, 약점을 만든 어린 시절의 결함을 발견하는 것이라기보다는 경계를 넘어간 것에 대해 용서를 가져오는 것이다. 불행히도 대부분의 경우에 우리에게는 예방약을 쓸 기회가 없다. 우리는 이미 암초 위에 올라간 배를 회복하는 일에 부름 받을 뿐이다. 이 몇 마디 말이 하나님께서 우리에게 단 한 사람만을 위해 주신 선물을 망가뜨리지 않도록 도울 수 있기를 바라기로 하자. 매년(우리는 결혼한 지 31년이 되었다) 폴라와 나는 주님 안에서, 우리의 삶이 주님의 은혜로 서로를 위해서만 간직된 것으로 인해 더욱 더 기뻐한다.

제 16 장 원형과 동성애
Archetypes and Homosexuality

하나님 말씀의 강경함과 자비

동성애는 독립적으로 있는 것이 아니다. 소돔과 고모라 훨씬 이전의 문화와 역사를 함축한다. 다른 변태행위는 이따금 일어나고, 그런 행위에 집착하더라도 그것을 정상적인 삶의 양식이라고 주장하지 않는다. 그러나 동성애는 합리화와 변명, 겉치장, 그리고 때로는 기독교적이라고까지 주장하는 태도와 생활방식으로 자신을 둘러싸고 있다.

"사랑하는 여러분, 나는 여러분에게 우리가 함께 나눈 구원에 관해서 편지를 써 보내려고, 여러 가지로 애쓰고 있었습니다. 그러던 참에 나는 이제 여러분들에게 성도들이 단번에 받은 그 믿음을 지키기 위하여 싸우라고 권하는 편지를 당장 써야 할 필요가 생겼습니다. 몇몇 사람이 몰래 숨어들었기 때문입니다. 성경에는 그들이 받을 심판을 옛날에 미리 적어 놓았습니다. 그들은 경건하지 못한 자들로서 우리 하나님의 은혜를 방종거리로 만들고, 오직 한 분이신 지배자요 우리의 주님이신 예수 그리스

> 우리가 육체에 있어 행하나 육체대로 싸우지 아니하노니, 우리의 싸우는 병
> 기는 육체에 속한 것이 아니요 오직 하나님 앞에서 견고한 진을 파하는 강력이라.
> 모든 이론을 파하며 하나님 아는 것을 대적하여 높아진 것을 다 파하고 모든 생각
> 을 사로잡아 그리스도에게 복종케 하니. 너희의 복종이 온전히 될 때에 모든 복종
> 치 않는 것을 벌하려고 예비하는 중에 있노라.(고후 10:3-6)

도를 부인하는 자들입니다."(유 3-4, 표새)

오늘날 일단의 시민운동에서는 동성애를 정상적이고 하나님이 허락하신 건강한 것으로 용인해달라고 호소한다. 그들은 인간의 욕구를 끌어당겨 개방적이고 자유롭고 더불어 사는 정신을 가진 것처럼 보이게 한다. 관대하고 사랑하며 용납하는 성품이 없으면 상담자로 살아남지 못한다. 그러나 동시에 모든 크리스천 상담자는 우리 주 예수 그리스도라는 기초 위에서 그분의 말씀에 따라 굳건하게 서 있어야지 그렇지 않으면 안 된다. 용납하고자 하는 온순한 바램으로 인해 실체에 대해 눈이 가려져서는 안 된다. 하나님의 말씀은 동성애에 관해 절대적으로 분명하다.

그럼에도 불구하고 인간들은 잔꾀를 부리고 하나님의 말씀을 왜곡하려 든다.

우리는 부끄러워서 드러내지 못할 일들을 배격하였습니다. 우리는 간교하게 행하지도 않고, 하나님의 말씀을 왜곡하지도 않습니다.(고후

4:2, 표새)

 그리고 우리 주님의 오래 참으심이 구원을 위한 것이라고 생각하십시오. 그것은 우리의 사랑하는 형제 바울이 자기가 받은 지혜를 따라서 여러분에게 편지한 바와 같습니다. 바울은 모든 편지에서 이런 것에 관하여 말하고 있는데, 그 가운데는 알기 어려운 것이 더러 있어서, 무식하거나 믿음이 굳세지 못한 사람은 다른 성경을 잘못 해석하듯이 그것을 잘못 해석해서 마침내 스스로 파멸에 이르고 말 것입니다.(벧후 3:15-16)

 소돔과 고모라와 그 주변의 도시들도 그들과 마찬가지로 음란에 흐르고 비정상적인 육욕에 빠졌으므로 영원한 불의 형벌을 받아서 후세의 본보기가 되었습니다(유 7, 공동). 이와 마찬가지로, 이 사람들도 꿈꾸면서 육체를 더럽히며, 권위를 업신여기며, 영광스러운 존재들을 모독하고 있습니다(유 8, 표새).

 하나님 말씀의 엄격함을 완화시키는 것이 동성애자에 대해 친절한 것이 아니다. 하나님의 법은 아무리 엄격할지라도 친절한 것일 뿐이다. 그분의 법은 순수하게 우리의 유익을 위해 주어졌다. 법을 변개하거나 개선시키려는 생각은 인간의 육욕적인 추론의 어리석음을 자극할 뿐이다.

 동성애는 죄이다. 하나님의 말씀은 다른 해석을 허용하지 않는다.

> 누구든지 여인과 교합하듯 남자와 교합하면 둘 다 가증한 일을 행함인즉 반드시 죽일지니 그 피가 자기에게로 돌아가리라(레 20:13)

> 너는 여자와 교합함같이 남자와 교합하지 말라 이는 가증한 일이니라(레 18:22)

하나님을 알되 하나님으로 영화롭게도 아니하며 감사치도 아니하고 오히려 그 생각이 허망하여지며 미련한 마음이 어두워졌나니, 스스로 지혜 있다 하나 우준하게 되어, 썩어지지 아니하는 하나님의 영광을 썩어질 사람과 금수와 버러지 형상의 우상으로 바꾸었느니라. 그러므로 하나님께서 저희를 마음의 정욕대로 더러움에 내어 버려 두사 저희 몸을 서로 욕되게 하셨으니, 이는 저희가 하나님의 진리를 거짓 것으로 바꾸어 피조물을 조물주보다 더 경배하고 섬김이라 주는 곧 영원히 찬송할 이시로다. 아멘. 이를 인하여 하나님께서 저희를 부끄러운 욕심에 내어 버려 두셨으니 곧 저희 여인들도 순리대로 쓸 것을 바꾸어 역리로 쓰며, 이와 같이 남자들도 순리대로 여인 쓰기를 버리고 서로 향하여 음욕이 불일듯 하매 남자가 남자로 더불어 부끄러운 일을 행하여 저희의 그릇됨에 상당한 보응을 그 자신에 받았느니라(롬 1:21-27)

불의한 사람들은 하나님의 나라를 상속받지 못하리라는 것을 알지 못합니까? 착각하지 마십시오. 음행을 하는 사람들이나, 우상을 숭배하는 사람들이나, 간음을 하는 사람들이나, 여성노릇을 하는 사람들이나, 동성애를 하는 사람들이나, 도둑질하는 사람들이나, 탐욕을 부리는 사람들이나, 술 취하는 사람들이나, 남을 중상하는 사람들이나, 남의 것을 약탈하는 사람들은 하나님 나라를 상속받지 못할 것입니다.(고전 6:9-10, 표새)

알 것은 이것이니 법은 옳은 사람을 위하여 세운 것이 아니요 오직 불법한 자와 복종치 아니하는 자며 경건치 아니한 자와 죄인이며 거룩하지 아니한 자와 망령된 자며 아비를 치는 자와 어미를 치는 자며 살인하는 자며 음행하는 자며 남색하는 자며 사람을 탈취하는 자며 거짓말하는 자며 거짓 맹세 하는 자와 기타 바른 교훈을 거스리는 자를 위함이니 (딤전 1:9-10)

그러나 두려워하는 자들과 믿지 아니하는 자들과 가증스런 자들과 살인자들과 음행하는 자들과 마술하는 자들과 우상 숭배하는 자들과 모든 거짓말하는 자들은 불과 유황이 타는 못에 참여하리니 이것이 둘째 사망이라(계 21:8, 흠정. 레 18:22에 동성애 행위를 '가증한 일'이라고 하신 것을 기억하라).

구약에서 신약으로 오면서 동성애에 관해 유일하게 바뀐 것은 동성애를 대하는 태도이다. 구약에서 유일한 해결책은 이스라엘 백성이 돌로 치든, 소돔과 고모라에 하늘로부터 불이 내려오든 간에 죽음이었다. 오늘날의 대답 역시 같다. 죽음이다. 그러나 예수님께서 우리를 위해 죽으셨다. 그래서 대답은 이렇다. "형제들아 사람이 만일 무슨 범죄한 일이 드러나거든 신령한 너희는 온유한 심령으로 그러한 자를 바로잡고"(갈 6:1) 기독교적인 대답은 십자가에서의 용서와 죽음, 그리고 죄로부터의 구속으로 동성애자가 원할 때마다 그런 일들이 일어난다. 이 목적으로 우리가 글을 쓰고 있다. 우리의 소망은 모든 크리스천 상담자의 이성과 마음에, 회개하는 동성애자의 해방을 위한 도구를 안겨주는 것이다. 동성애는 돌이킬 수 없는 함정이 아니다. 우리는 대단히 많은 동성애자들이 영단번 해방된 것을 보고 있다. 모든 기독교계는 모든 남녀 동성애자들의 해방을 위한 기도에 동참할 필요가 있다.

모든 사람을 위한 크리스천 상담자의 역할은, 내담자를 사랑하고, 그 안에 그리스도의 생명을 파괴하는 것을 미워하고, 주님이 그를 자유케 해서 그리스도 안에서 원래 의도되었던 모습이 되는 것을 돕는 것이다. 동성애자 개개인을 위한 이 과업은 '동성애자 단체'의 입장으로 인해 매우 어렵게 되었다. 동성애자 사회는 "미혹한 데 행하는 사람들에게서 겨우 피한 자들을 음란으로써 육체의 정욕 중에서"(벧후 2:18) 끌어당기는 행동을 한다. 동성애자 단체는 마치 누구라도 그들의 병이 정상적이라고 봐야 하는 양 기독교의 근거 위에서 과시하고 다닌다(이는 '충분히 큰 거짓말은 진리로 받아들일 수 있다'라는 히틀러주의적인 격언에 기초한다). 당연히 이 거짓말에 동의하지 않는 사람은 누구나 비판적이며 분노에 가득 찬 사람이 된다. 사람들은 미워하지 않고도 거짓말쟁이와 사기꾼, 도둑과 살인자를 잘못되었다고 볼 수 있다는 사실을, 동성애자도 이해하고 동의할 수 있는지는 개의치 말아라. 그들의 눈에는 자신들을 미워하거나 비판적이 되지 않고서는 동성애자를 잘못되었다고 볼 수 없기 때문이다! 그들은 자신들에게 동의하지 않는 상담자는 누구라도 그의 평판을 나쁘게 하고 그가 돌보는 내담자를 내쫓으려 든다.

아동학대의 경우에 부모와 자녀를 위해 슬퍼한다든가, 알콜중독자의 해방이나, 정신이상의 편집증인 사람을 자유케 하는 일에는 동성애자가 크리스천 상담자에게 동의할 수 있다. 그러한 상태가 성경적으로도 바람직하지 않음을 인정하는 데 있어 '고지식한 사람'과 동성애자가 같은 입장일 수 있다. 통상 동성애자나 '고지식한 사람' 모두, "도둑질하지 말라"는 명령은 지켜야 하고 갈라디아서 6:1에 따라 도둑에게 자비가 베풀어져야 한다는 것을 동의하는데 어려움이 없을 것이다. 동성애자는 만인과 만물에게 베푸는 크리스천 상담자의 동정심은 기리겠지만, 동일한 상담자가 하나님의 말씀에 따라 범죄인 동성애로부터 형제를 자유롭게 하려고 하고 그런 상태에 있는 형제를 치유하려 들면, 갑자기 그 상담자를 비판적이고 증오에 찬 고집불통으로, 믿을 수 없고 피해야할 사람이라 부르는 경향이 있다.

그러므로 우리가 이글을 쓰는 것은 크리스천 상담자에게 동성애로부터 자유로워지기 원하는 사람들을 어떻게 도울 수 있는지를 가르치려 함이지, 동성애자 단체를 기쁘게 하거나, 확신시키거나 어떠한 신뢰나 인정을 주려고 함이 아니다. 우리는 아무 것도 빚진 게 없다. 우리는 이들이 미혹에 빠져 자신을 어떻게 생각하건 간에 그리스도의 적이라 여긴다. 우리는 그들에게 사과하지 않는다. 우리는 하나님의 말씀을 위배하여 동성애는 존재할 권리가 있다고 주장하기 원하는 사람을 (견책하는 것 외에) 돕지 않는다.

동성애자들이 우리가 말하는 바를 몹시 싫어하건 항의하건 놔두도록 하자. 그들은 단순하고 분명하게 완전히 잘못되었고 병들었으며 속고 있고, 하나님 보시기에 더러운 일을 하고 있다! 우리는 모든 크리스천 상담자들에게 간청한다. 다른 입장을 취하지 말라. 중간지대는 없다. 친절과 너그러움은 그리스도의 은혜로 모든 죄인들에게 이루어지는 것이지, 아무리 작은 그분의 계명이라도 이를 완화시킴으로 되는 것이 아니다. 비판적이라고 불리울까 두려워서 동성애자를 병에 걸렸다고 말하지 못하는 것은 병자를 돕는 것이 아니다. 그리스도 복음의 도덕적 청렴을 부끄러워하지 마라. 동성애 단체가 가하는 어떤 욕도 기꺼이 받아들이라. 동성애에 대해서는 어중간한 '안전한' 태도란 없다.

알콜과 싸우기 위해 존재하는 알콜중독자 무명모임(Alcoholics Anonymous)처럼 동성애자 단체가 단결해서 자신들의 병을 없애고자 한다면, 우리는 그것을 성원하고 후원할 것이다. 그러나 그들이 하나님의 말씀의 진리에 대적하기 위해 존재한다면, 어떤 크리스천 상담자나 교회도 그들을, 예를 들어 알콜중독자 무명모임만큼 존중해선 안된다. 그렇다고 해서 그들을 범죄 집단처럼 잡으려들라는 뜻은 아니다. 그들을 박해해서는 안 된다. 우리가 이글을 쓰는 것은 크리스천 상담자와 교회는 티끌만큼이라도 굴복하지 않는 영적인 기골을 가지라고 간청하기 위해서이다.

원형과 정사

본서의 다른 어느 곳에서도(앞서 쓴 두 권의 책 '엘리야의 임무'와 '크리스천 가정의 회복'에서도) 귀신이나 축사에 대해 언급하지 않았다. 왜냐하면 우리는 사탄에게 어떠한 영광도 돌아가길 원치 않기 때문이다. 상담자가 한 사람의 내면에 있는 성품의 집을 예수님 안에서 변화시키면, 무슨 귀신이 살고 있었던 간에 이제 더 이상 거할 집이 없어져서 떠나야 한다는 것을 우리는 안다. 폴라와 내가 축사를 직접 해야 하는 일은 거의 없다. 우리는 악마와 그의 부리는 영이 단번에 패배했고 무장 해제되었음을 안다. "정사와 권세를 벗어 버려(무장을 해제시키시고, 표새) 밝히 드러내시고 십자가로 승리하셨느니라"(골 2:15). 그러므로 귀신을 무찌르기 위해 그들에게 직접 말할 필요가 거의 없다. 우리는 사죄의 보혈 가운데 상대방을 깨끗이 하고 타락한 습관을 십자가상으로 가져가 죽도록 하면 된다. 그것에 의해서 보혈이 사탄의 참소할 근거를 제거하고 십자가는 전투지역을 훼파한다. 때로 축사사역을 하지만(한 크리스천 정신의학자는 정기적으로 귀신이 있다고 진단한 환자를 우리에게 보내곤 했고, 주님께서는 그들을 자유케하셨다), 우리는 사탄에 대해서는 거의 언급하지 않고 십자가상의 예수님께로 가는 법을 가르치는 데에 초점을 맞춘다. 이것이야말로 축사가 영구적으로 지속되게 하는 유일한 형태이다. 왜냐하면 사탄의 힘은 축사 후에 다뤄지지 않은 집으로 되돌아 올 것이기 때문이다(마 12:43-45, 눅 11:14-16). 십자가는 예수님께 영광을 돌리지만, 이에 반해 사탄을 너무 많이 직접 공격하는 것은 사탄이 그렇게도 열망하는 관심을 주는 것이다. 우리는 동일한 결말인 해방을 이루지만, 예수님의 능력만을 찬양한다.

그럼에도 불구하고 우리는 동성애에 관해 가르칠 때 먼저 국소적인 귀신뿐 아니라 정사(principalities)에 대해서도 기본적인 가르침을 하지 않을 수가 없다. 왜냐하면 간계를 써서 모든 동성애자들을 함정에 빠뜨리고 눈멀게 하고 포로로 붙잡는 것이 정사와 "이 어둠의 세상 주관자"(엡 6:12)이기 때문이다. 모든 동성애자가 귀신에 사로잡혔다든지 귀신이 거주한다고 말하는 게 아니다. 어떤 이는 그럴 수 있다. 우리가 말하는 것은 어둠의 세상 주관자들이다. 이들은 동성애자의 이성을 제압하고 의지를 통제하기 위해 헛된 철학과 속임수(골 2:8)를 사용한다. 요점은, 그러한 권세들은 가까이 가지 않아도 동성애자들을 조종할 수 있다는 것이다. 어떤 경우에는 가까이 가기도 하지만 말이다.

> 많은 경우 동성애자는 '강한 자'(동성애자의 생각을 어둡게 하고 의지를 통제하는 정사)를 결박한 후에야 자유롭게 될 수 있다. 그럴 때에야 우리는 그의 소유물을 늑탈하고 동성애자들을 자유롭게 할 수 있다(마12:29)

그러므로 다음의 가르침은 상담자뿐만이 아니라 교회 안에 있는 중보기도자를 위한 것이고, 동성애자들 뿐만이 아니라 삶의 여러 영역에서 우리 친구와 이웃의 자유의지를 빼앗으려 위협하는 많은 어두움의 힘에 적용될 수 있다.

원형

"누가 철학과 헛된 속임수로 너희를 노략할까 주의하라 이것이 사람의 유전과 세상의 초등 학문을 좇음이요 그리스도를 좇음이 아니니라" (골 2:8). 이렇게 질문할 수 있다. "어떻게 철학과 헛된 속임수가 사람을 사로잡을 수 있나요? 사람에게 자유의지가 있지 않나요? 철학은 멈춰서 못 움직이지 않나요? 그런 것이 어떻게 원하지 않는 사람을 붙잡을 수 있나요?" 우리는 철학에 잠깐 손을 대고 나서도 정신활동 이외에 생긴 것은 없을 거라 생각한다. 하지만 우리 세대에 와서 다양한 컬트에 의해 생각이 완전히 조종당하는 젊은이들의 수가 증가하는 것을 볼 수 있다. 그들은 사람들에게 꽃을 달아주고 기부해달라고 애걸하고, 공항에서 사람들에게 다가가 말을 걸면서 그들의 관리인이 주입시킨 허튼 소리를 앵무새처럼 따라한다. 자유의지는 제압당할 수 있다. 생각은 '오뇌(汚腦)' 될 수 있다(우리는 세뇌(洗腦)라는 말을 쓰고 싶지 않다). 사람들의 생각은 철저히 조종당할 수 있다. 어떻게? "이 세상의 신이 믿지 않는 자들의 마음을 어둡게 하여서 하나님의 형상이신 ... 보지 못하게 한 것입니다." (고후 4:4, 표새). 어떻게 사탄이 가로막고 어둡게 하는가? 한 가지 방법은 사람의 생각에 자리한 어둠의 세력의 지배를 받는 고대의 원형에 의해서이다. 우리는 이제 의도적으로 성경용어를 벗어나 플라톤과 칼 융에게서 용어를 빌린다. '전통', '철학', '헛된 속임수'와 같은 단어들에는 너무 많은 다른 뜻이 연계되어있다. 이 성경적인 용어를 현재 연계된 의미들에서 세탁해내기보다는 세속용어를 빌려와 새로운 의미를 만드는 게 더 수월해 보인다. 아마도 플라톤과 융이 우리가 이 '원형'이란 용어를 사용하는 것을 좋아할 것 같지는 않다. 우리가 말하는 원형이란 우리가 공유하는 공동의 정신구조 안에서 인류가 형성한 사고, 감정, 행동을 지배하는 방식을 뜻한다. 그러므로 원형이란 일반적으로 인류의 육신에 내재한 도구로 개개인을 통제하기 위해 우리에게 작용한다.

한 개인의 내면에 습관 혹은 '행실'(골 3:9)이 붙어 자라면 자율적이고 독립적인 생명을 갖게 된다. 질투하는 습관을 예로 든다면, 우리가 질투하지 않으려고 결심했어도, 다음번에 방심하면 질투에 휩싸여 어떻게든 이를 표현하게 된다. 그 습관은 육신 안에서 자체의 생명을 얻었고 죽으려 들지 않는다. 우리가 이 근거를 깨뜨리지 않는 한, 어떤 계기가 있을 때마다 불쑥 나타나 우리를 통제한다. 어떤 습관은 무척 강하여 육체의 의지력으로는 깨뜨릴 수가 없다. 그래서 우리는 예수님께서 주와 구세주로 중재해주실 필요가 계속 있다는 것을 새롭게 발견한다.

단순하게 말해 원형은 개개인 안에 있는 것이 아니라 인류의 육신 안에 있는 습관 혹은 행실이다. 원형은 (우리가 정의했듯이) 전통, 문화규범, '헛된 철학', 과장하고 합리화시키는 습관 방식과 같이 발전된 사고방식으로 개인을 구속할 수 있는 것이다. 원형의 영향력 하에 생각은 미리 프로그램화된 컴퓨터처럼 좁은 시야만을 갖게 되고, 의지는 제한되며, 감정은 더 이상 우리의 영이나 우리 안에 계신 성령님의 것이 아니라 외부의 통제를 받고 예측가능하며 이용당할 수 있게 된다. 원형의 특별한 기능은 우리의 자유의지를 뺏고, 참 양심이 선한 결정을 내리지 못하게 하며, 우리를 프로그램화된 로봇으로 만들어 우리의 행동을 외부의 힘으로 조종한다.

우리 개인의 본성 안에 있는 습관이 육신적이지만 동시에 귀신이 거할 장소도 되듯이, 원형(인류의 육신 안의 '습관') 역시 육신적이기만 할 수도 있고, 정사(지배하는 귀신)에게 휘둘릴 수도 있다. 동성애자의 경우 원형은 항상 그 배후에 미혹의 정사가 있다.

2차 세계대전 발발 전에 히틀러는 게르만 민족에게 아리안족의 우월성을 설파했다. 인종편견의 원형은 수세기 전에 생겼고, 문화의 변동과 역사의 흐름을 따라 활동하였으며, 이 민족 저 민족에서 자신의 민족이 다른 민족보다 낫다고 생각하라고 가르쳤다. 그러한 사고방식은 말 못하는 바위처럼 멈춰있는 것이 아니라 생각의 바다에서 꿈틀대는 문어와 같아, 대담하게 가까이 오는 어리석은 생각이 무엇이든 살아있는 촉수로 감쌀 준비가 되어있다. 게르만 민족이 그런 가르침에 자신을 개방하는 순간 어둠의 세력은, 하나님의 말씀에 확실히 뿌리내리지 않은 사람이면 누구나 다르게 생각할 수 있는 능력을 상실할 때까지 그들의 생각 위에서 그 원형을 교묘하게 움직일 수 있었다. 그런 후에 히틀러는 세계를 정복하고 제 3제국을 건설한다는 게르만 민족의 '신성한 권리'를 설파하기 시작했다. 그것은 침략과 전쟁이라는 오랜 시간 형성된 또 다른 커다란 원형 하에 게르만 민족을 움직였다. 곧 사람들은 다른 사람들의 목숨을 빼앗고 그 땅을 차지하려는 전투에 자랑스럽게 행군하였다. 디트리히 본회퍼같이 반대하는 크리스천은 투옥되었다. 게르만 민족의 생각을 "이 어둠의 세상주관자"(엡 6:12)가 인종편견과 증오, 전쟁이라는 원형을 통해 조종하였다. 최근에 이 가르침을 어느 모임에서 하고나서, 2차

세계대전이 일어나기 전부터 독일에 살았던(그리고 전쟁기간에도 그곳에 있었던) 몇 명의 사람들이 찾아와 눈에 눈물이 글썽이며 "아, 당신은 당신 가르침이 얼마나 진실인지 모를 거예요. 우리는 친구들과 이웃들이 한 명씩 넘어가고 조종당하는 걸 봤어요. 끔찍했어요!"라고 외쳤을 때에, 이 사실을 슬프게도 재확인할 수 있었다.

결혼한 지 10년 혹은 20년이나 심지어 40년이 되는 친구나 이웃이 별거나 이혼을 생각하기 시작하는 걸 보고 슬퍼한 적이 없는가? 어떻게 사려 깊고 균형 잡힌 친구의 생각이 갑자기 미혹된 것일까? 그야말로 하루아침에 그들은 좁은 시야에 갇혀버린다. 이전의 좋았던 일을 기억하지도, 더 나은 미래의 날들을 바라보지도 못한다. 그들은 도움이 될 수 있는 방향으로 자신의 문제를 바라볼 수 있는 시야도 없다. 그들은 똑같은 길로 간 다른 친구들이 했던 말도 안 되는 생각과 마음의 궤변과 거짓을 똑같이 토해내기 시작한다. 더 이상 과거에 그들과 함께 했던 자유롭고 개방적인 토론을 할 수 없다. 그들은 합리적으로 생각하지 못한다. 그들은 과장되게 말하면서 '딴 소리'의 말과 신호를 한다. 그들의 자유의지는 없어졌다. 원형이 숨어있는 요소이다. 사람들은 오랫동안 별거와 이혼을 합리화할 수 있는 속임수와 거짓말하는 방법을 생각하고 만들어 왔다. 그러한 생각의 거미줄은 단지 길에 있는 거미줄 같은 게 아니라, 꿈틀거리고 힘이 가득 찬 사고방식의 그물눈을 가진 "하늘에 있는 악의 영들"(엡 6:12)이 던진 그물(시 25:15, 31:4, 35:7-8, 57:6, 140:5)이다. 그 목적은 하나님이 건축하신 가정을 파괴하는 것이다!

한순간에 마약에 사로잡힌 십대의 변화에 말문이 막히는 경험을 가끔 한 적이 없는가? 십대는 천성적으로 이 방향 저 방향으로 뒤집히는 풍향계와 같다. 원형의 유무를 분별하는 열쇠는 논리적으로 생각하고 돌아설 수 있는 자유를 상실했느냐이다. 이는 마치 이성의 바람이 어떤 방향으로 불든지 상관없이 풍향계가 꼼짝 못하고 한 방향만 가리키는 것과 같다! 마약만으로도 그 영향은 충분히 나쁘다. 더 큰 원인은 원형의 힘이다. 선사시대부터 인류는 환각제와 치유를 위한 약물을 발견하기 시작했다. 마약의 원형은 인간의 생각만큼이나 오래되었다. 어둠의 권세는 인간의 생각을 사로잡고 파괴하기 위해 마약을 휘두른다. 우리 아들 중 하나가 마약에 관련되었을 때에 갑자기 그 애에게서 합리적인 사고가 사라졌다. 아무리 마약의 위험과 폐해를 입증하는 과학적인 글을 보여주어도 들으려하지 않았다. 하나님의 은혜로 변화되었을 때에, 그는 마약을 끊었다. 몇 주가 지난 후에 그는 자신이 왜 그렇게 생각했는지 상상이 안된다고 했다. 후에 그는 사촌들에게 사람들이 마약에 손대면 어떤 일이 일어나는 지를 경고하는 훌륭한 간증을 했다. 그리고는 이제 그들이 자신의 말을 듣기를 벌써 거절하는 것을 보고 놀라고 당황해했다. 겨우 수 개월 일찍 태어났을 뿐인데 그는 이미 '구세대'가 된 것이다! 원형이 눈을 어둡게 하고 빼앗을 뿐 아니라, 원형을 움직이는 세력은 의미도 없고 논리성도 없는 선전 문구를 창출해서 사용한다. 그래서 원형은 의미있는 사고와 분별 있는 결론을 방해하는 그러한 선전 문구를 이용해 알 수 없는 깊은 느낌으로 사로잡는다.

세대주의(기적, 방언, 표적과 기사는 성경의 정경이 확립된 시기에 중단되었다는 입장의 신학)는 그 배후에 또 다른 질을 떨어뜨리는 원형이 있다. 역사를 통틀어 사람들이 자신의 마음을 강퍅케하고 하나님 말씀 듣기를 거부할 때마다, 합리화, 거짓된 충성, 우상숭배, '감성철학

(feelosophies)', '바보철학(foolosophies)', 육신적인 신학 등을 만들어 마음의 속임수를 정당화하고 숨겨왔다. 성령의 충만하심을 누리지 못했기에 인간은 수용하기보다는 정당화할 핑계를 찾았다. 지속적으로 많은 영역에서 잘못 정당화하려는 죄의 기질은 영리한 불신앙의 원형을 만들어서, 가로막고 혼미케 하고자 단계별로 이단, 사기, 할례, 당파주의, 바리새주의 등에 영향을 주었다. "오늘까지 모세의 글을 읽을 때에 수건이 오히려 그 마음을 덮었도다"(고후3:15).

아마 미국인들에게 가장 분명한 원형은 마르틴 루터 킹 같은 지도자들이나 NAACP(전미(全美) 흑인 지위 향상 협회) 같은 단체들의 노력으로 깨뜨리기를 시도했던 것이다. 나는 미주리 주와 캔자스 주에서 성장하면서 아동기에 사람들의 혼란스런 사고방식으로 인해 크게 당혹스러워했다고 말할 수 있다. 내 영은 흑인을 형제로 끌어안으려고 뛰어올랐지만(현재도 그러하다), 어른들의 미움과 어리석은 편견 때문에 어두워졌고 당황해했다. 나는 독특한 존재가 아니다. 아무도 인종편견을 갖고 태어나지 않는다. 깔보는 말과 농담, 이야기들, 행동들, 미국 내 흑인에 대해 오뇌된(머리가 더럽혀진) 어른들의 행동 때문에, 모든 아이들이 혼란스러워하고 의기소침하다. 인종편견은 어둠의 세력에 의해 원형 안에서 유지되는 병이다. 나는 인종편견에 적대감을 갖고 싫어한다(아마 내가 아메리칸 인디언의 유산을 물려받은 것도 한 이유이리라). 나는 이런 말을 매우 싫어한다. "나는 깜둥이를 싫어하지 않아요. 단지 나는…" (이런 말이 뒤따라온다) "그들을 좋아해야 할 필요는 없잖아요." "버스에서 그들 옆에 앉고 싶진 않아요"라든가 "내 딸이 그들과 결혼하지 않았으면 해요." 종종 들을 수 있는 또 다른 말은 "나는 흑인이 자기 자리에 있기를 바래요. 그게 다입니다"인데, 이는 주 안에서의 그들의 자리가 아닌 곳에 사람을 가두는 원형의 핵심 기능이다. 이렇게 외치고 싶다. "미국이여, 깨어나라!" 우리가 원하는 만큼 빠르게는 아니어도 그런 일이 일어나는 것으로 보이는 것에 하나님께 감사한다.

어떤 이는 내게 묻는다. "건전한 교리와 신학, 심지어 성경적 가르침과 말씀 자체도 원형이 될 수 있는 게 아닌가요?" 사람들이 육신에 빠져 거룩한 것도 부정하게 사용할 수 있다. 하지만 성령에 의해 하나님으로부터 흘러나오는 것은 모두 자유케 한다. "여호와의 율법은 완전하여 영혼을 소성케 하고... 여호와의 증거는... 순결하여 눈을 밝게 하도다... 여호와의 규례는 확실하여 다 의로우니"(시 19:7a, 8b, 9b). 건전한 교리와 성경은 육신에 속한 게 아니다. 하나님께 속한 것이다. 육신은 타락시키고 함정에 빠뜨린다. 성령님은 자유케 하신다(갈 5:1). 하나님의 말씀에 따라 우리 안에 성령이 흐르시는 한, 우리가 설교하고 가르치는 것은 원형적인 것이 아니다. 분명한 표지는 열매이다. 만약 우리가 "모든 생각을 사로잡아 그리스도 앞에 복종시킨다"(고후 10:5)면, 역설적으로 이것으로 인해 생각과 의지가 자유케 된다. 원형이 우리에게 작용하는 곳에서는, 자유의지가 속박되고 독립적인 생각이 멈춘다. 그럼에도 불구하고 육신적인 신학과 사람의 교리, 종교전통은 육신의 의해 모든 원형 중에서 가장 완고하고 사로잡는 원형이 되어, 교회의 하나 됨을 파괴하고, 우리 주님이 싫어하시고 무엇보다 주님께 상처주는 것이 될 수 있다.

"우리의 씨름은 혈과 육에 대한 것이 아니요 정사와 권세와 이 어두움의 세상 주관자들과 하늘에 있는 악의 영들에게 대함이라"(엡 6:12). 어떻게 권세들(powers)이 사람을 지배하는가? 아마 다른 어떤 것보다도 원형을 통해서 그렇게 하리라. 정사들은 인간의 이성에 거대한 생각의 원형적 형태를 크게 휘둘러 마치 레밍(역자주:북유럽산 나그네쥐)이 절벽에서 뛰어내려 바다에 빠지듯이, 전쟁, 반항, 인종투쟁, 이혼, 포르노, 민중선동, 사교 등으로 인간을 몰아간다. 원형을 통해 어둠의 권세들은 남성우월주의나 여성해방주의처럼 인간을 양극화시키고 서로가 반대하게끔 만든다(남성우월주의와 여성해방주의 모두 자신들이 의심하거나 인정하는 것보다 더 끌려갔고 조종당했다). 실제 전쟁은 자본주의와 공산주의 간에 일어나는 것이 아니다(전쟁은 존재하며, 축소되어선 안 되겠지만 말이다). 우리는 혈과 육에 대해 싸우지 않는다. 자본주의와 공사주의 이면에는 탐욕과 공격성, 통제라는 고대로부터 내려온 원형이 존재한다. 비틀린 개인주의는 원형적 형태로, 정사들이 이를 이용해서 교회의 공동체적인 삶을 방해하려고 애쓴다. 진정 "언제든지 주께로 돌아가면 그 수건이 벗어지리라. 주는 영이시니 주의 영이 계신 곳에는 자유함이 있느니라"(고후 3:16-17).

모든 크리스천은 이 어둠의 세상 주관자를 무찌를 능력이 있다. 우리에겐 묶고 풀 권능과 권세가 있다(마 16:19, 18:18). 상담자로 부름받건 아니건 간에 우리는 중보자로 부름받았다(딤전 2:1). 우리는 일어서도록 부름받았다. "종말로 너희가 주 안에서와 그 힘의 능력으로 강건하여지고 마귀의 궤계를 능히 대적하기 위하여 하나님의 전신갑주를 입으라"(엡 6:10-11). 우리는 넉넉히 이긴다 (롬 8:37). 우리는 선으로 악을 이기도록 부름받았다(롬 12:21).

우리가 친구들의 생각에 원형이 작용하는 것을 볼 때, 우리는 영적전투로 부름받는다. 우리는 원형의 이름을 부르며 묶고 그것이 잠잠해지도록 명령하기만 하면 된다. 어느 날 나(존)은 친구 목사를 방문했다. 대화가 나를 섬뜩하게 하는 방향으로 전환되었다. 친구가 다른 교단과 목사들에 대해 비판적으로 장광설을 늘어놓는데 점점 내 안에 불쾌감이 들었다. (내가 무엇을 해야 하는지 조용히 주님께 여쭈어 보고) 얼마 후 나는 조용히 비판주의와 분열, 증오의 원형을 묶었다. 아마도 나를 가르치기 위해서 주님께서 내 영안을 여셨고 실제로 불과 사랑이 비처럼 그 목사에게 내리는 것을 보았다. 그 목사는 얼굴이 벌개지더니 한동안 더듬거리다가 말했다. "왜 내가 이렇게 말하는지 모르겠군. 용서해주게나. 다른 걸 이야기하지." 나는 그에게 한 번도 이에 대해 말하지 않고 단지 속으로 하나님께 찬양과 감사를 돌렸고 계속 이야기를 나누었다.

폴라가 어느 여성 모임에 참석했는데 그들이 험담과 비판적인 공격을 하기 시작했다. 아내는 여성들을 침범한 바로 '그것'에 대항하여 조용히 기도하고, 방언으로도 얼마간 조용히 기도했다. 곧 한 여성이 머리를 흔들고 말했다. "우리가 지금 뭘 하는 거지? 이건 옳지 않잖아." 그리고 화제를 돌렸다.

책 '크리스천 가정의 회복'에서 나는 남성의 지배와 여성의 억압이라는 잘못된 가르침 하에 있었던 한 젊은 부부에 관해 이야기했다. 나는 어떻게 부인이 들어와 눈물을 흐리며 "지금 막 내 남편은 다른 여자와 한 주를 보내러 나갔는데, 그러면서 내게 말하기를 순종적인 여자란 남편이 이렇게 하도록 놔둬서 과연 남편이 누구(자신인지 다른 여자인지)를 택하는지 진정 알 수 있도록 하는 걸 뜻한다고 했어요!"('크리스천 가정의 회복', 157-158쪽). 나는 그 남편을 위해 기도하겠다고 말했다. 그리고 어떻게 남편이 아내에게 전화하고 집에 왔는지 얘기했다. 당시 내가 포함시키지 않았던 것은, 그것이 남성우월주의와 사교와 통제의 원형이라는 것이었다. 당시에는 이러한 원형에 대해서 몰랐다. 나는 단지 내 형제의 결혼생활을 파괴하는 "것"에 대항하여 의로운 분노를 갖고 일어나서, 그것이 그에게서 떠나도록 명령했을 뿐이다. 나는 그가 자신의 머리를 쳐들고 돌아보며 "내가 여기서 뭐하고 있는 거지?"라고 말하는 것을 '보았다'.

귀신들린 자가 귀신을 원할 때에는 축사를 할 수 없다. 마찬가지로, 전투 초기에 상대방을 상담하지도 않고 모든 원형과 그 이면에 있는 귀신들과 정사들을 다 쫓아낼 수 없다. 하지만 내담자를 위해 '시간을 벌' 수는 있다. 우리는 내담자가 제정신이 들 때까지는 원형과 정사의 버팀목을 깨뜨리고 이것들의 영향력을 막을 수 있다. 어떤 이는 누가복음 15장에 나오는 탕자를 붙잡고 있던 것이 십대의 반항과 탐욕과 정욕이라는 고대의 원형적 형태가 아닌지 의아하게 여길 것이다. 분명 그는 제정신이 아니었다. 왜냐하면 성경은 조심스레 "그제서야 그는 제정신이 들어서…"(눅 15:17, 표새)라고 언급하기 때문이다. 아버지는 기다리는 것 말고 다른 일을 했을까? 아버지는 아들을 위해 기도했을까? 그랬는지 여부에 관계없이 우리를 향한 메시지는 분명하다. 우리는 기다리는 것 이상의 일을 하도록 부름받았다. 우리는 중보기도 가운데에 사교와 마약, 혹은 이혼, 탐욕, 도박, 동성애등 형제자매를 붙잡는 무엇이든지 깨뜨릴 능력이 있다(하나님께서 그렇게 부르신다면 그렇단 말이다. 우리는 돈키호테처럼 모든 풍차를 향해 서둘러 달려가서는 안된다).

우리는 동성애자가 요구하기 전까지는 동성애로부터의 온전한 해방을 가져오는 사역을 할 수 없다. 원형과 관련해 앞서 말한 부분의 요점은, 아마도 사랑하는 그 사람은 누군가가 중보적인 영적전쟁의 대가를 치루지 않으면 결코 놓이고 싶다고 외칠 힘이 없다는 것이다. 강한 자, 즉 그의 생각을 붙들고 있는 원형을 휘두르는 세상의 주관자가 묶여야 한다. 그 권세가 깨져야 한다. 우리는 사랑하는 자가 분명해지는 순간에 이르는데 필요한 시간을 벌 수 있다. 우리는 그의 속사람을 강건케 하고 (엡 3:16) 볼 수 있는 능력을 줄 수 있다(엡 1:17-18). 누가 몹시 아픈데 그를 위해 몇 명의 기도하는 친구들이 있음으로 수 분간 고통이 경감되는 것을 느껴본 경험이 있다면 이렇듯 짧은 시간을 버는 것이 얼마나 귀한 일인지를 눈치챌 수 있을 것이다.

    이전에 신비로운 모험으로 무모하게 날아 들어가는 동안, 나는 여러 번 수 시간 동안 현실 감각을 잃은 적이 있다. 심지어 온전한 느낌이 뭔지 잊어버리게 할 만큼 만연한 좀먹는 불안, 영의 들뜸, 사고의 뒤범벅, 마음과 생각의 혼란과 병 등을 조금이지만 깊이 인식할 수 있을 정도로 알게 되었다. 아픈 상태도 익숙해지면 정상처럼 보일 수 있다. 나는 내 자신이 정상으로 되돌아온다는 게 얼마나 축복인지 안다. 나는 제 정신으로 돌아온다는 게 뭔지 안다. 이를 설명하려고 내가 발견한 유일한 방법은, "벽에 머리를 부딪치는 것을 중단하면 너무 기분 좋은데, 그 평화로 인해 그 사람은 처음으로 자신이 벽에 머리를 부딪치고 있었다는 걸 안다!"라고 말하는 것이다. 우리는 너무 아파서 다른 종류의 삶이 있다는 것을 더 이상 의식하지 못할 수 있다. 우리는 온전한 것이 어떤 느낌인지 기억하지 못한다. 동성애자에게 정상인으로 느끼는 것이 얼마나 좋은지를 설명한다는 것은 고장난 자동판매기에 동전을 집어넣는 것과 같다. 동전은 걸리거나 붙잡힐 공간이 없어 '거절하는' 곳으로 떨어진다. 그들의 생각은 너무나 사로잡혀 있어서 들은 바를 기록하지 못한다. 정사를 묶으면 잠시나마 들을 수 있도록 생각과 마음이 자유롭게 된다. 친구들을 부르라. 힘을 합쳐 '그것' 에 대항하라. 우리는 사랑하는 자를 자유롭게 할 수 있다. 그 일은 효과가 있다.

동성애의 치유

동성애자가 도와 달라고 할 때에 그들의 자유를 위해 필요한 몇 가지가 있다. 먼저 우리는 다른 사람을 상담할 때처럼 그들의 부모와의 어린 시절을 물어본다. 몇 가지 조건이 동성애를 일으키는 요소로 작용한다. 우리의 모든 상담기간 중에 만난 동성애자는 빠짐없이 강하고 온화하고 사랑하는 아버지가 없었거나 아버지와의 관계가 좋지 않았다. 공통적으로, 아버지는 잔인하고 폭력적이며 불안정하고 비판적이고 학대하든지 혹은 아예 계시지 않았다. 자라나는 소년은 모델로서의 남성성을 거절하고 그의 본성에 있는 여성적 측면으로 도망치는데, 보통 이때 어머니와의 애착관계가 점점 더 희박해 진다. 어린 소녀는 남성과 관련된 감정 반응이 살아나는 걸 거부하고 엄마로 만족해 한다. 마찬가지로 어머니는 아들로 하여금 여자와 가까이 하는 걸 거부하도록 몰아갈 수 있고, 딸이 여성이 되는 것을 경멸하도록 몰아갈 수 있다. 과잉보호하며 눈물 잘 흘리는 어머니는 자식이 남성 또는 여성 동성애자가 되는데 일조할 수 있다.

때로 태아의 영은 반대의 성을 원했던 부모의 큰 소망을 알고 있다. 예를 들어 형들만 죽 있는데 다섯째나 여섯째로 태어난 소년은, 부모님이 원하셨던 여자가 되려고 필사적으로 노력할 수 있다. 또는 여자아이는 아빠의 아들이 되기를 원할 수 있다.

양성체도 있다. 이런 사람은 남성과 여성의 신체적인 특징을 갖고 태어난다. 이는 기관적(機關的) 상태로 동성애적 행동을 유발할 수도 그렇지 않을 수 있다. 이런 경우에 비전문상담자는 전문의와 정신의학자에게 의뢰할 것을 권한다.

때로 동성애 성향이 유전되는 경우가 있다. 우리는 수세대에 걸쳐 동성애를 추적할 수 있는 사람들을 상담한 적이 있다. 그것을 멈추게 하기 위해서는, 단순히 그 사람과 이전 모든 세대간에 십자가를 놓고, 에스겔 18장과 예레미야 31:16이하의 말씀에 따라 조상의 모든 죄가 예수님의 십자가에서 이제 그쳐졌고, 거두어들임을 통해서나 유전되는 신체적 성향에 의해서나 혹은 모범에 의해 자녀 또는 손자들에게 내려가지 말 것이라고 주장하며 기도한다.

동성애는 종종 어린 소년 소녀가 활동 중인 동성애자에게 노출됨으로 '습득' 되는데, 동성애자가 그들의 희생양으로 하여금 깊이 말려들게 하여 자극과 습관, 잘못된 성정체성이 그렇지 않았다면 정상이었을 아이에게 입혀진다. 때론 아이의 타고난 감각으로 무슨 일이 발생하기 전에 동성애자가 다가오는 것을 떨쳐버릴 수 있고, 뿌리를 내리기 전에 그런 습관을 극복할 수도 있다. 초기 아동기에 발생한 상함이나 다른 잠재적인 상태가 동성애가 자라기 좋은 토양으로 작용하지 않는 한 말이다. 정상적인 아동들이 상처받을 수 있는 기회가 너무 많다. 이러한 이유에서 학교위원회에서는 동성애자들 시위나 시민권에 대한 혼동된 외침에 상관없이 동성애자로 알려진 사람을 고용하길 거절할 수 있어야 한다. 상담자로서 사춘기의 중요한 시기에 수영장에서, 학교화장실에서, 캠프 상담자와 함께 하면서, 교회의 성가대 등지에서 당한 수많은 이야기를 들으면서, 활동 중인 동성애자가 어린아이들을 성폭행하지 않을 것이라고 주장을 하는 것은 진상을 인정하려 하지 않는 어리석음에 불과하다는 것을 알게 되었다! 물론 모든 사람이 그러지는 않으리라. 하지만 그럴 가능성은 발화물질에 불똥을 놓는 것만큼이나 빈번하다. 모든 불똥에 불이 붙진 않겠지만, 왜 어리석게 굴어야 하는가?

내가 동성애란 게 존재한다는 것을 알기 전에, 내게 접근하기 위해서 어떻게 배영을 하는지 가르쳐 주겠다고 제의한 YMCA 수영교사가 있었다. 그가 만져서는 안되는 부위를 만졌을 때에 나의 영은 어두워졌고 나는 화가 나서 수영장에서 도망쳐 나왔다. 나는 내가 무엇으로부터 도망쳐 나왔는지를 알지 못했지만 영으로는 그것이 무엇이건 간에 나쁜 것임을 알았다. 그러나 나와 달리 운 좋게 좋은 부모님을 갖지 않았고, 상처받기 쉬었던, 우리와 다른 사람들이 상담했던 많은 사람들은 어찌되었는가? 폴라와 나는, 동성애자로서의 생활방식을 갖게 되지는 않았지만 마음에 죄책감의 어두운 얼룩과 성적인 혼란을 남긴 동성애 경험들에 대해서 수없이 여러 번 용서를 선포했었다.

나는 이 나라의 대법원을 포함해서 어떤 법적 궤변과 도덕적 혼란이 변호사와 판사의 마음을 사로잡는지(다시 원형이 관련된다)는 상관하지 않지만, 만약 우리가 우리 자녀들을 동성애자에 노출되는 것으로부터 보호할 수 없다면 그리고 그렇게 보호하지 못할 때마다, 우리는 하나님의 법을 무시하며 법을 해석하고 있고 하나님의 분노를 초래하고 있는 것이다! 우리 문화는 간음, 강간, 성폭행, 근친상간 등과 같은 많은 문제들에 대해 느슨해졌지만, 우리의 사법체계는 성경의 계명에 근거한다. 그러한 기초 위에서 우리는 도둑과 강간범, 강도 등을 투옥한다. 웬일인지 동성애자 단체는 하나님의 말씀의 법이 정확히는 그들에게 적용되지 않는다는 거짓말에 대한 동의를 얻었다!

불행히도 우리의 감옥은 동성애의 주요 번식지가 되었다. 동성애자를 투옥해야 한다는 말이 아니다. 하지만 그들이 우리 자녀들 근처에 와서 해를 끼치는 것을 억지로 허용해야한다는 말도 아니다.

각각의 경우에 삶의 경험이든, 태아기의 외상이든, 상함을 입어 동성애에 이끌리든, 우리는 내담자가 용서할 수 있도록 간구하고, 주 예수 그리스도의 십자가와 부활의 생명을 통한 변화로 그 상태를 치유하면서 용서를 선포한다. 때론 뿌리가 발견되고 '기도를 다한' 몇 번의 기도 시간 후에, 내담자가 받아들일만한 일차적인 모델이 없어서 그가 남성됨 혹은 여성됨의 온전함에 이를 수 없는 경우가 있다. 그러한 경우에 나는 당분간 그리스도 안에서의 부모가 되어, 나의 삶을 통해 다른 사람을 위한 남성됨이 무엇을 뜻하는지 전수한다(폴라는 여성을 위해 그렇게 한다). 그것은 내담자와 많은 시간을 보내야 할 문제라기보다는 오히려 마음에서 수락하고 '감당하는' 문제이다. 내가 생각할 수 있는 가장 가까운 모델이 삼투압 현상으로, 이는 마치 내담자가 나나 폴라(또는 다른 상담자나 친구)와 마음의 깊은 차원에서 관계맺음으로 남성됨 혹은 여성됨이 무언지를 빨아들이고 흡수해야 하는 것과 같다.

귀신을 묶고 뿌리의 원인을 변화시키고 다른 사람을 위한 대리부모가 될 수 있지만 여전히 해방시키지는 못할 수 있다. 주님께서는 다음 단계를 계시해 주셨다. 나는 당시 알았던 것이 충분치 않음을 알았다. 뭔가 더 깊은 것이 필요했다. 성령께서 보여주신 것을 나는 이해하는 척 하지 않는다. 나는 그분이 내게 보여주신 것을 시도했고, 그것의 이면의 실재가 무엇이건 간에 효과가 있었다.

주님께서는 내게 "남자(male, 남성)와 여자(female, 여성)를 창조하시고"(창 1:27)라는 말씀을 상기시키시며, 그 분의 말씀에는 (우리가 종종 생각에서 잘못 읽듯이) "남성 혹은 여성을 각각 창조하셨다"고 되어있지 않음을 알려주셨다. 하나님께서는 말씀이 의미하는 바가 남성이건 여성이건 간에, 남성과 여성이 모두 창조되었음을 뜻하는 것이라고 지적해 주셨다. 하나님은 남자건 여자건 그 안에 두 가지 극성(pole)을 소유하도록 창조하셨다고 설명하셨다. 남자는 주로 남성적인 영역 내에서 자라지만 또한 후에 그의 아내가 채워줄 여성적인 성향도 그 안에 갖고 있다고 하셨다. 여성도 마찬가지로 남편이 채울 남성적인 성향을 갖고 있다고 하셨다. (우리가 전하는 모든 내용에서 독자들은 선지자가 듣고 예언하는 것이 불완전하다는 것(고전 13:11-12)을 기억해야 한다. 아마도 창세기 1:17의 이러한 주해가 의심스러울 것이다. 그러나 독자들은 그 의미를 취하도록 해라). 그리고 이렇게 말씀하셨다. "실제로 동성애자가 된 사람의 경우에는, 태아기에나 죄의 경험으로 인해 양극이 뒤바뀌는 일이 일어난 것이다." 그리고는 이를 환상으로 묘사해 주셨는데, 먼저 정상적인 사람의 것을 마치 양극과 음극이 있어 서로 균형을 이루며 빛나는 상태로 보여주셨다.

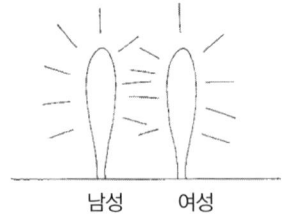

그리고는 비정상적인 혹은 동성애적인 상태를 보여주셨다.

하나님께서 계속 가르치신 것은, 극성들이 뒤바뀌게 되면 자연적인

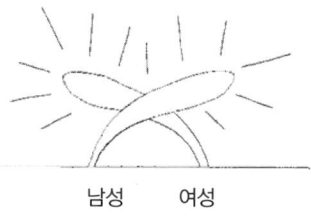
남성　　여성

욕구도 이에 따라 영향 받는다는 것이었다. 그래서 초기 아동기에 양극이 전도된 남성은 그 후 평생 동안 왜 그런 욕구가 가끔씩 그를 괴롭히는지 의아해하면서 남자와 성관계를 맺으려는 강한 충동과 싸운다. 마침내 그는 동성애를 시험해보고 그것이 너무 자연스럽고 자신에게 맞다고 여겨, 자신이 그렇게 창조되었음이 틀림없다고 결론 내린다. 그는 하나님께서 자신을 동성애자로 창조하셨고 마침내 자신이 해방되어서 처음부터 그가 되었어야 할 모습으로 돌아왔다고 선언한다. 주님은 발생한 일의 실재를 내게 설명해 주셨다. 그는 아동기 이래 잠자고 있던 숨은 병든 상태에 굴복하고는 동성애가 자연스럽고 하나님이 허락하신 게 분명하다고 잘못 결론지은 것이다! 그것이 해방시키고 '옳은 것'으로 보이는 것은, 단지 그가 너무 오랜 시간 저항하였기에 전투를 끝내는 것에 안도감을 갖게 되었고 그 안도감이 옳음과 혼동되었기 때문이다. 그러자 주님이 말씀하셨다. "존, 네가 동성애자를 위해 다른 모든 것을 행하고 나면, 내가 네게 보여준 것처럼 환상으로 극성들이 뒤바뀐 것을 보고, 내가 다가가 그 극성들을 풀어서 제자리를 찾도록 하는 것을 지켜 보아라."

그 계시 후에 처음 만난 젊은 청년은 바로 그 전 달에만 50차례의 동성애적인 만남을 가졌다고 고백했다! 어린 시절을 따라가 보니 실패한 아버지, 숨막히게 하는 어머니 등이 있었고, 그 결과로 생긴 구조들이 변화되길 위해 기도했다. 그런 후에 주께서 지시하신 대로 (마치 배에서 나와 바다 위를 걷는 기분으로 조마조마해하며) 기도했다. 나는 주님께서 들어가서서 양극을 제자리에 놓으시는 걸 '보았다'. 효과가 있었을 뿐 아니라, 이 일은 10년 전의 일인데 최근에 우리는 그 청년으로부터 자신이 여전히 온전함을 알리며 감사하는 편지를 받았다!

그러한 기도 후에 여자를 향한 남자의 정상적인 욕구가 되살아나고 남자를 향한 욕구가 없어지는 일이 일어난 것이다. 여성은 여자를 향한 욕구가 없어지고 마음 안에 (원래 그래야 하는) 남자를 향한 자연스런 욕구가 살아난다.

워싱턴 주 스포케인에 소재한 위트워스 대학의 심리학과 과장인 윌리엄 존슨(William Johnson) 박사는 우리가 동성애자에게 사역하는 이러한 방법을 가르치는 걸 들었다. 후에 그와 함께 이에 관해 이야기 나누며 우리 둘 다 주님께서 보여주신 것을 온전히 이해할 수 없음을 털어놨다. 우리는 여전히 주님께서 밝혀지지 않은 물리적 실재의 어떤 것을 말씀하셨는지 여부를 모른다. 그것이 아마 우리의 신경계에 있거나 혹은 심리적이거나 영적인 것 혹은 이상의 모든 것인지도 모른다. 하지만 우리는 이것이 좋은 열매를 가져온다면 주님께서 실제 무엇을 묘사하셨건 간에 시도해볼 만한 가치가 있음에 동의했다. 그 후에 동성애로부터의 해방을 원하는 한 젊은이가 존슨 박사를 찾아왔다. 그는 원형을 묶고, 심리적 원인을 추적한 후, 그에 따라 기도하고, 주께서 가르쳐 주신대로 남성성과 여성성의 양극에 관해 환상과 권세로 기도했다. 그는 그 첫 번째 젊은이가 다시 와서 큰 변화가 있었다고 간증했다고 기뻐하며 알려줬다. 그는 어떤 일이 일어났는지는 모르지만 이제 그 청년은 더 이상 남성에게 유혹이나 매력조차 느끼지 못하고 여성을 향한 진짜 갈망을 느끼기 시작했다. 요컨대 그는 정상이라고 느꼈다! 존슨 박사는 "존, 그게 뭔지 난 모르겠네. 하지만 효과가 있는 건 알겠어. 할렐루야!"라고 말했다.

인류 안에 커다란 신비가 우리를 기다리고 있다. 주님께서는 우리의 구조의 신비를 계시하시기 시작하셨을 뿐이다. 우리는 이 계시를 확인된 성경적인 가르침으로서가 아니라 간증으로 나누었다. 이는 남성성과 여성성에 관해 나눈 바가 이 책에 나오는 다른 가르침과는 동일하지 않고, 성경적, 심리학적, 혹은 물리적으로 말이 되는지 안 되는지 간에, 들으려고 하는 우리 측의 믿음의 한 걸음이라는 것을 지적하고자 함이다. 우리는 이 가르침이 우리 자신의 불완전한 듣기와 경험에 근거함을 아주 분명하게 하고 싶다. (고린도전서 7장에서 사도바울도 자신의 가르침과 주님으로부터 온 것을 구분해서 말한다). 독자가 여기 주어진 것을 자신의 믿음과 자발성과 지혜의 기반에서 시도해 보도록 하라.

내가 아는 것은 그것이 효과가 있다는 것이다! 내가 아는 한 주님께서 이만큼의 지식을 계시해 주신 이래로, 한 번도 동성애자를 위한 기도에 있어서 실패하지 않았음에 주님을 찬양한다.

동성애자는 자유롭게 될 수 있다. 비전문가도 할 수 있다. 이 고뇌에 지친 사람들의 자유를 위해 싸우자. 동성애자처럼 잘못 이름 붙여진 것은 없다(역자주: 영어의 동성애자에 해당하는 'gay'가 즐거움을 뜻하기 때문에 필자가 이렇게 언급한 것임)! 나는 이들보다 더 비참한 이들을 알지 못한다. (동성애자는 '즐거운 단체'가 아니라) '비참한 단체'라고 불리워야 한다!

마지막은 교회 안에서의 동성애자에 관해서이다. 말씀은 "음란하는 자나 우상 숭배하는 자나 간음하는 자나 탐색하는 자[성적도착행위, NAS의 난외주]나 남색하는 자나 도적이나 탐람하는 자나 술 취하는 자나 후욕하는 자나 토색하는 자들은 하나님의 나라를 유업으로 받지 못하리라"(고전 6:9-10)라고 선언한다. 이 목록을 얼핏 보면 우리 모두 다 없어져야 할 존재들이다! 우리 중 이따금씩 탐내거나, 때로 다른 사람을 욕하거나, 거짓말하며 어떤 식으로든 속이지 않는 자가 어디 있는가? 그리고 자신의 마음을 음행이나 간음의 생각이나 느낌으로부터 완전히 지키는 자가 어디 있는가? 이 말씀은 그런 죄에 간혹 빠지는 자를 가리키는 게 아니라고 말하고 싶다. 동성애를 포함해서 말이다. 그렇지 않다면 우리의 구원의 경험은 아무 것도 아닌 게 된다. 그러면 우리 모두는 어떻게 해서든 지옥 갈 운명인 셈이다. 나는 우리가 이따금 넘어지는 것이기에 거짓말쟁이나 술주정뱅이가 아니라고 주장한다. 나는 이 말씀이 습관적인 음행자, 간음자, 거짓말쟁이 등을 가리킨다고 믿는다. 나아가 이러한 영역 중에 중독된 사람이어도, 예수님 안에서 자유를 찾고자 분투하고 있다면 해당하지 않는다고 본다. 오히려 나는 이 말씀이 다른 말씀과 마찬가지로(딤전 1:10, 계 21:8), 주님을 구주로 영접하지 않았거나 그러려고 했어도 여전히 특정한 죄악의 행위가 변화될 필요가 없다며 회개하지 않은 채 고집부리는 이들을 가리킨다고 믿는다. 나는 이 성경구절이 그러한 특정한 죄악과 자신을 동일시하는 자들을 가리킨다고 믿는다. 즉, 그들은 단지 간혹 욕하거나 술마시거나 어떤 성적인 죄를 저지르는 크리스천이 아니다. 그들은 그 죄를 인생에 대한 변명거리로 받아들인 사람들이다. 혹은 그들의 양심이 그들을 용서하건 아니건 간에 더 이상 변화의 시도를 하지 않는 사람들이다. 그들은 그 죄가 되어버린다. 그것이 그들에게 생활방식이 된다.

따라서 어떤 사람이 동성애자임이 드러났을 때, 나는 그를 당장 교회에서 내보내야 한다고 생각하지 않는다. 만약 그가 자유롭게 되길 원한다고 한다면 회중은 그를 계속 일원으로 맞아들여야 한다. 그가 온전케 되었음이 확실시되기 전에는 직임을 맡아서는 안 된다고 믿는다. 목사나 교사, 복음전도자, 선지자, 사도나, 혹은 행정가나 성가대 감독 등과 같이 이에 못한 직임이라도, 모두 이 규칙에 따라야 한다고 나는 주장한다. 자유케 되기를 원하는 안수 받은 목사나 집사의 경우에는 그 직임을 박탈하지는 말고 치유될 때까지 그 직임의 활동을 금하면 된다. 이것은 다른 죄 즉, 도둑질, 간음, 정신병적 거짓말 등에도 동일하게 적용될 방침이다. 교회는 회복을 위한 기도와 사역에 하나되어야 한다(갈 6:1). 이전에 언급한 간음한 목사를 회복시키기 위해 수고한 집사들처럼 말이다.

하지만 자신의 죄가 받아들일만한 것이라고 선언하거나 변화하려는 분명한 노력이 없는 채 죄를 고집부린다면, 사도바울이 고린도전서 5장의 고린도교회에서 행했듯이, 교회는 조치를 취해야 한다. 가능한 모든 치유의 노력을 시도해보고 실패하거나 거절당하면, 리더십은 "...이 악한 사람은 너희 중에서 내어쫓으라"(고전 5:13)고 해야 한다. 후에(고린도후서 2:5-11) 사도바울은 그 남자를 사랑하기를 멈추려 함이 아니고, 단지 그런 사람과의 교제를 끊어 "그를 향한 너희의 사랑을 확인하라"(8절)는 것을 확실하게 하기 위해 편지를 썼다. 의도적으로 동성애를 고집부리고 성경 앞에서도 그것이 받아들일 수 있는 것이라고 주장하는 이는 누구라도 교회에서 나가게 해야 한다.

분명히, 절대 어떠한 교회도 자신을 동성애자라고 의도적으로 공표한 사람을 안수해서는 안 된다! 절대 동성애자간의 결혼을 주례해서는 안 된다! 그러한 것은 하나님 보시기에 가증한 것으로, 혐오스런 더럽힘과 신성모독이다. 누구도 마지막 때에 성소에 세워지는 가증한 것이 무엇인지 모른다(단 11:31). 하지만 때로 그것이 적어도 부분적으로는, 알면서도 하나님의 성례를 행하도록 동성애자를 안수하는 것이 아닐까 싶다! 분명 성경은 남색보다 더한 것을 가리킨 것이지만 동성애는 분명히 가증한 것이고, 상담자로서 나는 동성애가 황폐함을 낳는다고 증거할 수 있다. 동성애자를 성직으로 받아들이는 것은 더럽히는 것일 뿐이다.

우리는 동성애자를 자유롭게 할 수 있다. 그렇게 하자.

제 17 장
부모의 전도와 대리 배우자
Parental Inversion and Substitute Mates

부모의 전도(顚倒)란 부모 중 한 분 또는 둘 다 너무 미성숙하고 무능해서 아이가 부모에게 부모 노릇하는 책임을 떠맡는 것을 일컫는 우리의 용어이다. 그것은 하나님께서 정하신 질서를 뒤바꾼다. 부모의 책무 중 하나는 아이가 자유롭게 아이일 수 있는 안전한 가정환경을 제공하는 것이다. 부모가 자녀를 돌봐야지 그 반대가 되어서는 안 된다. 집안일이나 책임을 부여하는 것은 자녀에게 좋은 훈련이 되지만, 가족을 돌보고 책임지는 것의 무게는 부모의 어깨에 실려야지 절대 자녀의 어깨에 실려선 안 된다.

오늘날의 어린이들은 너무나 자주 자신이 쓸모없다고 느끼게 된다. 노동을 절약해 주는 기기(器機)들 때문에 이전에 필요했던 집안일이 없어질수록, 인생의 가장 큰 비밀, 즉 행복은 남을 위해 자신의 삶을 내려놓을 줄 아는 사람에게 속한다는 사실을 우리 자녀들이 배울 수 있는 기회가 줄어든다. 그래서 어떤 이에게는 부모의 전도가 해롭다는 것을 이해하기가 쉽지 않다. 내담자들은 종종 어린시절 가족이 자신을 필요로 할 때에 어떻게 자신이 책임을 떠맡았는지를 자부심과 기쁨에 차서 얘기하곤 한다. 좋은 일이다. 이기적인 생각에서 기꺼이 하고 싶지 않아 안하는 것보다는 아이의 과도한 봉사로 인해 문제가 생기는 편이 훨씬 낫다. 그럼에도 불구하고 죄가 관련된다. 우리는 내담자가 자유로와지기 위해 그 사실을 이해하도록 도와야 한다.

아무리 봉사가 고상해도 마음은 결코 순수하지 않다. 아무리 관련된 모든 사람들이 가족 중 한 사람이 도와줌을 기뻐하고, 아무리 우리 주님께서 당신의 종이 섬김으로 부모를 공경하려고 한 것을 보상하고 싶으실지라도, 우리 행동의 죄된 측면은 여전히 십자가에 의해 변화되어 자유롭게 되기 전까지는 거두어들이기를 요구한다. 하나님은 그 종에게 보상하고 파멸을 막기 위해 그 아들을 보내신다. "하나님이 불의치 아니하사 너희 행위와 그의 이름을 위하여 나타낸 사랑으로 이미 성도를 섬긴 것과 이제도 섬기는 것을 잊어버리지 아니하시느니라"(히 6:10).

부모의 전도가 죄가 되는 정도만큼이나, 그 밑바닥에는 실망스런 부모에 대한 경멸이 깔려있다. 아이가 부모를 공경하고 존경하고자 하는 것은 좋은 일이지만, 누구도 그 마음이 실망과 상처, 판단과 원망, 그리고 경멸에서 완전히 자유로울 수는 없다. 부모가 자리에 있으면서 실패했든 아니면 부모의 부재로 그렇건 간에 아이가 침범하는 죄를 피하기란 거의 불가능하다. 의도했건 안했건 간에 아이는 다른 사람에게 속한 기능을 떠맡아 침범하는 위치에 있게 된다. 하나님을 신뢰하지 않는 죄를 피하는 것은 전혀 가능하지 않다. 부모로 인해 하나님의 모습이 영향을 받아, 의식적이건 무의식적이건 간에 아이들이 생각하는 하나님의 모습은 실망스런 부모를 닮기 시작한다. 그 이후로 아이는 하나님이 보좌에 계시다는 것을 마음에서 사실로 신뢰하지 못하게 된다. 아이가 붙들지 않으면 "세상은 무너질 것이다."

부모의 전도는 아이에게 유년기를 빼앗는다. 자녀들에게 쉬지 못하는 무능력이 자리하게 된다. 이후로 쉼이 빼앗긴다. 부모가 안전감을 제공하는 것이다. 하지만 부모가 다투거나 가정이 부부간의 말없는 긴장으로 가득 찰 때에, 자녀 중 한명 혹은 몇 명이 부모를 화해시키려는 책임을 맡는다. 일단 이런 자세가 마음에 자리하면 아이는 어디에서건 부적절하게 삶을 붙잡으려는 두려움에 찬 시도를 보일 것이다. 그런 성인은 사람들이 건전하게 싸우는 것도 허용하지 못한다. "아, 사람들이 싸우는 건 견딜 수 없어요. 진정시켜야 해요." 그들은 일을 제대로 해결하기 위한 건강한 불일치를 믿지 못하기 때문에 너무 일찍 싸움을 제지한다. 그들이 그렇게 일을 수습하거나 바짝 통제의 끈을 조이기 때문에, 아무것도 해결되지 못한다. 그들은 강박적인 중재자(화평케 하는 자)로, 그들의 죄는 팔복(八福) 이면에 숨겨져 있다(마 5:9). 다른 사람들은 그들의 중재 뒤에 실제로 무엇이 있는지 알지 못한 채 그들을 존경하고 자신들의 오류를 영속시킨다.

P.I.(Parental Inversion, 부모의 전도를 경험한)인 사람은 P.O(Performance Orientation, 성취지향적)인 사람처럼 과도하게 일하고 과도하게 일을 달성하지만, 둘은 서로 다른 잘못된 동기에서 한다. P.I.인 사람의 섬김은 인정이나 사랑을 얻기 위해서가 아니라, 입구에서부터 두려움과 혼란의 세계를 지키기 위해서이다. P.I.인 사람은 지나치게 바쁘며, 다른 사람들이 맡은 일을 십분 다한다거나 제대로 할 것이라는 것을 신뢰하지 못하고 종종 이렇게 말한다. "글쎄, 그냥 내가 할께." 그래서 그들은 고상한 순교자가 되어 버리지만, 실제로 그들의 태도는 주변의 모든 사람을 무의식적으로 모욕하는 셈이 된다. 이런 모욕과 폄하는 부모님이 해주셨어야 하는 것을 하시지 않았기에 부모님에 대해 갖게 된 무의식적인 분노로부터 나온다. 어떤 사람은 도와주면서 도움 받는 사람이 존중받는 느낌을 갖게 하는 반면, 어떤 이들은 부산하게 자신을 희생하며 돕는데 도움 받는 이는 수치스럽고 모욕감을 느끼는 경우를 본적이 없는가? 그런 사람들이 P.I. 사람들이다.

P.I.인 사람은 휴가 때나 어디서라도 휴식을 취하지 못한다. 내 자신이 P.I.이기 때문에 휴가를 떠나 캠프장에 도착하면 5분 후에는 도와줄 사람을 찾으러 돌아다닌다. 일 년 내내 사람을 도우며 지낸 후에도 이렇게 한다! P.I.인 사람은 집에서는 생각 없는 순간적인 행동 때문에 그렇지 않아도 이미 과부하된 결혼생활에 지푸라기가 하나라도 올라갈까봐

잠시라도 방어태세를 늦출 수 없다. 어린아이는 애먹이기 마련이다. 아이들은 '경험의 학교' 안에서 어리석은 일을 함으로써 자신에 대해 많은 것을 발견한다. 절제는 시행착오와 내적인 결정이라는 느린 과정을 통해 얻어져야지, 불안한 가정에서 무슨 일이 있을까 두려워하여 외적으로 강제해서 얻어지는 것이 아니다.

P.I.인 사랑은 대개 집에서 긴장을 늦추고 원기를 회복하질 못한다. 아동기에 집은, 긴장하고 계속 감정적으로 책임감을 가지고, 자신과 남을 통제해야 하는 장소로 여겨졌다. P.I.인 사람이 마음에서 "그녀의 남편의 마음은 그녀를 편안히 신뢰하나니"(잠 31:11,흠정)의 실재에 이르기까지 성장하길 배우려면 수년의 시간이 필요하다. 쉼은 고독과 동의어가 되고, 혹은 집에서 떨어진 장난이나 놀이를 뜻하기도 한다. P.I인 사람이 인생의 일차적인 사람들 가운데에서 쉬는 걸 배우는 것은 긴장된 일이고 자기 훈련이 있어야 한다. 처음에는 P.I.인 사람이 다른 사람 안에서 쉴 수가 없다. 그는 집에서 쉬는 법을 배우지 못했다(제3장 볼 것). 대신 그는 항상 다른 사람을 위하여 돌볼 것이다. 그래야 효과적으로 그의 마음과 다른 사람과의 거리를 안전하게 유지할 수 있다.

폴라는 P.O.형의 사람이었지만, 내게서 따라다니는 죄는 P.I.였다. 내 아버지는 대부분의 시간 떨어져 계셨고, 온화하고 친절하셨지만 그럼에도 불구하고 시간이 갈수록 강한 모습과 함께 하는 모습을 거의 보여주지 않으셨다. 점차 나는 더 많은 책임을 떠맡게 되었다. 나는 어머니와 동생들을 위해 강해졌다. 정원과 마당, 젖소와 닭, 과수원과 애완동물을 돌보았다. 최근 열 살 아래의 남동생 프랭크(Frank)가, 대리 아버지인 내가 그를 남겨두고 대학 갔다는 이유로 나한테 화가 났다는 사실을 알게 된 것은 내게 충격이었다. 하지만 더 충격적인 사실은 아주 최근에, 나보다 네 살밖에 어리지 않은 여동생 마사 제인(Martha Jane)이 똑같은 이유로 내게 분노했다는 것을 알았을 때였다. 나는 부르짖었다. "세상에 주님, 어떻게 제가 그런 위치에 있었단 말입니까?" 나는 또 다시 아버지의 위치를 대신한 것을 회개하고 내 가족의 구세주로서의 자리를 사임했다.

하나님께서는 섬기고자 하는 보잘것없는 내 시도에 보상해 주시며 축복하셨다. 그러나 모든 동전에는 양면이 있다. 앞에서 열거한 모든 증상과 그보다 더한 것들이 내게 들어맞았다. 이제 주님은 나를 강박적인 섬김과 가정에서 쉬지 못하는 무능력으로부터 자유롭게 하고 계신다.

하나님께서는 우리 엘리야 하우스 사역을 사용하셔서 주님의 재림을 위해 주님의 가족이 준비되도록 돕기 원하신다. 그런데 가정의 머리가 되시는 주님의 능력에 대한 나의 (친아버지에 대한 불신을 투사하는 까닭에 발생하는) 신뢰부족이 죽기 전에는, 하나님의 주되심 혹은 아버지 되심을 불경하게 여긴 것이기에 나의 섬김에 오점이 남을 수밖에 없었다. (그래서 하나님은 나를 다루신다.)

내가 상담한 한 사업가는 최근에야 그가 수고하는 원인을 분별하기 시작했다. 그의 아버지는 음주가에 도박가였다. 11살의 소년일 때 그는 가족을 위해 돈벌러 직장을 다녔다. 모든 면에서 그는 가족을 후원하려 했다. 그 이후로 그는 모든 사람, 즉 고용인, 친구들, 아내, 자식, 교회, 하나님, 그 누구든지, 그리고 모든 것을 강박적으로 돌봐야 했다. 그는 길에 있는 모든 펑크 난 타이어와 문제 거리에 대해 강박적인 선한 사마리아인이 되었다. 그는 자신을 위해 무언가를 산다거나 즐길 때마다 과도한 죄책감이 들었다. 가족을 살리기 위해 모든 것을 주어야 한다는 것이 소년기에 그 안에 자리잡았다. 이제 그는 이런 노력을 멈출 수 없었다. 가족과 다른 모든 사람들이 스스로를 돌볼 수 있고 돌봐야 하는 데도 불구하고 말이다.

설상가상으로 그의 어머니는 오랫동안 단순히 죄책감을 줌으로 그를 통제하고 불필요한 일을 하게끔 하는 법을 알고 계셨다. 그는 아버지처럼 섬기는데 실패하지 않으려고 무엇이든 시키는 대로 했다. 직장 고용인들은 그에게 평균보다 높은 월급을 얻어내면서도 감사히 여기지도 않고 그가 터무니없는 약속이라도 하지 않으면 그를 공격했다. 최근에야 그는 세상을 어깨에 짊어질 필요가 없음을 알게 되었다. P.I.형의 사람은 우주의 총지배인의 자리에서 사임해야 한다는 것을 되풀이해서 들을 필요가 있다. 그리고 기쁘지만 유감스럽게도 어쨌든 하나님께서 그들의 도움이 없이도 잘 꾸려 가신다는 것도 덧붙여서 들을 필요가 있다.

P.I.형인 사람은 내가 그랬듯이, 다른 형제들과의 관계에서 잘못된 위치에 선다. 그것은 올바른 관계를 침해하고 방해한다. 누군가 그 일을 해야 한다는 말에는 신경 쓰지 마라. 바른 사람에 의해 된 일이 아닌 것의 다른 면은 손해이다.

다시 말하지만 해결책은 회개와 용서이다. 예수님의 보혈이 내면의 아이의 마음에 있는 원망을 씻어 주신다. 예수님의 온전한 사랑이 과도하게 수고하도록 부추기는 숨은 두려움을 쫓아내신다. 십자가는 결과적으로 생긴 구조들, 즉 바쁘게 지내기, 순교자인체 하며 혼자 고생하기, 통제하기, 다른 사람 무시하기 등의 구조들의 죽음을 가져온다. 이 모든 구조들은 하나씩 하나씩 인식하고 다루어져야 하고, 혹은 깊은 원뿌리를 다루어 그 구조들이 죽거나 말라버리게 한다. 성부 하나님의 임재가 지치고 불신하는 마음을 치유하고 회복시키신다.

하지만 부모의 전도에는 두 번째로 더 혼란스럽고 해를 끼치는 상황이 생긴다. 때때로 부모 중 한 분이 그 역할에 실패하거나 집에 계시지 않을 때에, 자녀 중 하나(통상 반대의 성별을 가진 가장 나이 많은 자녀)가 빈 공간을 채운다. 아들이 생계를 맡는다. 아들은 어머니의 막역한 친구, 혹은 기댈 힘이 된다. 그가 어린 동생들을 훈육한다. 요약하면 어느 정도 그는 아버지의 위치에서 가정을 꾸려나가기 시작한다. 이로 인해 또한 아들은 남편의 위치에 있게 된다. 잠자리를 같이하지 않는. 그렇지만 모자간에 의미와 배우자 감정의 미묘함이 밑바닥에서 흐른다. 어머니가 한 번도 아들을 향해 성적인 생각을 떠올리지 않았어도, 그는 그런 위치에 있다는 이유로 자극이 된다. 아들이 한 번도 어머니를 성적으로 생각지 않는다 해도, 그는 여전히 무의식적으로 다루기 힘든 감정과 자극을 꺼야 한다. 생각의 깊은 곳에서 말하지 않는 생각은 "이 분은 엄마야. 난 그런 식으로 생각하거나 느끼면 안돼."이다. 혹은 의식적으로 느끼고 의식적으로 거부할 수도 있다. 그 결과 움츠러들고 닫아버리는 성향이 그 마음 밑바닥의 통로에 자리하게 된다.

후에 그런 사람은, 책임지는 훈련을 받았고 아내의 힘이 되는 법을 배웠기에 모범 남편이 될 수 있지만, 갑자기 이상하게 아내와 성관계를 맺을 수가 없는 일이 발생할 수도 있다. 그는 발기부전이 아니라, 단지 자극이 안 된다. 무언가가 그를 가로막고 있고, 그는 그게 뭔지 상상이 안 된다. 장애물은 그 안에 장착된 끄는 기제(機制)로, 보통 아내가 어머니처럼 굴 때에 작동된다. 그러면 투사 및 동일시의 과정이 끄는 기제를 작동시킨다.

한 젊은이가 완전히 실망하고 당황하여 나를 찾아왔다. 그는 아름다운 아내를 사랑했고 성관계도 즐기고 채워짐도 발견했다. 그런데 이제 그는 아내를 접촉조차 할 수 없다. 그는 '아내를 지나치게 존경하는 것'에 관해 끊임없이 생각했지만, 그것은 성에 대한 자신의 생각이나 이전에 아내의 몸을 즐겼던 자유 그 어느 것과도 전혀 조화시킬 수 없었다. 알게 된 것은, 그가 사춘기에 접어들 무렵 그의 사랑하는 어머니가 이혼당했고, 그는 어머니를 위해 강해지고 그녀를 보호하려고 애썼다는 것이었다. 어머니의 아름다움도 그에게 영향을 주었다. 함께 이야기하면서 그는 자신의 감정을 꺼야했던 것을 기억할 수 있었다. 우리는 단순히 소년의 혼란스런 감정을 용서하고, 오래되고 더 이상 필요하지 않은 구조가 그를 붙잡는 것을 놓으라고 명령했으며, 어머니와 아내를 동일시한데에서 자유롭게 하였다. (남편과 함께) 그의 아내는 행복에 젖어 남편을 돌려준 것을 감사하는 편지를 내게 썼다. 그 방해물은 결코 돌아오지 않았다. 주님을 찬양하라.

같은 일이 다른 식으로 일어날 수 있다. 아내가 죽거나 병약해지거나 단지 역할을 못하는 상태일 수 있다. 딸은 집안청소, 시장보기, 요리, 빨래, 어린 동생을 돌보는 일을 포함하여 필요한 일은 뭐든지 뛰어들어 한다. 이제 그녀는 배우자의 위치에 있고, 동일한 혼란스럽고 무의식적인 감정을 갖게 되고, 동일한 결과가 생긴다. 아니면 성의 교차가 일어나지 않고 단지 딸이 아버지의 위치를 맡아 어머니를 돕거나, 아들이 어머니의 위치에서 아버지를 돕는다. 혼란은 여전히 산재한다. 왜냐하면 각각의 경우 어린이나 십대로서 그들에게 자연스럽지 않은 위치에서 행동하고 있기 때문이다. 소녀가 지나치게 남성스러워지거나, 혹은 최소한 그렇게 가정을 꾸리도록 배워서 후에 자기 남편이 가정의 머리가 되도록 하는 데에 어려움을 갖게 된다. 아니면 소년이 아내 같은 역할을 배우고 무의식적으로 그런 역할을 추구하는 나머지, 나중에는 그것이 아내에게 혼란스러우면서도 매력이 있어서 아내로 공허한 권위자의 역할을 하도록 만든다. 이런 일들은, 성인의 생각을 넘어 내면의 어린아이에 이르기까지 사역해야 한다는 것을 잊지 않은 한 일단 찾으면 이에 대해 쉽게 기도할 수 있다.

그리고 나면 각 사람은 옛 틀을 깨뜨리고 그리스도 안에서 새로운 정체성을 찾으면 내면에 이를 세우는데 있어 도움을 받아야 한다. 그는 새로운 자아를 세우려고 하기보다는 옛 것에서 부활한 새로운 정체성을 발견하고 기뻐하는 것이다. 그리고 하나님께서 자신을 새롭게 하시고, 처음이자 가장 깊은 상처인 아버지를 잘 믿지 못함을 치유하심에 감사하고 찬양드린다.

부모의 전도와 대리 배우자의 개념들은 단순하다. 우리는 어떻게 그러한 성향이 마음에 형성되는지 쉽게 알 수 있다. 일단 완전히 형성되면, 이를 극복하기란 그리 쉽지 않다. 여기에서 다시 내담자는 자신의 치유를 위해 굳게 붙잡아야 한다.

P.I.는 미워하기 힘든 죄이다. 문제는 이것이 삶에 대한 가장 고상한 정의가 되었다는 점이다. 삶의 온전한 목적이 이 안에 들어있고, 성경적으로도 수천 번 정당화된다. "사람이 친구를 위하여 자기 목숨을 버리면 이에서 더 큰 사랑이 없나니"(요 15:13)와 같은 말씀은 어떠한가? 또 다른 말씀이 인용될 수 있다.

이에 의인들이 대답하여 가로되 "주여 우리가 어느 때에 주의 주리신 것을 보고 공궤하였으며, 목마르신 것을 보고 마시게 하였나이까? 어느 때에 나그네 되신 것을 보고 영접하였으며, 벗으신 것을 보고 옷 입혔나이까? 어느 때에 병드신 것이나 옥에 갇히신 것을 보고 가서 뵈었나이까?" 하리니, 임금이 대답하여 가라사대 "내가 진실로 너희에게 이르노니, 너희가 여기 내 형제 중에 지극히 작은 자 하나에게 한 것이 곧 내게 한 것이니라 하시고"(마 25:37-40)

자신의 부모님보다 더 합당하게 대접받을 만한 소자가 누구겠는가? 인생 전부를 섬기는데 헌신해왔다. 이것을 죄라고 보기가 얼마나 어려운지. 그러므로 가능한 분명하게 하자. 우리의 섬김은 그른 것이 아니다. 결코 그렇지 않다. 하나님께서는 우리의 섬김에 대해 보상해주길 원하신다. 하지만 섬김의 동기가 순수하지 않았다. 그 불순물로 인해 어떤 섬김은 도움보다는 더 큰 해를 끼쳤다. 주님께서는 그 잘못된 동기를 죽음에 처하라고 부르신다. 그것은 좋은 죽음인데, 이는 우리가 십중팔구 섬기는 것을 절대 중단하지 않을 것이기 때문이다. 하나님께서는 우리가 이렇게 하는 것(잘못된 동기를 죽음에 처하는 것)을 아주 좋아하신다. "너희가 나의 명하는 대로 행하면 곧 나의 친구라"(요 15:14). "예수께서 대답하여 가라사대 '사람이 나를 사랑하면 내 말을 지키리니, 내 아버지께서 저를 사랑하실 것이요, 우리가 저에게 와서 거처를 저와 함께 하리라'"(요 14:23). 우리의 죽음이란 우리의 섬김에서 육신의 부패함이 죽고 사라짐을 뜻한다(벧전 1:24). 수고가 죽으면 우리의 행위를 장려하기도 하고 억제하기도 하는 주체는 육체의 요구가 아니라 성령님이 된다.

P.I.와 대리 배우자는 단지 태도만이 아니다. 그것은 습관구조이다. 기도하면 갈등이 일어나기 시작하겠지만 결말이 나지는 않는다. 우리는 생각없이 하는 습관적인 반응을 거듭 점검해야 한다. 여기에서 모든 상담자와 내담자가 겸손하게 되기를 간청한다. P.I.습관의 양상은 담당 상담자 이외의 다른 사람에 의해 드러날 수도 있다. 상담자는 이 말씀을 붙들어야 한다. "나는 심었고 아볼로는 물을 주었으되 오직 하나님은 자라나게 하셨나니 그런즉 심는 이나 물주는 이는 아무것도 아니로되 오직 자라나게 하시는 하나님뿐이니라 심는 이와 물주는 이가 일반이나 각각 자기의 일하는 대로 자기의 상을 받으리라"(고전 3:6-8).

어떤 상담자도 알아가는 전체의 과정을 자신의 상담 덕분이라고 해서는 안 된다. 아무리 자신이 지혜로워서 주요한 안내자가 되길 원한다 해도 말이다. 교회 전체를 통해서 가르치고 꾸짖고 교정하고 상담하시는 이는 성령이시다. 이 충고는 P.I.인 사람을 상담할 때만이 아니라 모든 상담에 적용되지만 여기에서 언급하는 이유는, 어떤 상담자는 자신이 P.I.로 고생하고 있기 때문이다. 상담의 모든 과정을 한 상담자 덕분으로 돌리는 것은 P.I. 유형의 상담자가 가장 할만한 바로 그 일이다.

내담자는 친구의 잦은 충고와 견책을 기꺼이 들어야 한다. "오직 사랑 안에서 참된 것을 하여 범사에 그에게까지 자랄지라 그는 머리니 곧 그리스도라"(엡 4:15). 아무도 꾸지람을 듣고 싶어하지 않지만, 성경은 이에 관해 분명히 말하고 있다. "도를 배반하는 자는 엄한 징계를 받을 것이요 견책을 싫어하는 자는 죽을 것이니라"(잠 15:10). "훈계를 지키는 자는 생명 길로 행하여도 징계를 버리는 자는 그릇 가느니라"(잠 10:17).

"훈계를 좋아하는 자는 지식을 좋아하나니 징계를 싫어하는 자는 짐승과 같으니라"(잠 12:1). "훈계를 저버리는 자에게는 궁핍과 수욕이 이르거니와 경계를 지키는 자는 존영을 얻느니라"(잠 13:18).

어렸을 때 나(존)는 인두와 편도선이 부어서 입으로 숨쉬는 버릇이 생겼다. 일곱 살에 편도선 수술을 해서 코로 숨을 쉴 수 있게 되었지만 입으로 숨쉬는 버릇은 오래갔다. 아버지는 모든 가족들에게 지시를 내려 나에게 계속 "재키야, 입을 닫아라."라고 말하게 하셨다. 그리고 아버지는 내게 절대 가족들에게 화를 내지 말고, 그 말을 사랑으로 고마워하며 받아들이라고 명하셨다. 가족들은 매일매일 그렇게 했고, 결국 내 버릇은 없어졌다. 더욱 중요한 것은, 그들의 지속적인 교정 덕분에 형제들의 꾸지람을 나를 위한 좋은 의도를 가진 사랑으로 고마워하고 받아들일 수 있는 능력이 내 안에 형성되었다. 그러한 이유로 주님은 나에게 질책하는 형제들을 주시는 은총을 내리셨다. 그들은 질책이 좋은 일을 한다고 항상 느끼진 않았겠지만, 나는 한 번도 그것 때문에 형제들에게 화가 나거나 미움이 생긴 적이 없었다. 그러한 어릴 적 경험으로 인해 나는 징계와 징계하는 이를 사랑하는 법을 배웠다. "교만한 자를 책망하지 말라 그가 너를 미워할까 두려우니라. 지혜 있는 자를 책망하라 그가 너를 사랑하리라"(잠 9:8). 그 능력은 P.I.로 고생하는 사람에게는 필수적이다. 만약 우리가 지나치게 행하면서 형제자매를 깔아뭉갤 때 형제자매가 그 사실을 우리가 알게 하는 것에 자유롭지 않다면, 아마 그들은 우리에게 충분히 진리를 말하지 않을 것이고, 우리는 습관을 깨뜨리지 못할 것이다. 자명하게 잘못하는 사람을 꾸짖는 것도 참 어려운데, 하물며 도와주려고 하는 사람을 징계하는 것은 얼마나 어려운 일인가. 진정 "친구의 통책은 충성에서 말미암은 것이나 원수의 자주 입맞춤은 거짓에서 난 것이니라"(잠 27:6).

요약하면 P.I.와 대리 배우자는 육신의 습관(골 3:9)이지만, 주님께서는 이에 대해 그 무엇보다 훨씬 더 불쌍히 여기신다. 교정되는 것이 보상받는 일이다. 하나님께서는 우리를 자유케 하길 원하신다. 그분은 우리를 축복하기 원하신다. 그러므로 자유란, 성령께서 (어쩌면 이전보다 더 적극적일 수 있지만) 조용히 우리를 통해 섬기시면서도, 점검할 부분을 관찰하고 축복의 방법으로 섬길 수 있는 지혜를 우리에게 주시는 것을 말한다.

제 5 절
십대와 결혼

제 18 장 개별화와 부르심에 대한 불안

Individuation and Destiny Malaise

천하에 범사가 기한이 있고 모든 목적이 이룰 때가 있나니

날 때가 있고 죽을 때가 있으며

심을 때가 있고 심은 것을 뽑을 때가 있으며,

죽일 때가 있고 치료시킬 때가 있으며

헐 때가 있고 세울 때가 있으며,

울 때가 있고 웃을 때가 있으며

슬퍼할 때가 있고 춤출 때가 있으며,

돌을 던져 버릴 때가 있고 돌을 거둘 때가 있으며

안을 때가 있고 안는 일을 멀리 할 때가 있으며,

찾을 때가 있고 잃을 때가 있으며

지킬 때가 있고 버릴 때가 있으며,

찢을 때가 있고 꿰맬 때가 있으며

잠잠할 때가 있고 말할 때가 있으며,

아들아, 네가 주님을 섬기려면 스스로 시련에 대비하여라. 네 마음을 곧게 가져 동요하지 말며 역경에 처해서도 당황하지 말아라. 영광스러운 마지막 날을 맞이하기 위하여 주님께 매달려, 떨어지지 말아라. 어떠한 일이 닥치더라도 기꺼이 받아들이고 네 처지가 불행하게 되더라도 참고 견디어라. 실로 황금은 불 속에서 단련되고 사람은 굴욕의 화덕에서 단련되어 하나님을 기쁘게 한다. 네가 주님을 신뢰하면 주님께서 너를 보살펴 주시리라. 주님께 희망을 두고 바른 길을 가거라. (시라크 2:1-6, 외경)

사랑할 때가 있고 미워할 때가 있으며

전쟁할 때가 있고 평화할 때가 있느니라. (전 3:1-8)

성숙하는데 배워야 할 두 가지 크고 상반되는 교훈이 있다. 하나는 개별화라고 불리는 것으로 자신을 형성시킨 모든 영향력으로부터 구별되어지고 자기 자신이 되는 것을 말한다. 다른 하나는 사회화로 공동체적인 사람이 되는 것이다. 성숙의 정의 중 하나는 '나에게, 내 자신이, 내가' 만 생각하지 않고 '우리' 라는 용어로 생각하길 배우는 것이다. 이 두 가지 과업이 서로 교차하며 격하게 충돌한다. 그리고 둘 다 십대에 다루어야 할 당면 과업이다.

어떻게 십대가 (영향력에서) 빠져나와 자기 자신이 되면서도 여전히 가족의 일원이 될 수 있을까? 13세에서 15세의 기간에는, 부모님이 때때로 그를 아직 열 살인양 취급하고 전통적인 가족에 대한 충성과 활동을 시작하길 기대한다. 그의 귀에는 다른 고수가 북을 격렬하게 두드리는데 말이다. 그의 속뼈가 독자성을 부르짖는 바로 18세에는 대학 동아리가 극성스럽게 공동체성을 요구한다. 19세에서 21세에 그가 독립적이 되면 바로 자신의 전 존재(유전자들과 체액들)가 자신을 배우자와 연합시키는 일(그래서 공동체가 되는 일)을 시작한다.

개별화되지 않으면 건강하게 사회적일 수 없다. 우리는 인정받는 또래 역할을 흉내내고자 자기 자신이길 포기하거나, 다른 모든 사람들이 이렇게 되어야 한다고 떠들어댄다. 오직 완전히 자유로운 개인만이 집단에 자신을 내어주기에 필요한 것을 갖고 있는데, 이는 건강하게 주고받는 관계를 수용하는 것을 일컫는다.

십대는 사회의 일원이 되기 전에 두 가지 중요한 과업이 있다. 첫째는 개별화인데, 이는 자신을 형성한 모든 것과 모든 사람들로부터 끊어지는 것을 말한다. 자신을 낳아주고 먹여주고 재워주고 옷 입히고 가르치고 연단하고 사랑을 주신 모든 사람들로부터 말이다. 둘째, 그는 내면화해야 한다. 자신의 삶의 모든 것은 그의 외부의 다른 사람으로부터 그에게 주어진 것이다. 어느 것도 아직 내면에서 충분히 자기 것이 되지 못했다. 그는 많은 재물을 '소유' 할 수 있고, 그의 가족은 그의 것이다. 그렇게 가족이 소유한 것이 다 그에게 주어지고 그가 만든 것이 아니며 그가 성인으로서 내면에서 원한 것도 아닌 까닭에, 부모가 그의 기분이 어떨지를 헤아리지 못하면서 "우리의 것은 모두 네 것이다"라고 말씀하실 수 있다. 그는 이제 부모(와 선생들)의 모든 가르침과 모범을 깊이 숙고하면서 손가락을 데기도 하고 왜 법이 있으며 인생이 무엇인지를 스스로 알아내야 한다. 지혜와 분별, 도덕과 믿음, 목적과 야망, 버릇과 관습, 교제와 기쁨 등 모든 것은 스스로의 사고방식과 감정, 내적으로 씨름하는 고통스런 과정을 통해 자신의 것이 되어야 한다. 그렇게 하는 데에는 지름길도, 쉬운 방법도 없다. 개별화와 내면화는 성인이 되는데 있어 지나가거나 아니면 실패하는 스킬라와 카리브리스이다.

개별화는 십대에 시작되지 않는다. 십대에 최고조에 달한다. 개별화는 태중에서 태아 세포가 엄마가 아닌 자기만의 존재가 되면서 형성되는 순간에 시작한다. 태아의 세포가 다시 흡수되어버리면 새로운 생명은 시작되지 않는 법이다. 개별화는 생명의 대가이다. 출생은 개별화가 진전된 것을 의미한다. 탯줄을 끊는 것은 유기적으로 독립적인 존재이길 강요하는 것이다. 젖떼기, 안겨 다니지 않고 걷게 되기, 말 배우기, 변기사용법 배우기 등의 모든 과업은 개별화를 이루는 단계들이다. 이 중 하나라도 이루지 못하면 의존적인 사람으로 격하되고 감정적으로 탯줄에 다시 연결된다.

개별화는 먼저 외적으로 성취된 후 안에서 이루어진다. 신체적인 개별화가 먼저 이루어지고나서 정신적 개별화가 이루어진다. 최종적으로 감정적, 도덕적으로 개별화되고 영적인 개별화가 이루어진다. 출생과 젖떼기는 유기적인 의존을 단절하기 시작하는 것이다. 걷기, 수저다루기, 혼자 옷 입기 등의 학습은 신체적 의존을 더욱 끊는다. 그러나 유아기를 한참 지나서도 우리는 신체적으로 뿐만 아니라 감정적으로 또 정신적으로 의존적으로 남아 있다. 취학으로 인해 정신적인 젖떼기의 과정과 감정적인 개별화의 시작이 일어난다. 그러나 이는 시작일 뿐이다. 도덕성과 영성은 여전히 미숙하고 형성되는 의존적인 상태이다. 주일학교나 공교육, 시험과 훈육, 교회출석, 또래생활 등의 각 단계는 내면적인 개별화가 한층 더 이루어지도록 한다.

마치 오랫동안 부글부글 끓어오른 화산이 폭발하듯 십대기간에 개별화가 최고조에 이른다. 보통 문제를 일으키는 것은 양쪽에서의 압박 때문이다. 한편으로는 부모가 십대를 다루기에 준비가 안 되었거나 자녀가 그럴 나이라는 것을 인정조차 못할 수 있다. 내면에서 무슨 일이 일어나는지 모르고 모든 행동의 변화를 끔찍한 것으로 여겨 나사를 조임으로써 고쳐야 할 필요가 있다고 생각할 수 있다. 다른 한편에서는 대부분의 십대가 언행이 일치하지 않아서이다. 젊은이는 한 순간에는 책임감 있고 예민하다가도 그 다음 순간에는 완전히 이기적이고 무책임해진다. 세상에 용감히 맞서길 원하다가도 다음 순간에는 반쯤 모태 안으로 도망쳐버린다. 교육받지 않으면 보통 부모나 십대 둘다 무슨 일이 일어나고 있는지 모른다. 잠재의식의 힘이 압박하는데 옛날 방식은 더 이상 이 새로운 충동을 담아낼 수 없다. 충동적으로 하다가 거절당하거나 아니면 그러지 않고 억눌러버린다. 대화하려는 시도로 문을 때려 부수지만 빈 방일 뿐이다. 부모도 십대도 더 이상 그 자리에 있지 않으며, 양쪽 다 깨닫지 못하고 있다.

십대의 개별화는 십대에게 모든 것을 준 가장 사랑하는 사람이 이제 문제거리가 된다는 사실 때문에 더욱 어렵다! 아무리 부모가 지혜롭게 이해하고 십대로 하여금 뭐라도 시도하게 하더라도, 이제는 부모의 사랑, 부모의 함께 함, 부모의 생각이 자기 자신을 발견해가는 내면화라는 두 번째 과업에 방해가 된다. 우리는, 부모가 주더라도 때론 우리가 다시 어린아이로 폄하된 듯하거나 발견의 모험을 빼앗기는 듯한 바로 그 순간에는, 우리가 사랑하고 존경하며 보다 적절히 말하자면, 우리에게 필요한 승인을 해줄 바로 그 사람들과 대항하여 서야 한다.

누가복음 15장의 돌아온 탕자는 우리 모두 설교를 들었듯이 틀림없는 죄인이지만, 그를 위해 한 가지는 말할 필요가 있다. 가족의 재산 중에서 자기 분깃을 달라고 하는 것은 자기 아버지가 곧 죽기를 바라는 것과 마찬가지이지만, 최소한 그는 모든 십대가 해야 할 일, 즉 개별화와 내면화를 위해 자기 것을 챙기는 일을 하고 있는 것이다. 대가는 그의 모든 재산이었다(어쩌면 더 쉽게 배울 수 있었으련만). 그러나 그의 아버지가 손에 권위를 상징하는 가락지를 끼우고 어깨에 권위의 옷을 입힌 것(눅 15:22)은 관대함의 표현만은 아니다. 그의 아버지는 그가 이제 주체적인 성인이 되었음을 안 것이다. 그는 이제 통치할 자격이 있다. 경험 있는 상담자라면 누구나 맏아들의 말을 듣고 그가 개별화되지 못한 아이라는 것을 쉽게 알 수 있다.

> 아버지께 대답하여 가로되 "내가 여러 해 아버지를 섬겨 명을 어김이 없거늘, 내게는 염소 새끼라도 주어 나와 내 벗으로 즐기게 하신 일이 없더니, 아버지의 살림을 창기와 함께 먹어 버린 이 아들이 돌아오매 이를 위하여 살진 송아지를 잡으셨나이다." (눅15:29-30)

내면화란, 십대가 부모를 존경하고 부모의 도덕방식을 지키길 원하더라도, 그냥 그렇게 해선 안 되며 그렇지 않으면 자기 자신이 되지 못한다는 것을 뜻한다. 스스로 도덕기준을 조사하고 시험해 봐야 한다. 이제 그는, 오래전에 잊으셨겠지만 부모님도 자신의 방식을 조사하고 생각하셨던 그 내면화의 일을 해야 한다. 이는 단지 정신적인 과정만은 아니다.

이는 마치 내면 깊이에 있는 보이지 않는 영의 손가락으로 각각의 윤리법과 도덕법에 대해 그가 진정으로 이것들을 자기 것으로 삼고 싶은지를 시험해보며 만져보는 것과 같다. 만약 분명하게 보고 잡을 수 있다면 이 과업은 쉽다. 그러나 그는 그렇게 하지 못한다. 이는 필연적으로 '자꾸 놓치게 되는' 과정이다. 종종 상실의 고통처럼, 그의 진정한 마음이 어디에 있는지를 드러내주는 사건들이 일어나야 한다.

뒤늦게 성장한 나는 23세나 되는 늦은 나이에 신학교에서 여전히 어떤 것들에 대한 작업을 해가고 있었다. 내가 모든 것을 지나치게 정신적으로 생각하고 너무 통제하며 살아왔기에, 내 인생의 철학이 실제로 내 마음이 있는 것과 맞는지 아닌지를 확신하지 못한다는 사실과 씨름한 것이 기억난다. 나는 내 모든 생각이 현실에 닿아있지 않고 삶의 실제모습을 삐딱하게 보는 날아다니는 양탄자인 것처럼 느꼈다. 그 당시 나는 시카고 미드웨이 공항의 델타 C와 S 항공사에서 교대시간의 모든 항공기의 하역을 담당하는 야간교대 감독으로 일하고 있었다. 나는 승무원들이 가장 효율적으로 일하도록 승무원들을 조직하고 있었지만, 계속 내 마음이 정말 어디에 있는지 내 반응을 통해 알기위해 무언가 완전히 내 통제 밖의 일이 일어나길 원한다는 생각을 계속했다.

그런데 게으르고 비효율적이며 입이 거친 아치벙커 같은 사람이 내 수하로 들어왔다. 어떤 명령이 주어져도, 아무리 친절하게 말해도, 그는 음탕한 말을 토해내고 할 일을 하지 못했다. 상사는 그를 해고하려 하지 않았다. 그의 밉상스럽고 게으른 태도는 승무원들의 평정심을 잃게 했다. 어느 날 밤 그가 큰 실수를 해서 내가 호되게 말했다. 그는 나를 한방 먹이려들었지만 나를 치진 못하고 내 안경을 떨어뜨렸다. 여전히 참으면서 나는 그에게 만약 안경이 깨졌다면(한 승무원이 프로펠러 바람에 굴러가는 안경을 좇아가고 있었다) 값을 내도록 할 거라고 침착하게 말했다. 내 말은 이를 보고하고 그 값을 그의 봉급에서 깎을 것(그 당시의 관행이었다)이라는 뜻이었다. 승객들이 비행기에서 내리고 있는데, 그는 이를 결투신청으로 받아들이고 결코 내가 싸움의 장소로 택하지 않을 곳인 이동 트랩 위에서 모두가 지켜보는데 내게 주먹을 휘둘렀다.

그래서 나는 통제력을 잃어버렸다. 그가 250 파운드(113 kg)나 나갔지만, 분노로 꽉 차서 생각 없이, 당시 나는 역도 선수였기에 주먹에 맞지 않으려고 머리를 숙이고 그의 허리를 잡아 들어서 차도로 내리쳤다. 그에게 걸터앉아 두 손목을 왼손으로 잡아 꼼짝 못하게 붙잡고 꽉 쥔 손으로 얼굴을 후려치겠다고 소리 질렀다. 그런데 그때 깊은 샘으로부터 성경말씀과 연민의 감정이 내 생각에 쏟아졌다. 그래서 나는 사실상 더 나쁜 일을 했다. 부드럽게 턱밑을 건드리면서 그를 애기라고 불렀다!

그 경험으로 인해 내 생각이 마음에 자리잡게 되었다. 이는 내 실체의 일부를 얘기해 준 것이다. 나는 미워할 수 있다. 죽이고 싶어 할 수 있다. 나는 무자비한 정도보다 더 나쁠 수 있다. 나는 통제력을 잃어버릴 수 있다. 하지만 생각보다 깊은 다른 부분에서는 친절하기로 하고 그렇게 있을 수 있었고, 반면에 다른 부분은 그것조차 잔인하게 만들 수 있었다. 이 모든 것으로부터, 내가 주님의 말씀을 원하는 것이 외적인 것이 아님을 알 수 있었다. 위기의 순간에 깊은 내면으로부터 말씀이 내 생각에 물밀듯이 흘러 넘쳤다. 내가 선택한 것으로 말이다.

젊은이들에겐 그런 경험이 많다. (아버지의 새 자동차를) 사고 낸다든지, 지나치게 성적인 탐험을 한다든지, 법의 그늘진 곳에서 길거리의 또래와 어울려 탈선행위를 하는 등. 버림받고 외로움을 경험하든지 긍휼과 신뢰를 경험하든지 간에, 젊은이들은 그런 경험들을 모든 자기 생각과 감정을 갈아 회개와 변화의 가루로 만드는 방앗간으로 삼을 수 있다. 자신의 실체를 발견하고 성인으로서의 삶을 살기 시작할 수 있다.

그러나 부모가 십대의 잘못된 행동을 듣고 복수의 사자처럼 찾아가 바로잡고자 한다면, 부모는 그에게서 발견의 모험을 앗아가는 것이다. 그는 어쩔 수 없이, 자기의 실체를 발견하고 제정신으로 돌아오게 하는 데 사용될 수 있는 바로 그것을 변명할 수밖에 없다. 그러면 그는 불행하게도 자기 자신을 찾고자, 부모가 미리 선점하지 않은 영역을 찾으려고 더 나락으로 빠져들어야 한다. 언쟁이 반복되면 그는 반항심에서 부모(나 누군가)가 그를 그렇게 심하게 몰지 않았더라면 절대 가지 않았을 길의 늪에 빠져 버린다.

개별화와 내면화에는 용기가 필요하다. 강건한 영(엡 3:16)을 가진 사람은 할 수 있지만 그렇지 않은 사람은 못한다. 우리는 우리의 속사람이 원할 때 자기만의 시간표에 맞춰 개별화해야지, 그렇지 않으면 위험 부담을 안고 나중에 하거나 전혀 못할 수 있다. 내면화하거나 개별화하지 않은 채 너무 빨리 아버지의 집에서 이사나와 남편 밑에 들어간 후에 우리를 찾아오는 젊은 여성들이 아주 많다. 이제 그들에게 갈망이 있지만, 아내로서의 의무와 부모에 대한 의무로 인해 (내면화나 개별화가) 제지당한다. 그런 여성들은 이전에 이루어졌어야 했던 것을 이루기위한 공간과 시간을 쉽게 찾을 수 없다.

사회화와 개별화는 인생에 걸쳐 우선순위와 중요성이 서로 교차하며 엮어가는 과업이다. 각 단계는 적당한 시기에 성취되어야 한다. 그리고 앞의 과업이 성공적으로 완수되지 않으면 그 다음의 개별화나 사회화는 시작될 수 없다. 태어나자마자 생기는 처음 필요는 사회의 일원이 되길 배우는 것이다. 아이의 정신 연령 1기는 기본적 신뢰를 배우는 데 소요된다. 기본적 신뢰란 성인이 되었을 때 사회생활을 가능하게 하는 기본적인 기초 요소(building block)이다. 아기는 자신의 영을 열어 타인에게 흘러 들어가게 하고 타인을 자신 안에 받아들이길 배워야 한다. 그는 상처를 받음에도 불구하고 타인에게 맘을 여는 능력을 배워야 한다.

또한 사회화에 이르는 첫 번째 기초 요소로서의 기본적 신뢰는, "아니요"라고 말할 수 있는 개별화라는 다음 단계를 위해 절대적인 필수요건이다. 만약 두 살배기 아이가 기본적 신뢰라는 사회화 과업을 완수하지 않았다면, 그는 결코 개별화라는 다음 과업을 완수할 수 없다(책 '크리스천 가정의 회복'에서 제1장 '우리 가운데 일어나는 마귀'를 보라). 두 살 배기가 자신이 살아남기 위한 모든 것을 제공하는 어른들에게 아니라고 말하는 데에는 용기가 필요하다. 아니오라고 말하는 것은 "나는 당신이 아니에요." "당신은 내가 아닙니다" "나는 나에요"라고 하는 개별화의 기술을 익히는 것이다.

사회화(기본적 신뢰의 형성)하는데 실패해서 (아니라고 말하는) 개별화에 성공하지 못하면 사회화의 다음 과목인 또래 시기, 즉 남들 곁에서 놀기보다는 함께 어울려 노는 시기의 단계로 나아가지 못한다. 그러면 그는 지배와 통제를 하든지, 아니면 순순히 또래가 하자는 대로 따라하든지 하게 된다. 또래에게 제대로 예 또는 아니오를 말할 수 없다. 그는 통제하든지 아니면 통제 당하든지 한다.

(위에 인용한) 전도서 3장 말씀에 범사에 때가 있다고 한 것은 사물을

사고하는 즐거움만 주는 철학적인 연습에 불과한 것이 아니다. 인간(실제로는 모든 생명체)이 성장하는 원리를 묘사한 것이기도 하다. 그 원리란 모든 것에는 주님의 지혜로 말미암아 순서대로 발달해야 할 정해진 때가 있다는 것이다. 제 때에 그 과업을 완수하지 않으면 고장이 나고 어려움에 빠진다! 어쩌면 이런 이유로 예수님이 무화과나무를 저주하셨을 수 있다(마 21장, 눅 11장, 막 13장). 제 철보다 일찍 과실을 맺을 외관을 갖추었음에도 과실이 없었다. 이 무화과 나무는 제 철도 아니고 어울리지도 않으며 아무 것도 맺지 못하는 나쁜 상태의 병든 나무였다.

정신 연령 1기에서 기본적 신뢰를 배우는데 실패한 아이는 이미 배웠어야 할 것을 나중에 이루고자 뒤늦게 제자리가 아닌 곳에서 애쓴다. 어떤 선생님이 2, 3, 4, 5살 난 아기에게 적당한 사회 기술을 배우지 못한 미성숙한 7, 8살짜리 아이들을 불쌍히 여기고 도와주려고 애쓰지 않겠는가? "제 때 순서대로 배우지 못한 것은 어려움을 겪으면서 잘못된 순서로 배우게 될 것이다." 이 원리에는 엄격하고 예외가 없다. 엄마와 개별화되지 않은 남자는, 후에 대개 많은 갈등을 겪으면서 (엄마와 관계를) 끊고 자유롭게 되지 않는 한, 아내와 한 몸이 될 수 없다. 인생 초창기에 아버지와 건강하게 하나 되지 않았던 여인은 십대에 완전하게 아버지로부터 개별화할 수 없고 나중에 남편과 완전하게 하나될 수 없다. 그러나 그것을 배우려면 뒤늦게 뒤바뀐 순서로 어렵게 배우게 된다.

크리스천 상담자는 언젠가는 무엇이 제 때와 제 자리가 아닌지를 알아내는 탐정처럼 훈련받는다. 무엇이 어울리지 않는지 알게 된다. 그가 하나님이 계획하신 성장의 순서를 이해한다면 제 자리에 있지 않고 조화롭지 않은 것을 감지할 수 있고 그것이 무언지 찾기 시작한다. 천문학자들은 어느 행성들의 궤도에서 불규칙성, 즉 조화롭지 않는 것을 궁금해하다가 무언가가 무질서를 일으킨다고 추정하고 미지의 행성이 발견될 때까지 찾다가 새로운 행성을 발견한다(한 예로 명왕성이 그렇다). 이처럼 성장의 정상 궤도를 이해하는 상담자는, 제자리에 있지 않고 때와 순서에도 맞지 않은 것을 보고, 과거의 어디선가 무슨 범죄 상황이 있어 성장이 방해받았다고 감지해 낼 수 있다. 이를 분명하게 발견하기만 하면 된다(엡 5:13).

한 남자가 찾아와 자기 아내가 떠나려 한다고 했다. 그는 전국적으로 알려진 미디어 선교를 이끌고 있었고, 아내는 목사의 딸로 엄한 아버지의 밑에 있다가 일찌기 유명한 남편의 의로운 삶의 방식으로 옮겨왔다. 그녀는 삼십이 넘은 지금에야 십대에 거절당했던 모든 것을 하길 원했다. 그녀는 자신이 담배 피우고 술 마시고, 데이트하고 춤추길 원한다고 생각했다. 남편이나 남편의 직장, 자녀들이 자기 인생의 감옥으로 보였다. 친구들은 그녀가 욕망의 귀신에 시달린다고 보고 그것을 위해 기도했다. 하지만 욕망은 작은 요소에 불과했다. 내면화와 개별화가 삼십이 넘은 여인에게, 열다섯 살에서 스무 살에 했어야 할 일을 지금 하라고 극성스럽게 요구하고 있는 것이었다.

신실한 이들의 기도는 그녀를 완전히 놓쳐버렸다. 교회 친구들은 강제로, 그녀가 맞서서 대응하고 검증하고자 할 필요가 있는 바로 그 행동을 하게끔 했다. 상담자들은 호통치고, 그녀의 '선한 성품'이나 '하나님에 대한 사랑' 등 그들이 붙잡을 수 있다고 생각한 아무 실마리에나 호소했다. 그들은, 그녀가 맞서서 자신을 검증할 필요가 있는 아버지와 '체제'의 동일선상에 섬으로써 자신들을 그녀에게서 격리시킨다는 사실은 깨닫지 못했다. 그녀는 철저히 성취 지향적이어서 자신의 의문들을 실행에 옮길 수 있는 용납할 만한 방법을 찾을 수 없었다. 그녀에게 있어 이것은 모 아니면 도였다. 예수님과 도덕성이 같이 가던지, 아니면 죄의 쓰레기에 빠지던지. 이는 전혀 진정한 선택 사항들이 아니다! 자신의 내면의 움직임을 이해하지 못했기에 무엇이 자신을 몰고 가는지 이해하지 못했고, 담배 피우고 술 마시고 춤추는 사람들이 이전에 배웠던대로 자신이 생각한 도깨비가 아니라는 사실만은 볼 수 있었다. 만약 그렇게 하는 것(담배피고 술 마시고 춤추는 것)이 잘못이라면, 어쩌면 기독교 전체가 연극하는 게임에 불과한 것이 아닌가? 그녀는 이제 주위의 모든 사람들의 가면들과 그들이 연기한 역할들을 분명히 보기 시작할 수 있었다. 결국 그녀는 완전히 벗어나고 싶다고 결론을 내렸다.

불행히도 그녀 주위의 교회 지체 중에는 그녀가 실제로 무슨 과정을 겪는지 이해하는 사람이 없었다. 단지 귀신을 쫓아내거나 용납할 만한 역할로 돌아오도록 꾸짖기만 했다. 모든 것을 내팽개치고자하는 그녀의 필요는 실제로는 끊어버리고 자유롭게 되고자 함이었는데, 성취지향성의 함정으로 인해 지나친 반항이 되고 말았다. 이것을 그녀가 이해할 수 있게 도와주는 사람이 있었다면, 지혜롭게 후원하는 교회와 남편에게서 모든 것을 검증하고 시험하도록 허락받고 그렇게 할 수도 있었다. 결국 그녀는 남편과 이혼하고 고약한 죄에 빠져 제멋대로 산다.

내(존)가 초청받았다. 물론 너무 늦게. 내가 뭐라 얘기하든지 뭐라 행동하건 간에 상관없이 그녀는 내 시도를, 자신을 울타리에 끌어들이려는 또 다른 약삭빠른 계략으로 볼 뿐이었다. 사실 그녀에게 자녀가 있었으니 처음에 내가 그녀에게 어떻게 대할 수 있었겠는가? 나는 그녀에게 자기 자녀를 돌볼 책임을 저버릴 자유를 줄 수 없었다. 그녀에겐 그런 자유가 필요한 줄을 알면서도 말이다. 그녀가 자기 자신이 되고자 시도하려는 용기를 얻게 된 것으로 인해 하나님을 찬양하지만, 이렇게 된 것이 너무 늦었으니 얼마나 비극인가!

목하 전국에 걸쳐 성실한 어머니들이 갑자기 일상의 일을 내팽개치고 제멋대로의 삶을 택하고자 하는 유행이 있다. 어떤 아버지들도 가정을 저버렸다. 많은 경우에 있어 가장 큰 이유는 십대 개별화의 결여 때문인데 이로 인해 사회화에 실패한다. 결혼했지만 진정한 결혼이 뒤따르지 못했다.

이 글을 쓰면서 나(존)는 지금, 나한테 너무 늦게 상담을 받은 세 목사의 딸들을 생각하고 있다. 셋 다 남편을 떠나 제멋대로의 삶을 맛보고 지금은 이혼한 상태이다. 우리에겐 그들이나 그들의 결혼을 구할 수 있는 초기의 기회가 없었다. 셋 다 그들의 친척이나 친구, 교회가 그들이 욕망에 꾐을 받았다고 여겼다. 교회가 그들을 이해하지도 않았고, 그들이 자신들을 제대로 알지도 못했다. 세 사람 모두 교회가 일찍 알고 지혜롭게 사역했다면 구원받을 수 있었다.

늦은 개별화는 예방되거나 치유될 수 없고 또 그렇게 해서도 안 된다. 상담자는 긍휼과 자비로 이해하면서 조각들을 주울 준비를 하고 서있어야 한다. 무엇보다 우리 주님은 사람들을 성숙할 수 있도록 자유케 하시러 오셨다. 어쩌면 이것이 마태복음 10:34-36에 나오는 예수님의 비밀스런 말씀의 의미 중 하나일 수 있다.

내가 세상에 화평을 주러 온 줄로 생각지 말라 화평이 아니요 검을 주러 왔노라. 내가 온 것은 사람이 그 아비와, 딸이 어미와, 며느리가 시어

미와 불화하게 하려 함이니,

"그러나 누구든지 그를 영접한 사람들에게는 하나님의 아들들이 되는 권세를 주셨으니, 즉 그의 이름을 믿는 사람들에게니라"(요 1:12, 흠정). 그를 영접하는 자가 자동적이고 즉각적으로 하나님의 자녀가 된다고 말씀하지 않으셨다. 물론 어떤 의미에서 우리는 그렇게 된다. 하지만 사도 요한은 그보다 더한 어떤 것이라는 뜻으로 말한다. 그는 '되어가는 권세'를 말한다. 이는 과정을 말한다. 아들로서 그리스도 안에서 성숙해가는 과정이다.

우리가 앞으로 말할 것을 얼마나 조심해야 독자들이 우리 말을 받아들일 수 있을까? 예수님이 탕자와 첫째 아들을 비교하신 것은, 다른 의미도 있지만, 예수님이 항상 선한 것보다 그리스도 안의 성숙을 더 가치 있게 보신 것이라고 말할 수 있을까? 우리에게 두 자녀가 있다고 하자. 둘째는 여러 번 넘어지지만 결국에는 그런 경험을 통해 돌아와 지혜롭고 자유롭게 되었고, 첫째는 항상 착한 행동의 모델이 되어 주지만 늘 우리를 기쁘게 하기 위해 연극하기 때문에 진정한 모습이 아니어서 마음에서 나오는 웃음과 농담을 첫째와는 맘껏 나눌 수 없다. 어떤 아들에 대해 우리가 마음 편해할까? 누가 진정으로 아들이 되었는가? 연극하는 아들은 종으로 남아 우리를 기쁘게 하고자할 뿐이다. 둘째는 아들이 되었고, 둘째와는 깊은 친교를 가질 수 있는데 이는 연극하는 사람은 전혀 알 수 없는 친교이다.

우리가 죄를 옹호하는가? 전혀 그렇지 않다. 많은 젊은이들은 반항과 부도덕한 행위에 빠지지 않고도 개별화와 내면화를 할 수 있다.

그러나 우리가 말하고자 하는 바는 이것이다. 만약 다른 방법으로는 아이가 개별화할 수 없다면, 주님은 그가 연극하는 바리새인으로 남느니 차라리 반항하고 자기 자신이 되는 편이 더 낫다라고 하실 거라고 난 확신한다! 내가 믿기로 우리 주님은 십자가에서 아들들이 종이 되기보단 진정한 아들들이 되기 위한 대가를 치루셨다. 우리가 이글을 쓰는 것은, 잔소리하는 사람에게 멈추라고 조종(弔鐘)을 들려주고, 아직도 자녀들이 반항하고 있는 이들에게 소망과 믿음의 말을 전하고자함이다. 자녀들이 그렇게 하는 것이 다 나쁜 것은 아니고 부모가 뭔가 잘하고 있는 것인데, 그렇지 않았더라면 자녀는 뭔가를 시도하고자 하는 용기를 갖지 못했을 것이다.

부모와 상담자에게 전하는 말은 이것이다. 그들을 놓아주라. 놓아주는 것이 빨라지면 덜 반항하게 될 것이다. 관용하라는 말이 아니다. 규칙은 그대로 있어야 한다. 외면적으로는 불쌍히 여기고 이해하는 것으로 표현되는 내면에서의 놓아줌을 말하는 것이다.

개별화하는 사람에게 필요한 것은 신뢰이다. 이는 순응하고 착한 행동을 할 것이라고 진짜 믿고 "네가 착해질 거라고 믿는다."고 말하는 순진한 신뢰가 아니다. 이는 "네가 실수할 걸 알아. 넌 뭐가 뭔지 알아내야해. 난 하나님과 네 안에 있는 것이 이를 해낼 것이라고 믿어. 널 놓아 주지만, 사랑하고 네 옆에 서 있단다."라고 말하는 신뢰이다.

만약 자녀에게 십대가 되도록 도덕적 가치를 가르치지 않았다면 너무 늦었다. 교육의 시간은 태어나면서 12세까지이다. 물론 어떤 가르침은 계속될 수 있지만, 이는 부가적인 것에 불과하다. 기초석은 나중이 아니라 어린 시절 제 때 놓여져야 한다.

우리의 저서 '크리스천 가정의 회복'의 제5장 '아버지와 아들 딸'에서 부모가 십대를 어떻게 다루어야 하는지에 대해 썼다. 여기서 우리가 하려는 것은, 십대와 나중에 개별화하려는 사람들이 상담 받을 때 필요한 독특하고 특별한 상담 방법을 가르치는 것이다.

십대는 좀처럼 자기 스스로 상담 받으러 오지 않는다. 대개는 평소의 모습으로 돌아가라고 설득당하고 조정당할 것이라 생각하고는, 강요받아 꼼짝 못하고 뚱해서 찾아온다. 그들은 진솔하게 대하고 믿어주는 것이 아니면 무엇이든 저항할 준비가 되어있다. 보통 그들은 자기 자신에 대해서도 기겁을 하고 이에 대해서 얘기하길 원하지만, 동정이라는 감언에 속아 정신적 속박을 당할까 두려워 얘기하지 않기로 맘을 모질게 먹는다.

우리의 말은 이것이다. 함께 하라. 대항해 이기려 들지마라. 부모의 대리인이 되어 그들을 설득하려는 함정에서 빠져나오라. 나(존)은 대개 이렇게 질문하며 시작한다. "톰, 네가 여기 온 게 네가 원해서야 아니면 꼼짝 못한 채 온 거야?" 우리는 한동안 이에 대해 얘기한다. 나는 내가 그의 부모의 통제하는 손의 연장선 상에 있지 않음을 확신시키려 들지 않는다. 신뢰할 수 있는 자리는 얻어지는 것이지 광고해서 되는 것이 아니다. 그렇지 않으면 그는 '입바른 소리를 듣는다' 고 느낄 것이다.

성경에 십대(와 다른 사람들)를 위한 사역의 지침이 되는 원리가 있다. "우는 자들로 함께 울라"(롬 12:15b). 상담 받을 필요가 있는 반항하는 십대는 안에서 울고 있다. 대개 이를 인정하길 원치 않지만 말이다. 부모가 그들을 이해하지 못해서 마음이 아파 운다. 그들은 밖으로는 재미있게 산다고 주장하지만 실제로는 자기가 경멸하는 짓을 하고 있기 때문에 자기 자신에 대해 아프고 또 누군가 다른 사람에게 화낼 필요가 있다. 그래서 나는 그들과 함께 운다. 나는 이렇게 말한다. "네가 괜찮다면 나눌 얘기가 있단다." 그리고 개별화와 내면화에 대해 간단히 얘기하고는 "문제는 대부분의 부모가 이를 이해하지 못한다는 거지. 부모들은 어떻게 놓아줘야 하는지 몰라. 젊은이를 마치 여덟이나 열 살로 취급하고는 왜 그 젊은이가 화내는지 이해하지 못해서. 부모들은 네가 올바른 상식에 맞게 행동하리라고 믿지 않으시지. 그리곤 네가 한 번도 생각해 보지 않았을 것이라 여기고 뭘 하라고 명령하시는데 그게 어린애 취급하시는 것 같아 화가 나지." 이렇게 잠깐 얘기하면 십대는 보통 이렇게 내뱉는다. "그래요, 도대체 왜 엄만 날 내버려두지 않죠? 내참, 좀 늦게 집에 오는 게(머리가 긴 게, 이렇게 저렇게 하고 돌아다니는 게) 뭐가 잘못이에요?" 신뢰를 갖고 마음을 열기 시작한다. 난 부모의 입장을 변호하거나 부모에 대해 설명하려 들지 않는다. 계속 동정할 때이고, 이렇게 말한다. "그래, 부모님들은 그것도 못 참으시지?" 아니면, "그게 뭐 대단한지, 이상하지?" 이런 말들은 수문을 열고 불평과 나눔의 긴 시간을 가질 수 있게 한다. 상담자는 끼어들어 고치려하거나 조언하거나 설명하거나 변호하지 않고 듣기만 하기 위해 혀를 깨물어야 한다. 상담자가 부모를 배반한다고 느끼고 책임을 져야할 십대가 구실을 댈 수 있도록 상담자가 돕는 것은 아닌가 궁금해질 수 있다. 하지만 신뢰가 완전히 형성되고 '카타르시스'(모든 것을 배설하는 것)가 가능해지면 그제야 진정으로 오고 가는 대화가 시작될 수 있다. 그 전에는 안 된다.

대개 십대와 상담할 때 곧장 깊은 내적치유로 들어가지 않는다. 만약 십대의 성장 문제가 아니라 특별히 어떤 문제가 되는 성격적 특성에 돌봄이 필요하다면 그렇게 하지만 말이다. 지혜로운 격언은 이것이다. 안에 모든 게 갈기갈기 찢겨져 있다면 바깥의 모든 것을 제 자리에 있도록 해라. 다시 말하자면, 만약 안에 고통이 계속된다면, 가능하면 직장과 친구, 교회와 다른 모든 관계들을 그대로 유지해라. 만약 직장이나 가정, 교회나 다른 관계들이 변화를 겪고 있다면 모든 것이 진정될 때까지 내면의 문제에 달려들지 말라. 외부 세계가 유동적이면 내면 세계를 휘젓지 말라. 할 수만 있다면 한꺼번에 두 세계와 싸우지 마라. 십대의 관계들은 모두 늘 유동적이고, 내면의 세계는 이미 개별화와 내면화로 인해 갈기갈기 찢겨졌다. 그래서 십대는 많은 내적치유를 시도할 지혜로운 때가 아니다.

십대와의 첫 상담시간에는 집이 아닌 그 자리에 근거지를 마련하는 일을 한다. 편을 들어주고, 아이로 대하지 않고, 하고픈 말을 뭐든 다 들어주고, 설교하거나 곧장 자기를 바로잡으려 들지 않는 사람. 무엇보다도 자기 인생의 주도권을 그에게서 빼앗아 가지 않고 자기 자신으로 돌아오는데 필요한 대답을 주지 않는 사람이 된다.

내담자들은 종종 상담자의 말을 써먹으며 부모에게 대항한다. 때론 상담자의 말을 왜곡하거나 첨언(添言)하면서 말이다. 따라서 상담자는 부모와 시간을 갖고 그들의 십대자녀가 어떤 과정을 거치고 있고, 왜 상담자가 먼저 듣는 입장이 되어야 하는지 신중하게 설명할 필요가 있다. 상담자는 부모에게, 하루 밤에 큰 변화가 일어날 것을 기대하지 말고 상담자가 자녀의 잘못된 사고방식을 지지하는 것처럼 보일지라도 걱정하지 말라고 얘기해야 한다. 목장 동네에서 자랐기에 나는 때때로 이렇게 얘기한다. "아시다시피 농장에서 우르르 도망치는 야생마를 돌이키는 가장 좋은 방법은, 먼저 잠시 동안 그들과 함께 달리는 것입니다. 그런 다음 리더인 말들을 돌이키기 시작할 수 있습니다. 야생마가 반감을 느끼지 않고 제가 할 말을 들을 수 있게 될 때까진 그렇게 해야 합니다. 주님을 위하고 바른 윤리를 지향하는 제 입장을 알고 계실 겁니다. 그러니 잠시만 저희를 참아주십시오."

때때로 부모 중 하나 또는 모두가 젊은이와 갈등이 생겨 부모가 멈추지 못할 수 있다. 엄마(대부분의 서구 문화에서는 아빠보단 엄마)가 혀를 멈추지 못할 수 있다. 엄마가 계속해서 꾸짖고 고치려하고, 십대는 계속 대응한다. 그러한 경우에는 주저하지 말고 부모와 얘기해서, 십대자녀가 잠시 동안 친척이나 가까운 친구와 살도록 놔주시라고 얘기해야 한다. 환경의 변화가 도움이 된다. 보통 충분한 실험과 고통을 겪은 후에야 십대가 변하고자 한다. 그러나 엄마(또는 아빠)의 요구하는 말 때문에 올바른 것을 선택하려는 자유가 방해받는다. 그는 자기가 실제로는 그만두고 싶은 것을 변명하는 입장에 설 때가 있다. 새로운 환경에서는 기억하고 비난하는 잔재의 더미를 거슬러 헤엄칠 필요가 없다. 새로운 장소에서는 바른 결정을 선택하는 것이 더 이상 자기 자신이 되는 것을 그만두는 것과 같은 것이 아니다. 그는 부모의 그늘 밑에서 나와, 부모가 원하는 바로 그것을, 순응해서가 아니라 자기 것으로 선택하고 행할 수 있다.

나의 형은 잠시 동안 트레사 이모와 살았었다. 폴라의 여동생은 고등학교의 남은 2년을 우리와 함께 지냈었다. 그 부모들은 자녀를 매우 사랑했기에 갈등에 대한 그런 해결책을 허용했다. 그들은 지금은 착실한 크리스천으로 참 좋은 직장을 갖고 있고, 자유 가운데 부모들과 친밀한 관계를 맺고 있다.

때로 십대와의 관계에 있어 크리스천 부모들이 너무 애쓰는 바로 그 이유 때문에 불신자들보다 더 비참하게 실패하곤 한다. 불신자들의 십대 자녀들은 엄격한 통금 시간을 지키지도 않고 뭔가 해볼 수 있는 자유가 더 주어져서, 뭐가 유익하지 않은지 더 빨리 발견하기도 한다(기본적인 훈련과 애정이 있다면 말이다. 그렇지 않다면 그냥 더 철저하게 잃어버린바 될 뿐이다). 불행히도 과거에는 십대가 할 수 있는 일이라곤 아버지의 가장 좋은 종마(種馬)로 기진맥진하도록 만드는 것뿐이었다면, 오늘날 십대는 마약으로 머리를 날려 버릴 수도 있고, 속도 위반하다가 순식간에 수술할 수 없을 정도로 자기 몸을 박살낼 수도 있으며, 이전 세대보다 훨씬 더 다양하게 섹스 할 방법을 찾을 수도 있다. 그래서 두려움으로 인해 의무감이 강한 부모들이 통제의 나사를 꽉 조이는 바람에, 십대들이 자신의 지혜대로 했으면 맛만 보았을 것에 중독되기까지 쫓겨가는 일이 너무도 자주 있다.

현재 중요한 요소는 십자가이다. 부모들은 자아에 대한 죽음, 고통, 두려움 등의 대가를 치루면서 십대가 자기 자신을 발견하기까지 신실하게 기도할 수 있을 것인가?

십대의 어린시절에 사랑과 애정, 훈련과 이해가 있었고 함께한 좋았던 추억들이 많았다면 십대에겐 자기 손가락에 약간의 화상을 입고는 더 지혜로워지고 자유롭게 되어 사회로 되돌아갈 뭔가가 있는 것이다. 그러나 신체적인 접촉이 적었고, 대화나 이해도 별로 없었고, 칭찬하고 인정한 일이 적었다면, 남아있는 숨은 분노로 인해 정상적으로 끊는 과정으로 가기보다는 반항과 부도덕함으로 갈 것이 거의 분명하다.

일단 상담자와 충분한 신뢰관계를 형성하고, 잠시 동안 다른 집으로 이사 간다든지 해서 십대가 어느 정도 정착을 하면, 상담자는 깊은 뿌리에 대해 사역하는 것을 시작할 수 있다. 그때가 되면 상담자는 주님이 우리의 내면의 감정에 어떻게 오실 수 있고, 어떻게 어린 시절의 일이 현재의 우리에게 영향을 줄 수 있는지 설명할 수 있게 된다. 그리고 여느 내담자에게처럼 기도와 상담을 한다. 종종 젊은이들이 자신의 행로에서 돌이키는 것을 보면 놀랄 지경이다. 젊은이들은 자아인식적이고 심리학 지향적인 사회에서 자랐다. 젊은이들은 대부분의 어른들보다 더 빨리 숨은 동기가 뭔지 그리고 그것이 어디서 왔는지를 알아차린다. 그리고 그들의 성품은 아직 그들의 뼈 마냥, 나이든 사람들처럼 딱딱하게 자리잡혀 있지 않다. 우리가 그런 신뢰의 입장을 얻기까지 오랫동안 혀를 물고 있을 수만 있다면 젊은이들을 사역하는 것은 기쁨이 된다.

그러나 십대에 '착했고' 내면화하고 개별화하지 않았다가, 이십대, 삼십대, 사십대가 되어서야 내면화하고 개별화하려는 사람은 어려운 시간을 겪게 된다. 이제는 배우자와 자녀가 축복과 성취이기보단 올가미와 낙담의 원인이 된다. 그런 사람은, 자신이 그렇게 빨리 일선에 뛰어들지 않았더라면 무엇이 되고 무엇을 원했을 지를 발견하려고, 현재 자신의 삶을 규정짓는 인생의 짐을 벗어버리는 일을 차마 할 수 없다. 그는 자신을 붙잡아 전에는 재미있고 그렇게 충족감을 준 것 같았던 그 비천한 임무를 하도록 하는 것이 점점 더 어렵다는 것을 발견하면서 혼란스러워한다. 우울해질 수 있다. 나가서 데이트하고 싶은 당혹스런 욕망이 올라올 수 있다. 우리는 실제로 자기 남편으로부터, 가끔은 나가서 데이트해도 되냐는 질문을 받았던 여성들을 여러 명 상담했다! 대개 이런 남성들은, 자신의 엄마와의 관계가 아내와의 관계로 옮겨졌음을 알지 못한 채, 자기 아내에게 '엄마'라 부르는 습관이 있다. 개별화되지 않았기에 집을 떠난 적이 없고(창 2:24), 아내와 결합할 수 없어서 아내를 엄마와 연관 짓고는, 배우자에 대한 갈망과 인생을 청춘기처럼 접근하려는 퇴행성향 때문에, 아내가 아닌 다른 사람과 데이트하길 원하게 된다(제19장의 '발견, 떠남, 그리고 결합'을 보라).

여성의 경우에는 더 좋지 않은데, 왜냐하면 모성본능과 문화적 규범이 여성으로 하여금 아내와 어머니로서의 역할을 하도록 더 엄중하게 억누르기 때문이다. 이에 맞서는 일은 사람들에게 그리고 자기 스스로에게도 죄인 중의 괴수가 할 일로 여겨진다. 그러나 여전히 내면에서는 자유를 위해 부르짖는 충동이 있는데, 이는 실제로 자유가 필요해서가 아니라 개별화가 필요해서이다. 하지만 의식적인 생각에서는 '자유'가 자기 자신을 발견하기 위해 자기 역할의 구속에서 벗어나는 것이라 여긴다.

상담자에게 있어 어려움은, 상담자가 이 과정을 이해하고 심지어는 내담자에게 무슨 일이 일어나고 있는지 성공적으로 이해시키더라도, 이를 멈출 수도 없고 조금도 이 문제를 도울 수도 없다는 점이다. 일단 시작되면 개별화의 과정은 폭주하는 화물열차와 같아 통제를 위해 브레이크를 건다는 것은 매우 어렵거나 어쩌면 불가능하다.

부부를 위한 우리의 조언은, 먼저 그들을 이해하도록 돕고, 그 다음에 몇 가지 대안이 될만한 행동을 제안하는 것이다. 첫째, 아내나 남편에게 취미나 평생교육과정, 여행 등 억압된 재능이나 기술, 즐거움을 발견하는데 허용될 수 있는 상대적으로 안전한 활동을 하도록 시간과 경비를 준다. 둘째, 남편이나 아내로 하여금 아빠나 엄마 역할을 하지 않도록 하고 때때로 "아니요, 나는 당신 어머니(아버지)가 아닙니다."라고 말하도록 주의시킨다. 셋째, 남편이나 아내가 어떤 취미나 프로그램을 한다고 택하면, 모험과 발견을 할 수 있도록 배우자와 많이 연관되지 않는 내담자만을 위한 공간과 영역을 허용해 주어라. 배우자는 관심을 표명하는 뜻에서 충분한 질문을 해야 하지만, 아이의 심문관처럼 보이지는 말아라. 넷째, 어쩌면 아내가 집밖에 나가서 날개를 펼 수 있다고 충분히 느낄 수 있도록 파트타임의 일이나 사업을 하게 할 수 있다. 다섯째, 내담자의 배우자로 십대시절의 데이트 상대가 되게 한다! 이 영역을 다른 누구에게도 넘겨줘선 안 된다. 우리는 이렇게 말한다. "함께 나가서 해치워버려라. 당신의 도덕기준으론 마을을 핑크색으로 칠하는 것이 전부일지라도 그렇게 해라. 적당한 장소에서 정기적으로 즉흥적이고 억제하지 않은 즐거움을 가져라." "함께 다시 십대인 체 해도 좋다. 그런 시간을 그렇게 많이 갖지 않아도 곧 배우자가 충분하다고 느낄 것이다. 하지만 그전까진 자신도 즐기고 꾸준히 그렇게 하길 원한다고 생각할 때까지 하며 또 그렇게 해야 한다. 하나님은 이 땅의 어떤 부모보다 좋으시다. 그리고 자기 자녀가 삶을 즐기는데 행복하지 않을 부모가 어디 있겠는가?" 여섯째, 내담자의 배우자로 하여금 언제 아내(또는 남편)가 유치해지길 원하고 또 언제 심각해지길 원하는지 신경쓰라고 가르치라. 무엇보다 꾸짖거나 해서 배우자가 성장과정에서 익숙했던 태도나 감정으로 되돌아가지 않도록 해라. 일곱째, 배우자는 너무 탐탁치 않게 여기거나 특히 불평하지 말고 내담자가 놓아버린 책임들을 챙겨 주어야 한다. 해야 할 의무를 너무 회피하는 일이 없도록 신경 쓰면서 말이다. 이 모든 일에는 자기부인(自己否認)이 필요한데 특히 여섯째가 그렇다. 그러므로 기도와 십자가가 이 일의 성공에 필수적이다. 이를 행하는 것은 고달픈 역할이고 여기에 전문가가 따로 없다. 그러므로 배우자와 내담자는 더듬거리면서 헤쳐나갈 것이라고 가르침 받아야 한다. 가장 중요한 것은 서로를 향해 믿음을 갖고 신뢰해야 한다. 개별화하는 사람이 다시 어른 신발을 찾고 그 신발을 전보다 더 편하게 신을 때까지 하나님이 아내(나 남편)를 지키심을 믿으라고 내담자의 배우자에게 가르치라.

내담자가 다시 성숙 가운데 제자리를 찾으면, 이 과정에서 떠오른 쓴 뿌리가 무엇인지 다룰 때가 된 것이다. 하지만 그 전에는 아니다. 모든 것을 한꺼번에 잡아 뽑으려들지 말라.

익숙한 역할에서 벗어나 우리가 진정으로 그 역할을 원하는지 알아보려면 영의 강건함이 필요하기에, 사람들은 큰 축복의 시간을 누린 직후에 때늦은 개별화로 들어가곤 한다! 어쩌면 부부가 전보다 더 잘 어울리게 되었다든지, 성령님이 마음에 더 깊이 자리 잡게 되셨다든지. 뭔가 대단한 일이 일어나는 것이 속사람에게 용기를 준다. 모든 것이 최상이라고 보일 바로 그때, 남편 또는 아내가 뒤집어진다. 상담자는 사람들에게, 이 모든 과정이 십대에 일어나건 느즈막히 일어나건 간에, 누군가 잘못해서 일어난 것이 아니라 뭔가 좋은 것이 힘을 주었기 때문이고, 이를 통해 좋은 일이 일어날 것이라고 이해시킬 수 있다. 필요한 것은 인내이다. "씨가 좋은 땅에 떨어졌다는 것은 정직하고 선한 마음으로 말씀을 듣고 지켜서 인내로 열매를 맺는 자들이라"(눅 8:15, 흠정)

사회화의 마지막 목표는 부르심이다. 개개인은 야망을 추구하고 이를 실현시키려 할 수 있다. 이는 자신의 부르심을 달성하는 것과 같지 않다. 우리는 부르심을 개인적인 것이라기보다 공동체적인 것으로 사회에 공헌하는 것으로 본다. 부르심은 공동체화 가운데에서만 주어지는데 이는 하나님께서 우리를 그렇게 지으셨기 때문이다. 신약에 나오는 하나님의 예정하신 뜻에 관한 구절들은 모두 교회 안에서의 우리의 자리를 말씀하신다.

> 찬송하리로다 하나님 곧 우리 주 예수 그리스도의 아버지께서 그리스도 안에서 하늘에 속한 모든 신령한 복으로 우리에게 복 주시되, 곧 창세 전에 그리스도 안에서 우리를 택하사 우리로 사랑 안에서 그 앞에 거룩하고 흠이 없게 하시려고, 그 기쁘신 뜻대로 우리를 예정하사 예수 그리스도로 말미암아 자기의 아들들이 되게 하셨으니, 이는 그의 사랑하시는 자 안에서 우리에게 거저 주시는바 그의 은혜의 영광을 찬미하게 하려는 것이라. (엡 1:3-6)

> 그 뜻의 비밀을 우리에게 알리셨으니 곧 그 기쁘심을 따라 그리스도 안에서 때가 찬 경륜을 위하여 예정하신 것이니, 하늘에 있는 것이나 땅에 있는 것이 다 그리스도 안에서 통일되게 하려 하심이라. 모든 일을 그 마음의 원대로 역사하시는 자의 뜻을 따라 우리가 예정을 입어 그 안에서 기업이 되었으니, 이는 그리스도 안에서 전부터 바라던 우리로 그의 영광의 찬송이 되게 하려 하심이라 (엡 1:9-12)

> 그러므로 이제부터 너희가 외인도 아니요 손도 아니요 오직 성도들과 동일한 시민이요 하나님의 권속이라. 너희는 사도들과 선지자들의 터 위에 세우심을 입은 자라 그리스도 예수께서 친히 모퉁이 돌이 되셨느니라. 그의 안에서 건물마다 서로 연결하여 주 안에서 성전이 되어가고, 너희도 성령 안에서 하나님의 거하실 처소가 되기 위하여 예수 안에서 함께 지어져 가느니라 (엡 2:19-22)

에베소서 3:4-10, 4:11-16, 로마서 12:1-2, 베드로전서 1:3-13 등도 보라(모두 '너희', '우리'와 같은 복수형이다).

부르심에 대한 불안이란 인생의 목적을 잃어버리고 있거나 잃어버린 사람이 느끼는 마음의 병이다. 이는 남자나 여자의 갱년기 장애와 같은 것이 아니다. 사람이 자라면서, 자신이 세상에 불을 지르거나, 회사나 사회의 회장이 되거나, 대단한 발명을 하거나, 베스트셀러 책을 쓰거나 하지 않을 거라는 생각이 분명해지면서 겪게 되는 과도기와 같은 것도 아니다. 또 한명의 아무개 씨가 되어 자리 잡고 가정을 갖거나 직장 일을 하는 것과도 같지 않다. 직장을 잃거나 사업이 실패하거나 파산해서 생기는 낙담이나 의기소침 같은 것도 아니다. 직장에서 은퇴하거나 모든 자녀가 집을 떠날 때 생기는 울적한 기분도 아니다. 이는 사회에서 하나님을 위해 "살아있는 행실(live works)"을 제공할 수 있는 자리를 발견하지 못했다는 실패감에 따른 깊은 비참함이다.

"우리는 그의 만드신 바라 그리스도 예수 안에서 선한 일을 위하여 지으심을 받은 자니 이 일은 하나님이 전에 예비하사 우리로 그 가운데서 행하게 하려 하심이니라"(엡 2:10). 우리는 모두 영의 깊은 곳에서, 우리가 성취해야 할 사명이 있기에 살아 있음을 알고 있다. 우리가 해야 할 어떤 일이 놓여 있음을 안다. 우리가 태어난 것이 그 목적의 때에 맞추어져 계획된 것이라 느낀다. 죽음이 우리를 데려가지 않는 때마다 우리는 늘 일상적으로 이렇게 말한다. "글쎄, 아직 그분이 날 데려가실 때가 아닌가봐. 지금도 그분을 위해 할 다른 일이 있나봐."

"그러므로 우리가 그리스도 도의 초보를 버리고 죽은 행실(dead works)을 회개함과 하나님께 대한 신앙과"(히 6:1). "... 하물며 영원하신 성령으로 말미암아 흠 없는 자기를 하나님께 드린 그리스도의 피가 어찌 너희 양심으로 죽은 행실에서 깨끗하게 하고 살아 계신 하나님을 섬기게 못하겠느뇨?"(히 9:14) 죽은 행실이란 우리 스스로의 육신적인 노력에서 시작되어, 우리가 뭐라 공언하건 간에 그 목적이 내 자아의 필요를 채우거나 개인적인 영광을 주는 것들이다. 아무리 고귀하고 거룩한 어떤 봉사를 하더라도 죽은 행실이 될 수 있다. 전도, 가르침, 치유, 기적을 행함, 강력한 예언 등을 하더라도 마치 예수께서 예언하고 귀신을 쫓아내며 많은 권능을 행한 사람들에게 "내가 너희를 도무지 알지 못하니 불법을 행하는 자들아 내게서 떠나가라 하리라"(마 7:23)라고 말씀하신 것처럼 될 수 있다. 그러나 아무리 낮고 세속적인 봉사라 할지라도 살아있는 행실이 될 수 있다. 목수일(예수님이 그 아버지의 가게에 계셨는데 어떻게 목수일이 살아있지 않을 수 있겠는가?), 배관공사일, 농사일, 쓰레기 수거 등을 하더라도 예수께서 천국에서 이들에게 "... 너희가 여기 내 형제 중에 지극히 작은 자 하나에게 한 것이 곧 내게 한 것이니라"(마 25:40)라고 말씀하신 것처럼 될 수 있다.

   살아있는 행실은 성령께서 감동주고 개입하고 마무리 하신다. 살아있는 행실은 의식적으로 그렇게 하려고 하거나 우리가 그렇다고 말하지 않아도 하나님께 영광을 드린다. 살아있는 행실이 그러한 이유는 그것이 하나님의 영광 자체이기 때문이다. 살아있는 행실은 성령께서 우리 삶에 흘러서 된 것으로, 우리를 위한 창조의 밑그림에서부터 그분의 계획과 목적 가운데 이루어진다(시 139:16, 엡 2:10). 살아있는 행실은 부활의 측면에서 발생한다. 다시 말해 십자가 위에서의 자아의 죽음이 서막이 되어주면, 그런 다음에 그분께서 자유롭게 우리 안에서 움직이셔서 우리

대신 우리를 위해 일하시고 그럴 때 살아있는 행실이 일어난다.

살아있는 행실은 아무리 개인적으로 행해지더라도 합주같이 이루어진다. 마치 아무리 훌륭하게 연주된 바이올린 카덴차라도 협주곡의 일부에 불과한 것처럼 살아있는 행실은 다른 사람들과 조화를 이룬다. 하나님께서는 성숙과정을 공동생활로 계획하셨기에 살아있는 행실은 공동체 삶 안에서 충만하게 일어날 수 있다(엡 4:9-16).

내가 태어나기 8개월 전에 주님이 어머니의 꿈에 나타나셔서 장차 주님의 종이 될 아들을 갖게 될 것을 알려주셨다고 어머니께서 말씀해주셨다. 그것이 나를 구속하여(어쩌면 내가 스스로를 구속했을지도 모르지만) 내가 무엇을 하기위해 창조되었는지를 찾고자 애쓰게 하였다. 내가 서두를수록 뒤로 처지게 되었다. 서둘러서는 아무것도 찾지 못했다. 수년간 찾아다니다가 포기하고 모든 수고를 그만 두었다. 모든 사명과 목적을 제단에 올려드리고 그분이 어떤 목적을 가지고 계시든 간에 그저 내 자신을 그분께 드리고, 이루어진 것만을 되돌아보는 것이 주님의 뜻이면 그렇게 하면서 소경으로 걷기로 자원했다(사 42:19). 나는 아직도 주님이 원하시는 것이 무엇인지 모르지만, 주님이 손에 가져다주시는 바를 하는 것은 분명 즐겁다.

우리가 보기에 부르심에 대한 불안으로 고생하는 사람들을 향한 우리의 조언은 이것이다. "포기해라." 우리는 이렇게 말한다. "모든 것을 제단에 올려놓으라. 찾고 애쓰는 것을 그만해라. 손에 잡히는 것을 해라." 모세가 이스라엘을 해방시키라고 부름받은 것은 80세가 넘어서였다. 아브라함이 고향과 아비를 떠나도록 부름받은 것은 74세였고(창 12장), 이삭이 태어난 것은 그가 백 살이 넘어서였다. 서두르는 것은 도움이 안 된다. 우리는 혼자 수고하는 것에 대해 죽을 필요가 있다.

우리는 이 가르침을 "아브라함-이삭의 원리"라고 부르는데, 이는 사도 바울이 빌립보서 3장에서 다시 기록한 것이다. 우리에게 유익하던 것은 무엇이나 다 손실로 여겨야 한다(7절). 우리는 마치 아브라함이 하나님께 순종하고 이삭을 제물로 바치려한 것처럼(창 11:1-18), 우리의 재능과 기술, 목표와 목적을 그것이 무엇이든지간에 제단에 내던져야 한다. 그럴 때 우리는 그것이 잡고 있던 바로부터 자유롭게 된다. 이제 더 이상 그것이 우리를 잡지 않는다. 주님이 우리와 그것을 잡고 계신다.

크고 국제적으로 알려진 많은 사역들이 오늘날 곤경에 처해 있는데, 이는 (우리가 알기로는) 지도자들이 아직도 자신의 사역을 단념하고 이삭을 제물로 드리듯 제단에 올려놓지 않았기 때문이다. 그래서 주님이 아니라 사역이 그들을 붙잡고 있다. 주님이 그들을 통해 일하시도록 하기보다 그들이 주님을 위해 뭔가를 하려고 애쓰기 때문에, 그들의 행실은 육신적인 것과 섞여 있다. 그래서 그들은 생명이 살아나는 조짐이 있는 바로 그 와중에 죽어가는 행실에 사로잡혀 있다. 그들은 자신들의 행실에 대해 완전히 죽지 않았기에, 주님이 그들과 사역을 완전히 책임지시도록 온전히 허용하지 못한다. 그들이 주님을 섬기려고 애쓰고 노력하는 것에 대해 죽지 않는다면, 부르심에 대한 불안이 그 결과 중 하나가 될 수 있다.

부르심에 대한 불안은 이유 없는 피로나 축 늘어진 어깨, 아니면 그 반대로 '과대선전'과 지나친 열심, 지나친 수고와 꾸며낸 감동 등을 통해 알 수 있다. 부르심에 대한 불안은 상실, 결국 찾지 못함, 타고 싶은 비행기나 기차를 놓침, 또는 다른 좌절의 꿈을 통해 알 수 있다(이런 꿈

모두가 부르심에 대한 불안의 징후는 아니지만). 부르심에 대한 불안은 사역과 사역에서의 자신의 역할에 관해 점점 더 방어적으로 되는 모습을 통해 가장 분명히 알 수 있다. 특히 홍보나 뉴스레터 등에서 통제하고 조작하고자하는 책략이 잦아지면 이것은 분명해진다. 그 결과 더욱 고립되고 그 결과로 다른 사람들을 공격하게 된다. 최종적인 결말은 존스타운(Jonestown)식의 자살이다.

부르심에 대한 불안은 우리가 마음으로부터 기꺼이 주님이 우리에게 주신 능력 안에서 교회를 섬기려고 할 때 극복되기 시작한다. 부르심에 대한 불안은 주님이 우리에게 조언하도록 사용하신 사람의 말을 우리가 기꺼이 듣고자 할 때, 특히 통상 깊이 생각하지 않고 거절할 그런 사람이 하는 조언이 오고 듣고, 이를 듣고자 할 때 극복되기 시작한다. 부르심에 대한 불안은, 어떤 형제가 우리 보기에 아무리 잘못하고 있어도 그가 교회의 한 지체이며 그가 우리에게 혼란을 끼치고 있어도 하나님께서 우리가 들었으면 하는 진리를 갖고 있을 수 있음을 볼 수 있을 때 극복된다. "형제를 사랑하여 서로 우애하고 존경하기를 서로 먼저 하며"(롬 12:10)

"내가 진실로 진실로 네게 이르노니 젊어서는 네가 스스로 띠 띠고 원하는 곳으로 다녔거니와 늙어서는 네 팔을 벌리리니 남이 네게 띠 띠우고 원치 아니하는 곳으로 데려가리라"(요 21:8). 우리가 그리스도 안에서 갓 태어났을 때 우리는 개인적으로 스스로 띠 띠고 자신의 일을 하며 원하는 곳으로 자유롭게 뛰어다닌다. 우리는 아무리 선한 일을 할지라도 자기 자신의 경험을 중시하는 어린아이들과 같다. 하지만 우리가 그리스도 안에서 성숙하면, 섬기기 위해 팔을 벌리게 되고 다른 사람이 우리를 붙잡고 우리가 원치 않는 곳으로 데려가게 된다. 미성숙함의 표지는 대단한 소리같지만 잘못된 시 '인빅터스'(Invictus, 역자주:인빅터스는 라틴어로 정복불능이라는 뜻)의 "나는 내 운명의 주인, 나는 내 영혼의 선장"('인빅터스', 윌리엄 어니스트 헨리(William Earnest Henley, 1849-1903)을 주장하는 사람이다.

성숙함의 표지는 형제들 중에서의 우리의 부르심을 피하기 위한 개인적인 능력의 사용을 하지 않겠다고 기꺼이 포기하는 자발성이다. 예수님처럼 말이다. 이는 전적으로 그러나 지혜 없이 하는 것이 아니라 하나님을 신뢰하며, 비록 그들이 하는 일이 우리가 원하는 일이 전혀 아닐지라도, 남의 손에 자신을 맡기는 것이다. 십자가에서처럼 말이다! 십자가는 이미 예수님이 이루셨기에 우리가 종종 받게 되는 것은 내적 죽음과 외적인 명예 뿐이지만, 어쩌면 이것이 더 짊어지기 어려울 수 있다.

부르심에 대한 불안으로 고생하는 사람은 틀림없이, 유명한 가요가 주장하듯 "난 그것을 내 방식대로 해왔어"를 주장해온 사람이다. 코치요 목자로서 내가 사랑한 한 목사 형제가 사역을 위해 목사 형제들 가운데 앉았다. 그들은 영광스러운 정확성을 가지고 기도했다. 그러나 그는 벌떡 일어나서 "형제들, 나는 여러분의 사역을 수용할 수 없습니다. 나는 내게 최상이 뭔지 압니다. 그리고 나는 내 갈 길을 선택해야 합니다." 자신이 원한 그 길로 인해 그는 섬김의 자리를 상실하고, 짧지만 정신병에 걸렸다.

아시시의 프란시스(Francis of Assisi)가 당나귀를 타고 있었다. 걷고 있던 한 형제가 화가 나서 그에게 가난한 이들이 걷고 있는데 타고 다닌다고 소리 질렀다. 프란시스는 그 사람 앞에서 무릎 꿇고는 자신을 꾸짖어 준 것에 감사했다. 프란시스는 하나님 앞에서 사람들 중에서의 자신의 부르심을 성취한 것이다.

〈다윗의 시, 성전에 올라가는 노래〉
형제가 연합하여 동거함이
어찌 그리 선하고 아름다운고!

머리에 있는 보배로운 기름이
수염 곧 아론의 수염에 흘러서
그 옷깃까지 내림 같고,

헐몬의 이슬이
시온의 산들에 내림 같도다.
거기서 여호와께서 복을 명하셨나니,
곧 영생이로다. (시 133)

제 19 장 발견, 떠남 그리고 결합
Finding, Leaving and Cleaving

발견

아마도 서양 문화에서 가장 불공정한 일은, 젊은 남녀가 지혜를 충분히 얻기도 전에 자기 인생에 영향을 주는 중요한 세 가지, 즉 자신의 신앙, 배우자, 천직(天職, vocation)을 모두 결정해야 한다는 점일 것이다. 신앙과 천직에 관한 결정은 당장 중요하지는 않다. 한 사람이 젊을 때 믿음을 갖는 것(전 12:1)도 중요하지만, 주님은 우리가 아무리 심한 사교에 빠져있다 하더라도 후에 우리를 구해 변화시키실 수 있다. 어떤 이들은, 여러 직업과 다른 천직에서 수년간 경력을 쌓은 후에 천직에 대한 부르심을 받는 것이 더 유익하다고 생각한다. 그러나 결혼은 바꿀 수 없다. 결혼에 대한 선택은 후에 바뀌어선 안된다. 우리 문화의 유전인자와 관습에서는 스물한 살 경에 배우자를 선택하길 창려한다. 이 선택은 우리를 인생 내내 축복하기도 하고 (그리스도의 은혜로 바뀌지 않는 한) 괴롭히기도 한다.

> 그러므로 남자가 자기 아버지와 자기 어머니를 떠나서 자기 아내와 결합하리니, 그들이 한 몸이 될 것임이니라(창 2:24, 엡 5:31, 흠정).
>
> 딸이여 듣고 생각하고 귀를 기울일지어다. 네 백성과 아비 집을 잊어버릴지어다(시 45:10).

더군다나 우리의 교육체계는 '읽고 쓰고 계산하는' 기본 기술은 가르치지만, 결혼에 필요한 인간 상호관계에 대한 기술은 거의 가르치지 않는다! 천직을 위해서는 정성들여 직장의 인턴과정이나 직업학교 또는 대학교와 대학원에서 준비한다. 교회와 주일학교는 인생 전반에 걸쳐 하나님과의 삶을 살도록 준비시키려 노력한다. 그러나 인생의 최고의 축복인 결혼과 인생의 가장 중요한 임무인 자녀양육을 위한 전문학교는 없다. 가정은 하나님으로부터 가르치라는 위임을 받았지만(잠언 1-7장, 엡 6:4), 종종 슬프게도 그렇게 하지 못한다. 우리는 '머리 속에 단 사탕이 왔다갔다 춤추는' 어린 아기 같은 우리 자녀를, 실상은 무지와 처리하지 않은 육신의 본성 때문에 수뢰(水雷)가 숨어있고 수중포탄으로 가득 찬 위험한 바다로 내보낸다.

이 책을 쓰는 우리의 목적은 그리스도의 몸 된 지체를 상담하도록 동원하는 것이지만, 예방책을 만들 수는 없을까? 미국에서 결혼 허가증을 발급하기 전에 우선 혼전 교육을 받도록 하는 법안을 통과시킬 수는 없을까? 수개월간 결혼 상담을 받지 않고는 이혼하지 못하게 하는 법을 통과시킬 수 없을까? 고등학교에서 부모의 책임과 결혼관계에 대한 교과목을 개설할 수는 없을까? 교육이 잘못될 수 있기 때문에 모두가 이를 두려워한다는 점은 안다. 하지만 논쟁거리가 아니라 일반적으로 동의하는 건전하고 기본적인 지혜가 많이 있으므로 이를 가르칠 수 있고 또 가르쳐야 한다. 이러한 분야에는 누가 누구를 가르치거나 상담해야 하는지 누가 결정하는지 함정으로 가득 차 있다. 그러나 분명히 이 분야의 일을 시작하기 위해 법률적으로 싸울 투사가 필요하다.

종종 젊은이들은 자기가 관심 갖게 된 사람이 자기에게 맞는 사람인지 아닌지 물어보러 폴라와 나(그리고 다른 크리스천 상담자들)를 찾아온다. 우리는 때때로 인류가, 부모가 자녀를 위해 배우자를 선택하는 성경시대의 방식으로 돌아갈 수 있기를 바랄 때가 있다. 어쩌면 그것이 더 나은 방식이 아닐지라도 말이다. (최소한 현재 방식으로는 부모를 탓할 수 없다. 우리가 우리 침상을 만들었기 때문이다.)

상담자라면 어떻게 조언을 주어야 하는지 알아야 한다. 많은 크리스천은 하나님(또는 상담자)에게 자신이 고려하는 사람이 하나님의 뜻인지 아닌지 알아내려고 한다. 좋은 생각 같아 보이지만, 우리는 크리스천들에게 자신의 결정을 내리는 데 하나님을 끌어들이려 하지 말라고 권고한다. 배우자가 누구인가라는 구체적인 질문을 하기 전에 먼저 하나님과의 관계에서 결정해야 할 개인적인 선택과 그에 따른 단계들이 있다. 우리는 이렇게 말한다. "먼저 자신이 하나님과 어떻게 살 것이냐에 대한 질문을 해결하라. 그분을 단지 구주로만이 아니라 주님으로 받아들이라.

자신의 모든 인생을 그분의 돌보심 가운데 맡겨라. 그렇게 할 때 친절하신 우리 주님이 자유롭게 우리 인생이라는 체스의 말을 우리의 자유의지 안에서 움직이실 수 있고, 그래야 그분이 처음부터 우리를 위해 계획하신 그 사람을 우리로 만나게 하실 수 있다."

하나님께서는 통상 누가 우리의 배우자인지 얘기해 주셔서 우리로 의사결정의 책임을 면하게 하지 않으신다. 지혜로운 아버지로서 그분은 우리가 스스로 결정하기 원하신다. 우리는 종종 어려움을 피하고자 미래를 알려고 음성듣기를 점치기로 바꾸려한다. 그러나 하나님은 우리가 그렇게 하도록 허용하지 않으신다.

> "사람이 마음으로 자기의 길을 계획할지라도 그 걸음을 인도하는 자는 여호와시니라"(잠 16:9). 우리는 이렇게 설명한다. 작은 키가 큰 배를 조종할지라도, 배가 움직이지 않으면 키가 아무 소용이 없다고. 그래서 우리는 이렇게 말한다. "자신의 인생을 주님께 드린 후에, 어디서 일하고 공부할지, 어느 교회에 다닐지를 결정하라. 자신의 삶을 하나님 섬기는 일에 헌신하라. 그러다보면 그분이 당신의 짝을 당신에게 데려다 주실 것이다"(창 2:18-22).

우리는 하나님의 섭리를 굳게 믿는다. 우리는, 우리를 완전히 자유롭게 두시면서도 바른 짝을 찾게 하는 방법을 아시는 하나님의 지혜를 신뢰한다. 그분은 하늘과 땅을 움직이셔서 우리의 장래 짝을 우리의 행로 중에 만나게 하실 수 있다.

각 남녀는 서로 이끌리기 전에 가능한 많이 내면의 죄의 요소들을 다루어야 한다. 그래야만 하나님이 우선 각자를 다루실 수 있다. 그렇지 않으면 다른 사람을 통해 다루시게 되는 최악의 상황을 거두게 될 뿐이다. 짝을 찾기 위한 최선의 준비는 먼저 우리 자신의 마음과 생각을 깨끗케 하고 치유하는 것이다. 어쩌면 어느 정도, 아니 대부분의 우리의 변화는 배우자와 살면서 우리의 죄성이 드러날 때 일어날 수 있지만, 최소한 우리는 결혼 후에 파괴할 사람이 아니라 도와줄 사람의 마음을 매료시킬 수 있기 위해 가능한 결혼 전에 죄성을 많이 발견하기를 바란다. 성경말씀이 이렇게 경고하는 것도 이상한 일이 아니다. "너는 이제 너의 젊은 날, 곧 재앙의 날이 이르지 않고 '나에게는 즐거움 없다'고 말할 해가 가까워 오기 전에 너의 창조주를 기억하라"(전 12:1).

만약 주님이 인생을 설계하셔서 여자를 남자에게 이끌어 오시고(창 2:22) 우리로 만나게 하신다면, 이를 알아보기 위해 우리는 어떻게 준비해야 하는가? 그 사람이 나타났을 때 바로 그 사람임을 어떻게 알 수 있을까? 여기에는 장담할 수 있는 확실한 규칙이 없다. 이는 언제나 난감한 문제이다. 하지만 상담자는 몇 가지 실마리를 제공할 수 있다.

첫째 실마리는, 로맨틱한 열정이 있다고 해서 항상 식별되는 것은 아니라는 점이다. 일반적으로 "그가 나를 흥분시켜" 또는 "그녀는 정말로 날 자극해"로도 식별되지 않는다. 우리가 믿기로는, 가끔 '첫눈에 반한 사랑'이 있기는 하지만, 열정이 있다고 해서 좀처럼 식별의 근거가 되지 않는다. 때때로 이는 우리 영 안의 깊은 깨달음 같은 것이다. 뭔가 퍼뜩 깨달아진다. 여인은 때때로 영 안에서 경보를 느끼고, 남자의 안녕을 위한 갑작스런 열정이 올라와 스스로 놀랄 수 있다. 한동안은 그게 뭔지 거의 인식하지 못한다. 폴라와 내가 약 6개월 가량 사귄 후의 어느 봄,

나는 집의 경제 형편 때문에 다음 가을학기에는 대학교에 돌아오지 못할 것 같다고 선언했다. 폴라는 갑자기 그 마음에 황량함을 느끼며 내가 그 사람이라고 알게 되었다.

이제 우리가 말하는 두 번째 실마리는, 좋은 감정이기보다는 아픔이다. 우리는, 서로가 함께 있지 않으면 로맨틱한 열정이 채워지지 않는 것 이상의 더 깊은 차원에서 아파함을 발견했다. 대중가요의 가사처럼, 너의 자녀를 키우고 너의 앞날을 보호하고 축복하고 인생을 채워주는 "그 사람이 되지 못할 것"이라는 생각에 아파한다. 우리는 반복되는 싸움으로 헌신의 깊이를 알아낼 수도 있다. 상대가 우리에게 얼마나 중요한지를 알면 알수록, 우리는 치고 박고 상대방의 허물을 찾아내는 등 도망치는 것을 변명하려고 뭐라도 할 수 있다.

아주 분명한 지표 중의 하나는, '오늘 밤 고향에서 화끈한 시간을 보내는 것' 처럼 상대로부터 뭔가를 얻어내는 것을 더 이상 바라지 않게 된다는 점이다. 그 사람과는 잠자지 않을 거라고 생각한다. 그 사람을 존경하고 싶다. 떠받치고 축복하고 싶다. 이런 열정은 통상적인 예의나 도덕성을 넘어선다. 그 사람에 관해 고상한 공상에 빠진다. 어떤 남자들은 대부분의 데이트 상대를 성적욕망의 대상으로 간주하고, 성적으로도 매우 깊게 끌림에도 불구하고, (양심에) 익숙하지 않은 거리낌을 느낀다. 열정이 뭔가 새로운 것으로 에워싸여진다. 우리는 더 이상 얻어내기만을 원치 않는다. 주고 싶다. 내면의 뭔가가 계속 이 여인에게 주는 입장에 있길 원한다. 그리고 (이 여인을) 보호하길 원한다.

거룩한 질투로 우리의 짝을 알아낼 수도 있다. 모든 질투가 나쁜 것은 아니다. 우리 하나님은 질투하시는 하나님이시다(신 5:9). 그분의 질투는, 다른 어떤 '신'이 그분의 자리를 차지하지 못하게 하는 우리를 향한 사랑이다. 만약 다른 누군가가 우리가 고려하고 있는 사람의 짝이 되고자 하면, 가슴 아프거나 질투할 수도 있다. 이 아픔은 상처받은 자존심이나 자아로 인한 것이 아니라 그 사람의 유익을 염려하기에 생긴 것으로, 이 아픔으로 짝을 향한 우리의 사랑을 알아낼 수 있다.

우리는 때때로 커플에게 잠시 물러서서 가라앉히는 시간을 가지라고 권고한다. 이것이 진정 하나님이 의도하신 배우자간의 사랑이면, "떨어져 있으면 더 그리워진다"는 격언이 사실이 된다. 그 사람과 떨어져 있으면 아파한다. 감정은 식는다. 생각은 가라앉는다. 그러나 진정한 내면의 '부단한 아픔'은 사그라들지 않는다. 고통은 커져간다. 우리는 들뜨게 된다. 불완전하고 공허한 느낌이 든다. 결국에는 그 사람이 우리 옆에 없으면 더 이상 잘 지낼 수 없다는 것을 안다. 전에는 자유롭고 '완전'하다고 느꼈을지라도, 이제는 그 사람을 찾았기에 그 사람과 영속적인 관계를 맺지 않으면 결코 다시는 충분하고 완전하지 못할 것이라는 점을 감지하게 된다.

만약 결혼 후에 부부로서의 삶의 충만함을 맛보지 못하면, 어떤 기회에 알게 된 사람과 이와 같은 완전함과 내적 성취감을 잘못 느낄 수 있으나, 실상 그 감정은 우리의 짝을 위한 것인데, 막혀있기 때문에 가선 안 될 곳으로 옮겨진 것이다. 그러한 경우에 감정이 잘못된 것은 아니지만, 그 감정이 성취될 것이라 여긴 곳은 거짓이고 함정이다. 그 감정은 여전히, 우리의 영이 우리 인생의 반려자와 함께 이루어지길 바라는 갈망인 것이다.

종종 내담자 중에는, 아직 가능성 있는 다른 짝을 만나지는 못했지만 결혼이 분명히 잘못했다고 말하는 이들이 있다. 과연 그럴까 크게 의심이 들지만, 그럴 수도 있다. 24년의 상담을 통해 내(존)가 알기로 진정 잘못된 사람을 택해 결혼했다고 내가 분별해준 일은 손가락으로 셀 수 있다. 하나님의 섭리의 기적은 계속 나를 깜짝 놀라게 한다. 아주 격렬하게 다투는 부부를 보면서도 나는 종종 '바른 선택'임을 느끼고 안다.

(배우자) 선택이 최상이든 아니든, 하나님은 그것을 가장 최상으로 충만하게 만드실 수 있음을 나는 안다. 그리고 우리가 믿는 바는, 아무리 당황하여 어쩔 줄 모르고 실패의 두려운 과정을 겪더라도, 하나님이 우리를 (맞는 또는 맞지 않는) 배우자와 연결시켜서 바로 그 연합 가운데에서도 로마서 8:28의 말씀(모든 것이 합력하여 선을 이룬다는)이 늘 어느 상황에서나 사실임을 증명하신다는 점이다. 그래서 제일 중요한 우리의 권고는, 올바른 짝을 찾으려 노력하기보다, 누굴 선택하든 하나님께서 우리 결혼을 최상으로 만드시도록 허용하길 시작하라는 것이다.

궁금한 질문이 이렇게 해결된다. 아주 많은 이들이 결혼 후 뒤돌아보며 "분명히 내가 실수했어"라고 생각한다. 어떤 질문이 머리에 자꾸 떠오르더라도, 하나님 안에서 가능한 한 최상을 이끌어낼 대가를 지불하리라 미리 마음먹기로 정하자. 머리로는 실수임이 확실하더라도 말이다. 이는 내 어머님이 지혜롭게 이렇게 말씀하신 것과 같다. "아들아, 네가 누굴 아내로 정하건 간에 이걸 알아라. 나는 널 사랑하고 늘 네 어머니이지만, 집에 되돌아오진 못한다. 일단 네가 침상을 만들었다면, 거기 누워라!"

이제 하려는 제안에 교회가 귀기울이기를 간청한다. 우리는 불신자와 짝짓지 말라는 바울의 조언(고후 6:14)에는 동의하지만, 누가 불신자인지를 정하는 문제가 너무 문자적이거나 너무 그럴듯하고 쉽다는 점에 문제점을 제기하고자 한다. 이 책의 논제 중의 하나가, 생각으로 믿는 자 또는 공개적으로 표명하는 자가 다 신자가 아니고, 마음으로 진정 믿는 자가 신자라는 것임을 상기하자. 예수를 구주로 영접하는 기도의식을 거쳤어도 마음으로는 거의 신자가 아닌 사람들이 많다. 마찬가지로, 실제로는 하나님께 속해있지만, 그 사실을 공개적으로 시인하지 않는 이들이 더 많다. 누군가가 죽이는 율법의 자구(고후 3:6)를 고집했기에, 금방 분별해보면 하나님이 의도하신 훌륭한 결혼인데도 슬퍼하면서 돌아서는 많은 이들로 인해 우리 마음이 아프다. 우리는 유행하는 문자적인 흐름을 거슬러, 한쪽은 신자이지만 가능성 있는 상대가 아직 고백하는 크리스천이 아닌 젊은이들일지라도 그들이 데이트하거나 심지어는 결혼까지 하도록 축복해 준다.

우리가 감히 외관상 안전한 하나님 말씀의 지침을 제거하려는 것인가? 그보다는 "하나님의 말씀을 문맥상에서 보자"라고 말하는 것이다. 예수님은 누가 진정으로 믿는 자이고 누가 아닌지를 아는 실마리를 주셨다. 그는 "그의 열매로 그들을 알지니"(마 7:16)라고 말씀하셨다. 사도 바울은 이렇게 말했다.

율법을 지키면 할례를 받는 것이 유익하지만, 율법을 어기면 그대가 받은 할례는 할례를 받지 않은 것으로 되어 버립니다. 그러므로 할례를 받지 않은 사람이 율법의 규정을 지키면, 그 사람은 할례를 받지 않았더라도 할례를 받은 것으로 여겨질 것이 아니겠습니까? 그리고 본래 할례를 받지 않았더라도 율법을 온전히 지키는 사람이, 율법의 조문을 가지고 있고 할례를 받았으면서도 율법을 범하는 사람인 그대를 정죄할 것입니다. 겉 모양으로 유대 사람이라고 해서 유대 사람이 아니요, 겉모양으로 살갗에 할례를 받았다고 해서 할례가 아닙니다. 오히려 속사람으로 유대 사람인 이가 유대 사람이며, 율법의 조문을 따라서 받는 할례가 아니라, 성령으로 마음에 받는 할례가 참 할례입니다. 이런 사람은, 사람에게서가 아니라, 하나님에게서 칭찬을 받습니다.(롬 2:25-29, 표새)

> 불행히도 많은 이들이 믿음을 고백하지만 그 마음은 한번도 주님의 (교회) 문에 가보지 않은 사람보다 주님을 더 멀리한다. "이 백성이 입술로는 나를 존경하되 마음은 내게서 멀도다"(마 15:8).

그러므로 우리의 권고는 다른 사람의 마음을 조사해 보라는 것이다. 상대가 (주님을 알든 모르든 간에 관계없이) 친절하고 온유한 사람인가? 부모님에 대해 어떻게 말하고 얘기하는가? 처녀들이여, 그 남자의 아버지를 자세히 바라보라. 당신의 장래 남편은 거의 대부분 바로 그처럼 되기 쉽다. 젊은 청년들이여, 그녀의 어머니는 어떤가 자세히 바라보라. 당신의 신부는 거의 대부분 그녀처럼 될 것이다. 그리스도께서 나중에 배우자를 더 낫게 바꾸실 수도 있지만, 선택할 때는 이를 의지하지 말라. 내가 평생 이 사람과 살 수 있을까? 하고 스스로 물어보라. 세월이 지나면서 이 사람과 오래 갈까? 소년은 모두 자기 어머니에 대한 상상의 그림과 결혼한다. 즉 그의 아내는 자기 어머니와 같든지, 아니면 절대로 어머니와 같지 않든지 해야 한다. 그렇지만 실상 그가 물려받는 것은 자신이 고려하는 여자가 자기 어머니에게서 배운 것들이다. 소녀는 모두 자기 아버지와의 관계에서 같은 일을 하지만, 그녀가 물려받는 것은 고려하는 남자가 자기 아버지로부터 배운 것들이다. 당신은 이러한 현실에 만족할 수 있는가?

하나님은 나중에 소위 불신자의 생각을 회심시키실 수 있다. 그 사람이 고백하기까지 소망하고 기다리는 것이 지혜일 수 있다. 고려했던 사람이 신앙을 고백하기까지 기다리도록 하는 것이 지혜로울 수 있다. 그러나 실제로 마음으로 믿고 있을 수 있는데 아직 고백하지 않았다고 해서 그 사람에게서 돌아서는 것은 분명 지혜롭지 못하고 (우리가 믿기에) 성경적이지도 않다. 폴라가 나를 만났을 때, 나는 온갖 철학을 읊고 다녔다. 나는 하나님께서 나를 사역자로 부르신 것을 알았지만 예수가 누군지도 몰랐다. 나는 구도하다가 길을 잃었고 혼란에 빠졌다. 나는 아직 구원받지 않았다. 그러한 의미에서 나는 신자가 아니었다. 폴라는 이미 거듭났다. 그러나 그녀는 내 마음을 읽고 지혜롭게 선택했다. 7년이 더 지나서야 하나님께서 나를 구원과 성령 안의 충만함으로 불러내셨다. 만약 폴라가 (나를) 선택하지 않았거나 그 기간 동안 기다리려고 하지 않았다면 얼마나 비극이었을까!

하지만 누군가, 지혜롭게 선택하려는 것이 아니라 자신의 욕망에 따른 선택을 이 권고를 이용해서 변명하지 못하게 하고자 서둘러 이 말을 덧붙이고자 한다. 시간은 성령의 협력자이고 성급하게 하면 실수하기 쉽다. 폴라와 나는 1년 반을 기다렸다. 신자들이 상대가 결혼 전에 회심하길 기대하며 기다리고 기도하도록 하자. 서두르면 아무것도 안 된다. 주님은 분명한 경고나 축복의 신호를 보내실 수 있다. 종종 우리는 우상숭배에 빠질 수 있다. 애인이 우리 혼을 사랑하시는 분보다 더 중요해진다. 실제로 우리 마음 차원에서는 '아니다' 라고 듣는 것을 좋게 생각하지 않는다. 하나님이 상대방을 축복하거나 변화시키도록 연극하고, 하나님을 압박하려고 한다. 혼을 잠잠하게 하고(시 131), 세미한 하나님의 음성을 듣기위해 기다리거나, 하나님이 축복하실 것을 기대해서 미리 달려 나가지 않게 하는 것은 힘든 일이다. 시간이 지나면 성령께서 우리의 이기적인 열망을 잠잠하게 하고 하나님의 뜻을 알려주실 수 있는 기회를 가지실 수 있다. (앞서 말한 내면의 부단한 아픔 때문에 불안한 것이 아니라 걱정과 긴장 때문에) 불안해하는 것은 우상숭배의 가장 분명한 신호이다.

평화로움이 하나의 지표이다. 우리가 원하는 사람이 나타나면 우리의 마음과 생각은 이리저리로 뒤집어질지라도, 깊은 속에서는 아주 낯선 평화로움이 있다. 외적으로는 전혀 평화와 무관한 방향으로 갈 수 있지만, 내면에는 아무런 소란스러움이 없다. 뭔가 해결되었다. 우리가 (상대를) 알고자 할 때, 특히 아직 주님을 모르는 사람에 관해 알고자 할 때에, 우리의 논리적인 생각은 혼자 소용돌이칠 수 있다. 우리는 서로 상반되는 생각을 하며 급한 마음에 아무것도 되지 않아 끝없는 순환으로 빠질 수 있다. 그럼에도 동시에 내면에서는 조용하게 알고 있다. 다시 말하지만, 시간은 하나님과 사람의 친구이고 서두름은 적이다. 그러한 내적인 앎과 이에 따른 평온함은 시간이 주는 시험을 이겨낸다. 열정과 욕망은 그렇지 않다.

때때로 지속적인 우정과 배우자로서의 사랑을 구분하기 어렵다. 이따금 사랑이 처음에는 친구라는 문을 통해 찾아오기 때문에 더욱 그렇다. 우리는 종종 짐을 지는 사랑과 로맨스를 혼동하거나, 감정전이와 사랑을 혼동한다. 상담자는 너무도 자주 내담자와 '사랑에 빠졌다'고 생각한다. 그러한 관계는 좀처럼 부부간의 사랑으로 발전하지 않는다. 필요에 따른 관계는 항상 불안하며 두 명이 동등하게 자유로이 서로를 선택하는 단계로 전환하지 못한다. 종종 사랑이라고 하면서 소유욕을 감춘다. 이런 모든 혼동은 시간이 지날 때 가장 잘 걸러진다. 성령님이 분별력을 주시지만, 속사람의 치유의 경우와 같이 무르익음이 성령님의 음성을 듣는 능력에 열쇠가 되어준다. 어쩌면 "내가 ... 너희에게 부탁한다. 내 사랑이 원하기 전에는 흔들지 말고 깨우지 말지니라"(아가서 2:7, 3:5, 8:4의 말씀에서 세 차례 같은 단어를 사용한다!)라는 경고의 또 다른 의미일 수 있다.

정리하면, 배우자를 택할 때의 손실을 방지할 뿐 아니라 커플이 겪는 발견하기의 실제 과정에서 무엇을 용서하고 무엇을 승인해야 하는지 알기위해, 지혜로운 권고를 아는 것이 필요하다. 커플이 자신들의 결혼이라는 배가 이미 암초에 부딪쳐서 찾아올 때면, 종종 그들은 그 이유를 찾다가 잘못이 현재의 실패에 있는 것이 아니라 "잘못된 사람을 만난 것이 틀림없기" 때문이라고 결론짓곤 한다. 만약 선택하는 마음의 과정을 알고 나면, 상담자가 몇 분만 물어보아도 어떻게 이 커플에게 "당신은 올바른 짝을 만났습니다. 이제 뭐가 잘못되었는지 알아보도록 합시다"라고 확실하게 얘기할 수 있는지 알게 된다. 상담자는 "발견하는" 기술을 이해할 필요가 있다. 왜냐하면 법률상의 의무로는 좀처럼 커플을 설득하지 못하기 때문이다. 로맨틱한 마음이 따라가는 경로를 이해하는 상담자는, 하고자 하는 의지가 있는 사람이 무익하게 질문하는 일을 그만두고 변명과 회피의 구실을 버려서 현 상황을 계속 이어가도록 하는 일에 전념하도록 설득하기 시작한다.

떠남

일단 유망한 상대를 찾으면, 오랫동안 진행된 과정이 새로운 국면에 들어간다. 태어나면서부터 아기는 의존에서 독립에로의 순례여행을 떠난다. 모태에서는 모든 기관과 감정적 영적 구조가 완전히 둘러싸여 부모를 의존한다. 태어나면서 아기는 독자적인 기관을 가진 존재가 된다. 어머니와 떨어진 후에 아기의 기관이 기능하지 않으면 아기는 죽는다. 독립 또는 떠남은 삶이 계속되는 한 제일 먼저, 그리고 계속 지불하는 대가이다. 아기는 음식, 온기, 청결과 같은 생명 유지 기능을 위해 유기적인 면에서 의존적이다. 스스로 할 수 있는 것은 없고 다만 먹고 숨쉬고 자고 배설하기만 하며, 이 모든 것도 다른 사람에 의존한다. 학습의 각 과정은 독립을 위한 단계이다. 젖떼기, 변기훈련, 걷기, 말하기, 옷 입기, 예의 차리기, 예절, 관습, 도덕 등.

십대의 개별화와 내면화는 보이지 않는 탯줄을 끊지만, 다 끊어지지는 않는다. 보이지 않는 효심과 소속감 때문에 우리 마음을 꽉 잡고 부모의 신호에 행동으로 반응하도록 묶어놓은 것들이 충분히 점검받고 끊어지려면, 단지 새롭고 더 우선적인 충성에 대한 요구가 있을 뿐 아니라 수천 번의 사건과 결정이 있어야만 한다. 결혼 생활에서 매일 일상적으로 일어나는 사건으로 인해 더욱 부모를 떠나 서로에게 결합하는 것이 필요해진다.

결혼 상담에 있어 통상적으로 가장 큰 어려움은 바로 이 떠나고 결합하는 문제이다. 결혼은 3단계의 과정이다. "그러므로 남자가 자기 아버지와 자기 어머니를 떠나서 자기 아내와 결합하리니, 그들이 한 몸이 될 것임이니라."(창 2:24, 엡 5:31, 흠정). 만약 남자나 여자가 아버지나 어머니를 떠나는데 실패하면, 두 번째 단계는 일어날 수 없다. 즉 그들은 서로 결합할 수 없다. 만약 떠남과 결합에 실패하면, 세 번째 단계는 완성되기는 커녕 시작할 수도 없다. 그들은 한 몸이 될 수 없다.

처음에는 지리적으로만 떠난다. 앞서 말했듯이, 소년을 농장에서 떨어뜨리는 것과 농장을 소년 마음에서 떨어져 나가게 하는 것은 별개의 문제이다. 어머니가 일하는 모든 방식은 남자의 생각에 희망사항과 요구의 틀을 설정한다. 그의 아내는 수많은 세부적인 부분에서 어머니처럼 되든지, 아니면 되지 않아야 한다. 아주 중요한 사실은, 새로운 관계가 살아남으려면 어머니와 관련되어 형성된 효심, 명령, 통제의 말과 방식, 신호와 반응, 소속감과 동일시 등이 모두 죽어야할 필요가 있다는 것이다.

엄마가 어떤 일을 도와달라고 부르는데, 이미 오늘 저녁에 아내와 아이들과 함께 하기로 약속했다. 어느 것이 우선순위인가? 새색시의 엄마가 요구하거나 야단치면서 충고하지만, 색시의 남편은 뭔가 다른 것을 하기로 결정했다. 새색시는 무엇을 따라갈 것인가? 아빠가 며느리와 손주 앞에서 자기 아들의 잘못을 따지겠다고 고집 부리신다. 아들이 보여야 할 효심은 어디까지인가? 며느리는 언제 말해야 하는가? 며느리나 온 가족이 일주일에 한번은 자기 집에서 상당한 시간을 보내야 한다고 아빠가 요구한다면, 무엇이 진정 공경할 책임의 부분이고 어느 것이 정도를 벗어난 것인가? 공휴일과 휴가 때마다 부모 집을 방문해야 한다면, 어느 부모가 더 자주 소홀히 여겨지느냐의 문제로 싸움이 끊이지 않을 것이다. 아빠와 엄마는 자신에게 권리가 있고 내 아들 또는 내 딸이라면서 계속 간섭한다. 아들이나 딸이 언제 "귀찮게 하지 마세요, 이건 제 인생이에요."라고 말할 권리를 갖는 것일까? 아빠와 엄마가 돈, 차, 가전제

품 등 수많은 것들을 주고 싶어한다. 언제 부부가 이제 그만하시라고 말해야 하는가?

남편이나 아내가 엄마 쪽으로 이사하려고 하면, 지혜로운 부모는 어떻게 그걸 못하도록 막을 수 있을까? 매일 딸이 집에 전화해서 엄마(또는 아빠)와 (보기에) 몇 시간씩 통화한다. 얼마나 하는 것이 정도를 벗어난 것이고, 지혜로운 부모는 언제 그리고 어떻게 그것을 제한하거나 끊어버릴 것인가? 자녀가 계속 돌아와서 경제적 도움을 요청한다. 언제 "더 이상은 안돼"라고 말하는 것이 지혜이고, 긍휼로 그런 규정을 굽히고 어쨌든 도와야 할 때는 언제이며 또 어떻게 해야 하는가? 기본적인 도움을 얼마나 안정적으로 하는 것이 결혼을 도우면서 (결혼을) 손상시키지 않는 것인가?

각각의 사례는 각각의 공과(功過)에 따라 점검되어야 하지만, 어느 정도는 확고한 지침을 세울 수 있다. 첫째, 신혼부부는 부모와 별개로 독자적인 존재가 되어야 한다. 자신들만의 인생을 찾아야 한다. 마치 머나먼 행성의 이주민인 것처럼 스스로 일어서야 한다. 신혼부부와 부모는 모두 이 사실을 인정하고 승인해야 한다. 일단 이 사실을 쌍방이 인정하고 확인하면, 올가미에 걸리거나 방해하지 않으면서도 자녀는 부모 집을 방문할 수 있고 부모는 도움을 제공할 수 있다.

두 번째 지침은 부모의 역할이 끝났다는 깨달음과 관련되어 있다. 부모는 결정하고, 상담하고, 훈계하고, 조언하는 일을 포기해야 한다. 부모에게는 더 이상 결정을 내릴 권리가 없다. 결혼한 부부는 더 이상 부모에게 복종할 의무가 없다! 어떤 부모에게도 결혼한 아들이나 딸에게 어떤 명령을 할 지위가 부여되지 않는다! 배우자보다 부모에게 복종하는 일은 영예롭지 못하다. 성인은 사랑에서 부모가 요구하는 바를 하기로 결정할 수도 있지만, 그것은 순수하게 자유롭게 한 선택이지, 법적, 감정적 혹은 다른 어떤 강제력에 의한 것이 아니다. 아버지와 어머니를 공경하라는 성경의 명령에는 결혼 후의 복종까지 포함되지 않는다. 결혼한 부부에게 부모를 공경하는 것은, 먼저 배우자와 자녀들에게 의무를 다한 후에 (다 하기 전이 아니라) 적절한 우선순위에 따라 하는 태도와 섬김을 말한다.

폴라와 나는 결코 결혼한 로렌이나 에이미, 또는 존에게 명령하지 않는다. 지금 26살이고 학교 방학 중에는 우리와 함께 지내는 마크는 미혼이다. 우리는 이따금씩 그에게 집안을 도와달라고 요청하지만 명령은 아니다. 명령내리는 관계는 그들의 (결혼) 법정 연령이 되면 끝난다. 불행히도 많은 부모들은, 자녀가 열 살에 불과할 때 부모가 가졌던 지위를 여전히 가지고 있다고 생각한다. 훈련하는 하사관은 자기 책임 하에 있는 신병에게 소리치고 비하하는 말을 하지만, 대위에게 같은 방식으로 얘기하면 매를 벌게 된다! 부모는 자녀가 성인이 되면 더 이상 신병이 아님을 알아야 한다. 자녀들은 이제 중대 밖으로 옮겨졌고, 이제는 존경과 경의로 대해야 한다.

세 번째 지침은 효심과 애정에 관한 것이다. 아내는 룻이 나오미에게 했던 말, "어머니께서 가시는 곳에 나도 가고 어머니께서 유숙하시는 곳에서 나도 유숙하겠나이다. 어머니의 백성이 나의 백성이 되고 어머니의 하나님이 나의 하나님이 되시리니(룻 1:16b)"와 같은 말을 자기 남편에게 해야 한다. 남편에게 영향력을 행사해서 아빠와 엄마 근처 지역에서 살도록 하는 것은 부적절한 일이다. 아내는 자신이 원한다고 해서, 남편의 생각에 감정적인 영향력을 행사하거나 순교자적인 태도를 취하지 말고 남편이 가기 원하는 곳에 갈 수 있도록 감정면에서 자유로워야 한다. 마찬가지로 남편이 부모에게 끌려가거나 부모 옆에 살고자 아내에게 강요해선 안 된다. 자녀에 대한 부모의 사랑은 언제나 그냥 주어지는 것이어야지, 결코 빚으로 자녀를 묶어버리는 족쇄가 되어서는 안된다. 만약 결혼한 자녀들이 자유롭게 근처에 살거나 손주를 데리고 자주 방문하기로 한다면, 당연히 모두에게 축복이 된다. 그러나 결혼한 자녀들이 부모에게 '빚진 것'은 아무것도 없다! 부모는 과거의 봉사를 현재의 보은으로 보답받으려 해서는 안되고, 그런 대접받는 것을 허용해서도 안된다. 그 때 일은 끝났다. 마치 결혼날이 동시에 희년의 날인 것처럼 빚은 청산되었다.

예수님은 십자가 위에서 자신의 전부를 주셨다. 이 선물은 어느 누구도 구속하지 않는다. 그분은 최상?최고의 선물을 주셨지만, 그래서 우리가 그분께 뭔가를 빚졌다고 생각하는 것은 우리 주님을 모욕하는 것이다! 그분의 선물은 우리를 구속하지 않는다. 우리를 자유하게 한다. 마찬가지로 부모의 사랑, 즉 잉태부터 성장하기까지 부모가 하는 모든 일은 공짜로 주어지는 것으로 여겨져야지, 자녀를 구속하는 것으로 간주되어선 안된다.

특히 나이 드신 부모님을 위해 부부가 뭔가를 하기 원할 수 있고, 감사함과 요구에 대한 성경적인 의미에서 그렇게 할 책임을 느껴야 한다. 부부로 하여금 자신의 부모를 돌보도록 요구하는 이는 부모나 율법이 아니라 하나님이시다. 나이 드신 (존의) 아버지께 집을 드리고 이제 어머님을 우리 집 근처에 사시도록 하는 것은 기쁜 일이다. 그러나 부모는 결코 현재를 위해 과거를 '사용' 해선 안 된다. 부부나 부모가 탯줄을 버리고 끊어버리지 못함을 알기에, 우리는 종종 500 마일 떨어져 사는 것은 너무 가깝고 1,000 마일 떨어져 사는 것이 더 낫다고 조언한다. 반면에 자유로움을 이룬 커플과 부모는 바로 옆집에 붙어 살 수도 있다.

네 번째 지침은 정서적, 경제적 안전에 관한 것이다. 부모는 양날이 있는 말을 할 필요가 있다. "침상을 만들었으면 이제 거기에 누어라. 너는 아빠 엄마를 만나러 집으로 돌아올 수 없어." 그리고 반대로 이렇게 말한다. "우리가 항상 여기 있다. 넌 언제나 우리에게 올 수 있어." 첫 번째 말의 의미는 이렇다. "네 전부를 던져라. 너는 우리를 이용해서 네 결혼을 훼손할 수 없어. 거기서 해내라. 네가 거기서 최선을 다해 시도하지 않는다면 여기 돌아올 수 없어." 두 번째 말의 의미는 이렇다. "만약 모든 것이 다 실패한다면 여기가 안전하단다." 선물과 도움은, 특히 생계를 위해 벌이를 하는 사람의 지위나 자신감을 약화시키거나 훼손하지 않는 한도에서만 주어져야 한다. 특히 선물과 도움을 자녀를 구속하고 의존적으로 만들기 위해 사용해서는 안 된다.

다섯 번째는 설교와 기도에 관한 것이다. 어쩌면 부모와 결혼한 부부 간의 가장 나쁘고 파괴적이며 지속되는 유형의 일은 설교일 것이다. 부모는 자녀 부부에게 설교하지 않기를 배워야 한다. 부부는 "그만두세요! 아빠(아니면 엄마), 이건 내 인생이에요!"라는 말을 언제 어떻게 할지 배워야 한다. 부부는 부모의 설교에 굴복하지 않기를 배워야 한다. 부모에겐 더 이상 그런 강단이 없다. 젊은이가 나이든 사람의 권고에 귀 기울이는 것은 지혜로우나, 둘 사이에는 자유로움과 여유가 있어야 통제나 조작이 있어서는 안 된다. 종종 '전통적인 나라들'의 부모들이 이를 가장 잘 못한다. 주로 유럽 같은 강한 문화의 자손들은 성가신 부모의 간섭에서 벗어나기가 훨씬 더 어렵다. 어떤 문화에서는 다 큰 자녀에게 고함치고 말로 통제하는 것을 덕목과 전통적인 부모의 특권으로 여긴다.

심지어는 혼적인 기도가 결혼한 자녀를 통제하는데 이용될 수 있다. 이런 기도는 부적절하다. "주님, 얘가 아내에게 잘 대하게 해 주세요." 우리는 하나님을 조정해서 우리 자녀들을 잘 관리하시도록 하려 든다. 어차피 하나님은 이런 기도에 응답하지 않으신다. 그러나 우리 기도의 에너지는 자녀들을 괴롭힌다. 그들을 위해 기도하는 것은 좋다. 그건 부모로서 계속해야 할 의무 중 하나이다. 기도를 통한 축복은 우리가 줄 수 있는 가장 크고 강력한 선물이다. 그러나 그런 것은 모두 존경과 불간섭이라는 지침을 따라야 한다. 우리는 간섭하지 않는 방식으로야 성공적으로 기도할 수 있고, 간섭하지 않는 것만을 기도할 수 있다.

어린 자녀는 우리의 발가락을 밟는다. 그들이 나이 먹으면 우리의 마음을 밟는다! 그들이 어리면 우리가 통제한다. 결혼하면 그들이 자기 인생을 통제한다. 나이 먹으면 그들의 마음이 우리 마음을 통제하고, 우리에겐 방패가 없으며, 그들 때문에 상처받을까봐 그들을 통제할 수도 없다. 자녀가 문제를 일으키지 않도록 통제함으로써 우리 마음이 그들 때문에 상처받지 않도록 보호하려고 해서는 안 된다. 우리는 그들의 인생에 영향주고자 뭔가를 '사용' 해서도 안 된다. 우리는 도와줄 의지와 준비를 하면서도, 도움이나 기도로 그들의 날개를 꺾지 않도록 항상 과묵하게 곁에 서 있어야 한다.

마지막으로, 손주에 관해서는 같은 지침이 모두 적용된다. 우리는 손주를 사랑하지만, 결정하고 훈육하는 일은 손주의 부모가 해야 한다. 마치 우리가 이웃집 아이에게 우리 소유 구역에 들어오면 우리 규칙을 지켜야 할 것을 요구하듯이, 손주가 우리 집에 있을 때는 어느 정도 우리의 훈육에 따르게 할 수 있다. 하지만 그들의 집에서는 손댈 수 없다. 그런 지위는 그들의 부모에게만 속한 것이다. 만약 부부가 그런 지위를 일부러 부모에게 위임한다면, 부모는 조심스럽게 그들의 권위를 존중해서 맡아야 한다. 부부가 위압적이고 여전히 훈육하는 조부모님의 방문을 받고 있다면 확고하게, 만약 주의하지 않으시면 그만 떠나셔야 한다고 말할 필요가 있다. 부모는 조부모님이 부모의 지위나 권위를 빼앗아 가시도록 허용해서는 안 된다.

과거 수년간 자기 딸을 성추행한 아버지가 방문하는 경우가 자주 있다. 이제 젊은 엄마인 딸은 아버지가 자기 손녀를 성추행할 기회가 있을까봐 걱정한다. 어떤 경우에도 부모에 대한 효심과 과거의 죄를 지나치게 불쌍히 여기는 것이 자녀의 안전보다 우선순위에 올라갈 수 없다! 그 자녀들은 앞으로 충만한 삶을 살아야 한다. 늙고 제멋대로인 부모의 노년을 위해 자녀를 위험에 빠뜨릴 수는 없다. 어떠한 경우에도 이전에 성추행한 사람이 손녀와 단둘이 있을 기회를 갖도록 허용되어서는 안된다! 만약 이것이 쉽사리 안전하게 보장되지 않으면, 방문시간은 짧아야 하고, 항상 어머니가 함께 있어야 한다. 우리는 자녀를 위험에 빠뜨릴 만큼 부모에게 빚진 것이 없다.

한번 알콜중독자는 늘 알콜중독자인 것과 마찬가지로, 한번 성추행한 사람은 항상 그 약함이 다시 드러날 수 있다고 가정해야 한다. 워싱턴 동부에서 어린이 학대에 관한 권위자로 널리 잘 알려진 우리 친구 레이첼 존슨은 강경하게, 그리스도가 없으면 어린이 성추행자는 또 다시 그 일을 할 것이고, 많이 치유받았다 해도 어린이를 그런 조부모와 단둘이 있게 하는 위험을 무릅쓰는 것은 지혜롭지 않다고 말한다. 또한 우리의 경험으로도 성추행한 남자는 계속 그렇게 하며, 큰 기적에 가까운 일이 일어난 후에라도 그들을 유혹받는 자리에 두어서는 안된다. 심한 말을 하는 것처럼 보이지만, 이는 성추행한 아버지가 조부로서 인생을 사는 동안 치루고 또 계속 치를 것을 기대해야할 죄의 대가 중의 하나이다. 그에겐 끊쳐지는 것(레 18:10, 29) 이외에는 아무 자격이 없다! 하나님께서 아버지에게 딸이나 의붓딸이나 손녀의 성(性)을 보호하도록 신뢰하신 것보다 더 신성한 것은 없다. 그 신뢰를 저버린 사람은 불평 없이 그 대가를 치루어야 한다. 자비와 용서 때문에 경계를 약화시켜선 안 된다. 만약 내가 자꾸 되풀이하고 완고하고 가혹한 것 같다면 이는, 자기 아빠가 교훈을 배웠을 거라고 확신했지만 자기 딸에게 행한 짓을 알고 흐느끼며 이야기하는 상심한 어머니들을 무수히 상담했기 때문이다. 요행을 바라지 말라. 당신은 아무것도 빚진 것이 없다!

보통 아버지보다 어머니가, 장성한 자식을 떠나보내고 나서 간섭하지 않기가 더 힘들다. 전통적인 나라의 가정에서는 때로 정반대이기도 하다. 하지만 대부분의 미국 가정에서는 어머니가 내버려두고 잠잠히 계시기가 더 어렵다. 다시 말하지만, 부부는 그러한 어머니에게 어떻게 온유하면서 확고하고 강경하게 대해야 하는지를 배울 필요가 있다. "엄마, 이 집에서는 더 하실 말씀이 없어요. 저는 장성한 사람입니다. 엄마의 임무는 제가 결혼한 날 끝났어요. 그것은 간섭하시는 거에요. 그만 두세요."라고 단호하게 배려하며 말하는 것은 친절한 일이다. 만약 지혜로운 사람이어서 한 번의 말로 충분하면 좋은 일이다. 만약 고집부리는 사람에게 "엄마, 멈추지 못하신다면, 저기 문이 있습니다"라고 말한다면 이는 여전히 친절한 행동이다. 당신 가정에 어머니 때문에 방해가 생기도록 놔두는 것은 친절한 행동이 아니다. 거짓된 죄책감은 이렇게 말한다. "네가 그렇게 어머니를 고생시켰는데, 좀 참을 수 없니?" 아마도 당신 혼자라면 그럴 수 있고 그래야 할 수도 있지만, 당신은 혼자가 아니며, 당신 아내(또는 남편)와 자녀가 당신의 최우선순위이다. 그들은, 당신이 어릴 때 일으킨 문젯거리를 어머니에게 드리지 않았기에, 당신이 아직도 빚졌다고 생각하는 벌금을 그들이 지불해야 한다고 강요해선 안 된다! 만약 그들이 견딜 수 있으면 그런 희생을 치루어도 되지만, 만약 어머니가 너무 큰 방해가 된다면 현재의 가정이 최우선 순위이기에 어머니는 떠나셔야 한다.

결혼 실패 중 가장 큰 비율이 배우자 중 한편 또는 둘 다 집 떠나기를 거부하거나 할 수 없었기 때문에, 내가 상담자로서 이 문제를 단호하게 반복해서 말하는 것이다! 떠남은 결합의 절대적인 선행조건이다. 한 쪽 또는 양쪽 부모님이 배우자의 마음에 자리를 차지하는 한, 배우자와의 결합은 있을 수 없다. 부모로부터 배우자에게로 의지적으로 마음을 옮겨가는 것은 최상의 상황에서도 몇 년이 걸린다. 폴라와 내가 결혼한 몇 년이 지난 후에도 나는 직장지원서에 '집'을 쓸 때 자동적으로 내 부모님의 주소를 쓰곤 했다!

결합

결합은 단 한번이 아니라 계속 반복해서 자신의 인생을 배우자에게 헌신하겠다는 결단의 문제이다. "나는 혼자가 아니다. 나는 함께 있다." 부부간의 사랑은 로맨틱한 감정이 아니라 매일 책임지는 행동을 한다는 헌신이다. 결합은 끊임없이 희생을 요구하는 매일의 사소한 사건 속에서 계속 반복해서 선택하는 문제이다.

떠남은 (부적절하게 지속되는 부모의 영향력에 대해 마음과 생각을) 닫는 문제이지만, 결합은 먼저 배우자에게 열면서 다른 모든 이에게는 닫는 문제이다. 대부분의 결혼식에 "그(그녀)에게만 속할지라"라는 말이 포함된 것은 하나님의 지혜로 된 것이다. 성적으로만이 아니라 수많은 나눔의 영역에서 배우자에게 마음을 열어두고 다른 이에 대해 닫는 것은 결혼의 위대한 예술이다. 결합은 영예로운 결혼의 우선적인 부르심이자 과업이다. 폴라만이 내 지성소에 의심받지 않고 다가올 수 있는 모든 권리를 갖고 있다. 폴라만이 완전하고 '비밀이 없는' 관계를 가질 권리를 가진다. 그녀에게만 보안장치가 완전히 해제된다. 결합은, 아무리 고통스러워도 그녀에게 마음을 열어놓고, 또 폴라에게만 속한 것을 다른 이에게 주는 것이 행복이 될 것 같다는 유혹을 아무리 받더라도, 폴라에게만 속한 나눔의 모든 영역을 다른 이에게는 닫아놓는 문제이다.

결혼은 계속 행복의 충만함으로 가는 과정이다. 모든 부부는 때때로 멈추어 이 봉에 또는 저 봉에 머무른다. 아주 적은 수의 사람들만이 계속 행복의 충만함으로 나아간다. 충만함이란 이성과 마음이 연합하여 어느 누구도 잊혀지거나 억제되지 않고 각자가 서로를 통해 가능한한 둘 다 향상되고 채워질 모든 일을 하는 것이다. 어느 누구도 상대 없이, 또는 떨어져서 충만함에 이를 수 없다. 충만함은 리듬이고, 춤이고, 이중주이며, 자발적이고 자유로우면서도 질서가 있고 규칙적이다. 각자는 홀로 설 수 있지만 그렇게 하지 않기로 선택하며, 그런 선택을 할 때에 단순히 일 더하기 일을 한 것보다 더 큰 일이 일어난다.

둘이 하나 됨에 있어 용서와 십자가가 중심적이다. 왜냐하면 누구도 은혜 없이는 연합할 때 생기는 갈등의 불길을 견딜 수 없기 때문이다. 심리적으로나 심고 거두는 법칙으로 인해, 상처가 상처를 일으키고 반응이 반응을 초래한다. 예수님은 우리가 심은 악이 요구하는 바를 십자가 위에서 거두셔서 우리를 자유케 하시고 우리로 축복의 충만함을 거두게 하신다. 우리는 먼저 그분께 복종해야만 진정으로 피차 복종할 수 있다(엡 5:21).

동산에서 하나님은 서로를 위해 남녀를 창조하셨다. 결혼의 상태는 창조의 상태이다! 아담과 이브는 서로와 무관한 어린 시절을 알지 못했다! 이브는 아담 없는 삶을 알지 못했다. 우리는 창조를 듣자마자 연합을 듣는다.

그들은 함께 할 일이 있었다. 동산을 가꾸고 지키는 노동은 나중에 첨부된 조항이나 타락 후의 조항이 아니라, 창조의 축복된 조항이었다. 타락 때문에 노동이 발생한 것이 아니고, 다만 긴장과 땀이 추가되었을 뿐이다. 그러므로 예수 안에서 재창조의 충만함은, 일없음이 아니라 긴장과 땀 없이 일상의 노동을 함께 하는 것이다. 어떤 부부도 노동 없이는 연합의 충만함에 이를 수 없다는 것이 우리의 주장이다. "우리는 그의 만드신 바라 그리스도 예수 안에서 선한 일을 위하여 지으심을 받은 자니 이 일은 하나님이 전에 예비하사 우리로 그 가운데서 행하게 하려 하심이니라"(엡 2:10). 우리의 천직은, 둘 중 하나가 우연히 할 일을 찾은 것이 아니라 하나님께서 서로를 위해 우리를 창조하신 밑그림에서부터 우리의 것으로 계획하신, 우리의 천직이다.

직업은 천직이 아니다. 천직(vocation)은 부르심으로, 부른다는 라틴

어의 'vocare'에서 나온 말이다. 장막 만드는 일은 바울 사도가 그의 사도로서의 부르심에 응할 수 있도록 한 직업이었다. 또한 천직은 한 개인의 직업일 수도 있는데, 그러면 부부는 두 배로 축복받는다. 하지만 결혼한 개인의 천직은 정의상 하나가 아니다. 둘은 물리적으로 다른 임무를 행하더라도 마음의 태도에서는 각자일 수 없다. 각각 따로 하는 임무는, 어느 직업이든 간에 그보다 더 큰 공동의 목표 안에서의 연합과 조화에 공헌하는 것이어야 한다. 하나님이 보시기에 사람이 독처하는 것이 좋지 못하다 보시고 "내가 그를 위하여 돕는 배필을 지으리라"고 말씀하신 것은 아담의 천직이라는 정황에서였다. 천직은 하나님의 부르심이고, 이를 위해 사람이 창조되었고 아내도 창조되었다. 결혼한 남자가 자신의 임무를 혼자하려고 한다면 그는 위험에 처해있는 것이다. 우리는 그런 외로움이 쌓이다가 특정한 여인(비서, 직장동료)이 천직에서의 돕는 배필의 역할을 해줄 것이라 보였기에 간음에 빠진 수많은 남자들을 보아왔다.

둘 다 천직에로의 부르심을 금방 알지 못하거나, 수년간 알지 못할 수도 있다. 만약 그들이 금방 안다면 축복받은 것이나, 그렇게 될 때까지 인내와 신중한 행보를 계속해야 한다. 부부가 하나 됨의 충만함으로 나아가는 것은 천직이라는 문맥에서이지, 이와 별개의 것이 아니다. 왜냐하면 이것이 그들이 창조될 때부터의 목적이요 부르심이기 때문이다.

모든 부부에게는 알건 모르건 간에 천직이 주어져 있다. 많은 이들이 이를 행하고 있지만 한 번도 이를 이름짓지 않을 수도 있다. 꼭 일부러 거룩한 음성으로 소리낼 필요는 없다. 동산을 경작하는 것이 어떤 면에서 영적으로 거룩하게 보이는가? 하나님은 남녀를 농부, 교사, 주부, 출판업자, 상인 등으로 부르신다. 어떤 이에게는 쓰레기 줍는 것이 직업이고, 어떤 이에게는 같은 일이 천직이다. 어느 것이나 하늘의 후원과 예술적인 기교로 될 수 있다. 심지어 어떤 이에겐 주지사 되는 것이 직장일 뿐이고, 아이들이나 정원에서 장미밭을 가꾸는 것이 그들의 천직을 행하는 것일 수 있다. 누가 다른 사람의 천직이 무엇인지 알 수 있겠는가? 남편과 그 아내가 이를 인식하고 함께 응답하면 제일 좋지만, 그들이 단지 함께 일상의 일을 하기만 해도 어쨌든 연합의 행복과 충만함에 이르게 된다.

(성경은) 하늘의 보상이 게으름과 안식을 암시하는 비현실적인 것이라 말씀하신 적이 없고, 오히려 더 큰 노동이라고 하셨다.

> "다섯 달란트 받았던 자는 다섯 달란트를 더 가지고 와서 가로되 주여 내게 다섯 달란트를 주셨는데 보소서 내가 또 다섯 달란트를 남겼나이다. 그 주인이 이르되 잘 하였도다 착하고 충성된 종아 네가 작은 일에 충성하였으매 내가 많은 것으로 네게 맡기리니 네 주인의 즐거움에 참여할지어다 하고, 두 달란트 받았던 자도 와서 가로되 주여 내게 두 달란트를 주셨는데 보소서 내가 또 두 달란트를 남겼나이다. 그 주인이 이르되 잘 하였도다 착하고 충성된 종아 네가 작은 일에 충성하였으매 내가 많은 것으로 네게 맡기리니 네 주인의 즐거움에 참여할지어다."(마 25:20-23)

남녀가 이 땅의 삶에서 함께 천직에서 일함을 통해 인생의 충만함에만 이르는 것이 아니다. 하나님께서는 그 천직을 통해 하늘의 삶에서 봉사할 수 있도록 준비하도록 계획하셨다. 결혼의 계획은 죽음의 문을 넘어서 영혼에 쌓아두는 것이다. 결혼 자체는 죽음과 함께 끝난다. 그러나 우리는 "그것을 우리와 함께 가지고 간다." 우리가 가져가는 것은 우리가 되어진 모습이다. 우리가 되어진 모습은 배우자와의 관계와, 하나님과 사람과의 섬김에서 일어난 것들이다. 우리의 성품의 모양과 기억하는 생각은 그대로 우리와 함께 하늘에서 노동할 때까지 가지고 간다. 하늘에서 하나님이 만드시는 꽃다발을 위해, 뽑히기로 예정된 특별하고 독특한 종류의 꽃이 되는 것이 결혼의 목적이고 하나됨의 충만함이다.

제 20 장 하나 됨의 장애물
The Problem of Becoming One

　그리스도를 경외함으로 피차 복종하라. 아내들이여 자기 남편에게 복종하기를 주께 하듯 하라. 이는 남편이 아내의 머리 됨이 그리스도께서 교회의 머리 됨과 같음이니 그가 친히 몸의 구주시니라. 그러나 교회가 그리스도에게 하듯 아내들도 범사에 그 남편에게 복종할지니라. 남편들아 아내 사랑하기를 그리스도께서 교회를 사랑하시고 위하여 자신을 주심같이 하라. 이는 곧 물로 씻어 말씀으로 깨끗하게 하사 거룩하게 하시고, 자기 앞에 영광스러운 교회로 세우사 티나 주름잡힌 것이나 이런 것들이 없이 거룩하고 흠이 없게 하려 하심이니라. 이와 같이 남편들도 자기 아내 사랑하기를 제 몸같이 할지니 자기 아내를 사랑하는 자는 자기를 사랑하는 것이라. 누구든지 언제든지 제 육체를 미워하지 않고 오직 양육하여 보호하기를 그리스도께서 교회를 보양함과 같이 하나니, 우리는 그 몸의 지체임이니라. 이러므로 사람이 부모를 떠나 그 아내와 합하여 그 둘이 한 육체가 될지니(엡 5:21-31).

이에 예수께서 제자들에게 이르시되 "아무든지 나를 따라오려거든 자기를 부인하고 자기 십자가를 지고 나를 좇을 것이니라. 누구든지 제 목숨을 구원코자 하면 잃을 것이요 누구든지 나를 위하여 제 목숨을 잃으면 찾으리라."
(마 16:24-25)

하나됨의 장애물은 자기중심적인 이기심이다. 모든 상담자, 교사, 목사가 말하고 글로 쓴 문제들의 배후에는 모든 인류의 공통된 한가지 병폐가 있다. 모든 인류의 공통적인 죄는 지속적으로 첫째가 되고자 하는 것이다! 이의 반대말은 자기희생적이고 친절하며 나눠주는 사람이 아니다. 관대하고 친절하고 긍휼을 베풀어도 여전히 자아가 동기일 수 있다. 관대한 생활방식이 습관이 되었다고 해도 자아를 극복하지 못한다. 이기주의는 인색함과 동일한 것이 아니다. 이는 단지 자신을 주지 않는 것, 가진 것을 나누지 않는 것, 또는 남을 위해 일하지 않는 것만을 의미하지 않는다. 이기주의가 의미하는 바는 남을 위해 좋은 일을 하든지 아니면 우리가 통상 이기적이라 생각하는 사람이 되든지 간에, '자아다움', 즉 자기 혼자 정한 정의 안에서 그 정의를 따라 사는 사람을 의미한다.

사회는 관대한 사람을 좋아한다. 자연스럽게 모든 사람은 그가 결혼해서도 잘하리라 기대한다. 때로 그렇기도 하지만 항상 그렇지는 않다. 왜냐하면 이기적인 자기중심성을 절대 계속 숨길 수 없는 곳이 바로 결혼생활이기 때문이다. 우리의 배우자는 사회의 누구도 보지 못한 곳에서 살면서, 누구도 보지 못한 우리의 있는 그대로의 진정한 모습을 만난다.

자기중심적인 이기심은 하나 됨의 꽃이 만개하는 데에 있어 치명적이고 파괴적인 질병의 주된 뿌리이다. 여전히 자아가 지배하는 한, 우리는 온전하게 공동체가 되지 못한다.

하나 됨의 장애물은 두려움이다. 죽기를 두려워하는 것, 곧 "죽음을 두려워하므로 평생을 노예로 속박되어 있는(히 2:15, 흠정)" 것이다. 우리가 두려워하는 죽음은 육적인 자기 통제에 대해 죽는 것이다. 우리는 자아의 그러한 구조와 성품과 인성의 그러한 습관들을 놓아버리기를 두려워한다. 왜냐하면 그러한 것들을 통해 우리 주위의 삶과 상황과 사람들을 만나고 통제한다고 생각하기 때문이다.

"진실로 진실로 내가 너희에게 말하노니, 한 알의 밀이 땅에 떨어져 죽지 아니하면 한 알 그대로 남아 있지만 죽으면 많은 열매를 맺느니라."(요 12:24) 삶을 통제하려는 그 자아에 대해 죽기 전까지는 잠재의식에서 주위의 모든 가까운 사람들을 우리 주위의 궤도를 도는 위성으로 본다. 주위 사람들이 제자리에 있어서 인생이 제대로 굴러가고 우리 그림을 만족시킬 때에야 우리도 쉬고 주위 사람도 편히 있게 해준다. 만약 그들이 우리의 관례화된 인생방식을 위협하면, 삶이 불편하고 그들을 궤도로 돌이키기 위해 할 수 있는 일, 즉 명령하고 감언이설로 속이고, 위협하고, 야단치고, 조작하고, 위로하고, 때리고, '갖고놀고', 침묵하고, 고함치는 등의 일을 한다. 부드럽고 온화한 방식에서 분노하고 짜증내기까지 우리는 사랑하는 사람을 원래 상태로 되돌릴 수 있을 것 같은 일을 한다. 대부분 우리가 그렇게 하는 것은 그들을 사랑하고 염려해서가 아니라 (우리는 그래서라고 생각하고 종종 이를 크게 광고하고 다닌다) 자아의 왕국 때문이라는 것을 모른다. 사람들에게 둘러싸여도 혼자라고 느끼는 것은, 아무도 통제받길 원치 않기 때문이다. 아무도 우리 궤도의 위성이 되길 원치 않는다. 자아에 대해 죽어야 안전하게 공동체가 될 수 있다.

어떤 남편이나 아내는 스스로 배우자의 인생에 대한 그림에 굴복한다. 아내가 남편이 원하는 바에 모두 복종할 수 있다. 그렇게 하는 것이 에베소서 5:22의 명령이 말씀하는 바라고 생각한다. 복종에 대해 균형을 잃고 치우친 많은 가르침이 이런 태도를 지지한다. 완전히 자기를 부인하고 진정 자기희생적인 사랑으로 남편을 사랑해야 할 사람이 바로 자신인 것 같다. 그러나 그럴 필요가 없다. 실상은, 부인이 처음에는 단념했다가 후에 통제라는 보다 미묘한 방법을 발견한 것일 수도 있다.

그녀의 복종이 실제로는 자기 주위환경을 통제하는 방식일 수 있다. 살아있고 활기찬 남편을 돕는 배필이 된다는 더 큰 위험을 피하고 (생기 없고 돌의 고요함 같은) 평화를 만드는 일을 한다. 어울리는 동등한 짝이 되기보단 남편의 연장(延長)이 된다. 남편이 기뻐하는 것이 뭔지 알아서 늘 그 일을 함으로써 남편을 통제한다. 외관상 남편은 기쁠지 모르지만, 내면에서는 죽어가고 있다.

남편이 아내를 성실하게 섬기지만 그것뿐이고, 아내를 인격으로 만나는 일 없이 섬기기만 할 수 있다. 소년일 때 순응을 통해 어머니를 달래는 법을 배웠는지도 모른다. 그래서 평화를 위해 무슨 짓이라도 해서 달래고 통제한다. 그런 남자는 무의식적으로 아내가 기분 좋아 몸을 웅크리고 목을 가르랑거리도록 아내 감정에 맞춰준다. 그런 남자가 이상적인 남편으로 보인다. 그런 '이상적인' 남편의 아내는 문제점을 짚어내기가 힘들다. 단지 자신이 불행하다는 것을 알 뿐이다. 뭔가 채워지지 않는다. 저자세인 남편의 아내는 보통, 남편이 노예같이 더 잘할수록 더 화내고 더 요구한다. 무의식적으로 그들은 남편을 자극하고 남편이 화내면서 틀을 깨뜨리도록 부추겨서 삶을 책임지고 가정의 우두머리가 되게 하려 한다.

종종 미묘한 방식이 아니라 무력으로, 화내고 소리쳐서 통제하기도 한다. 그런 통제의 유형은 쉽게 알아볼 수 있다. 그렇다고 해서 그런 통제를 더 쉽게 깨뜨릴 수 있는 것은 아니다. 우리는 그런 사람을 강한 성격의 소유자로 생각하는 경향이 있다. "그를 반대하기가 두려워. 그는 너무 강해." 실제로 허장성세(虛張聲勢) 이면에는 다른 사람을 뛰어다니게 함으로써 자기 세상을 통제하기를 배운 두려워하는 어린아이가 있다.

통제의 수단이 무엇이든, 원인은 동일하게 자아이다. 그 결과는 동일하게 완전한 연합의 삶과 온전함을 이루지 못하는 것이다.

사도바울이 결혼생활에서의 한 가지 성공적인 길을 가르쳐 주었다. "그리스도를 경외함으로 피차 복종하라"(엡 5:21). 이는 단순한 금언이면서 결혼관계의 절대적인 법칙이다. 이렇게 얘기할 수 있다. "예수 그리스도에게 복종하지 않으면 서로에게 복종할 수 없다." 또는, "그리스도 안에서 자아에 대해 죽지 않으면, 다른 사람과의 관계에서 자아에 대해 죽을 수 없다." 또는 이와는 반대로, "그리스도처럼 다른 사람에게 생명을 주시는 성령 안에서 살아있을 때에야 다른 사람에게 생명을 줄 수 있다." 주님께서 우리와 동일시하셔서 자아의 세계가 십자가상에서 죽고, 성령이 자아의 벽 너머에서 주를 위해 주 안에서 살도록 힘주실 때에야, 진정한 생명이 어느 정도 나타날 수 있다. 특히 결혼에서 그렇다.

　진정한 하나 됨은 상대를 위해 하나가 잊혀지거나 한 명의 자아가 배우자에게까지 확장되어 일어나는 것이 아니라, 우리 안에 주님의 성품으로 인한 동기와 마음이 생기기까지 그리스도 안에서 자아에 대해 죽을 때 일어난다. "그는 흥해야 하겠고 나는 쇠하여야 하리라"(요 3:30). 이는, 종종 많은 이들이 "나는 쇠하여야 하지만 그는 흥하여야 한다"라고 잘못 인용하는 것과 다르다. 이는 하나님이 정하신 죽음과 거듭남의 순서를 바꾸는 일이다. 내가 쇠하려고 하면 이는 자아의 또다른 과업이 된다. 그가 흥하실 때만 그 분의 선택과 주도권으로 인해 내 자아가 성공적으로 죽는다. 그분의 생명이 내 안에서 일어날 때에야 자아가 아니라 그 이상의 것이 나를 쇠하게 할 수 있는 동기부여의 원동력이 된다. 그분의 생명이 나를 제거하지 않는다. 그 분의 자기 죽음은 너무도 완벽하여 내가 나에 대해 더 많이 죽고 그분 안에서 더 많이 살아날수록 내가 나로 충만해진다. 나는 예수 그리스도라는 과자틀을 딴 모습이 되지 않는다. 나는 하나님이 창조하신 충만함에 이르지만, 나의 나된 것에 대해 인정받을 수도, 교만할 수도, 자랑할 수도 없다(고전 1:31). 내가 이를 변명할 필요도, 이를 위해 살 필요도, 이를 유지할 필요도 없다. 그것은 그분의 일이다. 나는 단지 그 분을 위해 그 분 안에서 살며, 그 분은 나를 위해 내 안에 사신다.

죽음과 새 생명의 충만함이 있으면 배우자가 성령을 통해 상대가 뭘 원하고 필요로 하는지 감지하게 된다. 그런 감지는 육신에 맞춰주는 것이 아니다. 사욕이나 저급한 동기를 충족시켜 주지 않는다. 지혜 가운데 상대에게 좋은 것이 뭔지를 성령에 의해 읽기를 배우고 그에 따라 행한다. 그러므로 하나 됨이란, 서로를 제거하거나 통제하는 것이 아니라, 하나님의 자녀 두 명이 서로와 다른 모든 이들을 축복하고 채워주려고 하면서 축복 안에서 발견하고 모험하는 세상을 기뻐하는 새로움이다. 마음들이 함께 노래한다. 생각이 조화되어 작은 실마리로도 생각의 교향곡으로 자라고 일치된 행동을 하게 한다. 상대를 축복하고자 하는 한 가지 목표, 한 가지 목적으로 모든 것을 하나 됨의 합주로 묶어준다. 영들이 감싸고 합류하기 때문에, 아무리 함께 할 업무의 분량이 많아도 물리적인 조정을 통해 향상되고 리듬과 행동이 용이하여 지치기보다는 새롭게 된다. 하나 됨은, 두 명의 개개인이 자유롭게 자기 자신을 유지하고 자발적이고 개방적으로 있으면서도, 섬김과 예배에서 하나의 멜로디로 엮어지는 교향곡의 화음을 이룬다. 하나 됨은 마치 군중이 각 개인을 삼키고 먹어버리는 것 같은 개인주의의 상실이 아니다. 이는 마치 같은 불 안에서 두 개의 숯덩이가 빨갛게 타거나 합창단에서 테너와 알토가 각각 온전하게 부르는 것과 같다.

하나 됨의 장애물은 종종 하나 됨을 만들려는 육신적인 수고와 연관이 있다. 하나 됨은 우리가 바로 그것을 위해 애쓰고, 지켜보고 평가하며, 긴장해야 할 것이 아니다. 이는 결과이며 그리스도 안의 삶에서 생긴 부산물이다. 그러므로 분열에 대한 해독제는 하나 됨으로 돌아가려는 애쓰는 것이 아니라, (만약 그러면 대개 판단하고 평가하게 되어서 더 산산조각이 된다) 자아에 마음 쓰지 말고 주님을 경배하고 섬기는 일로 돌아가는 것이다. 주님이 돌아오시면 하나 됨이 돌아온다.

우리 중의 한 무리가 셀을 이루었다. 우리는 문제와 기쁨을 나누고 매일 서로를 위해 기도하면서 하나 됨으로 들어가길 원했다. 계약관계로 들어갔지만, 신혼여행 후의 부부마냥 분쟁과 다툼으로 가득차게 되었다. 그리고 주님이 우리가 하나 되지 못한 것은 육신적으로 애썼기 때문이라고 말씀하셨다. 그러던 중에 주님은, 사람이 함께 하려고 애쓰는 모든 것을 하나님께서 좌절시키셨음을 지적하셨다. 주님은 바벨탑이 하나님께서 금하신 연합을 이루려는 시도였고, 후에 하나님께서 사람들의 언어를 혼잡케 하셔서 그들을 (온 지면에) 흩으셨음을 우리에게 상기시키셨다 (창 11:1-9). 사람들을 움직여 국제 연맹, 연합국가 등을 못하게 한 이가 사탄의 능력이 아니라 바로 하나님 자신이심을 우리에게 계시하셨다. 역사 속에 사람들이 육신의 힘으로 연합을 시도할 때마다, 주님이 그들을 깨뜨리시고 흩으셨다. 그 당시 우리는 분열적인 육신을 민감하게 알아차리고는 이렇게 부르짖었다. "그러면 우리는 어떻게 공동체를 이룰 수 있죠?" 주님은 기도 중에 한 명에게 환상을 보여주심으로 대답하셨다. 그는 푸른 초장에서 모든 양들이 목자에게 모여 있는 것을 보았다. 그리고 주님이 이렇게 말씀하셨다. "너희가 나를 먼저 구하고 각자가 내게 가까이 오길 애쓰면, 너희는 자연스럽게 서로에게 가까워진다. 그 외의 방법은 하나님이 정하신 질서를 벗어나며 분열에 이르게 된다."

(교회 안에서나 어디서나) 결혼에서의 연합은 먼저 주님을 구할 때 온다. 주님이 머리가 되지 않으시면, 이기심이 부활하며(만약 죽은 적이 있다면), 곧 분열이 뒤따른다.

이는 시기와 다툼이 있는 곳에는 혼란과 온갖 악한 일이 있기 때문이라. 그러나 위로부터 오는 지혜는 첫째, 순수하고 그 다음은 화평하며, 친절하고, 양순하며, 자비와 선한 열매들로 가득하고, 편견이 없고, 위선이 없나니 의의 열매는 화평케 하는 자들의 화평 안에 뿌려진 것이니라.(약 3:16-18, 흠정)

한쪽 배우자가 주님을 열심히 추구하지 않을 수 있다. 그러나 믿지 않는 배우자는 믿는 배우자로 인해 거룩하여지므로(고전 7:14), 한쪽 배우자의 부족함 때문에 연합과 마음의 하나 됨이 방해받을 필요는 없다.

하나 됨의 장애물은 지속적으로 용서하기 어렵다는 점이다. 혹자는, 결혼이란 24시간 내내 용서하는 습관이라고 말했다. 일부러 상처주려고 말하지 않더라도 파리들이 빵 부스러기에 모여드는 횟수만큼이나 의도하지 않은 교묘한 일이 일어난다. 하지만 종종 우리는 상처받은 것을 잘 몰라서 이에 대처하지 못해 머리의 증기가 엉뚱한 곳에서 간헐적으로 폭발한다. 아니면 알아도, 너덜너덜해진 감정과 사건의 끝단을 잘 묶어서 십자가로 가져가 처리하고자 하지만 잡질 못한다. 일반적으로 싸움의 발생은 예수님과 우리와의 거리를 나타내는 지표이다. 왜냐하면 만약 우리가 주님과 가까이 행하면, 요한일서 1장 7절의 말씀 "저가 빛 가운데 계신 것같이 우리도 빛 가운데 행하면 우리가 서로 사귐이 있고 그 아들 예수의 피가 우리를 모든 죄에서 깨끗하게 하실 것이요"이 우리 안에 이루어질 것이기 때문이다. 그리고 요한일서 1장 9절의 말씀 "만일 우리가 우리 죄를 자백하면..."을 받는다. 왜냐하면 서로에게 소리 내어 고백할 때에야 하나 됨이 회복될 수 있기 때문이다. 경건함이 난투를 방지하지만, 난투의 해독제는 고백과 용서 뿐이다.

하나 됨의 장애물은 비전과 목표의 상실이다. 목표가 자아를 극복하도록 요구하지 않으면, 우리의 중요한 육적인 목표(주기보단 얻어내려고 하는)가 되살아나서 요구와 거절의 노래를 반복해서 불러댄다. 행동으로 돌아갈 때에야 목표가 회복된다. 목표에 대해 생각하고 말하기만 한다면 책임을 돌리고 변명하게 될 뿐이다. 말없이 예수님을 섬기는 것(벧전 3:1-2)이 간단하고 유일한 해결책이다.

하나 됨은 목표가 아니다. 이는 우리가 목표로 갈 수 있는 조건이다. 동기는 예수님이다. 목표는 생명과 목적과 부르심의 충만함이다. 하나 됨이란 손에 손잡고 걸어가는 것이다. 부르심은 우리가 갈 곳이다. 하나 됨은 웃음과 마음의 평안함으로 특징지어진다. 그 안에서 신뢰가 꽃핀다. 신뢰란 상대가 실패하지 않는다는 말이 아니다. 신뢰는 하나님이 선을 이루시고 어떤 실수가 발생해 위협하더라도 모든 참여자들을 회복하신다는 뜻이다. 신뢰는, 내가 내 자신이나 상대방이 길을 잃지 않도록 바로잡는 일로 부름 받지 않았음을 아는 인내이다. 신뢰는, 상대방이나 나의 실책이나 의도적인 죄가 순간적일 뿐이고, 필요한 것은 내가 베푸는 사랑과 동정과 용서 뿐이라고 생각하는 관용이다.

하나 됨 안에서만 진정으로 상대방의 성취를 기뻐할 수 있게 된다. 자아의 죽음이 이루어지기 전에는 우리가 기뻐한다고 생각하면서도 내면에서는 질투와 열등감으로 이를 간다. 하나 됨에 도달하면 상대가 우리보다 잘할 때 우리에게 최상의 만족감이 얻어진다. 왜냐하면 한편으로는 우리가 도와주는 후원조직의 일부임을 알기 때문이고, 다른 한편으로는 우리가 하나이기에 상대의 성공이 우리의 성공이 되기 때문이다. "나의 하는 일을 저도 할 것이요 또한 이보다 큰 것도 하리니"(요 14:12). 이것이 우리의 목표이자 기쁨이 되며 대체당할 것에 대한 두려움을 주지 않는다. 그러면 상대방의 행복에 대한 기쁨이 내면의 샘에서 솟아나온다. 이는 자랑할 필요도 없고, 그 끝은 입안의 쓴맛과 낙담이 아니라, 만족과 행복감이다.

또한 하나 됨은 슬픔으로 특징지어진다. 우리와 하나가 된 사람이 상처받으면 감정 이상의 것으로 슬퍼한다. 우리 영 안에서 깊은 슬픔으로 울어 밖으로 표출된다. 상처받았지만 상대를 위한 사랑에서 나왔기에 이러한 슬픔에는 달콤함이 있다(전 7:2-8). 종종 그러한 슬픔은 사건에 대해 의식적으로 알기 전에 생기는데, 이는 우리의 영이 생각으로 아는 것 이상을 감지하기 때문이다. 그러므로 우리가 슬퍼했던 것이 무엇인지 알고 나면 위안이 된다. 지식을 알고 나면 슬픔을 놓고 기도하거나 사랑하는 사람을 위로하는 등의 구체적인 행동을 할 수 있지만, 두려움이 더 생기지는 않는다. 서로를 위해 하나님의 뜻대로 하는 슬픔에는 이를 뒷받침하는 기쁨이 있다(전 7:2-8, 고후 7:0).

우리는 마치 모자가 높새바람에 계속 날아가듯이 하나 됨 안에 들어갔다 나갔다 한다. 그 상실의 바람은 부활하는 육신의 계속되는 요구이고, 귀에 거슬리게 부르는 자아의 큰 소리이다. 그러나 계속해서 우리가 죄지은 것보다 한 번 더 우리를 회복시키는 분은 예수님이시다. 하나 됨의 장애물은 주님을 허용하지 못하는 것이다. 그래서 교만이 어리석음의 중요한 특성이고, 우리 육신 안의 완고하고 강경한 벽의 요소이다. 결국에 다른 모든 것이 말해지고 행해질 때에도, 이기적인 자기중심성의 제국을 통치하고 지속적으로 이에 생명을 불어넣을 수단을 찾으려고 자기

무덤을 파는 것이 교만이다.

"그러므로 하나님의 능하신 손 아래서 겸손하라 때가 되면 너희를 높이시리라. 너희 염려를 다 주께 맡겨 버리라 이는 저가 너희를 권고하심이니라"(벧전 5:6-7). 맡긴다는 말의 희랍어는 실제로 창을 던지는 것과 같이 강한 힘으로 집어던진다는 말을 의미한다. 그러므로 하나 됨은 우리의 두려움을 하나님께 격렬하게 던짐으로써 유지되는 조건이다. 교만을 일으키는 것은 두려움이다. 공허함을 느끼거나 위협받거나, 불안전함이나 무시당했다고 느끼면, 교만이 우리의 바람 빠진 풍선을 부풀어 오르게 하는 거짓 위로 자가 되어준다. 우리의 가치가 주님의 가치로 충만할 때 우리는 자만심을 불어 넣거나 허풍떨거나 변명할 필요가 없다. 그러면 우리는 이렇게 할 수 있다. "서로 마음을 같이 하며 높은 데 마음을 두지 말고 도리어 낮은 데 처하며 스스로 지혜 있는 체 말라"(롬 12:16). 교만의 해독제는 겸손하려 드는 것이 아니다. 그런 방식은 자아의 게임을 다시 하도록 할 뿐이다. 하나님의 손 아래서 겸손한 것은 어려움 가운데서 그분을 찬양하고, 그분께 영광과 위엄과 존귀를 드리는 것이다. 그것이 결과적으로 우리를 겸손케 한다. 특히 우리에게 상처주고 분명하게 잘못한 다른 사람의 죄를 대신하여 우리의 죄를 고백하는 것이 우리의 교만을 겸손케 한다. 우리 자신의 쓴 뿌리를 찾아내는 것은 자기를 정당화하는 태도의 교만함을 없애준다. 간단히 말해서, 자아의 겸손은 십자가 위에서 자아에 대해 죽기를 구할 때 가장 훌륭하게 이루어진다.

변화는 결코 완벽하게 끝나지 않는다. 우리는 항상 겸손의 메달을 받지만, 그걸 목에 걸었기 때문에 다시 빼앗기는 사람과 같다! 자기보다 남을 낮게 여기는 것(빌 2:3)은 겸손의 표지이지만, 우리가 자아의 게임이 아닌 방식으로 그렇게 할 수 있는 것은 오직 우리 자신의 죄를 깨달아 진정으로 무너질 때이다(시 34:18).

역설적이지만, 우리의 영이 자아의 숨은 일련의 벽들을 깨뜨려 나갈 뭔가를 시도할 힘을 얻는 것은 주로 하나 됨의 축복이 일어날 때이다. 그렇기에 이상하지만 종종 앞서가고, (이렇게 얘기하는 사람도 있겠지만) 성급한 시도와 실패와 분열을 일으키도록 재촉하는 것도 하나 됨이다. 축복을 만질 때마다, 모든 위험과 위협과 실패와 교만이 있을 수 있음에도 다음 단계로 자라가기를 시도하는 은혜가 생긴다.

그러므로 하나 됨은 정적이지도 지루하지도 않다. 이는 절벽에 뛰어내리는 것의 전조에 해당한다! 대개 우리는 시도할 용기가 생기지 않으면 믿음의 도약을 할 수가 없다. 처음에는 용기가 하나님의 은혜로 생기지만, 보통 그 은혜는 인간의 하나 됨을 공급한다.

그러므로 하나 됨은, 종종 어려움 때문에 꺼져버리지만 그럴 때마다 하나님의 사랑의 불로 다시 켜지기 때문에, 강한 바람 속에서도 믿지 못할 정도로 강렬한 촛불이다.

하나 됨은 변화를 통해 성숙하게 되는 기본 바탕이다.

그가 혹은 사도로, 혹은 선지자로, 혹은 복음 전하는 자로, 혹은 목사와 교사로 주셨으니, 이는 성도를 온전케 하며 봉사의 일을 하게 하며 그리스도의 몸을 세우려 하심이라. 우리가 다 하나님의 아들을 믿는 것과 아는 일에 하나가 되어 온전한 사람을 이루어 그리스도의 장성한 분량이 충만한 데까지 이르리니(엡 4:11-13)

제 6 절

부활의 측면

제 21 장 그리스도 안의 부모

Fathers and Mothers in Christ

시온은 구로하기 전에 생산하며 고통을 당하기 전에 남자를 낳았으니, 이러한 일을 들은 자가 누구이며 이러한 일을 본 자가 누구이뇨? 나라가 어찌 하루에 생기겠으며 민족이 어찌 순식간에 나겠느냐? 그러나 시온은 구로하는 즉시에 그 자민을 순산하였도다. 여호와께서 가라사대 "내가 임산케 하였은즉 해산케 아니하겠느냐?" 네 하나님이 가라사대 "나는 해산케 하는 자인즉 어찌 태를 닫겠느냐?" 하시니라. "예루살렘을 사랑하는 자여 다 그와 함께 기뻐하라. 다 그와 함께 즐거워하라 그를 위하여 슬퍼하는 자여 다 그의 기쁨을 인하여 그와 함께 기뻐하라. 너희가 젖을 빠는 것 같이 그 위로하는 품에서 만족하겠고 젖을 넉넉히 빤 것 같이 그 영광의 풍성함을 인하여 즐거워하리라." 여호와께서 이같이 말씀하시되 "보라 내가 그에게 평강을 강 같이, 그에게 열방의 영광을 넘치는 시내 같이 주리니 너희가 그 젖을 빨 것이며 너희가 옆에 안기며 그 무릎에서 놀 것이라. 어미가 자식을 위로함 같이 내가 너희를 위로할 것

> 평강의 하나님께서 너희를 온전히 거룩하게 하시고
> 너희의 온 영과 혼과 몸이 우리 주 예수 그리스도께서 오실 때까지
> 책망할 것이 없게 보존되기를 하나님께 기도하노라 살전 5:23, 흠정

인즉 너희가 예루살렘에서 위로를 받으리니"(사 66:7-13)

"존, 왜 나는 당신과 상담하는데 이만큼 밖에 나아지지 않죠? 더 이상 좋아지지 않아요. 뭐가 부족한 거죠?" 그 말은 내가 상담자로서 내 자신의 이미지를 위해 사는 한 아무도 진정으로 (나나 자아로부터, 아니면 다른 어떤 것으로부터도) 자유로울 수 없음을 깨닫게 해 준 말이다. 내가 도와줄 수 있으려면 그 사람이 아파야 하기 때문이다. 그러나 성령님께서 자아의 많은 성향들 즉, 도와야 할 누군가를 필요로 하고, 남보다 '좀 더 온전' 하기에 남보다 '좀 더 나은' 사람이 되며, 문제들에 초점을 맞추고, 상대방을 위해 자기 희생하는 등의 성향들을 보여 주시면서도, 이런 모든 죄의 성향을 다 모아도 앞의 질문에 답할 수 없음을 계시해 주셨다. 뭔가가 빠졌다.

그분은 사람의 죄 많은 측면을 십자가로 가져가는 것만으로는 충분치 않음을 알게 해 주셨다. 내담자는 자신의 온갖 죄악의 행위를 발견하고

모든 습관을 십자가로 끌고 가고도 여전히 제 구실 못하는 사람으로 남아있을 수 있다! 그때 알게 된 것은, 부정적인 면에 대해 죽는 것보다 더 중요한 것은 또 다른 (긍정적인) 면이 새 생명을 얻고 부활해야 한다는 점이다. 전자가 일어나야 후자가 일어나지만, 부활이 없으면 내담자에게 별 도움이 되지 않는다. 잘못한 사람을 용서하고 온갖 판단한 것을 용서받았어도 인간의 사랑을 받지 못한 사람은 여전히 사랑하며 살 수가 없다. 누군가 그런 사람을 그 사람이 생명을 얻기까지 사랑해야 한다! 때때로 하나님께서 직접 주권적으로 그렇게 하신다. 하지만 대부분의 경우 사람을 어루만져 생명으로까지 이끌어내기 위해서는 인간의 손과 마음이 필요하다.

    거듭난 후에 우리는 실상 다시 아기가 된다. 하나님이 우리를 부모 없이 그냥 부화하는 물고기같이 만들지 않으신 것처럼, 영적으로도 우리가 한 가정의 양육 없이 거듭나도록 결코 의도하지 않으셨다. 그 사실만으로도 교회의 존재의 이유가 되지만, 아마 크리스천이 존재하는 이유 중에 가장 잘 모르는 것이기도 하리라. 웬일인지 우리는 서로를 향한 우리의 중요성을 이해하지 못하고 있다.

    사람들이 내 상담 때 온전해 질 수 없었던 것은, 그들이 통상적인 크리스천으로서 혹은 친구와 상담자로서의 사랑보다 내 개인적인 사랑을 특별히 더 필요로 한다는 사실이 내 머리에 떠오르지 않았기 때문이었다. 주님은 내가 돌보는 몇몇 사람들은 나와 폴라가 아버지와 어머니가 되어야 할 필요가 있다고 알려주셨다. 이런 종류의 관계가 없으면 그들이 생명의 충만함에 이를 수 없었다.

    나는 의아히 여겼다. "왜 사람들이 폴라와 내게 이렇게 매달리지? 우리의 육적 자아가 이들을 잘못 끌어들이나?" 피하려고 하면 할수록 사람들이 더 우리의 에너지를 고갈시켰다. 그때 주님이 말씀하셨다. "존, (네 스스로가 모든 잘못된 이유에 대해 죽은 후에도) 그들이 너와 폴라에게 계속 매달리는 이유는 너희가 그들과 함께 하는 것이 그들에게 너희가 주지 않고 있는 뭔가를 약속해주기 때문이다. 역설적이지만, 너희가 너희 자신을 열고 너희 자신 전부를 주면, 그들은 만족하고 더 이상 너희를 고갈시키지 않을게다." 그리고 주님은 그들이 원하는 바가 원해선 안 되는 것이 아니고, 심지어 일부러 성적으로 유혹하려드는 경우일지라도 그것은 그들이 진정으로 원하는 바가 아니라고 설명해 주셨다. 어떤 내담자들이 실제로 구하는 것은 그들이 한 번도 받아본 적이 없는 것들이다. 바로 생명에 이르게 하는 부모의 건강한 사랑이다. 만약 우리가 우리 자신을 성부 하나님의 사랑의 도구로 주님께 바쳐드리면(롬 12:1), 주님이 그들의 마음을 채워주셔서 그들이 우리를 고갈시키지 않을 뿐만 아니라 온전하게 될 것이다.

    내가 마침내 이것이 성부 하나님이 원하시는 바이며 이를 이루기 위해서는 자원하는 사람의 마음이 필요함을 깨달았을 때, 폴라와 나는 성경적으로 어긋나는 일을 하고 있다는 두려움을 넘어서 이 작업이 진정 성경적임을 볼 수 있었다(살전 2:11-12, 딤전 1:2). 그리고 성령께서는 지나친 위험을 무릅써야 한다는 우리의 두려움을 극복하게 하시고 이 일이 진정 성부의 일임을 보여주셨고, 그래서 우리는 주님께서 우리 안에서 우리를 통해 일하시도록 허용할 수 있었다. 그래서 입을 열어 어떤 내담자와 함께 큰 소리로 기도하기 시작했다. "사랑하는 주님, 이 사람이 생명에 이르는데 있어서 아버지와 어머니를 필요로 하는 한, 그리고 이 사람이 당분간 우리를 그리스도 안에서 부모로 받아들이는 한, 우리가 그렇게 하겠습니다. 우리가 마음에서 [내담자의 이름]을 감당하고, 주님께서 그(그녀)를 생명에 이르기까지 사랑하시도록 허용하겠습니다." 결과는 즉각적이었고 놀라왔다. 사람들이 자신의 인생을 붙잡을 수 있게 되었고 더 빨리 자라갔다. 멍에는 짊어지기 쉬웠지, 두려워했던 것만큼 무겁지 않았다. 아마 이를 의식하고 있었던 것이 도움이 되었을지 모른다. 혹은 어쩌면 우리가 거부하길 그만두었기에 좀 더 우리가 투명해져서(두려웠던 것처럼 덜 투명해진 것이 아니라) 사람들이 하나님으로부터 필요한 것을 더 쉽고 더 빨리 우리를 통해 얻게 되었는지도 모른다.

그때 나는 이것이 하나님의 백성들이 잃어버린 왕국으로 가는 또 다른 열쇠임을 보기 시작했다. 우리는 두려워하고 지나치게 개인주의적이고 서로를 향한 우리의 필요를 너무 모르며 진정한 '교회'의 의미에서 멀어져, 교회를 공동체의 삶 없이 개개인들이 각자 예배드리러 왔다가 각자 집에 가는 예배당에 불과한 것으로 국한시켜 왔다. 우리는 "땅에 있는 자를 아비라 하지 말라 너희 아버지는 하나이시니 곧 하늘에 계신 자시니라"(마 23:9)는 말씀을 두려워하고 있었다. 우리는 이 말씀이 원래 유대인들의 조상 숭배, 특히 "우리 아버지는 아브라함이라"(요 8:39) 하는 것을 금하시는 것임을 알지 못했다. (크리스천은, 우리를 생명에 이르기까지 사랑하는 이들을 우상화하지 않도록 균형을 잡아주는 점검표로 이 말씀을 기억할 필요가 있다.) 결과적으로 우리는 사도 바울이 말했던 "그리스도 예수 안에서 복음으로써 내가 너희를 낳았음이라"(고전 4:15)와 "그리스도 안에서 여러분에게 만 명의 스승이 있을지 몰라도, 아비는 나 뿐이었음을 기억하십시오"(고전 4:15, TLB역)라는 말씀을 놓치거나 혹은 눈이 가리워졌다. "디모데의 연단을 너희가 아나니 자식이 아비에게 함같이 나와 함께 복음을 위하여 수고하였느니라"(빌 2:22). "너희도 아는 바와 같이 우리가 너희 각 사람에게 아비가 자기 자녀에게 하듯 권면하고 위로하고 경계하노니, 이는 너희를 부르사 자기 나라와 영광에 이르게 하시는 하나님께 합당히 행하게 하려 함이니라"(살전 2:11-12).

교회가 여전히 약하고 그 영광에까지 일어나지 못한 채로 있는 것은 (사 60:1-2), 우리가 부정적인 부분을 십자가로 가져가는 일에 실패했기 때문만이 아니라 긍정적인 부분을 행하지 않았기 때문이다. 우리는 서로를 생명으로까지 부활시키지 않았다. 우리는 아직도 이사야 60:4 말씀을 듣지 못한다. "네 눈을 들어 사면을 보라 무리가 다 모여 네게로 오느니라 네 아들들은 원방에서 오겠고 네 딸들은 안기워 올 것이라". 이 본문은 우리의 육체의 자궁에서 난 자녀만 얘기하지 않고 그리스도로 난 자녀들도 말한다. "나의 자녀들아 너희 속에 그리스도의 형상이 이루기까지 다시 너희를 위하여 해산하는 수고를 하노니"(갈 4:19). 사도 바울은 해산하는 수고를 말한다. "... 내가 여러분을 내 마음에 간직하고 있기 때문입니다"(빌 1:7, 표새)의 말씀처럼 그가 그들의 영적인 생명을 임신하고 있었다.

우리는 해산 후에 어떻게 서로를 그리스도 안에서 아들과 딸로 양육할지를 알지 못한다. 어떤 이들은 알지 못하면서도 무의식적으로 사랑의 마음을 뻗어 어떻게든 서로를 위해 양육을 한다. 사람들은 "와, 얼마나 사랑이 넘치는 교회인가! 교회에 들어서면 그걸 느낄 수 있어요."라고 말한다. 그러나 우리가 부르심을 깨달아 반응하고, 함정도 알고 양육기술을 훈련받는다면 얼마나 더 좋겠는가? 정녕 "이러므로 나의 백성이 무지함을 인하여 사로잡힐 것이요 그 귀한 자는 주릴 것이요 무리는 목마를 것"(사 5:13)이다. 이렇게 아무도 그리스도 안에서 그들의 부모 노릇하는 법을 모른다는 단순한 이유로 수많은 크리스천들이 비틀거리며 살고 있다.

모든 사람에게 부모에 의한 재양육이 필요한 것은 아니다. 통상 다정하고 세심하고 현명한 부모를 가진 사람은 육신적으로 많이 받아서, 그 부모님과의 축복된 관계로 인해 그들이 거듭났을 때에 새로운 생명의 충만함으로 가기위해 아버지 하나님을 자신의 부모로 즉시, 쉽게 받아들인다. 그러한 사람들은 목회자와 교회 안의 더 성숙한 친구들로부터 쉽게 흡수하고 그들로 인해 성장한다. 보다 특별하고 의식적인 재양육을 할 필요도 없이 말이다.

우리는 만나는 모든 사람을 재양육할 수는 없다. 하나님께서 언제 특별히 이 사람 혹은 저 사람에게 재양육하거나 재양육받도록 부르시는지를 어떻게 알 수 있는가? 먼저 그것을 마음 안에서 인지하는 법을 배워야 한다. 어떻게든 사람은 이 사람이 '내게 속한' 사람이라는 걸 '안다'. 영의 느낌과 상담 가운데 주어진 위치를 통해 단지 친구나 상담자, 또는 형제자매가 아니라 아버지나 어머니임을 알게 된다. 그러면 우리는 이에 대해 솔직하게 직접 얘기할 필요가 있다. 내담자가 그런 관계를 원치 않는다면, 아무리 그 사람에게 그것이 실제로 필요한 것이어도 절대 주장하지 않는다. 부모가 되건 자녀가 되건 간에 상대방이 환영해야 한다. "누구든지 하나님의 나라를 어린아이처럼 영접하지 않는 자는 결코 그 곳에 들어가지 못하리라"(막 10:15, 흠정). 경험을 통해 필요가 있다는 걸 알게 되고, 더 많은 경험을 통해 내담자를 위해 이 역할을 할 더 좋은 다른 후보가 있는 지를 질문하게 되며, 주님의 확인을 기다리는 법을 배운다.

아무도 재양육 관계의 초기에 얼마나 많은 것이 필요한지를 알 수 없다. 어떤 사람은 아무리 친부모님으로부터 받지 못해 심하게 굶주려 있어도, 주님과 그리스도의 몸에게서 쉽고 빠르게 흡수하여 단기간 내에 성숙해진다. 어떤 이는 수년이 걸린다. 훌륭한 부모 밑에서 자란 어떤 이는 성숙해지는 데에 의식적인 재양육만 수년 걸린다. 각자는 독특하고 자신만의 사안과 시간표가 있다. 모든 사람에게 들어맞는 철칙은 없다. 성숙해지는 데 신속하거나 느리다고 해서 칭찬받거나 비난받아서는 안 된다. 사람은 다를 뿐이다. 우리는 그들의 성숙 과정 중에 우리가 어느 시간과 장소에 있는지 볼 수 있도록, 지속적으로 성령님과 그 사람에게 민감할 준비가 되어 있어야 한다.

우리 자신을 다른 사람을 재양육하는 데에 드리면 다양한 경험을 하게 된다. 우리는 그 사람을 마음에서 감당한다. 그렇기 때문에 우리는 우리 자신의 몸과 마음에서 그 사람이 견디는 것을 느낀다. 우리는 그의 외로움, 두려움, 불안정, 분노, 의심, 중압감 등을 알게 되는데, 이는 우리 안에서 그것을 인식하고 경험하기 때문이다. 때론 우리가 경험하는 것이 그 사람의 것임을 깨닫지 못하고 우리 자신의 문제라고 생각할 수 있다. 우리의 영적인 아이의 기쁨이 우리 자신의 가슴 속에서 솟구칠 수도 있다. 주님께서는 나와 그 사람을 굳게 연합시키시고, 그의 안녕을 내 마음 안에 두시어, 내가 그를 잠시 보지 않아도 사도 바울이 "우리가 참다 못하여… 우리 형제 곧 그리스도 복음의 하나님의 일꾼인 디모데를 보내노니 이는 너희를 굳게 하고 너희 믿음에 대하여 위로함으로"(살전 3:1-2) 라고 썼을 때 뜻한 바를 경험적으로 알게 된다. 내가 그 사람이 있는 도시로 다시 돌아가 그(그녀)를 만날 때, 나의 영은 기쁨으로 뛰놀고 나는 기운이 난다.

이상하게도 그 사람이 나를 안거나 나로부터 게걸스럽게 빨아들일 때에도 나는 축나지 않고 기운이 난다. 이는 마치 내가 내 자신이 될 수 있게 되는 것 같다. 무슨 일이 있었는지 알게 되고 이에 대해 이야기하고 나면 내 마음이 편해진다. 그 때에 내 영이 어둠 속에서 맞서 싸운 게 무엇이었는지를 알게 된다. 그런데 그리스도 안의 자녀가 자신의 문제로부터 나를 보호하겠다는 생각을 해서(성숙함 때문이 아니라 육신적인 마음에서) 나누지 않으면, 나는 알 수 없는 혼란에 빠진다. 나는 어둠 속에서 씨름하고 그 자녀의 짐이 불필요하게 무거워진다.

육신의 부모처럼 나는 무슨 일이 일어나는지 알고 싶어진다. 조르기도 하지만, 그 사람이 너무 빨리 너무 많은 것을 나누도록 간섭하거나 강요하지 않으려 고민하기도 한다.

초기 단계에서는 폴라와 내가, 마치 부모가 유아의 성품을 형성하는 데 더 많은 시간을 보내듯이, 영적인 자녀를 자주 만나기 원한다. 최소한 한 주에 한번은 함께 이야기할 필요가 있고, 만남은 주로 상담과 가르침의 색채를 띤다. 나중에 중요한 문제가 해결되고 서로 유대관계가 강화되면, 성숙한 자녀는 그렇게 가까이 있을 필요가 없다. 영과 영의 연합은 시공을 초월하기 때문에 가끔씩 만나도 된다. 시간이 지나면 젖떼기를 하듯이, 그 결과는 성숙한 육신의 자녀와 마찬가지로 부모는 언제나 부모라는 여운이 남는 우정을 가진 친구가 된다. 내 육신의 자녀들이 내가 틀린 것을 지적하고 충고도 하지만 항상 경의와 존경심을 갖고 자신의 아버지를 대하듯이, 하나님의 자녀도 마찬가지이다.

어떤 이는 내가 잘못 판단하여 너무 빨리 놓아주려 했기에 괴로워 울기도 했다. 후에 폴라와 나는 육신의 자녀들이 그러하듯이 성숙과 놓아줌은 자연스럽게 일어나는 것임을 배우게 되었다. 모든 사람은 자신만의 시간표와 방법 내에서 자라고 자유롭게 된다. 어떤 이는 빠르게 또 어떤 이는 어렵게. 상담자는 파도가 올 때 이를 탈 줄 알아야 한다. 어떤 자녀는 화내야 한다고 하고 다른 자녀는 영적 탯줄을 끊기 위해 경쟁해서 이겨야 한다고 생각할 때, 이에 기분 상하지 않으면서 말이다. 일단 다른 사람(영적 자녀)이 실제로 성취한 것이 무언지를 이해하게 되면, 그가 그 일(끊는 일)을 행하는 방식을 감정적으로 반응하지 않고 태연하게 받아들일 수 있다.

불행히도 어떤 이들은 영적인 부모로 부름받거나 부름받았다고 생각하면서, 자기 자녀에 대해 소유하려 들고 횡포를 부리며 차갑게 대하고 지배하려 든다. 그리고 주님께서는 아직 그러한 많은 영역에서 그들을 변화시키지 않으셨을 수 있다. 그런 사람들로 인해 일의 전부가 욕을 먹게 되어, 결국 어떤 이들은 도전하기를 두려워하게 된다.

재양육이 필요한 사람들을 향한 우리의 조언은 이것이다. 그리스도 안에서 당신의 부모가 될만한 가능성이 있는 사람들이 자신의 육신의 자녀와는 어떤 관계인지를 잘 살펴보아라. 만약 그들의 자녀가 여전히 반항적이고 화를 내든지, 혹은 통제당하고 있고 미성숙하다면 다른 사람을 찾아보아라! 피해야 한다! 강력한 은혜의 일이 일어나지 않는 한, 십중팔구 그들은 당신에게도 동일한 잘못을 저지를 것이다! 반면에 성장한 자녀 혹은 아직 어려서 집에 남아있는 자녀가 부모에게 유머와 친근감과 존경심을 보이며 쉽게 다가간다면, 아마 당신도 그렇게 될 것이다. 당신 자신을 그들에게 맡기기 전에 그들의 가정생활을 잘 살펴보라. 십중팔구 당신은 그 집에 살지 않고 가끔씩 방문할 가능성이 많지만, 자식을 대하는 가정 안에 형성된 습관들은 여러분들이 축복을 받든지 혹은 씨름해야 할 습관들이 될 것이다. 불행히도 현재까지 주님께서는, 지혜와 은혜, 성숙함으로 충만한 '안전한' 그리스도 안에서의 부모를 아주 적은 수만 일으키셨다.

우리의 육신의 자녀와의 관계에서 생긴 실패는 그리스도 안에서 좋은 부모가 되기 위해 우리 자신을 원숙하게 하고 낮추며 준비시킨다. 그렇다면 부모는 변화되고 성숙하지만 자녀들은 여전히 반항적일 경우 그 가능성 있는 부모가 실제로 십자가에 못박히고 변화되었음을 어떻게 아는가? 열매를 통해서다. 다른 사람과의 현재 관계를 살펴보라. 친구들과 어떤 관계인가? 그가 상사라면 아랫 사람들은 그를 어떻게 대하는가? 그녀가 지도자라면 따르는 자들이 그녀를 어떻게 대하는가? 그럼에도 여전히 보다 근본적인 관계를 맺으면 부차적인 관계에서는 건드려지지 않는 영역을 파고들 것이기 때문에, 위험을 감수할 준비를 하고 무엇이든 하나님께서 가르쳐주시는 것을 습득하도록 해라. 하나님께서 우리 마음에 그 분의 의도하신 바를 써내려 가시도록 허용하면, 그 분은 우리를 다른 학년으로 인도하시고 또 다른 선생님(부모)이 필요하다면 붙여 주신다. (다른 선생님이) 필요 없다면 성숙함에 이른 것이다. 그리스도 안에서 내게 아버지이셨던 처음 두 분은 실족하여 넘어지셨지만, 그래도 주님께서는 불완전한 그릇들을 통해 나를 축복하셨다.

자녀가 성숙해져서 (양육을) 마감할 때가 언제인지를 어떻게 아는가? 그 둥지를 떠나 다른 둥지로 가거나, 혹은 둥지가 필요 없는 때가 언제인지 어떻게 아는가? 내면 깊은 곳에서 그것을 느낀다. '부모'의 말씀이 더 이상 필요한 계시로 마음에 와 닿지 않고, 우리 자신의 건전한 깨달음에서 볼 때 불필요하고 심지어 중복적인 것이라 여겨져 튕겨져 나간다. 더 이상 가까이 있을 필요가 없어진다. 어떤 상황이어도 혼자서 완전하고 안전하다고 느낀다. "글쎄요, 그거 아세요? 그걸 좀 쉽게 처리했어요. 전에는 발끈했었잖아요.""어, 그 상황이 이전처럼 겁나진 않아요.""충고가 필요하다고 느끼지 않았어요. 거기서 제 지혜를 믿을 수 있었어요. 어때요!""더 이상 사랑받지 못한다고 느끼지 않아요.""사람들이 전처럼 나를 괴롭히지 않아요.""이전처럼 혼란스럽지 않아요. 강해졌어요." 요컨대 더 이상 동일한 방법으로 다른 사람이 필요하다고 느끼지 않는다. 이제 상담을 받으러 돌아가는 것은 도움받기 위해서가 아니라 실패해서이다.

이제 우리는 앉거나 찾아가서, 어쩌면 우리의 새로운 발견을 나누고 싶지만, 그리스도 안의 부모가 이전의 상담하는 방식으로 돌아가면 '무시당함'과 '이해 받지 못함'을 느낀다. 그것은 모욕적인 일이다. 우리는 그 이상이고, 만약 우리에게 아직도 필요가 있다면, 그 필요는 '부모'가 우리의 자유를 보고 우리를 동등한 성인으로 대하게 하기 위해서이다.

여전히 '확인' 받거나 또 다른 특정 문제를 상담받기 위해 돌아가고 싶은 때가 있다. 성숙함의 한 표지는, 어린애 같음으로 돌아갈까 봐 두려워하지 않고 찾아올 수 있는 자유이다. 심지어 상담자가 (아마 부주의하게) 우리를 그런 식으로 다루려 하여도 말이다. 우리는 매우 자유로운 존재여서 우리를 키우신 분들조차도 우리 날개를 꺾을 수 없다는 것을 안다. (이런 깨달음은 우리가 육신의 부모님으로부터 독립할 때 경험하는 것과 동일하다).

재양육에 있어서 가장 중요한 사실은 순전한 사랑과 용납이다. 일단 '자녀'가 이것은 결코 게임이 아니며, 이 부모님을 통해 자신이 단지 존재한다는 이유만으로도 주님의 사랑을 정녕 받고 있음을 마음 깊은 곳에서 깨달으면, 그리고 일단 그가 진정 선택된 소중한 존재이고, 그 사랑은 영단번에 '주어진' 것으로 결코 거두어지는 게 아님을 확실히 알면, 안정감이 자리 잡고 치유와 성숙이 자연스런 결과로 흘러나온다. 그리스도 안의 부모는 수없이 실패할 수 있다. 위급한 순간에 대한 무지, 남에게 부주의함, 독단적이거나 너무 지나친 요구를 하는 등. 예수 그리스도의 사랑이 '자녀'의 마음에 흘러들어와 받아들여지기만 하면 기본적인 일은 된 것이다. 거기서부터 내담자는 자신이 직접 보거나 또는 자신이 볼 수 없는 것을 이겨낼 수 있는 힘을 습득하게 된다. 그 순간부터 상담은 기본적인 온전함이 이루어졌다는 사실로 인해 더 빨리 진척된다! 우리는 이러한 부모의 사랑이 전달되는 것이 재양육을 하는 기본적이고 단순한 이유라고 말할 수 있다. 우리는 상담기술과 통찰이라곤 전혀 없는 그리스도 안의 부모들을 안다. 그들은 '자녀들'의 상담자나 조언가, 교사가 아니다. 그들은 말 한마디도 거의 하지 않는다. 단지 끌어안아 주고 함께 하며 시간을 내어줄 뿐이다. 그리고 그 '자녀들'은 아름답게 성숙했다.

육신적인 핵가족은 고립되면 고생한다. 우리는 할아버지, 할머니, 삼촌, 이모, 사촌들이 필요하다. 현재 미국에서 증가하는 이혼율과 간음 등 핵가족의 문제 뿐 아니라 마약과 일터에서의 비생산성 등의 문제들은,

부분적으로 가족간의 관계를 파괴하는 증가한 이동성에 그 원인을 찾을 수 있다. 핵가족은 친척들과 지인들의 후원과 기분전환, 조언을 필요로 한다. 그리스도 안에서의 확대가족 관계와 부모관계 역시 마찬가지이다.

그리스도 안의 부모는 교회가족의 충만함을 필요로 한다. 예배는 마음을 상쾌하게 하고 힘을 주어 계속 마음이 열릴 수 있게 한다. 하나님의 말씀은 영혼을 소생시키고 가르친다. 목사님, 친구들과 얘기를 나누고 그들이 조언을 준다. 그리스도 안에서의 다른 부모들끼리 정보를 교환한다.

그리스도 안의 자녀가 같은 몸(교회) 안에 있다면 바람직하겠지만, 때론 그렇지 않을 수 있다. 시공의 제한과 여타 여건 때문이다. 우리는 카톨릭 신자인 그리스도 안의 자녀에게 카톨릭 교회가 아닌 다른 교회에 참석할 것을 요구한 적이 한 번도 없다. 그러한 일로 그리스도 안의 어떠한 자녀에게도 우리 교회를 다닐 것을 요구한 적이 없다. 그러한 경우에 각 그리스도 안의 자녀는 자신이 회원으로 있는 교회에 정기적으로 출석해야 한다. '부모'와 '자녀' 모두 교회의 축복을 필요로 한다.

그리스도 안에서의 형제자매도 그 꾸러미의 한 부분이다. 때론 지역교회가 그 필요를 채워준다. 때론 부모와 별개로 친구들이 그 필요를 채워준다. 그러나 대개 그리스도 안의 우리 자녀들은 서로 '친척'임을 알아보고 방문하는 걸 즐거워한다. 이러한 소속감은 안전감을 쌓는데 도움이 된다. 물론 형제간의 경쟁도 예상할 수 있는 일이긴 하지만 말이다. 가족 안의 형제자매보다 함께 싸우면서 더 잘 배울 수 있는 사람이 누구인가? 대개 다투는 형제들이 자라면서 가까운 친구가 되듯이, 그리스도 안의 자녀들도 그러하다. 현명한 육신의 부모들이 껄껄 웃으며 화해시키고 성숙할 때를 기다리시는 것처럼, 형제간의 경쟁은 두려워할 문제가 아니다.

그리스도 안에서의 부모-자녀 관계는 육신의 관계보다 훨씬 더 일시적이다. 때론 한 번의 어루만짐이 필요한 용납의 표시이고, 수주 안에 온전하고 자유케 되기도 한다. 종종 우리의 경험으로 보면, 재양육은 이삼 년이 소요된다. 필요의 정도와 개인의 발달시간표에 따라 다르지만 '자녀'는 그 시간동안 어린애 같은 시기에서부터 사춘기를 지나 성숙함에 이른다.

누구보다도 명민한 한 내담자는 자기 내면의 아이의 나이를 꽤 정확하게 맞출 수 있었다. 하루는 그녀가 찾아와 말했다. "제가 감정적으로는 여섯 살 정도 되지 않았나요? 그렇죠?" 외부 사람이 보기에는 그녀가 대체로 꽤 성숙하고 자유로워 보였다. 가족과의 관계에서는 그녀가 정확했다. 후에 "이젠 십대가 아닌가요?"라고 말했다. 그녀가 맞았다. 수개월 후에 그녀는 성숙하고 자유로워졌다.

"내가 어렸을 때에는 말하는 것이 어린아이와 같고 깨닫는 것이 어린아이와 같고 생각하는 것이 어린아이와 같다가 장성한 사람이 되어서는 어린아이의 일을 버렸노라"(고전 13:11). 그리스도 안의 부모는 한 가지 근본적인 책무가 있는데, 그것은 어린아이의 일을 '버릴' 수 있도록 사랑과 강건함을 자녀에게 전달하는 것이다. 이 구절에서 '나'를 주목하여 보라. 내가 자라고, 내가 어린아이의 일을 버린다. 아마 여기에 그리스도 안의 부모에게 가장 중대한 지침이 있으리라. 우리는 상대방을 성장시키려고 해서는 안 된다. 그것은 내담자의 임무이고 내담자의 마음속에서 하나님이 하실 일이다. 내담자가 후퇴하고 때론 우리에게 어린아이처럼 보일지라도 우리는 언제나 그들을 성인인 것처럼 대한다. 우리가 애정을 줄 때에 우리는 그들 내면의 아이에게 다가간다. 그리고 우리가 내담자와 큰 소리로 기도할 때에 우리는 의식적이고 의도적으로 어린아이에게 다가선다. 하지만 관계의 다른 모든 영역에서는 성인으로 존중하여 대해야 한다. 재양육을 하는 많은 사람들이 이 점에 있어서 큰 과오를 범했다. 그들은 성인을 아이로 격하시킨다. 어떤 형태의 목양과 훈련은 이 부분에서 악명이 높았고 그래서 이러한 영역에 들어와야 할 많은 이들을 막아버렸다.

재양육에는 함정이 많다. 우리 친구 중 몇은 함께 살기 위해 찾아온 소녀를 포기하기에 이르렀다. 소녀는 자신의 부모에 대한 기대감을 우리 친구들에게 끊임없이 투사했다. 그 결과 우리 친구들이 느끼고 의도했다고 그녀가 생각한 것에 대해(그녀만 그렇게 생각했는데) 반항하길 멈추지 않았다. 그리스도 안의 부모는 내면의 감정을 (때로는 부지불식중에) 자녀들에게만 분출할 수 있다. 그리스도 안의 자녀는 외부인이 그 관계를 잘못되었다고 생각할 정도로 사랑을 표현하고 사랑의 접촉을 받을 필요가 있다. "저 어린 소녀가 그 사람을 어떻게 바라봤는지 봤어? 그가 더 잘 알 텐데!" 혹은 "메리는 저 젊은 청년이 자신에게 귀찮게 달라붙고 있는 걸 알고나 있나? 의도는 좋지 않을거야, 그렇지 않다면 그가 지금처럼 귀찮게 굴지 않을꺼야!" 부모는 떠버리와 헐뜯는 사람의 영향을 받지 않고 잘 견딜 수 있을 정도로 확고해야 한다.

"지혜로운 사람을 발견하면 그의 문지방을 닳도록 드나들라"라는 지혜로운 속담이 있다. 자녀는 때론 가족의 분위기를 흡수하고 싶어 매달리고 부적절하리만치 많은 시간을 보내기 원한다. 때로 그것은 허용되어야 하는데 어떤 때에는 이것이 통제를 벗어나므로, 부모는 이것에 대해 조심스레 분별하여 어떤 때에는 그리스도 안의 자녀에게 집을 활짝 개방하고 또 다른 때에는 재치있게 선을 긋고 한계를 지어야 한다.

때로 대리 자녀를 집에 두거나 빈번하게 찾아오게 하는 것은 육신의 자녀에게 축복이 된다. 우리 여섯 자녀 모두는 남을 위한 우리의 사역의 일원이 되어 축복받고 성장했다. 그러나 우리는 육신의 자녀들에게 쏟을 시간과 관심이 너무 많이 다른 사람에게 돌아가지 않도록 주의해야 한다. 우리는 너무 오랫동안 너무 많은 수양 자녀를 집에 두었던 한 부부를 알고 있다. 지금 그들의 자녀는 그동안 방치되고 소외되고, 자신의 공간과 시간이 너무 침해되고 잃어버렸다고 느낀다. 가정생활이 방해받고 긴장과 분쟁이 매일 가정의 평화를 찢는다. 나눠줄 건강한 가정생활이 남아나지 않을 정도로 지나친 책임을 지는 것은 지혜가 아니다. 육신의 자녀가 자신의 가정 안에서 평화롭고 즐겁게 지낼 수 있는 하나님께 받은 권리가 희생되어서는 안된다.

어떤 내담자는 가정에서 형제들과 싸운 것 이외에 다른 경험이 없다. 어떤 내담자는 거짓말하고 속이고 훔친다. 어떤 이는 부모와(혹은) 형제들을 유혹하려 든다. 어떤 이는 시끄럽고 난폭하다. 어떤 이는 잘못된 것을 가르친다. 어떤 이는 나쁜 행실이나, 무모하고 사려 없는 행동을 하도록 꾄다. 부모는 방심하지 말고 자신의 자녀의 몸과 마음과 생각을 보호해야 한다. 갈등상황이 일어나면 자녀들이 이를 보고 잘못된 예를 논의하게 되니까, 부모가 자녀들을 옳은 길로 가도록 훈련하기가 쉽다. 하지만 너무 많은 힘들이 가정을 잠식하면, 부모는 절대적인 최우선 순위인 육신의 자녀를 안전하게 키운다는 부르심을 붙들어야 한다.

모든 대리부모노릇이 성공하는 건 아니며, 목회자와 친구들을 통하건 직접 받건 간에, 어떤 때에는 "버텨라, 너는 도망칠 삯꾼이 아니다."(요 10:13을 보라)라고 말씀하시고, 또 다른 때에 "포기는 도피가 아니다. 이 시도가 소용없음을 인정하는 지혜일뿐이다."라고 말씀하시는 주님의 인도하심에 우리가 예민해질 필요가 있다.

상담 받는 각 사람이 중심에 있는 부패와 진정 삶을 변화시키는 회개에 가까이 다가서면, 그는 지금까지는 알지 못했던 두려움의 단계에 이르게 된다. 한 친구 목사와 그의 아내가 폴라와 내가 있는 소그룹에 함께 하였다. 성령께서 친구의 내면의 핵심에 다다르기 시작하셨을 때에 그는 "내가 보고 있는 것을 좋아할 거란 생각이 안 드네."라고 말했다. 우리 모두의 깊숙한 곳의 본성은 극히 악하여 치유될 수 없고 죽일 수밖에 없다. 요한계시록을 보는 방법 중의 하나는 이 책을 우리 내면세계의 비유로 보는 것이다. 일단 자신의 내면의 깊이에 직면하면 어떤 '짐승'이 거기에 있든지 첫 전투대상이 자신의 내면의 짐승이라는 걸 안다. 그 사람은 성경말씀(계 13-21장)을 자신의 내적 아마겟돈의 비유로 자신의 마음에 받는다(이는 외적인 '짐승'이나 '아마겟돈'이 없다는 것이 아니라, 현명한 사람이라면 자신의 마음에 동일한 것이 있음을 안다는 말이다). 친구 목사는 전투의 초입을 보고는 도망갔다. 친절하신 메신저(성령님)에게 귀 기울이기를 거부한 까닭에, 그 후에 바리새적이고 그릇된 성결의 가르침이 그와 그의 교회를 붙잡아 버렸고 목사직을 그만두게 되었다. 동일한 도피가 영적인 부모-자식 관계에서도 일어날 수 있다.

그리스도 안의 부모가 자녀에게서 도피기제가 일어나고 있음을 분별하면, 자녀에게 힘을 주시도록 기도(엡 3:16)하고 직면할 필요가 있다. 말할 것도 없이 요령이 중요하지만 요령이 없다 해도 질책과 훈련은 항상 지혜로운 것이다. 부모가 자녀의 도피를 막을 수 있다는 보장방법은 없다. 우리가 아는 방법을 다 동원하였지만, 그 목사가 자신의 깊은 데에서 도망치지 못하게 할 수는 없었다. 그런 경우에 부모는 자신의 자녀를 향한 멀리 보는 믿음을 가질 필요가 있다. 우리가 사랑하는 자가 안전한 길을 택하지 않더라도 마음에 믿음을 붙잡아야 한다. 하나님은 그에게 경험을 통해 가르치실 수 있고 종국에는 그가 더 현명해질 것이다. 탕자의 아버지가 아들이 떠나는 걸 그냥 둔 것처럼, 그리고 우리도 육신의 자녀가 경험을 통해 배우도록 놔주기를 익혀야 하는 것처럼, 우리가 자녀를 놔줄 때가 언제인지를 아는 것은 중요하다.

 그리스도 안에서의 재양육은 한 가지 차원만 제외하면 육신적인 양육과 비슷하다. 즉 전자에서는 하나님께서 육신적인 가정에서마냥 자녀를 기르기만 하시는 것이 아니다. 하나님께서는 변화의 깊은 곳도 파고 계신다. 크리스천이라도 다 통과하지 않은 변화의 깊은 곳이 있다. 어떤 이는 그것을 '광야의 체험' 혹은 '영혼의 길고 어두운 밤'이라고 부른다. 이에 대해서는 책 '엘리야의 임무' 61-64쪽에서 쓴 바 있다. 모든 사람이 선택되었건 그렇지 않았건 간에(벧전 2:9, 엡 1:3-5) 극소수만이 그러한 깊은 곳에 들어가기로 반응한다. 그렇게 하는 사람이 또한 재양육의 과정을 받고 있을 수 있다. 그러한 자녀들의 부모는 그 과정 가운데 오랫동안 통찰력 있게 옆에 서서, 그 일이 일어나는 것을 놔둘 필요가 있다. 특히 중요한 것은 그리스도 안의 부모가 언제 그리스도 안의 자녀가 부서짐과 깨어짐의 그 시기에 진입하는지를 아는 것이다. 그 시기는 오직 하나님께서 충만함을 위해 받으시는 사람들을 위해 예비 된 것이다. 그러한 주님의 자녀들은 역설적으로 그리스도 안의 다른 자녀와는 다르게 취급받아야 한다. 그들을 달래준다든지, 과하게 위로한다든지, 너무 많이 도와주거나 상담해 준다든지, 남처럼 혹은 이전처럼 외적으로 능숙하게 행하기를 기대한다든지 해선 안 된다. 동정심이나 연민, 공감이 도움이 되지 않는다. 그들이 있는 곳은 개인적인 죽음의 사막이고, 또 그렇게 되어야 한다. 하지만 역설적으로 그들은 그런 과도기의 혼란을 통과하지 않는 사람들보다 더 옆에 있어줄 부모를 필요로 한다. 그들의 필요는 바로 옆에 있는 것 하나 뿐이다. 그들은 다른 모든 것들이 안에서 움직이지만, 그리스도의 부모는 단지 거기에서 바뀌지 않고, 무언가 하지 않고 다만 변하지 않는 고요한 불변함으로 그 자리에 있음을 알 필요가 있다.

그러할 때에 부모는 고전 13:7의 말씀을 최고로 성취하는 것이다. 동산에서 예수님의 힘을 돋우려 성부 하나님께서 천사를 보내신 것처럼(눅 22:43), 그들은 십자가에 못박히는 사람(자녀)도 질 수 없는 것을 짊어진다. 자녀가 자기 자신을 더 이상 믿을 수 없을 때에도 그들은 믿으며 조용히 서 있다. 그들은 번데기 안의 애벌레가 희망을 잃을 때에도 희망을 갖는다. 그들은 자녀가 어떤 종류의 급변이나 상처를 겪더라도 말없이 견딘다. 그러한 상황에서는 그리스도 안의 부모가, 무언가를 자녀에게 주는 것이 자녀가 충만함에 들어가는 것을 지연시킬 뿐이기 때문에, 아무 말 없이 단지 그 자리에 있어주는 게 중요하다. 각 자녀는 혼자 힘으로 찾아야 하고, 그렇지 않으면 광야는 그 온전한 목적을 이루지 못한다. 부모들은 그렇게 (광야에) 관련되지 않은 사람에게 하듯이 가르치거나 충고를 해서는 안 된다는 걸 알아야 한다. 그들은 지켜보는 것이 아무 것도 안하는 것이 아니라, 완전한 형태의 사랑임을 알면서 단지 서서 지켜

보아야 한다. (우리는 자녀가 이를 빠르고 쉽게 통과하게 함으로써 이에 대해 우리 자신이 고통 받지 않도록 스스로를 보호하고 싶어하지만, 진정한 사랑이라면 그렇게 해서는 안된다.)

때론 독신자(한 번도 결혼해 본적이 없거나, 배우자를 잃었거나 이혼한 사람)가 자신이 그리스도 안의 부모로 부름 받았음을 알게 되는데, 종종 자신보다 나이가 많은 사람의 부모로 부름 받는다. 로마 카톨릭 교회에서는 신부와 종교지도자가 오랫동안 '영적인 감독들'(재양육과 매우 유사한 위치)이었다. 자라게 하시는 이는 성부 하나님이시고, 우리 모두 육신의 가정에서 자란 경험이 있기 때문에, 독신이거나 한 번도 결혼해 본 적이 없는 사람일지라도 당연히 그리스도 안에서 자녀를 양육할 수 있다. 결혼한 부모만큼 결혼한 부부와 부모에게 조언을 잘해줄 사람이 없듯이, 상담자가 결혼하고 부모라면 훨씬 낫겠지만, 그렇지 않다고 해서 부모가 못되는 것은 아니다. 하나님께서는 지혜를 주실 수 있다. 배우자가 없다는 것이 또한 상담자를 약점 있는 위치에 있게 하지만, 로마 카톨릭 교회의 신부와 수녀의 예에서 볼 수 있는 것처럼 적당히 극복될 수 있는 문제이다. 유혹과 실패의 경우가 있다고 지적할 수 있겠지만, 결혼한 상담자여도 동일한 일이 일어날 수 있다. 요컨대 결혼한 부모가 상담과 재양육에 있어서 자연스럽게 순조로운 시작을 할 수 있지만, 독신자라고 해서 부적격자라든가 열등한 상담자라고 느낄 필요는 없다. 일을 이루시는 이는 하나님이시다.

사랑이 재양육의 기초석이라면, 투명성은 그 시금석이다. 우리는 이전에 말한 성숙의 표지에 의해서가 아니라 근본적으로 한 가지 특성으로 성공여부를 알아야 한다. 그는 바로 예수님께 가까이 갔는가? 그는 이전보다 예수님과 더 가까운가(빌 3:7-10)? 그는 예수님을 더 많이 알고 소중히 여기는가, 아니면 그렇지 않은가? 주님과의 행함이 더 강건해지고 자유로워졌나? 육신적인 성숙도 좋지만, 우리는 우선적으로 그리스도 안에서의 성숙을 원한다. 그는 말씀 안으로 더 들어갔는가? 교회에 더 성실하게 출석하는가? 그리스도 안에서 실행 가능한 사역을 찾았는가? 주님을 더 열심히 추구하는가? 경건생활이 이전보다 더 소중하고 충만한가?

그리스도 안에서 성숙케하는 것은 하나님의 말씀이다. "갓난아이들 같이 순전하고 신령한 젖을 사모하라 이는 이로 말미암아 너희로 구원에 이르도록 자라게 하려 함이라"(벧전 2:2). 상담자와 그리스도 안의 부모는 그러한 성장을 조절할 뿐이다(엡 4:11-12). 우리가 성숙을 일으킬 수는 없다. 하나님께서 주로 그 분의 말씀을 통해서 하신다. 관심과 애정 혹은 일어나는 어떤 일에서 하나님을 대신하지 않도록 주의해야 한다. 자녀는 우선 스스로 하나님과 자유롭게 관계할 수 있어야 한다. 우리는 옆에서 서있기만 한다. 그렇게만 하면 된다.

제 22 장
교회의 사역과 친교
Body Ministry and Fellowship

여호와께서 권능으로 내게 임하시고 그 신으로 나를 데리고 가서 골짜기 가운데 두셨는데 거기 뼈가 가득하더라. 나를 그 뼈 사방으로 지나게 하시기로 본즉 그 골짜기 지면에 뼈가 심히 많고 아주 말랐더라. 그가 내게 이르시되 "인자야 이 뼈들이 능히 살겠느냐?" 하시기로 내가 대답하되 "주 여호와여 주께서 아시나이다." 또 내게 이르시되 "너는 이 모든 뼈에게 대언하여 이르기를 '너희 마른 뼈들아 여호와의 말씀을 들을지어다.' 주 여호와께서 이 뼈들에게 말씀하시기를 '내가 생기로 너희에게 들어가게 하리니 너희가 살리라. 너희 위에 힘줄을 두고 살을 입히고 가죽으로 덮고 너희 속에 생기를 두리니 너희가 살리라 또 나를 여호와인 줄 알리라 하셨다' 하라." 이에 내가 명을 좇아 대언하니 대언할 때에 소리가 나고 움직이더니 이 뼈, 저 뼈가 들어 맞아서 뼈들이 서로 연락하더라. 내가 또 보니 그 뼈에 힘줄이 생기고 살이 오르며 그 위에 가죽이 덮이나 그 속에 생기는 없더라. 또 내게 이르시되 "인자야 너는 생기를 향하여 대언하라 생기에게 대언하여 이르기를 '주 여

은사는 여러 가지나 성령은 같고, 직임은 여러 가지나 주는 같으며, 또 역사는 여러 가지나 모든 것을 모든 사람 가운데서 역사하시는 하나님은 같으니, 각 사람에게 성령의 나타남을 주심은 유익하게 하려 하심이라.(고전 12:4-7)

호와의 말씀에 "생기야 사방에서부터 와서 이 사망을 당한 자에게 불어서 살게 하라" 하셨다' 하라." 이에 내가 그 명대로 대언하였더니 생기가 그들에게 들어가매 그들이 곧 살아 일어나서 서는데 극히 큰 군대더라(겔 37:1-10)

그러나 이제 하나님이 그 원하시는 대로 지체를 각각 몸에 두셨으니, 만일 다 한 지체뿐이면 몸은 어디뇨? 이제 지체는 많으나 몸은 하나라.(고전 12:18-20)

만일 한 지체가 고통을 받으면 모든 지체도 함께 고통을 받고 한 지체가 영광을 얻으면 모든 지체도 함께 즐거워하나니, 너희는 그리스도의 몸이요 지체의 각 부분이라.(고전 12:26-27)

그에게서 온 몸이 각 마디를 통하여 도움을 입음으로 연락하고 상합하여

각 지체의 분량대로 역사하여 그 몸을 자라게 하며 사랑 안에서 스스로 세우느니라.(엡 4:16)

그리스도의 몸인 교회는 아직까지 살아있는 유기체로 완전하게 기능하지 못한다. 지금의 몸은 우습게도 발가락이 머리에 붙어있고, 손가락이 뒤꿈치에서 삐죽 나와 있으며, 배꼽에서 눈이 튀어나온 두 살 배기가 만든 콜라주(collage)와 많이 닮았다. 또는 대부분 서로에 대한 의무나 관련성을 알지 못한 채 같은 그릇 안에서 헤엄치는 무수한 물고기들에 비할 수도 있다. 한 지역교회 안의 일원들에 대해서 얘기하든지, 한 교파의 교회에 대해서 말하든지, 아니면 그리스도의 몸인 교회 안의 독립교파와 교단들에 대해서 얘기하든지 간에 이것이 사실이다. 그런 상태가 오래 지속되지는 않을 것이다. 그리스도의 몸인 교회가 하나 되어, 기지개를 켜고 일어난 잠자던 거인처럼 자신의 능력을 발견할 것이다.

남아있는 무너져야 할 대상은 개인주의이다. 개인주의 자체를 말하는 것은 아니다. 우리는 늘 강한 개인들을 필요로 하고 이들을 소중히 여긴다. 그러나 원형은 분리시키고 우상이 되게 한다. 지금은 프라이버시라는 원형 때문에 거인을 일깨울 수 있는 유일한 방법인 깊은 나눔이 방해받는다.

> 일어나라 빛을 발하라 이는 네 빛이 이르렀고,
> 여호와의 영광이 네 위에 임하였음이니라.
> 보라 어두움이 땅을 덮을 것이며,
> 캄캄함이 만민을 가리우려니와,

오직 여호와께서 네 위에 임하실 것이며,

그 영광이 네 위에 나타나리니,

열방은 네 빛으로,

열왕은 비취는 네 광명으로 나아오리라.

(사 60:1-3)

말씀은 열매를 맺지 못하는 일이 없다(사 55:11). 교회는 일어날 것이다.

말일에

여호와의 전의 산이

모든 산꼭대기에 굳게 설 것이요

모든 작은 산 위에 뛰어나리니

만방이 그리로 모여들 것이라

많은 백성이 가며 이르기를

"오라 우리가 여호와의 산에 오르며

야곱의 하나님의 전에 이르자

그가 그 도로 우리에게 가르치실 것이라

우리가 그 길로 행하리라 하리니

이는 율법이 시온에서부터 나올 것이요

여호와의 말씀이 예루살렘에서부터 나올 것임이니라"

(사 2:2-3)

우리가 믿듯이 이것이 이사야가 마지막 시대와 교회에 대한 환상 가운데 말한 것이라면, 이 말씀은 새로운 시대의 예언이다. '시온'은 그 분이 모으시고 준비시키는 백성이고, '예루살렘'도 그렇다. 이는 시온에서 나올 '법'이 구약이나 십계명이나 토라가 아니라는 뜻이다. 심지어 산상수훈도 아닌 새로운 것으로, "새 계명을 너희에게 주노니 서로 사랑하라 내가 너희를 사랑한 것같이 너희도 서로 사랑하라(요 13:34)"고 하신 예수님의 명령이다. 그분이 우리를 어떻게 사랑하셨는가? 우리를 위해 자신의 목숨을 버리셨다. "너희는 서로의 짐을 지라. 그리하여 그리스도의 법을 이루라"(갈 6:2, 흠정) 이는 의회에 의해 통과될 법이 아니라 모든 크리스천들의 마음에 씌여져 사람들에게 행하여질 생활방식으로 나타날 법이다.

> 그 날에는 주의 가지가 아름답고 영화로울 것이요, 땅의 열매는 이스라엘의 피난자들을 위해 훌륭하고 아름답게 되리라. 그때에는 시온에 남겨 둔 자와 예루살렘에 남아 있는 자, 곧 예루살렘에 사는 자들 가운데 기록된 모든 자들까지도 거룩하다고 칭함을 받으리니, 곧 주께서 심판의 영과 불타는 영으로 시온의 딸들의 더러움을 씻어내시며, 그 가운데서 예루살렘의 피를 정결케 하실 때라. 주께서 시온 산의 모든 거처와 그 집회 위에 낮이면 구름과 연기를, 밤이면 불꽃의 빛을 만드시리니, 이는 그 모든 영광 위에 덮개가 될 것임이라. 또 거기에 한 성막이 있어 낮에는 더위를 피하는 그늘이, 또 폭풍과 비로부터 피하는 피난처와 덮개가 되리라.(사 4:2-6, 흠정)

하나님의 쉐키나의 영광이 다시금 하나님의 백성 위에 머무를텐데 이번에는 광야에서처럼 성막('그 집회') 위에만 머무는 것이 아니라 '모든 거처', 즉 모든 크리스천의 가정에 머무를 것이다! 교회의 모든 사람들 각자가 거룩하다 칭함받을 것이다. 언제 이런 일이 일어나는가? "주께서 심판의 영과 불타는 영으로 ... 더러움을 씻어내실 때"이다. 이는 능력의 충만함이 한 가지, 즉 심판의 영과 불타는 영이 오시는 것에 수반된다는 말이다. 바로 이것이 하나님의 '사자'의 임무로 예언되어 있다.

> 보라, 내가 내 사자를 보내리니, 그가 내 앞에서 길을 예비하리라. 또 너희가 찾고 있는 주가 갑자기 자기 성전에 오리니, 곧 너희가 기뻐하는 언약의 사자니라. 보라, 그가 오리라. 만군의 주가 말하노라. 그러나 그가 오는 날에 누가 거할 수 있겠느냐? 그가 나타날 때 누가 서겠느냐? 이는 그가 정련하는 자의 불과 같고 표백하는 자의 비누 같음이라. 또 그는 은을 정련하고 제련시키는 자같이 앉아서 레위의 아들들을 깨끗케 하고, 그들을 금과 은처럼 깨끗케 하여 그들로 의로운 제물을 주께 드리게 하리라. 그때에 유다와 예루살렘의 예물이 지난 날들과 옛적처럼 주께 기쁨이 되리라. 내가 심판을 위하여 너희에게 가까이 오리라. 내가 마술사들과, 간음하는 자들과, 거짓 맹세하는 자들과, 품꾼을 그의 삯으로 압제하는 자들과 과부와 아비 없는 자를 압제하는 자들과, 나그네를 외면하는 자들과, 나를 두려워하지 않는 자들을 대적하여 신속히 증인이 되리라. 만군의 주가 말하노라(말 3:1-5, 흠정)
> 만군의 여호와가 이르노라 보라 극렬한 풀무불 같은 날이 이르리니 교만한 자와 악을 행하는 자는 다 초개 같을 것이라 그 이르는 날이 그들을 살라 그 뿌리와 가지를 남기지 아니할 것이로되, 내 이름을 경외하는 너희에게는 의로운 해가 떠올라서 치료하는 광선을 발하리니 너희가 나가서 외양간

에서 나온 송아지같이 뛰리라. 또 너희가 악인을 밟을 것이니 그들이 나의 정한 날에 너희 발바닥 밑에 재와 같으리라 만군의 여호와의 말이니라. 너희는 내가 호렙에서 온 이스라엘을 위하여 내 종 모세에게 명한 법 곧 율례와 법도를 기억하라. 보라 여호와의 크고 두려운 날이 이르기 전에 내가 선지 엘리야를 너희에게 보내리니, 그가 아비의 마음을 자녀에게로 돌이키게 하고 자녀들의 마음을 그들의 아비에게로 돌이키게 하리라 돌이키지 아니하면 두렵건대 내가 와서 저주로 그 땅을 칠까 하노라 하시니라(말 4:1-6)

교회는 자기 자신을 위해 존재하지 않는다. 교회의 영광은 하나님의 임재를 누리는 것이 아니다. 교회의 영광은 "낮에는 더위를 피하는 그늘이고 도피처이며 또 폭풍우를 피하여 숨는 곳이 됨"에 있다. 하나님께서는 당신을 받아들이지 않은 이들을 두들겨 패실 수 있도록 자기 백성을 세상에서 빼내가고자 하지 않으신다. 정반대이다! 인류의 악함이 증대함을 보시고 우리가 뿌린 것을 거두고자 재앙을 보내셔야 한다고 생각하시고는, "하나님이 세상을 이처럼 미워하사 아들을 거기서 빼내셨다"? 하나님의 말씀과 그분의 성품에 대한 올바른 이해를 그토록 곡해하는 사람들은 부끄러운 줄 알라! 그렇지 않다! "하나님이 세상을 이처럼 사랑하사 독생자를 주셨으니…" 그분은 아직도 그 아들을 보내신다. 즉, 사람이 자기에게 합당한 끔찍한 파멸을 거두려고 할 때, 교회가 거기 있어서 환난 중에 방어의 차양을 펴 보호의 우산이 되며, 세상의 겁먹은 병아리가 피할 수 있는 암탉이 된다!

하나님께서는 어두워진 세상에서 교회가 빛의 군대로 준비되고 승리하며 서도록 일으키신다. 이는 평상시 호흡하듯이 본능적으로 타인의 유익을 위하여 그리스도와 같이 되어 살도록 훈련받은 백성들이 갖는, 확고하게 배우고 성취된 삶의 방식을 예고한다. 하나님이 원하시는 것은 마치 꽃이 햇빛을 향하듯 예수님의 희생적인 삶이 일상이 된 변화된 (transformed) 백성이다.

많은 크리스천은 배우고 성취하는 훈련이라는 대가를 치루지 않는 삶의 방식을 갈망한다. 크리스천 미디어와 영적인 축제에서 "예수님을 영접했더니 갑자기 제 삶이 변화 받았어요."라는 간증을 여러 번 들을 수 있다. 그러한 주장은 조금은 다르게 표현할 필요가 있다. 변화받기 위한 예수님의 능력을 '갑자기' 사용할 수 있게 되었다고. 하지만 진정한 변화는 언제나 계속적인 수많은 작은 선택과 그에 따라 신중하게 행동함으로써만 지속된다.

이와 같이 너희도 너희 자신을 죄에 대하여는 죽은 자요 그리스도 예수 안에서 하나님을 대하여는 산 자로 여길지어다. 그러므로 너희는 죄로 너희 죽을 몸에 왕 노릇 하지 못하게 하여 몸의 사욕을 순종치 말고, 또한 너희 지체를 불의의 병기로 죄에게 드리지 말고 오직 너희 자신을 죽은 자 가운데서 다시 산 자같이 하나님께 드리며 너희 지체를 의의 병기로 하나님께 드리라(롬 6:11-13).

우리가 용서를 위해 기도하고 용서받을 때나, 기도로 옛 습관구조의 능력을 십자가 위에서 죽음에 처하게 할 때, 옛 생활방식은 더 이상 우리에 대해 주장할 것이 없다. 그러나 우리를 유혹하고 움켜잡는 능력이 있을 수 있다. 왜냐하면 (1) 우리가 너무 오랫동안 생각하고 느끼고 행동한 습관방식이기에 익숙한 바퀴자국으로 생각없이 미끄러져 들어가게 한다. (2) 사탄은 우리를 유혹하거나 강요하여 잠언의 말씀 곧 "개가 그 토한 것을 도로 먹는 것같이 미련한 자는 그 미련한 것을 거듭 행하느니라"(잠 26:11)처럼 행하게 하길 좋아한다. 이 말은 우리가 자유롭게 된 바로 그 범죄의 길로 행하도록 유혹받을 때마다 예수님의 임재로 말미암아 이를 멈추고 선택할 수 있는 능력이 우리에게 있다는 뜻이다. "제가 (예를 들어) 화를 폭발해 버리라는 유혹을 받습니다. 주님, 그 놈을 때리고 싶습니다! 오랜 이 습관이 (어린 시절의) 어디서 시작되었는지 압니다. 주님 제가 예수님의 피로 자유케 되었음에 감사드립니다. 이것이 더 이상 저를 주관하거나 몰아갈 권세도 능력도 없습니다. 이 오랜 습관을 내어버립니다. 옛날 방식으로 반응하지 않겠습니다. 주 예수님, 오셔서 제 안에서 생생한 임재 가운데 화난 것에 대해 지혜와 사랑으로 대답해 주세요." 특히 우리가 최근에 자유케 되었으면 새로운 방식을 택하는 것이 갈등이 되지만, 우리가 지속적으로 하면 새 방식이 점차 훈련되어 내장된 습관방식처럼 되고 자동적으로 하게 된다. (아무리 그래도) 갈등은 늘 많기에, 우리가 예수님을 떠나서는 아무 것도 할 수 없음을 알게 해준다(요 15:5).

옛 습관방식을 건드리는 자극을 항상 쉽게 알 수 있는 것은 아니다. 이들은 몰래 슬그머니 들어와 우리의 연약한 포도들을 먹는 작은 여우와 같다.

> 우리를 위하여 여우 곧 포도원을 허는 작은 여우를 잡으라. 우리의 포도원에 꽃이 피었음이니라(아 2:15)

성경시대에는 밭을 만들면 울타리를 세워 작고 배고픈 동물들의 침입

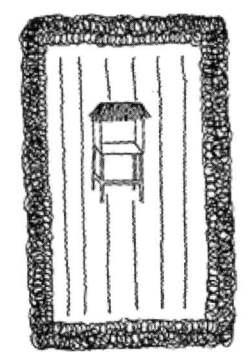
으로부터 보호하였다. 밭 가운데 말뚝으로 오두막을 세워 고용된 소년이 망을 보아 침입자를 경계했다. 울타리를 뚫는 동물을 발견하면 새총으로 돌을 쏴 놀래켜 쫓아버렸고, 안되면 높은 단에서 내려와 쫓아가기도 했다. 그래도 떠나지 않는 놈은 잡아서 내던졌다.

마찬가지로 우리의 정신과 감정의 방어벽을 뚫고 생각의 여우가 몰래 들어와서 우리 삶의 포도원에 있는 잘 자라기 시작한 새로운 열매가 영그는 것을 위협할 수 있다. 변화 받은 알콜중독자가 아주 중요한 고객을 만나기 바로 전에 긴장을 완화시키고자 한 잔만 할 수 있다. 동성애에서 치유 받은 사람이 돕겠다는 열심에서 곧장 전에 사귀던 사람을 찾아갈 수 있다. 외로워서 공상하는 버릇이 생겼다가 자기연민이나 잘못된 위안을 주는 관계의 유혹의 제물이 될 수 있다. 누구나 ("그들은 당해도 싸" 또는 "그들은 사람을 무시하지 않는 법을 배워야 돼"라고 생각해서) 분노를 짧게 터뜨리는 버릇이 생겼다가 곧 감정을 격발하는 일을 하여 이에 당황하면서도 끌려다닌다. 우리의 새로운 삶의 연약한 포도가 아직 실(實)하게 영글지 않았을 때 "조금만 하는 것은 나쁘지 않아"라고 용인하거나 표현하는 것은, 우리 삶에 많은 열매를 거두기 전에 작은 여우가 우리의 동산을 차지하고 새로운 삶의 약속들을 게걸스럽게 먹어치워, 동산을 지배하는 큰 여우로 자라도록 허용하는 것이다.

이런 이유에서 다음 성경 구절을 읽는다.

너희를 위하여 기도하기를 그치지 아니하고 구하노니 너희로 하여금 모든 신령한 지혜와 총명에 하나님의 뜻을 아는 것으로 채우게 하시고, 주께 합당히 행하여 범사에 기쁘시게 하고 모든 선한 일에 열매를 맺게 하시며 하나님을 아는 것에 자라게 하시고, 그 영광의 힘을 좇아 모든 능력으로 능하게 하시며 기쁨으로 모든 견딤과 오래 참음에 이르게 하시고, 우리로 하여금 빛 가운데서 성도의 기업의 부분을 얻기에 합당하게 하신 아버지께 감사하게 하시기를 원하노라.(골 1:9-12)

그러므로 너희가 그리스도 예수를 주로 받았으니 그 안에서 행하되, 그 안에 뿌리를 박으며 세움을 입어 교훈을 받은 대로 믿음에 굳게 서서 감사함을 넘치게 하라. 누가 철학과 헛된 속임수로 너희를 노략할까 주의하라.(골 2:6-8)

(또한 엡 4:1, 살전 2:12, 엡 2:10을 보라.)

우리는, 뭔가를 성취하려면 힘으로도 능으로도 되지 아니하고 오직 주의 성령으로 된다(슥 4:6)는 사실을 확실히 알고 주님 안에서 안식하면서, 동시에 매순간 적극적으로 훈련하는 건강한 균형을 이루며 살고 자라도록 부름 받았다.

"지혜로 행하여..."(골 4:5).

"너희 말을 항상 은혜 가운데서 소금으로 맛을 냄과 같이 하라..."(골 4:6, 개정).

"그리스도의 평강이 너희 마음을 주장하게 하라... 너희는 감사하는 자가 되라"(골 3:15).

"...를 괴롭게 하지 말라"(골 3:19).

"...에 순종하라"(골 3:20).

"일을 마음을 다하여 하고..."(골 3:23).

"모든 일을 시험하여 보고..."(살전 5:21, 흠정).

"악은 어떤 형태이든지 피하라."(살전 5:22, 흠정).

"믿음의 선한 싸움을 싸우라. 영생을 취하라. 이를 위하여 네가 부르심을 입었고..."(딤후 2:15).

"어리석고 무식한 변론을 버리라..."(딤후 2:23).

"그러나 그대는 그대가 배워서 굳게 믿는 그 진리 안에 머무십시오"(딤후 3:14, 표새).

"고난을 견디며"(딤후 4:5, 흠정).

"피차에 비방하지 말라"(약 4:11).

"... 원망하지 말라"(약 5:9).

"열심으로 서로 사랑할지니"(벧전 4:8).

"...염려를 다 주께 맡기라"(벧전 5:7, 개정).

"너희 발을 위하여 곧은 길을 만들어"(히 12:13).

"모든 사람으로 더불어 화평함을 좇으라..."(히 12:14).

"... 쓴 뿌리가 돋아나서 괴롭게 하고 그것으로 많은 사람이 더러워지는 일이 없도록 주의하십시오."(히 12:15, 표새).

"하나님의 사랑 안에서 자기를 지키며"(유 21).

"... 더욱 힘써 너희 믿음에 덕을, 덕에 지식을, 지식에 절제를, 절제에 인내를, 인내에 경건을, 경건에 형제 우애를, 형제 우애에 사랑을 공급하라"(벧후 1:5-7).

이 모든 훈련에 관한 성경 구절들은 한 가지 주제를 갖고 있다. 즉 우리 안에 예수님의 생명을 세우고 유지하라는 것이다. 이 생명은 남을 위해 우리를 주는 그분의 삶이다. 그러한 삶을 살면 우리의 아직 죽지 않은 육신과 자주 부딪치게 되기 때문에 겸손해진다. 그래서 매일 계속해서 죽고 부활할 필요가 있음을 반복적으로 알게 된다. 우리는 금방 남을 판단하거나 우월하다고 느끼고 싶어 하지 않게 된다. 우리는 친절할 수 없는데 남들은 어떻게 친절할 수 있는지 자주 궁금해 하면서 말이다.

무슨 일을 하든지, 경쟁심이나 허영으로 하지 말고, 겸손한 마음으로 하고, 자기보다 서로 남을 낫게 여기십시오. 또한 여러분은 자기 일만 돌보지 말고 서로 다른 사람들의 일도 돌보아 주십시오.(빌 2:3-4, 표새)

자아가 마침내 극복이 될 때(그리고 예수님이 계시록 2장 7, 11, 17, 26절과 3장 5, 12, 21절에 계속되는 후렴처럼 언급하시는 이겨야 할 대상에 자아보다 더 적절한 것이 있겠는가?), 그리스도의 몸인 교회는 하나님이 의도하신 바대로 인류와 모든 하늘들을 위해 하나 되어 계속 부어지는 사랑의 빛이 될 것이다.

하나님께서 모든 성도 가운데서 지극히 작은 자보다 더 작은 나에게 이 은혜를 주셔서, 그리스도의 헤아릴 수 없는 부요함을 이방 사람들에게 전하게 하시고, 만물을 창조하신 하나님 안에 영원 전부터 감추어져 있는 비밀의 계획이 무엇인지를 모두에게 밝히게 하셨습니다. 그것은 이제 교회를 통하여 하늘에 있는 통치자들과 권세자들에게 하나님의 갖가지 지혜를 알리시려는 것입니다. 이 일은 하나님께서 우리 주 그리스도 예수 안에서 성취하신 영원한 뜻을 따른 것입니다.(엡 3:8-11, 표새)

변화의 결말은 검불에서 불꽃이 타듯이 빛나는(사 47:14) 흩어진 몇몇 개인이 아니다. 자비의 길을 환하게 비추는 불의 군대이다. 자신이 그리스도의 몸인 교회의 작은 일부분임을 아직도 모른다면 온전히 변화 받은 것이 아니다. 에베소서 4:16에는 우리가 "... 각 부분이 그 맡은 분량대로 활동함을 따라 결합되고 서로 연결" 된다고 되어 있다. 각각 변화하는 개인은 하나님이 창조하신 바 독특한 영광(고전 15:41-42)을 가지며, 사랑으로 연결된 우리의 연합은 각자에게 필요한 것을 서로 제공한다. 그러한 공급이 상호간에 온전케 하고 몸을 세운다. 우리는 서로를 필요로 한다. 아무도 홀로 완전하지 않다.

그러나 아무리 한 사람의 공헌이 크다고 해도, 전쟁은 군대가 하는 것이고 승리는 주의 군대의 것이다(창 32:2, 수 5:14, 시 103:21).

변화가 충만해지면 우리가 군대라는 점을 상기시켜야 한다고 생각할 필요가 없을 것이다. 팀웍을 세우려고 일할 필요가 없게 된다. 분리시키는 자아 때문에 갈등하거나 지배와 통제를 두려워할 필요가 없게 된다. 하나 됨이 우리의 가장 자연스럽고 쉬운 기반이 되고(시 133), 축복이 큰 강처럼 흘러갈 것이다. 변화의 목적은, 믿음의 하나됨이 성령의 하나 됨으로 이어지고(엡 4:3-13), 땀과 긴장 없이도 사랑과 웃음 가운데 진리가 빛을 발하고, 모든 것이 각자를 충만함으로 향상시키는 그 지점에 우리가 도달하는 것이다. 각 영혼의 가정은 신실한 자들의 친구이다. 그리고 가정은 안식의 장소이다. 수고하는 일이 다시 발생하면 하나 됨에서 떠났음을 알게 되고, 은혜의 문을 통해 웃으며 쉽게 되돌아 갈 것이다.

변화는 결과물이 아니다. 변화는 우리로 그곳에 가게 하는 과정이다. 변화는 주로 그리스도의 친구들을 통해 주님의 임재와 능력으로 각 사람 안에서 계속된다. 그러나 그 목적은 개인들을 하나님 아버지 앞에 티나 주름잡힌 것이 없이 드리는 것(엡 5:27)만이 아니라, 거룩한 모든 동기와 열망 안에서 하나로 한 몸을 드리는 것이다. "자기 앞에 영광스러운 교회로 나타내서 점이나 주름진 것이나 또는 그러한 것들이 없이 거룩하고 흠 없게 하려 하심이니라"(엡 5:27 흠정).

처음에 변화는 (함정과 더불어) 지식과 계시의 울퉁불퉁한 바위 사이를 애쓰며 빠르게 지나간다. 하지만 마지막에는 우리를 환희의 평원을 지나 결혼의 축제장으로 이끄는 단순한 친교이기도 하다! 이 친교는 마음을 천국의 평정과 반응으로 살 수 있는 가능성으로 아름답게 꾸며 준다. 이 친교는 지친 마음에 노래를 불러주고, 처음에는 하나님이 심으셨고 사람들이 오랫동안 잊었던 기술이 되살아나도록 북돋는다. 이는 손뼉을 치고 혼자 할 수 있는 것보다 훨씬 더 많은 짐을 들어 올리는 친교이다. 이 친교로 인해 종국에는 뒤에 있는 것을 잊어버릴 수 있고(빌 3:13), 그리스도 예수 안에서 하나님이 위에서 부르신 부름의 상을 위하여 좇아가는 것(빌 3:14)이 가능하게 된다.

마지막에는 이것이 솔로가 아닌 합창이 될 것이다. 그리고 우리 모두는 더 이상 삑삑대거나 쉰 소리가 아닌 목소리를 발견하고, 품에 안겼기에 심판대에 두려움 없이 편하게 서 있을 것이다.

이로써 사랑이 우리에게 온전히 이룬 것은 우리로 심판 날에 담대함을 가지게 하려 함이니 주의 어떠하심과 같이 우리도 세상에서 그러하니라. 사랑 안에 두려움이 없고 온전한 사랑이 두려움을 내어쫓나니 두려움에는 형벌이 있음이라 두려워하는 자는 사랑 안에서 온전히 이루지 못하였느니라. 우리가 사랑함은 그가 먼저 우리를 사랑하셨음이라.(요일 4:17-19)

"네 하나님 여호와께서 이 사십 년 동안에 너로 광야의 길을 걷게 하신 것을 기억하라"(신 8:2a)는 명령에 순종하는 것은 더 이상 망신거리가 아니고, 하나님께서 자기 백성을 하나님 나라에서 두셔서 많은 것을 다스리게(마 25:21-23) 하기 위한 지혜가 일어나는(마 11:25) 준비와 원천이 된다.

변화의 결말은, 고독한 왕과 왕비로서라기보다는 각자 사랑으로 서로에게 주기를 귀히 여기는, 신실한 자들의 친구로서 통치하는 것이다.